Bedingungen in öffentlichen Übernahmeangeboten, insbesondere Material-Adverse-Change-Klauseln

Europäische Hochschulschriften

Publications Universitaires Européennes
European University Studies

Reihe II
Rechtswissenschaft

Série II Series II
Droit
Law

Bd./Vol. 4473

PETER LANG
Frankfurt am Main · Berlin · Bern · Bruxelles · New York · Oxford · Wien

Ines Buermeyer

Bedingungen in öffentlichen Übernahmeangeboten, insbesondere Material-Adverse-Change-Klauseln

PETER LANG
Europäischer Verlag der Wissenschaften

Bibliografische Information der Deutschen Nationalbibliothek
Die Deutsche Nationalbibliothek verzeichnet diese Publikation in der Deutschen Nationalbibliografie; detaillierte bibliografische Daten sind im Internet über <http://www.d-nb.de> abrufbar.

Zugl.: Bonn, Univ., Diss., 2006

Gedruckt auf alterungsbeständigem,
säurefreiem Papier.

D 5
ISSN 0531-7312
ISBN 3-631-56020-6

Printed in Germany 1 2 3 4 5 7

MEINER FAMILIE

VORWORT

Die vorliegende Arbeit entstand als Dissertation an der Rechtswissenschaftlichen Fakultät der Rheinischen Friedrich-Wilhelms-Universität Bonn. Sie entstand in einer persönlich wie fachlich sehr wertvollen Phase zwischen dem Abschluss der Ausbildung und dem Beginn der Berufstätigkeit.

Mein besonderer Dank gilt an erster Stelle meinem Doktorvater, Herrn Professor Dr. Michael Hoffmann-Becking, für seine engagierte Betreuung und fortlaufende Unterstützung bei der Entstehung meiner Dissertation. Durch seine gleichermaßen wertvollen wie kritischen Anmerkungen und Anregungen sowie durch seine wohlwollenden Hilfestellungen hat er wesentlich zu deren Ergebnis beigetragen. Herzlicher Dank gebührt auch Herrn Professor Dr. Fleischer für die bereitwillige Erstellung des Zweitgutachtens.

Ein ganz besonderer Dank gilt ferner meinen Freundinnen und Freunden, die den Kontakt zur äusseren Welt aufrechterhalten und mit fachlichen und persönlichen Beiträgen meine Promotionszeit begleitet haben, sowie meinen Freundinnen aus der Tennismannschaft, die für die nötige körperliche Fitness während der Promotionszeit gesorgt haben.

Der grösste Dank allerdings gebührt meiner Familie, allen voran meinen Eltern und meinem Bruder Marc, für ihren vertrauensvollen Rückhalt und ihre aufopferungsvolle Unterstützung in allen Phasen meines bisherigen Lebens. Sie standen mir in allen Lebenssituationen zu jeder Zeit mit aufheiternden, anregenden, interessierten, persönlichen und motivierenden Worten zur Seite. Die Dankbarkeit, die ich hierfür empfinde, kann ich durch die Widmung dieser Arbeit nur unvollkommen zum Ausdruck bringen.

Das Manuskript wurde im März 2005 abgeschlossen. Für die Drucklegung sind Gesetzgebung, Literatur und veröffentlichte Übernahmeangebote bis Juni 2006 eingearbeitet worden.

München, im August 2006

Ines Buermeyer

INHALTSÜBERSICHT

INHALTSVERZEICHNIS

DRITTER TEIL
DIE MIT EINER MAC-KLAUSEL VERBUNDENEN CHANCEN UND RISIKEN
BEWEGGRÜNDE, AUSWIRKUNGEN UND MISSBRAUCHSPOTENZIAL

VIERTER TEIL
ABSTANDNAHME VON ÖFFENTLICHEN ÜBERNAHMEANGEBOTEN
GESTALTUNGSMÖGLICHKEITEN NACH DEM WPÜG

FÜNFTER TEIL
RECHTLICHE ZULÄSSIGKEIT VON BEDINGUNGEN IN ÖFFENTLICHEN ÜBERNAHMEANGEBOTEN
OBJEKTIVE BEDINGUNGEN UND IHRE ZULÄSSIGKEIT

SECHSTER TEIL
RECHTLICHE ZULÄSSIGKEIT VON MAC-KLAUSELN
EINE RECHTSVERGLEICHENDE BETRACHTUNG

ANHANG

TABELLENVERZEICHNIS

ABKÜRZUNGSVERZEICHNIS

a.A.	anderer Ansicht
abgedr.	abgedruckt
Abl. EG	Amtsblatt der Europäischen Gemeinschaften
Abs.	Absatz
ACCA	American Corporate Counsel Association
a.F.	alte Fassung
AG	Aktiengesellschaft; Die Aktiengesellschaft, Zeitschrift für das gesamte Aktienwesen
AGBG	Gesetz zur Regelung des Rechtes der Allgemeinen Geschäftsbedingungen
AktG	Aktiengesetz
Anh.	Anhang
Anm.	Anmerkung
AnSVG	Anlegerschutzverbesserungsgesetz
Art.	Artikel
BaFin	Bundesanstalt für Finanzdienstleistungsaufsicht
BAnz.	Bundesanzeiger
BAWe	Bundesaufsichtsamt für den Wertpapierhandel
BayObLG	Bayerisches Oberstes Landesgericht
BB	Betriebs-Berater
Bd.	Band
Begr. DiskE-KapMuG	Begründung zum Diskussionsentwurf des Kapitalanleger-Musterverfahrensgesetzes
Begr. RegE-2. FFG	Begründung zum Regierungsentwurf des 2. Finanzmarktförderungsgesetzes
Begr. RegE-WpÜG	Begründung zum Regierungsentwurf des WpÜG
Beil.	Beilage
BGB	Bürgerliches Gesetzbuch
BGBl.	Bundesgesetzblatt
BGH	Bundesgerichtshof
BGHZ	Entscheidungen des Bundesgerichtshof in Zivilsachen
BKartA	Bundeskartellamt
BKR	Zeitschrift für Bank- und Kapitalmarktrecht
BMF	Bundesministerium der Finanzen
BMJ	Bundesministerium der Justiz
BörsG	Börsengesetz
BörsZulV	Börsenzulassungsverordnung
BR-Drucks.	Bundesrats-Drucksache
BSK	Deutsche Börsensachverständigenkommission beim BMF
BT-Drucks.	Bundestags-Drucksache
BVerfG	Bundesverfassungsgericht
bzw.	beziehungsweise
d.h.	das heißt

DAI	Deutsches Aktieninstitut
DAV	Deutscher Anwaltsverein
DB	Der Betrieb
ders.	derselbe
dies.	dieselbe
DNotZ	Deutsche Notar-Zeitschrift
DStR	Deutsches Steuerrecht
EBIT	Earnings before interest and taxes
EBITDA	Earnings before interest, taxes, depreciation and amortization
EER	European Economic Review
EG	Europäische Gemeinschaft(en); Vertrag zur Gründung der Europäischen Gemeinschaft
Einf	Einführung
endg.	endgültig
ErbbauRVO	Erbbaurechtsverordnung
EU	Europäische Union
evtl.	eventuell
EWG	Europäische Wirtschaftsgemeinschaft
f.	folgende
FAZ	Frankfurter Allgemeine Zeitung
ff.	fortfolgende
FFG	Finanzmarktförderungsgsetz
FGG	Gesetz über die Angelegenheiten der freiwilligen Gerichtsbarkeit
FinDAG	Gesetz über die Bundesanstalt für Finanzdienstleistungsaufsicht (Finanzdienstleistungsaufsichtsgesetz)
FKVO	Fusionskontrollverordnung
Fn.	Fußnote
FS	Festschrift
FTD	Financial Times Deutschland
GmbH	Gesellschaft mit beschränkter Haftung
h.M.	herrschende Meinung
HGB	Handelsgesetzbuch
i.d.R.	in der Regel
i.e.	im Einzelnen
inkl.	inklusive
i.d.S.	in dem Sinne
i.R.d.	im Rahmen der/des
i.S.d.	im Sinne der/des
i.S.e.	im Sinne einer/eines
i.S.v.	im Sinne von
i.V.m.	in Verbindung mit
IFLR	International Financial Law Review
InsO	Insolvenzordnung
JBF	Journal of Banking and Finance
JEP	Journal of Economic Perspectives
JFE	Journal of Financial Economics
Jg.	Jahrgang
JPE	Journal of Political Economy

KapMuG	Kapitalanleger-Musterverfahrensgesetz
KOM	Kommission
KWG	Kreditwesengesetz
lat.	lateinisch
M&A	Mergers & Acquisitions
m.w.N.	mit weiteren Nachweisen
MAC	Material Adverse Change
MAE	Material Adverse Effect
Mio.	Millionen
MüKo	Münchener Kommentar zum Bürgerlichen Gesetzbuch
n.F.	neue Fassung
NJW	Neue Juristische Wochenschrift
NYLJ	New York Law Journal
NZG	Neue Zeitschrift für Gesellschaftsrecht
RBerG	Rechtsberatungsgesetz
R.E.	Regolamento Emittenti (Ausführungsverordnung der Börsenaufsichtsbehörde)
RefE	Referentenentwurf
RegE	Regierungsentwurf
RIW	Recht der internationalen Wirtschaft
Rn.	Randnummer
RStV	Rundfunkstaatsvertrag
S.	Seite
ScheckG	Scheckgesetz
SEC	U.S. Securities and Exchange Commission
sog.	so genannt(e)
SpruchG	Spruchverfahrensgesetz
TOR	Takeover-rekommendation (Schweden)
T.U.	Testo unico delle disposizioni in materia di intermediazione finanziaria
u.a.	unter anderem
U.Chi.L.Rev	The University of Chicago Law Review
ÜbG	Übernahmegesetz = Bundesgesetz betreffend Übernahmeangebote sowie über Änderungen des Börsengesetzes und des Einführungsgesetzes zu den Verwaltungsverfahrensgesetzen 1991 (Österreich)
UEV-UEK	Übernahmeverordnung = Verordnung der Übernahmekommission über öffentliche Kaufangebote in der (Schweiz)
UKlaG	Unterlassungsklagegesetz
UmwG	Umwandlungsgesetz
u.U.	unter Umständen
v	vor
v.	vom
VAG	Versicherungsaufsichtsgesetz

VersR	Versicherungsrecht
VO	Verordnung
Vorbem	Vorbemerkungen
VVG	Gesetz über den Versicherungsvertrag
VwGO	Verwaltungsgerichtsordnung
WEG	Wohnungseigentumsgesetz
WG	Wechselgesetz
WM	Wertpapiermitteilungen
WpHG	Wertpapierhandelsgesetz
WpÜG	Wertpapiererwerbs- und Übernahmegesetz
WpÜG-AngVO	WpÜG-Angebotsverordnung
z.B.	zum Beispiel
ZBB	Zeitschrift für Bankrecht und Bankwirtschaft
ZfbF	Zeitschrift für betriebswirtschaftliche Forschung
Ziff.	Ziffer
ZGR	Zeitschrift für Gesellschafts- und Unternehmensrecht
ZHR	Zeitschrift für das gesamte Handels- und Wirtschaftsrecht
ZIP	Zeitschrift für Wirtschaftsrecht
ZPO	Zivilprozessordnung

§ 1 EINFÜHRUNG IN DIE PROBLEMSTELLUNG

A. DIE ZUNEHMENDE BEDEUTUNG VON UNTERNEHMENSÜBERNAHMEN UND ÜBERNAHMEANGEBOTEN

Es vergeht kaum ein Tag, an dem die nationale und internationale Tagespresse nicht von Unternehmenszusammenschlüssen und Unternehmensübernahmen oder der Abgabe eines Übernahmeangebotes durch einen Bieter[1] berichtet. Insbesondere in den letzten Jahren wurde das Wirtschaftsleben von zunehmenden Aktivitäten auf dem öffentlichen M&A-Markt[2] geprägt, der im Vergleich zu Märkten im angloamerikanischen Rechtskreis lange Zeit unterentwickelt war. Hinsichtlich der öffentlichen Übernahme ist dies zum einen auf den bis in die 90er Jahre hinein wenig entwickelten „*Markt für Unternehmenskontrolle*"[3] zurückzuführen, wofür insbesondere systematische, institutionelle Gründe ausschlaggebend waren. Die wirtschaftswissenschaftliche Literatur hat hier traditionell zwischen markt- und bankorientierten Finanzsystemen unterschieden, wobei Übernahmen Ausdruck eines marktorientierten Finanzsystems sind.

Während in den USA der Aktienbesitz traditionell durch einen weitgestreuten Besitz öffentlicher und privater Anleger gekennzeichnet ist, war die Anzahl börsennotierter Gesellschaften in Kontinentaleuropa sowie die Streuung des Aktienbesitzes geringer und der Konzernierungsgrad damit höher als in den USA oder Großbritannien; weniger als 20 % der Aktien waren im Besitz privater Haushalte. Insbesondere war eine starke Konzentration des Aktienbesitzes bei Versicherungen und Banken festzustellen, wobei der Einfluss der Banken durch das Depotstimmrecht nach § 135 AktG verstärkt war und sie damit eine einflussreiche Position als Koordinatoren industrieller Aktivitäten innehatten.[4] Darüber hinaus erschwerte die Repräsentation von Arbeitnehmern im Aufsichtsrat größerer Unternehmen sowie die Trennung zwischen Aufsichtsrat und dem nur aus wichtigem Grund vorzeitig abrufbaren Vorstand (§ 84 AktG) dem übernehmenden Unternehmen, effektiv Kontrolle zu erlangen. Traditionell erfolgte daher eine externe Effizienzkontrolle über

---

[1] Nach der Legaldefinition in § 2 Abs. 4 WpÜG sind Bieter „*natürliche oder juristische Personen oder Personengesellschaften, die allein oder gemeinsam mit anderen Personen ein Angebot abgeben, ein solches beabsichtigen oder zur Abgabe verpflichtet sind.*"

[2] Siehe zu den vom Begriff des M&A umfassten Gestaltungsformen den Überblick unter http://www.mergers-and-acquisitions.de/aktuell0010.htm, S. 1 f. (28.02.2005).

[3] Der Begriff des „*Marktes für Unternehmenskontrolle*" hat sich in der wirtschaftswissenschaftlichen Literatur herausgebildet als Kontrollvariante und zur Disziplinierung des gegenüber den Eigentümern eigene Interessen verfolgenden Managements, die von einer latent vorhandenen Gefahr einer feindlichen Übernahme ausgeht. Siehe hierzu erstmals MANNE, JPE, 73. Jg. (1965), 110 ff. Übersichten über die Diskussion bieten insbesondere JENSEN/RUBACK, JFE, 11. Jg. (1983), 5 ff.; JENSEN, JEP, 2. Jg. (1988), 21 ff.; THADDEN, Kyklos, 43. Jg. (1990), 635 ff. Zum Shareholder-Value-Gedanken eingehend MÜLBERT, ZGR 1997, 129 ff.

[4] Zur Rolle der Banken bei Unternehmensveräußerungen vgl. PELTZER, ZIP 1991, 485 ff.

den handelnden Vorstand durch die kreditgebenden Banken.[5] Dagegen zwingen in den USA und Großbritannien gesetzliche Regelungen wie der Glass-Stegal-Act zu einer Trennung der verschiedenen Bankgeschäfte, so dass Banken nicht Hauptfinanzierungsquelle sind und Märkte bereits früher eine größere Bedeutung erlangt haben.[6]

TABELLE 1:
MARKT- UND BANKORIENTIERTE FINANZSYSTEME IM VERGLEICH

Charakteristika	Marktorientiertes Finanzsystem	Bankorientiertes Finanzsystem
Universalbanksystem	Nein	Ja
Anzahl der bedeutenden Banken	Groß	Klein
Langfristige Kreditbeziehungen zwischen Banken und Unternehmen	Selten	Verbreitet
Wettbewerb zwischen Banken und Finanzmärkten	Hoch	Gering
Finanzkapital in der Hand von Banken relativ zu anderen Finanzinstitutionen	Unbedeutend	Bedeutend
Innenfinanzierung	Hoch	Gering
Verschuldungsgrad	Niedrig	Hoch
Anteil Bankkredite am Fremdkapital	Niedrig	Hoch
Anteil Anleihen am Fremdkapital	Hoch	Gering
Bankbeteiligung an Industrieunternehmen	Niedrig	Hoch
Eigentümerkonzentration	Gering	Hoch
Eigentumsverflechtung	Gering	Hoch
Kontrolltransfers	Häufig	Selten
Kapitalmarktentwicklung im Hinblick auf das Diversifikationspotenzial	Hoch	Niedrig
Markt für Unternehmenskontrolle	Entwickelt	Nicht entwickelt

Quelle: ALLEN&GALE, EER, 39 Jg. (1995), 179, 184, 186, 188; BERGLÖF in: Aoki, S. 237, 250.

[5] Vgl. zum Unternehmensmarkt HÖLTERS in: Hölters, Teil I, Rn. 32 ff. Die oft geäußerte Ansicht, vor der Übernahme VODAFONE/MANNESMANN – letztendlich auch eine freundliche Übernahme – hätte es in Deutschland keine feindlichen Übernahmen gegeben, ist insoweit unzutreffend, als sie sich nicht öffentlich, sondern vielmehr in der Aktionssphäre der Banken abspielten; siehe hierzu FRANKS/MAYER, JBF, 22. Jg. (1998), 1385 ff.

[6] ROE, S. 1927 ff.

Im Rahmen der Liberalisierung, Integration und Angleichung der Finanz- und Kapitalmärkte kam es aber in den letzten Jahren auch in Kontinentaleuropa zur Belebung des Marktes für Unternehmensübernahmen.[7]

TABELLE 2:
ENTWICKLUNG DES NATIONALEN MARKTES FÜR UNTERNEHMENSÜBERNAHMEN IN DEN JAHREN 1995-2006

JAHR	ÜBERNAHMEANGEBOTE IN DEUTSCHLAND
1995	2
1996	13
1997	15
1998	17
1999	32
2000	38
2001	25
2002	13
2003	16
2004	11
2005	38
bis 30.06.2006	18

Quelle: ÜBERNAHMEKOMMISSION, FINANCE, JANUAR 2001, 88; ab 2002 BAFIN, http://www.bafin.de/datenbanken/wpueg_14liste.htm (30.06.2006).

Die Zunahme der Übernahmeverfahren steht demnach in engem Zusammenhang mit der zunehmenden Bedeutung der Unternehmensfinanzierung über funktionierende Kapitalmärkte und der damit verbundenen Verbesserung der Eigenkapitalstruktur dieser Unternehmen sowie der zu verzeichnenden zunehmenden Anzahl von Aktiengesellschaften, deren Wertpapiere zum Handel an einem organisierten Markt[8] zugelassen sind. Mit der steigenden Zahl der zum Handel an einem organisierten Markt zugelassenen Aktiengesellschaften ist automatisch die Zahl der potenziellen Übernahmekandidaten gestiegen, da Zielgesellschaft[9] eines Übernahmeangebotes nach § 1 WpÜG i.V.m. § 2 Abs. 3 WpÜG nur eine AG oder KGaA mit Sitz im Inland sein kann.

[7] Siehe zur Entwicklung der Aktionärsstruktur in Deutschland, den USA und Großbritannien DEUTSCHES AKTIENINSTITUT E.V., S. 08.6-3 f., 08.7 USA 2 ff. und d f., 08.7 GB 1 ff.

[8] Siehe Legaldefinition in § 2 Abs. 7 WpÜG. Erfasst sind auch die am Neuen Markt der Frankfurter Wertpapierbörse notierten Aktien; maßgeblich ist die Zulassung zum geregelten Markt und nicht die tatsächliche Notierung in diesem Segment, siehe dazu KK-WpÜG/VERSTEEGEN, § 1 Rn. 33 f., § 2 Rn. 218 f.

[9] Als Zielgesellschaft wird diejenige Gesellschaft angesehen, die von dem das Angebot abgebenden Bieter übernommen wird bzw. übernommen werden soll, vgl. MÖLLER, S. 19; ZINSER, S. 13.

TABELLE 3:
ENTWICKLUNG DER ANZAHL BÖRSENNOTIERTER AKTIENGESELLSCHAFTEN IN DEN JAHREN 1990-2005 IN DEUTSCHLAND

JAHR	ANZAHL DER AG UND KGAA	ANZAHL BÖRSENNOTIERTER INLÄNDISCHER[10] AKTIEN[11]
1990	2.685	776
1991	2.791	799
1992	2.943	790
1993	3.085	796
1994	3.527	810
1995	3.780	812
1996	4.043	802
1997	4.548	817
1998	5.468	883
1999	7.375	931
2000	10.582	1.065
2001	13.598	1.075
2002	14.814	1.011
2003	15.311	976
2004	16.002	979
2005	15.764	976

Quelle: DEUTSCHES AKTIENINSTITUT E.V., S. 01-1, 02-1.

B. INTERESSENWIDERSTREIT BEI DER ABSTANDNAHME VOM ÜBERNAHMEANGEBOT

Die Belebung der Aktivitäten auf dem Markt für Unternehmensübernahmen sowie europäische Bestrebungen hinsichtlich der Schaffung einheitlicher europäischer Vorgaben haben den deutschen Gesetzgeber dazu veranlasst, neue gesetzliche Rahmenbedingungen zu schaffen, die durch das *„Gesetz zur Regelung von öffentlichen Angeboten zum Erwerb von Wertpapieren und von Unternehmensübernahmen"*[12], welches in Art. 1 das WpÜG beinhaltet, in das deutsche Recht implementiert worden sind. Inwiefern diese dem Bieter eine Abstandnahme vom Übernahmeangebot ermöglichen, soll Untersuchungsgegenstand dieser Arbeit sein.

---

[10] Zur Entwicklung börsennotierter inländischer Aktien in (Nicht-)Euro-Ländern und ausgewählten Nicht-EU-Ländern siehe DEUTSCHES AKTIENINSTITUT E.V., S. 02-3.

[11] Umfasst sind alle Aktien, die im Amtlichen Handel, Geregelten Markt, Freiverkehr sowie im Neuen Markt gehandelt werden. Zur Anwendbarkeit des WpÜG siehe Fn. 8.

[12] Gesetz v. 20.12.2001, BGBl. I 2001, 3822, zuletzt geändert durch Gesetz v. 23.07.2002, BGBl. Teil I 2002, 2850. Es ist ein Artikelgesetz, das neben dem WpÜG u.a. Änderungen des WpHG und eine Ergänzung des AktG um die Regelung des Squeeze-out enthält. Das BMF hat darüber hinaus vier Verordnungen zum WpÜG erlassen: WpÜG-Angebots-VO (BGBl I 2001, 4263), WpÜG-BeiratsVO (BGBl I 2001, 4259), WpÜG-WiderspruchsausschussVO (BGBl I 2001, 4261) und WpÜG-GebührenVO (BGBl I 2001, 4267).

Eine nähere Befassung hiermit wird vor dem Hintergrund verständlich, dass vor allem unsichere Wirtschaftsfaktoren wie auch unvorhergesehene politische, gesellschaftliche und soziale Entwicklungen in den letzten Jahren zunehmend die vertragliche Gestaltung betreffend die Abstandnahme von vertraglichen Vereinbarungen im M&A-Bereich beeinflusst haben. So versuchen die Parteien von Unternehmenskaufverträgen seit längerem, sich vor einer wesentlichen nachteiligen Veränderung der einer Transaktion zugrunde gelegten Tatsachen durch die Aufnahme einer „*Material-Adverse-Change*"-Klausel zu schützen, um dadurch das vertraglich beabsichtigte Äquivalenzverhältnis der sich aus der vertraglichen Vereinbarung ergebenden Chancen und Risiken abzusichern.[13] Vor allem in der Folgezeit der Ereignisse des 11.09.2001 und der negativen Auswirkungen der Terroranschläge auf die allgemeine wirtschaftliche Entwicklung hat die Klausel verstärkt Bedeutung erlangt.

Auch im Rahmen von Übernahmeverfahren wird von Bieterseite verstärkt in Erwägung gezogen, sich durch entsprechende Gestaltung des Übernahmeangebotes die Möglichkeit offen zu halten, bei Eintritt nachteiliger Wirtschafts- und Marktbedingungen oder einer bedeutenden Veränderung des geschäftlichen Vermögens der Zielgesellschaft vom Übernahmeangebot Abstand nehmen zu können.[14] Es liegt im natürlichen Interesse des Bieters, das Übernahmeangebot generell nur vollziehen zu müssen, wenn alle von ihm damit verbundenen Absichten und Ziele auch tatsächlich zu erreichen sind und die dem Angebot zugrunde gelegten Annahmen keine unvorhersehbaren wesentlichen Veränderungen erfahren. Seine Intention geht dahin, sich einen möglichst weiten Spielraum zu verschaffen, der es ihm erlaubt, von der Durchführung des Übernahmeangebotes abzusehen.[15]
Die besondere Problematik einer Abstandnahme vom Übernahmeangebot zeigt sich allerdings daran, dass sich diese nicht nur auf die das Angebot annehmenden Aktionäre der Zielgesellschaft als Vertragspartner des Bieters, sondern insbesondere auch auf den Kapitalmarkt und die Zielgesellschaft einschließlich ihrer Leitungsorgane auswirkt. Für sie kann – wie noch zu zeigen sein wird – die Berufung des Bieters auf eine MAC-Klausel oder Bedingungen im Allgemeinen weit reichende Konsequenzen haben; wäre dem Bieter eine beliebige Ausgestaltung möglich, ist eine Bezeichnung der Klausel als gefährliche Falle oder Überraschungsklausel nicht völlig haltlos. Der Gesetzgeber hat aus diesem Grund Bestimmungen zur Abstand-

[13] Siehe PICOT/DUGGAL, DB 2003, 2635. Zu den Auswirkungen einer fehlenden MAC-Klausel RATNER, FTD v. 05.10.2001, S. 3.

[14] Siehe auch O.V., FAZ v. 02.06.2004, S. 25. In der Praxis hat sich gezeigt, dass insbesondere angloamerikanische Investoren bei Übernahmen auf MAC-Klauseln bestehen, KOENEN, Handelsblatt v. 24.05.2004, S. 24.

[15] Andererseits muss der Bieter bei der Formulierung der MAC-Klausel darauf achten, dass sie sein Angebot nicht in einer Situation zum Scheitern bringt, in der er das Angebot weiter durchführen möchte, OPPENHOFF, Börsenzeitung v. 10.03.2004, S. 2.

nahme vom Übernahmeangebot getroffen und strenge inhaltliche Anforderungen aufgestellt. Mit der gesetzlichen Regelung hat er in die Vertragsfreiheit eingegriffen und sich damit zugleich in ein Spannungsverhältnis unterschiedlicher Interessenlagen begeben. Während das Interesse des Bieters auf eine umfangreiche Ausstiegsmöglichkeit gerichtet ist, sind die Aktionäre der Zielgesellschaft an einer zusätzlichen Verkaufschance der von ihnen gehaltenen Beteiligungen interessiert. Zudem besteht ein kapitalmarktrechtliches Bedürfnis nach einer stärkeren Bindung zum Schutz der Funktionsfähigkeit der Kapitalmärkte. Für den Gesetzgeber stellt sich damit die (schwierige) Aufgabe, die einzelnen Interessen einem ausgewogenen Interessenausgleich zuzuführen. Vor diesem Hintergrund verdeutlichen die gesetzlichen Regelungen zur Abstandnahme von Übernahmeangeboten in geradezu paradigmatischer Weise die mit der gegenseitigen Wechselwirkung von Aktien-, Kapitalmarkt- und Vertragsrecht verbundenen rechtlichen Schwierigkeiten[16].

§ 2 ZIELSETZUNG UND GANG DER UNTERSUCHUNG

A. ZIELSETZUNG

Die vorliegende Arbeit zielt daher im Sinne der aufgezeigten Problemstellung darauf ab, die Möglichkeit einer Abstandnahme vom Übernahmeangebot, insbesondere das Rechtsinstitut des bedingten Übernahmeangebotes einschließlich der Beweggründe für die Aufnahme eines Vorbehaltes in die Angebotsunterlage umfassend darzustellen und zu untersuchen. Da aufgrund der bereits erwähnten widerstreitenden Interessen mit der Abstandnahme zugleich Chancen und Risiken einhergehen, sind die einzelnen Interessengruppen einschließlich etwaiger Risiken und Missbrauchspotenziale heraus zu arbeiten.

> ➢ **ZIELSETZUNG 1:** *Untersuchung der mit einer Abstandnahme vom Übernahmeangebot verbundenen Chancen und Risiken*

Es wird weiter aufzuzeigen sein, dass der zivilrechtliche Grundsatz der Vertragsfreiheit bereits aufgrund der Charakteristika des Übernahmeangebotes wie auch des hinter dem WpÜG stehenden Regelungszweckes eine Einschränkung erfahren muss.

> ➢ **ZIELSETZUNG 2:** *Klärung der Charakteristika des Übernahmeangebotes und Erörterung des Gesetzeszweckes im Hinblick auf die Frage einer Einschränkung der Vertragsfreiheit*

Welche konkreten Ausstiegsmöglichkeiten im Einzelnen bestehen, lässt sich der gesetzlichen Regelung des WpÜG über die Abstandnahme vom Übernahmeange-

[16] Siehe instruktiv zu dem Problemkreis MÖLLERS, AG 1999, 433 ff.; SCHIESSL, AG 1999, 442 ff.

bot nicht eindeutig entnehmen. Zum Tatbestand des bedingten Übernahmeangebotes gibt es bis heute – soweit ersichtlich – auch weder instanzgerichtliche noch höchstrichterliche Rechtsprechung; ebenso fehlt es an einer detaillierten Auseinandersetzung in der Literatur mit den einschlägigen Normen und ihren Rechtsfolgen sowie den Gestaltungsmöglichkeiten einer MAC-Klausel. Mangels interessierter Kläger ist zwar mit einer Klarstellung in der Rechtsprechung nicht zu rechnen. Doch kann sich dies ändern, wenn der Trend von Klagen *„enttäuschter"* Aktionäre anhält und der Bieter unter Berufung auf die Wirkungslosigkeit des Übernahmeangebotes infolge einer eingetretenen bzw. ausgefallenen Bedingung die Zahlung der Gegenleistung verweigert und MAC-Klauseln vermehrt aufgenommen werden. Daher wird im Einzelnen auf die durch die Regelungen des WpÜG gestellten inhaltlichen Anforderungen an eine Bedingung einzugehen sein, wie auch besondere Bedingungstatbestände auf ihre Zulässigkeit zu untersuchen sein werden.

> ➢ **ZIELSETZUNG 3**: *Analyse der rechtlichen Anforderungen de lege lata und die Frage nach der Zulässigkeit einzelner Bedingungen*

Im Rahmen der zulässigen Bedingungen wird insbesondere der Frage nachzugehen sein, welche inhaltlichen Anforderungen eine MAC-Klausel zu erfüllen hat und welchen Spielraum es bei der Gestaltung der Ausstiegsgründe gibt. Die Entwicklung von Standards ist in diesem Bereich noch nicht abgeschlossen. Vielmehr hat sich gezeigt, dass die BaFin eine strenge Haltung gegenüber MAC-Klauseln einnimmt und die in verhandelten Kaufverträgen verwendeten Formulierungen oftmals nicht in Übernahmeangebote übernommen werden können.[17] Es wird daher auf die verschiedenen denkbaren Ausgestaltungsvarianten einzugehen sein, mittels derer die Risiken zwischen dem Bieter und den annehmenden Aktionären verteilt werden. So sind typische Fragen, ab welcher Schwelle Veränderungen wirtschaftlich derart einschneidend sind, dass sie zu einem Wegfall des Angebotes führen, oder ob sich die Klausel nur auf Veränderungen bei der Zielgesellschaft oder auch auf gesamtwirtschaftliche Veränderungen beziehen soll. Es wird zu klären sein, in welchem Umfang bei Übernahmeangeboten von den Ausgestaltungsvarianten Gebrauch gemacht werden kann. Dabei wird rechtsvergleichend auf die seitens der angloamerikanischen Rechtspraxis aufgestellten Anforderungen an eine MAC-Klausel, insbesondere die Kriterien zur Bestimmung der Wesentlichkeit einer nachteiligen Veränderung, eingegangen.

> ➢ **ZIELSETZUNG 4**: *Rechtsvergleichende Untersuchung der an eine MAC-Klausel zu stellenden inhaltlichen Anforderungen*

Schließlich wird darzulegen sein, dass die im Zuge des WpÜG erfolgte verbindliche Regelung über die Abstandnahme von Übernahmeangeboten und die Zulässigkeit

[17] KOENEN, Handelsblatt v. 24.05.2004, S. 24.

von Bedingungen in ihrem Kern sachlich begrüßenswert ist, jedoch die regulatorische Umsetzung dieses Regelungsanliegens den Charakter einer inhaltlich sorgsam durchdachten und vor allem praxistauglichen Regulierung teilweise vermissen lässt. Es soll aufgezeigt werden, dass die mit einer Bedingungsaufnahme potenziell verbundenen Risiken und Missbrauchspotenziale nach einer weitergehenden rechtlichen Flankierung verlangen, die insbesondere im Wege der Aufnahme zusätzlicher Prüfungskriterien und der Schaffung verfahrensrechtlicher Erleichterungen zur Durchsetzung vertraglicher Ansprüche gegenüber dem Bieter zu erfolgen hat, und zwar ohne die Interessen des Bieters unverhältnismäßig zu vernachlässigen.

> ➢ **ZIELSETZUNG 5**: *Formulierung zusätzlicher Prüfungskriterien de lege ferenda*

B. Gang der Untersuchung

Die Arbeit gliedert sich in sieben Hauptabschnitte. Der Einführung (§§ 1-2) folgt im Rahmen des ersten Teiles eine Erörterung der der Problemstellung immanenten Grundlagen. Im Anschluss an die einleitende Klärung der maßgeblichen Begrifflichkeiten des Übernahmeangebotes, der Bedingung und der MAC-Klausel (§ 3) wird in rechtlicher Hinsicht die zur Beurteilung der Zulässigkeit eines bedingten Übernahmeangebotes heranzuziehende gesetzliche Grundlage dargestellt (§ 4), gefolgt von einer dogmatischen Einordnung der MAC-Klausel in das herrschende deutsche Rechtssystem (§ 5).

Der zweite Teil der Arbeit beinhaltet eine rechtstatsächlich-empirische Untersuchung. Neben der empirischen Analyse der nationalen Erwerbs- und Übernahmeangebote in Bezug auf die Aufnahme von Bedingungen (§ 6) soll methodisch aufgezeigt werden, in welchen M&A- und Finance-Transaktionen sowie in welcher Art und Weise MAC-Klauseln darin verankert werden. Den Abschluss des zweiten Teiles bildet eine Analyse der bislang in Deutschland gewonnenen empirischen Erkenntnisse über die Aufnahme einer MAC-Klausel in Übernahmeangebote (§ 7).

Alsdann widmet sich der dritte Teil der Arbeit (§§ 8-9) einer (wertenden) Betrachtung der mit dem Instrument der Bedingung verbundenen Chancen und Risikopotenziale. In diesem Zusammenhang werden zunächst die Beweggründe für die Aufnahme einer MAC-Klausel in Übernahmeangeboten dargestellt (§ 8). Im Anschluss hieran erfolgt eine Analyse der mit einer Regelung über die Abstandnahme verbundenen Risiken und Missbrauchspotenziale, der Gefahren für die Zielgesellschaft mitsamt ihren Leitungsorganen, die Aktionäre der Bieter- und Zielgesellschaft sowie den Börsen- und Kapitalmarkt (§ 9).

Der vierte Teil der Arbeit widmet sich den Gestaltungsmöglichkeiten hinsichtlich der Abstandnahme von Übernahmeangeboten, wobei zunächst der Frage nachgegangen wird, ob die allgemeinen zivilrechtlichen Gestaltungsmöglichkeiten auf das

Übernahmeangebot im Hinblick auf dessen Rechtsnatur und Charakteristika sowie auf den Gesetzeszweck uneingeschränkt übertragen werden können (§ 10). Im Anschluss daran wird die gesetzliche Regelung der Abstandnahme von Übernahmeangeboten dargestellt (§ 11).

Der fünfte Teil der Arbeit befasst sich – nach einem kurzen Überblick über andere europäische Rechtsordnungen – mit der rechtlichen Zulässigkeit eines bedingten Übernahmeangebotes nach dem WpÜG. Im Rahmen dessen wird zunächst die Ausgestaltung objektiver Bedingungen im Allgemeinen, d.h. die sich aus dem WpÜG ergebenden rechtlichen Anforderungen an eine Bedingung einschließlich etwaiger Änderungsmöglichkeiten und Rechtsfolgen erörtert (§ 12). Alsdann werden besondere Bedingungstatbestände auf ihre Zulässigkeit hin untersucht (§ 13).

Im sechsten Teil der Arbeit wird schließlich untersucht, ob und inwieweit MAC-Klauseln in Übernahmeangeboten als zulässig zu erachten sind. Im Rahmen dessen werden vor dem Hintergrund der angloamerikanischen Rechtspraxis (§ 14) die inhaltlichen Anforderungen untersucht, die an eine MAC-Klausel in nach dem WpÜG zu beurteilenden Übernahmeangeboten zu stellen sind (§ 15).

Die Arbeit schließt im siebten Teil mit einer rechtlichen Gesamtwürdigung (§ 16) der erzielten Untersuchungsergebnisse. Hierbei soll der Versuch unternommen werden, neue gesetzliche Lösungsansätze zur Beseitigung identifizierter Regelungsdefizite aufzuzeigen, d.h. Anregungen im Hinblick auf mögliche Gesetzesänderungen in materiell-rechtlicher und verfahrensrechtlicher Hinsicht zu geben (§ 17).

Bevor im Einzelnen auf die mit einem bedingten Übernahmeangebot zusammenhängenden Rechtsprobleme eingegangen wird, soll zu Beginn der Arbeit die für die zu untersuchende Problemstellung relevante rechtswissenschaftliche Basis erläutert werden. Ziel des ersten Teiles ist es, die maßgeblichen terminologischen, rechtlichen und dogmatischen Grundlagen darzustellen, auf die im weiteren Verlauf der Erörterungen zurückzugreifen sein wird. An die einleitende Klärung der im Rahmen des Untersuchungsgegenstandes maßgeblichen Begrifflichkeiten (§ 3) schließt sich eine Darstellung der relevanten rechtlichen Grundlagen an (§ 4). Abschließend wird die MAC-Klausel als nicht ursprünglich deutsches Rechtsinstitut dogmatisch in das nationale Rechtssystem eingeordnet (§ 5).

§ 3 TERMINOLOGISCHE GRUNDLAGEN

Eine rechtliche Bewertung der zu untersuchenden Problemstellung setzt als erstes ein einheitliches Verständnis der Begriffe der Übernahme, des öffentlichen Übernahmeangebotes, der Bedingung und des „*Material Adverse Change*" voraus.

A. DER BEGRIFF DES ÜBERNAHMEANGEBOTES

Ein öffentliches Übernahmeangebot wird definiert als ein von einem Übernahmeinteressent an die Aktionäre der Zielgesellschaft gerichtetes öffentliches Angebot, ihre Anteile an der das Unternehmen betreibenden Gesellschaft (Unternehmensträger) innerhalb eines festgelegten Zeitraumes zu festgesetzten Konditionen außerhalb der Börse durch Kauf oder Tausch zu erwerben, bzw. als öffentliche Aufforderung an die Anteilsinhaber zum Verkauf der von ihnen gehaltenen Anteile.[18] Das Übernahmeangebot stellt damit eine besondere Ausprägung des allgemeinen Unternehmenskaufes in Form des Share Deal (Anteilskauf) dar.[19]

I. Die Übernahme eines Unternehmens

Wie sich bereits aus dem Begriff als solchem ergibt, ist dem Übernahmeangebot eine Übernahme immanent, unter der im Allgemeinen der Erwerb der Kontrolle über ein Unternehmens, etwa im Wege des Erwerbes der Mehrheit der stimmberechtigten Aktien, verstanden wird[20]. Das Übernahmeangebot stellt demzufolge eine besondere Form der Übernahme eines Unternehmens und damit des Unter-

[18] Siehe Möller, S. 20; Mühle, S. 23; Zinser, S. 13.

[19] HOLZAPFEL/PÖLLATH, Rn. 250. Zur Due Diligence bei Übernahmeangeboten vgl. KK-WpÜG/HASSELBACH, § 18 Rn. 47; OECHSLER in: Ehricke/Ekkenga/Oechsler, § 10 Rn. 28 ff.

[20] MÖLLER, S. 23 f.; WATTER, Rn. 90; ZINSER, S. 5. Vgl. auch die Legaldefinition des Übernahmeangebotes in § 29 Abs. 1 WpÜG als auf den Erwerb der Kontrolle gerichtetes Angebot.

nehmenskontrollerwerbes dar.[21] Das strategische Ziel des Erwerbers kann darin bestehen, so viele Aktien zu erwerben, dass er über die Hauptversammlung oder den Aufsichtsrat mittels einer Sperrminorität (25 %), einer einfachen (50 %) oder qualifizierten Dreiviertel-Mehrheit (75 %) am Grundkapital der AG oder KGaA Einflussmöglichkeiten auf die Gesellschaft, insbesondere auf deren unternehmerische Ausrichtung und Geschäftstätigkeiten erlangt.

Der Erwerb der kontrollierenden Anteilsmehrheit in einer Zielgesellschaft ist auf verschiedene Art und Weise möglich.[22] Es können außerbörslich Aktienpakete einzelner Großaktionäre erworben werden, indem sich der Erwerber direkt an sie wendet und ihnen die Übernahme der von ihnen gehaltenen Beteiligungen anbietet.[23] Solche Paketkäufe können mit langwierigen Verhandlungen verbunden sein, Indiskretionen aufgrund der Verhandlungen heraufbeschwören; auch sind vom Käufer zumeist oberhalb des Börsenkurses liegende Paketzuschläge als Verkaufsanreiz zu zahlen.[24] Ist die Aktionärsstruktur durch einen großen Streubesitz gekennzeichnet, kommt ein Erwerb der Anteilsmehrheit meist nur über die Börse in Betracht, indem Aktien bis zu einer bestimmten Beteiligungshöhe schrittweise erworben werden (sog. „*Creeping Takeover*").[25] Die häufige Nachfrage nach einem bestimmten Börsenwert führt jedoch zu einer Verknappung des Angebotes und beschwört damit Spekulationen herauf, die dazu führen, dass Kursanstiege zu verzeichnen sind und infolgedessen der Erwerber seine Preisvorstellungen nicht mehr realisieren kann.[26] Sowohl beim außerbörslichen als auch börslichen Erwerb einzelner Beteiligungen stellen zudem Vorschriften des WpHG[27] sicher, dass bei Erreichen bestimmter Beteiligungsschwellen eine Melde- bzw. Offenlegungspflicht gegenüber der Öffentlichkeit besteht, die wiederum zu einem steigenden Börsenkurs

---

[21] MÖLLER, S. 19; MÜHLE, S. 23. Zu weiteren Möglichkeiten des Kontrollerwerbes siehe VOLHARD in: Semler/Volhard, Bd. 1, § 2 Rn. 64 ff.

[22] Neben kaufrechtlichen Erwerbsvorgängen kann sich die Gesellschafterstruktur dadurch ändern, dass sich die Anteilsmehrheit im Wege einer gesellschaftsrechtlichen Auseinandersetzung oder durch Erbgang verschiebt.

[23] Siehe dazu ASSMANN/BOZENHARDT in: Assmann/Basaldua/Bozenhardt/Peltzer, S. 11; HERKENROTH, S. 74 ff.

[24] Möller, S. 21; Watter, Rn. 97 ff.

[25] Zur Kontrollerlangung i.S.e Stimmrechtsmehrheit bedarf es einer Vielzahl einzelner standardisierter und anonymer Transaktionen. Im Gegensatz zum klassischen Share Deal liegt ein Wertpapierhandel vor, der zu einer „*schleichenden*" Kontrollübernahme führt, vgl. HÖLTERS in: Hölters, Teil I, Rn. 28 ff.; WEBER-REY in: Semler/Volhard, § 11 Rn. 3. Zur rechtlichen Einordnung vgl. MUELLER-THUNS in: Rödder/Hötzel/Mueller-Thuns, § 2 Rn. 18.

[26] HÖLTERS in: Hölters, Teil I, Rn. 28; MÜHLE, S. 24; THOMA, NZG 2002, 105; THAETER in: Thaeter/Brandi, Teil 2, Rn. 781, unter Hinweis darauf, dass dadurch auch der Durchschnittskurs und damit die zu leistende Mindestgegenleistung steigt; WATTER, Rn. 93.

[27] 2. FFG v. 26.07.1994 (BGBl. I 1994, 1749), Neubekanntmachung in der Fassung der Bekanntmachung v. 09.09.1998 (BGBl. I 1998, 2708), zuletzt geändert durch das Gesetz zur Verbesserung des Anlegerschutzes (Anlegerschutzverbesserungsgesetz – AnSVG) v. 28.10.2004 (BGBl. I 2004, 2630).

und einer Verteuerung weiterer Wertpapierkäufe führt.[28] Eine von der Öffentlichkeit gänzlich unbemerkte Unternehmensübernahme (sog. „*Creeping Control Transaction*“[29]) lässt sich demnach nicht verwirklichen.

Strebt der Käufer eine einflussreiche Stimmrechtsquote an, kann aus diesem Streben die Verpflichtung folgen, ein öffentliches Übernahmeangebot nach den Vorschriften des WpÜG abzugeben. Dessen Vorteil besteht in einem kalkulierbaren Preis[30] innerhalb eines absehbaren Zeitraumes[31] ohne Vertragsverhandlungen[32]. Da das Angebot unter die Bedingung des Erreichens einer bestimmten Beteiligungshöhe gestellt werden kann[33], besteht für den Erwerber auch keine Gefahr, ein für ihn wertloses Aktienpaket unterhalb der Kontrollschwelle erwerben zu müssen. Nur wenn die beabsichtigte Annahmeschwelle erreicht wird, muss das Unternehmen tatsächlich im Wege des Angebotsvollzuges übernommen werden.[34] Im Gegensatz zum Erwerb eines Aktienpaketes steht dem Erwerber nicht nur ein einzelner, gut informierter und beratener Veräußerer gegenüber, sondern eine Vielzahl von Anlegern, die wenig oder gar nicht über den Wert der Zielgesellschaft sowie die Vor- und Nachteile einer Annahme des Angebotes informiert sind.[35]

Wirtschaftliche Nachteile erwachsen aber daraus, dass ein Übernahmeangebot mit erheblichen Transaktionskosten verbunden ist.[36] Es ist regelmäßig ein Konsortium zur Angebotsfinanzierung einzuschalten. Die Angebotsunterlage ist in einem der in § 14 Abs. 3 WpÜG genannten Medien zu veröffentlichen. Üblich ist ferner die Zahlung eines über dem Börsenkurs liegenden Angebotspreises (sog. „*Kontrollprämie*“) als Annahmeanreiz für die Anteilsinhaber der zu übernehmenden Gesellschaft. Ein besonderes Preisrisiko besteht darin, dass bei vorzeitigem Bekanntwerden der Übernahmeabsicht die Gefahr einer missbräuchlichen Ausnutzung dieser Information und damit eines sprunghaften Anstieges des Börsenkurses der Zielgesellschaft infolge einer deutlich gestiegenen Nachfrage nicht auszuschließen ist.

---

[28] Siehe §§ 21 ff. WpHG, vgl. BEISEL in: Beisel/Klumpp, 14. Kapitel, Rn. 20; BOUCHON/MÜLLER-MICHAELS in: Hölters, Teil X, Rn. 33. Siehe auch die Mitteilungspflichten nach §§ 20 f. AktG. Um zu vermeiden, dass der Erwerb der Anteile als abgeschlossen i.S.v. §§ 21 f. WpHG gilt, kann nach THAETER in: Thaeter/Brandi, Teil 2, Rn. 753 ff., vereinbart werden, dass der Großaktionär seine Aktien nur bedingt auf die Abgabe des Übernahmeangebotes zum Kauf anbietet.

[29] Bröcker/Weisner, Rn. 16.

[30] Siehe die gesetzlichen Anforderungen an die Gegenleistung bei einem Übernahme- und Pflichtangebot in §§ 31 (i.V.m. § 39) WpÜG, 31 Abs. 7 WpÜG i.V.m. §§ 3 ff. WpÜG-AngVO.

[31] Der verfahrensrechtliche Ablauf mitsamt einzuhaltender Fristen ist in den §§ 10 ff. WpÜG gesetzlich vorgegeben, siehe hierzu 3. Teil § 8 A. I.

[32] Zu den Auswirkungen eines fehlenden Verhandlungspartners und der damit einhergehenden Einschränkung sonst im Rahmen der Privatautonomie bestehender rechtlicher Möglichkeiten siehe unten 4. Teil § 10 B.

[33] Siehe hierzu 2. Teil § 6 B. I.; 5. Teil § 13 A.

[34] Liebscher, ZIP 2001, 853, 855.

[35] LAND, DB 2001, 1707, 1708 Fn. 12.

[36] MÜHLE, S. 25; zu weiteren Nachteilen auch MÖLLER, S. 21.

Da mit jedem Kontrollerwerb angesichts steigender Börsenkurse oder zu zahlender Kontrollprämien Transaktionskosten einhergehen, ist die Praxis zu einem zweistufigen Übernahmeverfahren übergegangen. In einem ersten Schritt wird eine Sockelbeteiligung von zumeist – wegen der Veröffentlichungspflicht gemäß § 21 WpHG – bis zu 4,99 % der Anteile an der Zielgesellschaft über die Börse oder von einem (institutionellen) Anleger aufgekauft. Der Erwerber versucht dann in einem zweiten Schritt, mittels eines öffentlichen Übernahmeangebotes die restlichen für den Kontrollerwerb erforderlichen Aktien zu erwerben.[37] Auf diese Weise verhindert der Bieter einen schnellen Kursanstieg, der im Rahmen des „*Creeping Takeover*" vermehrt zu beobachten ist. Das Risiko einer Verteuerung der Transaktion infolge einer höheren Gegenleistung wird so minimiert, wie auch infolge einer zumeist festgesetzten Mindestakzeptanzschwelle das Übernahmeangebot nur im Falle des tatsächlichen Erreichens der Schwelle wirksam wird.

II. Das öffentliche Übernahmeangebot

Die Anwendbarkeit des WpÜG als solches beschränkt sich nicht allein auf öffentliche Übernahmeangebote, sondern gilt nach §§ 1 f. WpÜG für sämtliche öffentliche Angebote zum Erwerb von Wertpapieren[38] einer inländischen AG oder KGaA, auch wenn diese nicht auf den Erwerb der Kontrolle ausgerichtet sind. Für die Frage der Anwendbarkeit des WpÜG kommt es demnach nicht darauf an, ob der beabsichtigte Erwerb zum Einstieg unterhalb der Kontrollschwelle, zur Kontrollerlangung oder zur Aufstockung der kontrollierenden Beteiligung erfolgt. Allerdings enthält das WpÜG neben den allgemeinen Vorschriften besondere Regelungen für die einzelnen Angebotsarten, die eine Abgrenzung des Übernahmeangebotes sowohl vom Erwerbs- als auch vom Pflichtangebot erforderlich machen.[39]

1. ÜBERNAHMEANGEBOT IN ABGRENZUNG ZUM ERWERBS- UND PFLICHTANGEBOT

a) Erwerbsangebot

Erwerbs- und Übernahmeangeboten ist die Tatsache gemein, dass sich der Erwerb anonym und standardisiert vollzieht, d.h. dem Bieter nicht – wie bei einem Paketkauf außerhalb der Börse – der einzelne Aktionär im Rahmen von Vertragsverhandlungen als Vertragspartner gegenübersteht.[40] In beiden Fällen handelt es sich

---

[37] Adolff/Meister/Randell/Stephan, S. 117; Liebscher, ZIP 2001, 853, 855.

[38] Eine Legaldefinition der Wertpapiere enthält § 2 Abs. 2 WpÜG, dazu KK-WpÜG/VERSTEEGEN, § 2 Rn. 77 ff. Zu Anwendungsfragen des WpÜG siehe STRUNK/LINKE, S. 4 ff.

[39] Zur Anwendbarkeit der das Erwerbs-/Übernahmeangebot betreffenden Vorschriften auf Übernahme-/Pflichtangebote siehe §§ 34, 39 WpÜG. Allgemein zu den Angebotsarten aus Sicht des Bieters ASSMANN, AG 2002, 114 ff.

[40] MUELLER-THUNS in: Rödder/Hötzel/Mueller-Thuns, § 2 Rn. 18. Zur rechtlichen Qualifikation des Übernahmeangebotes siehe 4. Teil § 10 B. I.

um die von einem Bieter ausgehende, auf einem freiwilligen Entschluss beruhende Offerte an die Aktionäre einer Zielgesellschaft, die von ihnen gehaltenen Anteile innerhalb eines festgesetzten Zeitraumes zu festgesetzten Konditionen durch Kauf oder Tausch zu erwerben.[41] Das entscheidende Abgrenzungskriterium zwischen diesen beiden Angebotsarten stellt der (nicht) beabsichtigte Kontrollerwerb bzw. die bereits bestehende Anteilsmehrheit des Bieters dar.

Das Übernahmeangebot wird in § 29 Abs. 1 WpÜG als der beabsichtigte Erwerb der Kontrolle an einer anderen Gesellschaft, der Zielgesellschaft verstanden, die gemäß § 2 Abs. 3 WpÜG eine AG oder KGaA sein muss.[42] Kontrolle bedeutet nach der Legaldefinition in § 29 Abs. 2 WpÜG das Halten von mindestens 30 % der Stimmrechte an der Zielgesellschaft, wobei dem Bieter bzw. den i.S.v. § 2 Abs. 4 WpÜG zusammenwirkenden Bietern[43] Stimmen Dritter nach § 30 WpÜG zuzurechnen sind, wie auch Aktien berücksichtigt werden müssen, bei denen die Stimmrechtsausübung beschränkt ist.[44] Da demnach weder die Hauptversammlungspräsenz der jeweiligen Zielgesellschaft noch die Art und Weise der Kontrollerlangung relevant ist, stellt die absolute Stimmrechtszahl nach Ansicht des Gesetzgebers ein eindeutiges und nachprüfbares Kriterium dar.[45] Statistiken über die Präsenzen in Hauptversammlungen deutscher börsennotierter Aktiengesellschaften hätten gezeigt, dass in den meisten Fällen eine Beteiligungsquote von 30 % an einer Gesellschaft die einfache Mehrheit gewährleisten würde.[46]

Beabsichtigt der Bieter dagegen nicht die Kontrollerlangung über die Zielgesellschaft oder ausschließlich die freiwillige Aufstockung seiner bestehenden Kontrollbeteiligung, ohne ein Pflichtangebot abgeben zu müssen[47], liegt ein Erwerbsange-

---

[41] MÜHLE, S. 23; siehe auch die Legaldefinition des Angebotes in § 2 Abs. 1 WpÜG.

[42] Zur Zulassung zum Handel an einem organisierten Markt und zum europäischen Wirtschaftsraum siehe die Legaldefinitionen in § 2 Abs. 7 und Abs. 8 WpÜG.

[43] Ein gemeinsames Handeln i.S.v. § 2 Abs. 5 WpÜG ist nicht ausreichend. Das Angebot muss bürgerlich-rechtlich als solches auch des präsumtiven Bieters anzusehen sein, vgl. KK-WpÜG/VERSTEEGEN, § 2 Rn. 131 ff.

[44] Z.B. eigene Aktien, Begr. RegE-WpÜG, BT-Drucks. 14/7034, S. 53 zu § 29 Abs. 2; ASSMANN, AG 2002, 114 f.

[45] So Begr. RegE-WpÜG, BT-Drucks. 14/7034, S. 53 zu § 29 Abs. 2 WpÜG. Zur Diskrepanz zum Kontrollbegriff des § 17 AktG als konzeptionelle Schwachstelle MÜLBERT, ZIP 2001, 1221, 1225 f. Für eine kritische Überprüfung in der Zukunft aufgrund zu erwartender Steigerungen der Präsenzzahlen infolge verstärkten Einsatzes des Internets und sonstiger Neuer Medien LAND/HASSELBACH, DB 2000, 1747, 1753 Fn. 67; MÖLLER in: Assmann/Pötzsch/Schneider, § 29 Rn. 9.

[46] Begr. RegE-WpÜG, BT-Drucks. 14/7034, S. 53 zu § 29 Abs. 2 WpÜG, auch unter Verweis auf eine entsprechende Definition in anderen EU-Ländern. Vgl. auch BMJ, NZG 2004, 948, 950.

[47] Ein Angebot nach Kontrollerwerb dient dazu, die Minderheit im Unternehmen auszukaufen, um die für den Unternehmensvertragsschluss, eine Eingliederung oder einen Squeeze-out erforderliche Mehrheit zu erlangen, vgl. GEIBEL/SÜßMANN, BKR 2002, 52 f.; KRAUSE, NJW 2002, 705 f.; MÜHLE, S. 191; THOMA, NZG 2002, 105, 106 f.

bot vor.[48] Erwerbsangebote sind somit Angebote zum Erwerb einer Beteiligung, die unter Berücksichtigung einer bereits bestehenden Beteiligung unterhalb der Kontrollschwelle bleibt oder die allein der freiwilligen Aufstockung einer bestehenden Kontrollbeteiligung dient.

b) Pflichtangebot

Entscheidendes Kriterium zur Abgrenzung des Übernahmeangebotes vom Pflichtangebot i.S.v. § 35 Abs. 1 WpÜG[49] ist das der Freiwilligkeit. Während der Bieter eines Übernahme- oder auch Erwerbsangebotes dieses freiwillig abgibt, wird der Bieter im Rahmen eines Pflichtangebotes zur Abgabe eines Angebotes unter bestimmten, gesetzlich im Einzelnen geregelten Voraussetzungen verpflichtet. Ob ein Übernahmeangebot abgegeben werden kann oder ein Pflichtangebot abzugeben ist, hängt entscheidend vom Innehaben der Kontrolle[50] des Bieters über die Zielgesellschaft ab. Erstrebt der Bieter lediglich die Kontrolle über die Zielgesellschaft, hat er diese aber noch nicht, gibt er ein Übernahmeangebot ab. Zur Bestimmung des Vorliegens eines Übernahmeangebotes gilt mithin allein ein subjektiver Ansatz.
Demgegenüber stellt die Definition des Pflichtangebotes auf einen objektiven Ansatz ab. Hat der Bieter außerhalb eines Übernahmeverfahrens durch (außer-)börslichen Erwerb, Ausübung des Bezugsrechtes im Rahmen einer Kapitalerhöhung, eine Fusion[51] oder durch Gesamtrechtsnachfolge infolge eines Erbganges (un-)mittelbar die Kontrolle i.S.v. § 29 Abs. 2 WpÜG über die Zielgesellschaft erlangt, hat er diese Kontrollerlangung unter Angabe der Höhe seines Stimmrechtsanteiles unverzüglich, spätestens innerhalb von zwei Werktagen, zu veröffentlichen (§ 35 Abs. 1

---

[48] Bei der Frage, ob das Angebot auf den Erwerb der Kontrolle gerichtet ist, kommt es nach OECHSLER, ZIP 2003, 1330 f., darauf an, „*ob das Angebot objektiv nach seinem inhaltlichen Zuschnitt erwarten lässt, dass der Bieter genug Verkaufsinteressenten werben wird, um gemeinsam mit den ihm bereits zurechenbaren Stimmrechten die Kontrollschwelle zu überschreiten.*"

[49] Die nach dem WpÜG zu beurteilenden Pflichtangebote betreffen nicht Abfindungsangebote nach den §§ 29, 207 UmwG, §§ 305, 320 b AktG, siehe Begr. RegE-WpÜG, BT-Drucks. 14/7034, S. 34 zu § 2 Abs. 1; dazu auch KK-WpÜG/VERSTEEGEN, § 2 Rn. 68 ff. Zum obligatorischen Übernahmeangebot ausführlich KRAUSE.

[50] Zur Bestimmung der Kontrollerlangung siehe die Formel bei ADOLFF/MEISTER/RANDELL/STEPHAN, S. 118. Zum Zeitpunkt des Innehabens der Kontrolle und zu den sog. „*Altfällen*", bei denen bereits vor dem 01.01.2002 eine Kontrollbeteiligung bestand, GEIBEL/SÜßMANN, BKR 2002, 52, 62 f.; THOMA, NZG 2002, 105, 112.

[51] Zur Frage, ob die Kontrollerlangung das Pflichtangebot auch auslöst, wenn der Kontrollerwerb auf umwandlungsrechtliche Vorgänge zurückgeht, siehe KRAUSE/PÖTZSCH in: Assmann/Pötzsch/Schneider, § 35 Rn. 136 ff.; HOMMELHOFF/WITT in: Haarmann/Riehmer/Schüppen, § 35 Rn. 25 ff.; KOPP/VON DRYANDER in: Apfelbacher/Barthelmess/Buhl/von Dryander, § 35 Rn. 3 ff.; NÖRR/STIEFENHOFER, S. 84 ff.; KK-WpÜG/VON BÜLOW, § 35 Rn. 67 ff.; WEBER-REY/SCHÜTZ, AG 2001, 325, 329.

S. 1 und 4 WpÜG) und ein Pflichtangebot abzugeben.[52] Einer subjektiven Komponente dergestalt, dass der Erwerb und die Beibehaltung der kontrollierenden Beteiligung gewollt sind, bedarf es nicht.[53] Ein mittelbarer Kontrollerwerb liegt etwa vor, wenn eine Erwerbergesellschaft zwischengeschaltet oder ein Unternehmen unmittelbar erworben wird, welches als Tochterunternehmen des Bieters i.S.v. § 2 Abs. 6 WpÜG anzusehen ist und dem Erwerber mit Erwerb der Beteiligung an dem Unternehmen dessen Beteiligung an der Zielgesellschaft über § 30 Abs. 1 Nr. 1 WpÜG zugerechnet wird[54]. Auch die übrigen Fälle der Zurechnung von Stimmrechten gem. § 30 Abs. 1 Nr. 2-6 und Abs. 2 WpÜG stellen Fälle des mittelbaren Kontrollerwerbes dar.[55] In bestimmten Ausnahmefällen kann jedoch die BaFin nach § 37 WpÜG von der Abgabe eines Pflichtangebotes befreien.[56]

Die Tatsache, dass Übernahme- und Pflichtangebote mit Ausnahme der in § 39 WpÜG genannten Vorschriften im Wesentlichen[57] denselben Anforderungen unterliegen, ermöglicht dem Bieter, ein freiwilliges und ein diesem folgendes obligatorisches Übernahmeangebot in einem Schritt ohne weiteren Zeit- und Kostenaufwand durchzuführen. Die Abgabe eines weiteren Pflichtangebotes ist nicht erforderlich, wenn die Kontrolle aufgrund eines Übernahmeangebotes erlangt wird, § 35 Abs. 3 WpÜG („*befreiendes*“ Übernahmeangebot).[58]

2. TERMINOLOGIEN

Wurden zuvor die entscheidenden Abgrenzungskriterien zwischen den unterschiedlichen Angebotsarten des WpÜG dargestellt, können bezüglich des Übernahmean-

[52] Sog. „*Konzerneingangskontrolle*“ als Aktionärsrecht, gegen Gewährung einer angemessenen Entschädigung aus der Gesellschaft auszuscheiden. Der ex-post Schutz außenstehender Aktionäre einer abhängigen AG und deren Gläubiger (§§ 311 ff. AktG) ist daher nicht obsolet, BAUMS, D 3.70; vgl. HOUBEN, WM 2000, 1873, 1876 f.; THAETER in: Thaeter/Brandi, Teil 2, Rn. 516 ff.; THIEL in: Semler/Volhard, § 31 Rn. 49; THOMA, NZG 2002, 105, 111; KK-WpÜG/VON BÜLOW, § 35 Rn. 4. Zu vom Pflichtangebot ausgenommenen Aktien siehe § 35 Abs. 2 S. 3 WpÜG.

[53] THAETER in: Thaeter/Brandi, Teil 2, Rn. 545 ff.

[54] Begr. RegE-WpÜG, BT-Drucks. 14/7034, S. 59 zu § 35 Abs. 1 WpÜG. Zum mittelbaren Kontrollerwerb bei der Tochtergesellschaft § 9 WpÜG-AngVO; vgl. ADOLFF/MEISTER/RANDELL/STEPHAN, S. 230 f. Zum passiven Kontrollerwerb KK-WpÜG/VON BÜLOW, § 35 Rn. 57 ff.

[55] KK-WpÜG/VON BÜLOW, § 35 Rn. 53 ff.; kritisch zur unklaren Regelung, was unter mittelbarem Kontrollerwerb zu verstehen ist, DAV-HANDELSRECHTSAUSSCHUSS, NZG 2001, 1003, 1007. Zur Problematik der Zurechnung von stimmberechtigten Aktien und der Nichtberücksichtigung von Stimmrechten (§ 36 WpÜG) ASSMANN, AG 2002, 114, 118; HASSELBACH in: Picot/Mentz/Seydl, Teil V, Rn. 67 f., 70 ff. Zum sog. „*Acting in concert*“ STRUNK/LINKE, S. 19 ff.

[56] Siehe zu den Befreiungstatbeständen BOUCHON/MÜLLER/MICHAELS in: Hölters, Teil X, Rn. 125 ff.

[57] Zur Zulässigkeit von Bedingungen in Pflichtangeboten siehe unten 4. Teil § 11 C. II.

[58] Siehe zur Konkurrenz von Übernahme- und Pflichtangebot LENZ/BEHNKE, BKR 2003, 43, 48 m.w.N. Siehe auch Art. 5 Abs. 2 Übernahme-RL, hierzu KRAUSE/PÖTZSCH in: Assmann/Pötzsch/Schneider, § 35 Rn. 25.

gebotes i.S.v. § 29 Abs. 1 WpÜG weitere, für die Beachtung einzelner Vorschriften des WpÜG relevante Systematisierungen vorgenommen werden.[59]

a) Freundliches und feindliches Übernahmeangebot

So wird ein Übernahmeangebot weiter danach klassifiziert, wie die Leitungsorgane der Zielgesellschaft den Übernahmeversuch durch den Bieter beurteilen. Gehen einem Übernahmeangebot keine Gespräche mit dem Vorstand und Aufsichtsrat der betroffenen AG oder KGaA voraus oder bestehen Einwendungen gegen den Kontrollerwerb durch den Bieter, wird von einem „*unfreundlichen*" oder auch „*feindlichen*" Übernahmeangebot („*unfriendly takeover bid*" oder „*hostile takeover bid*") gesprochen. Die Übernahme wird in diesen Fällen direkt zwischen den Anteilseignern der Zielgesellschaft und dem Bieter vollzogen, ohne dass eine Kooperation und Koordination mit den Leitungsorganen der Zielgesellschaft stattfindet.[60] Entscheidend für die Qualifizierung als unfreundliches Übernahmeangebot ist somit, dass eine Einigung mit den Leitungsorganen der Zielgesellschaft über die Übernahme als solche als auch ihre Konditionen nicht erreicht wird.[61] In derartigen Fällen versuchen diese vielmehr, die Übernahme abzuwehren. Hierbei hat er allerdings § 33 Abs. 1 S. 1 WpÜG zu beachten, wonach er während des laufenden Übernahmeverfahrens grundsätzlich keine Handlungen vornehmen darf, durch die der Erfolg des Angebotes verhindert werden könnte.[62] Zur Erhöhung der Erfolgschancen des Übernahmeangebotes, offeriert der Bieter seinerseits den Anteilseignern der Zielgesellschaft zumeist eine deutlich über dem Börsenkurs liegende Gegenleistung.[63]
Im Gegensatz dazu wird ein Übernahmeangebot, bei dem der Erwerb mit dem Willen des Managements bzw. einvernehmlich erfolgt, als „*freundliches*" Übernahmeangebot („*friendly takeover bid*") bezeichnet.[64] Die Leitungsorgane der Zielgesellschaft sind in die Vorbereitung und Durchführung der Übernahme mit eingebunden und übernehmen dadurch eine Mittlerfunktion gegenüber den eigenen Aktionären.

---

[59] Die finale Intention der Übernahme ist im Rahmen des WpÜG bedeutungslos; siehe hierzu MÜHLE, S. 27.

[60] So u.a. Assmann/BOZENHARDT in: Assmann/Basaldua/Bozenhardt/Peltzer, S. 8; BERGER, ZIP 1991, 1644, 1646; KLEIN, NJW 1997, 2085; KRAUSE, WM 1996, 845; SCHANZ, § 17 Rn. 3. SCHMIDT, Gesellschaftsrecht, 3. Aufl., § 26 II. 3., bezeichnete als feindliche Übernahme den Erwerb großer Aktienpakete aus unternehmensfremden Motiven.

[61] PICOT in: Picot, Teil I, Rn. 171. Ein feindliches Übernahmeverfahren wurde in Deutschland bislang nicht durchgeführt; in allen Fällen kam es letztlich zu einer Einigung mit dem Management der Zielgesellschaft. Zu den Gründen für ihre geringe Attraktivität SCHANZ, § 17 Rn. 1 f.

[62] Zu § 33 WpÜG und möglichen Abwehrmaßnahmen u.a. KRAUSE, BB 2002, 1053 ff.; SCHNEIDER, AG 2002, 125 ff.; WINTER/HARBARTH, ZIP 2002, 1 ff. Siehe auch unten 3. Teil § 8 A. II.

[63] Aus diesem Grund kritisch zum Begriff des feindlichen Übernahmeangebotes EBENROTH/DAUM, DB 1991, 1105 f.; LANGE, WM 2002, 1737 Fn. 5; dazu auch RICHTER in: Semler/Volhard, § 52 Rn. 12 f.

[64] BEISEL in: Beisel/Klumpp, 14. Kapitel Rn. 14; MÜHLE, S. 25 f.; MUELLER-THUNS in: Rödder/Hötzel/Mueller-Thuns, § 2 Rn. 17.

b) Voll- und Teilangebot

Ebenso von Bedeutung ist die begriffliche Differenzierung hinsichtlich der erfassten Angebotsmenge. Angebote, die sich nur auf die Übernahme eines Teiles der Wertpapiere der Zielgesellschaft erstrecken, werden als „*Teilangebote*" bezeichnet.[65] Sind dagegen alle Aktien außenstehender Anteilsinhaber vom Angebot umfasst, so handelt es sich um ein „*Vollangebot*".

Während bei Erwerbsangeboten – wie aus einem Umkehrschluss zu den §§ 32, 39 WpÜG sowie aus § 19 WpÜG ersichtlich – zwischen der Abgabe eines Voll- und Teilangebotes gewählt werden kann, müssen sich demgegenüber Übernahme- und Pflichtangebote immer an sämtliche Aktionäre richten und alle Stamm- und Vorzugsaktien der Zielgesellschaft umfassen.[66] Der durch die genannten Vorschriften bezweckte Konzerneingangsschutz lässt keine Ausnahmen zu, da der Schutz der Minderheitsaktionäre in Fällen des Kontrollwechsels nur dadurch zu erreichen ist, dass sämtliche Anteilsinhaber der Zielgesellschaft die Möglichkeit besitzen, aus der Zielgesellschaft auszuscheiden.[67] Teilangebote sind demnach nur zulässig, soweit der Bieter keine Übernahme der Zielgesellschaft beabsichtigt oder lediglich seine Kontrollbeteiligung aufstocken möchte. Die Teilangeboten immanente Gefahr, dass nur die ersten Anteilsinhaber das Angebot nach dem Prinzip „*first come, first serve*" annehmen können und die Kontrollprämie erhalten, sich insofern ein Entscheidungsdruck aufbaut, wird dadurch minimiert, dass nach § 19 WpÜG im Falle einer Angebotsüberzeichnung grundsätzlich eine Zuteilung pro rata erfolgt.[68]

c) Bar- und/oder Tauschangebot

Zuletzt kann hinsichtlich der im Übernahmeangebot festgesetzten Gegenleistung zwischen Bar- und Tauschangeboten differenziert werden. In den Fällen, in denen der Bieter die Zahlung eines Geldbetrages als Gegenleistung für die jeweiligen Aktien anbietet, liegt ein „*Barangebot*" vor. Werden dagegen Anteile – typischerweise an der Bietergesellschaft – angeboten, handelt es sich um ein „*Tauschangebot*"[69]. Möglich ist auch eine Kombination beider Gegenleistungsarten. Bei Übernahme- und Pflichtangeboten muss die nach § 31 Abs. 1 WpÜG zu leistende angemessene Gegenleistung entweder in einer Geldleistung in Euro oder in liquiden Aktien bestehen, die zum Handel an einem organisierten Markt zugelassen sind oder zu diesem

[65] ASSMANN/BOZENHARDT in: Assmann/Basaldua/Bozenhardt/Peltzer, S. 88 f.

[66] Die allgemeine Regelung des § 19 WpÜG über die Zulässigkeit von Teilangeboten gilt demnach nicht für Übernahmeangebote, ADOLFF/MEISTER/RANDELL/STEPHAN, S. 153. Zum sog. „*Two-Tier, Front-End Loaded Tender Offer*" als Sonderform des Teilangebotes siehe HERKENROTH, S. 141 ff.; MÜHLE, S. 26; NÖRR/STIEFENHOFER, S. 40 f.

[67] KK-WpÜG/HASSELBACH, § 32 Rn. 12. Siehe aber die Ausnahmeregelung des § 24 WpÜG, die von § 32 WpÜG ausdrücklich nicht berührt wird.

[68] Zur Problematik der Entstehung von Splitterbeteiligungen und daraus abgeleiteten Ausnahmen von der *pro rata*-Zuteilung siehe Begr. RegE-WpÜG, BT-Drucks. 14/7034, S. 48 zu § 19 WpÜG.

[69] ASSMANN/BOZENHARDT in: Assmann/Basaldua/Bozenhardt/Peltzer, S. 8.

Zwecke erstmalig zugelassen werden[70], § 31 Abs. 2 WpÜG. Ein Barangebot ist nach § 31 Abs. 3 WpÜG allerdings dann verpflichtend, wenn innerhalb der letzten drei Monate vor Veröffentlichung der Absicht zur Abgabe eines Übernahmeangebotes mindestens fünf Prozent oder nach der genannten Veröffentlichung bis zum Ablauf der Annahmefrist mindestens ein Prozent der Aktien oder Stimmrechte an der Zielgesellschaft gegen Zahlung einer Geldleistung erworben wurden.[71]

3. BEGRIFF DER ÖFFENTLICHKEIT

Über den vom Bieter beabsichtigten Kontrollerwerb hinaus setzt § 29 Abs. 1 WpÜG für die Qualifikation als Übernahmeangebot voraus, dass ein Angebot vorliegt. Dieses wiederum zeichnet sich nach der Legaldefinition in § 2 Abs. 1 WpÜG dadurch aus, dass es öffentlich erfolgt und *„der Erwerbsinteressent den Adressatenkreis nur aufgrund der Aktionärseigenschaft bzw. der Eigenschaft als Inhaber der zu erwerbenden Wertpapiere einschränkt"*.[72] Mangels Definition des Begriffes der Öffentlichkeit im WpÜG bleibt jedoch unklar, was darunter zu verstehen ist.[73] Der Gesetzgeber gibt einzig zu erkennen, dass eine Vielzahl von Kriterien, wie z.B. die Größe des Adressatenkreises, die Tatsache der (Nicht-)Verhandelbarkeit, der Vorformulierung der Konditionen des Angebotes oder die Natur einzelner Angebotsbedingungen, etwa ein Rücktrittsvorbehalt bei Nichterreichen einer bestimmten Annahmequote, heranzuziehen sind.[74] Der Begriff des öffentlichen Angebotes muss daher bei einem Kauf- und Verkaufsangebot nicht identisch sein, zumal auch das VerkProspG keine Legaldefinition enthält.[75] Letzteres ist nach herrschender Auffassung öffentlich, wenn aufklärungsbedürftige Anleger mittels Werbung auf eine konkrete Erwerbsmöglichkeit zielgerichtet angesprochen werden.[76] Die Öffentlichkeit eines Angebotes kann auch nicht daraus geschlossen werden, dass das Angebot nach den in § 14

[70] Verlangt wird nicht, dass die Aktien bereits vor der Übernahme hätten handelbar sein müssen, da ansonsten weder sog. *„triangle merger"* möglich wären noch neue Aktien als Gegenleistung angeboten werden könnten. Siehe dazu KRAUSE, NJW 2002, 709, 711; REICHERT in: SEMLER/VOLHARD, § 17 Rn. 6 ff.

[71] Siehe zu der bei einem Barangebot nach § 13 Abs. 1 S. 2 WpÜG erforderlichen Finanzierungsbestätigung im Kontext von § 18 Abs. 1 WpÜG unten 5. Teil § 12 C. II. 1. c).

[72] THAETER in: Thaeter/Brandi, Teil 2, Rn. 9.

[73] Zu den Gründen einer fehlenden Definition Begr. RegE-WpÜG, BT-Drucks. 14/7034, S. 33 zu § 2 Abs. 1 WpÜG; vgl. PÖTZSCH in: Assmann/Pötzsch/Schneider, § 2 Rn. 26, 33ff. Kritisch zur fehlenden Regelung und einer Lösungsmöglichkeit BAUM, AG 2003, 144 f., 151 f., 155; KK-WpÜG/VERSTEEGEN, § 2 Rn. 47.

[74] Begr. RegE-WpÜG, BT-Drucks. 14/7034, S. 33 zu § 2 Abs. 1 WpÜG.

[75] KRAUSE, NJW 2002, 705 f. Ebenso einen Wertungstransfer zwischen VerkProspG und WpÜG ablehnend FLEISCHER, ZIP 2001, 1653, 1654 f.; PÖTZSCH in: Assmann/Pötzsch/Schneider, § 2 Rn. 32; KK-WpÜG/VERSTEEGEN, § 2 Rn. 48. Für eine zusätzliche Heranziehung der zum öffentlichen Angebot i.S.d. § 1 VerkProspG herausgebildeten Grundsätze ASSMANN, AG 2002, 114 f. Fn. 3.

[76] Bekanntmachung des BAWE zum VerkProspG v. 06.09.1999, BAnz. Nr. 177 (21.09.1999), S. 16180 I. 2.; RITZ in: ASSMANN/LENZ/RITZ, § 1 Rn. 39 ff. m.w.N. zur Gegenmeinung.

WpÜG enthaltenen Bestimmungen in besonderer Weise zu veröffentlichen ist. Die Veröffentlichungspflicht stellt vielmehr eine rechtliche Folge dar, nicht jedoch ein konstitutives Element des öffentlichen Angebotes.[77]

Wird auf den allgemeinen Sprachgebrauch abgestellt, so sind öffentliche Angebote solche, die sich an eine Vielzahl von Personen, d.h. einen unbestimmten Personenkreis, richten. Vor diesem Hintergrund schlägt BAUM vor, das öffentliche Übernahmeangebot vom Paketkauf und sukzessiven Aufkauf über die Börse abzugrenzen.[78] Beim Paketkauf wird das Angebot allein gegenüber einem begrenzten Personenkreis, namentlich gegenüber dem(n) Paketinhaber(n) abgegeben. Auch die Angebotsabgabe beim Erwerb über die Börse erfolgt nicht gegenüber der Allgemeinheit, die Kauforder wird vielmehr in ein elektronisches Börsenhandelssystem eingestellt.[79] Als ergänzende Kriterien seien die einseitige Festlegung der Angebotsbedingungen, die Verbindlichkeit des Angebotes sowie die Zeitgleichheit des Erwerbes mittels zeitgleicher Übermittlung der Angebotsunterlage heranzuziehen.[80] Auch FLEISCHER sieht die Abgabe an einen größeren Personenkreis in öffentlichen Medien als entscheidendes Kriterium an. Die Gleichzeitigkeit ergebe sich aus der Bekanntgabe in öffentlichen Medien[81] einschließlich des Internets. Bei privaten Angeboten sei eine Mindestanzahl an Aktionären erforderlich, die durch das Angebot angesprochen sein müsse, um eine Umgehung des WpÜG durch gezielte Privatansprachen auszuschließen; Indiz sei insofern ein größerer Adressatenkreis sowie ein

[77] ADOLFF/MEISTER/RANDELL/STEPHAN, S. 115; KK-WpÜG/VERSTEEGEN, § 2 Rn. 49. Auch eine Bestimmung anhand einer rechtsvergleichenden Betrachtung scheitert, da weder in den USA eine einheitliche Begriffsbestimmung des „*Tender Offer*" vorherrscht noch die Einleitung des britischen *City Code on Takeovers and Mergers* (nachfolgend: Takeover Code), abgedruckt bei HIRTE, Teil 6, eine eindeutige Definition enthält, siehe ausführlich BAUM, AG 2003, 144, 145 ff. Für den Acht-Faktoren-Test (dazu HERKENROTH, S. 150 ff.) als Maßstab für die Bestimmung der Öffentlichkeit KOPP/VON DRYANDER in: Apfelbacher/Barthelmess/Buhl/von Dryander, § 2 Rn. 8 f.

[78] BAUM, AG 2003, 144 f.

[79] BAUM, AG 2002, 144, 152; KK-WpÜG/VERSTEEGEN, § 2 Rn. 57. Demgegenüber sehen STEINMEYER/HÄGER, § 1 Rn. 12, auch einen individuell ausgehandelten Paketkauf von einem Großaktionär bei öffentlicher Bekanntgabe der Erwerbsabsicht als öffentliches Angebot an, wogegen jedoch die Intention des Gesetzgebers spricht.

[80] BAUM, AG 2003, 144, 156 f. Ders., AG 2003, 144, 159 f., spricht sich zudem für eine Eingrenzung durch am Typ des Anteilseigners ansetzende Ausnahmetatbestände aus; i.d.S. auch ANGERER in: GEIBEL/SÜßMANN, § 1 Rn. 20 f. Dagegen spricht jedoch § 3 Abs. 1 WpÜG (Gleichbehandlungsgebot) wie auch der Begriff der Öffentlichkeit den Angebotsvorgang charakterisiert, KK-WpÜG/VERSTEEGEN, § 2 Rn. 54.

[81] Nach KK-WpÜG/VERSTEEGEN, § 2 Rn. 65 f., ist das Angebot mit der Nutzung allgemein zugänglicher Medien für die Kommunikation gegenüber den Wertpapierinhabern in aller Regel öffentlich (siehe dort auch zur Nutzung typisch privater Medien und ihrer indiziellen Bedeutung für eine individuelle Kommunikation); vgl. auch PÖTZSCH in: Assmann/Pötzsch/Schneider, § 2 Rn. 31, 33.

Aufpreis über dem gängigen Marktpreis.[82] Auf die Zahl der Adressaten kommt es somit nach beiden Auffassungen nicht an.[83] Entscheidend sind vielmehr die Entindividualisierung des Adressatenkreises, die damit verbundenen Gefahren und das sich daraus ergebende Schutzbedürfnis der Aktionäre.[84] Als weitere Kriterien werden die fehlende persönliche Beziehung der Adressaten untereinander oder zum Bieter und die Zugänglichkeit des Angebotstextes für jedermann genannt.[85]

Der Begriff der Öffentlichkeit ist unter Berücksichtigung der Schutzziele des WpÜG einzelfallbezogen auszulegen.[86] Die wertende Gesamtschau muss berücksichtigen, ob die Angebotskonditionen für alle Adressaten identisch sind, das Angebot an einen begrenzten Personenkreis gerichtet ist, der dem Bieter im Einzelnen bekannt ist und von ihm nach individuellen Gesichtspunkten gezielt angesprochen wird, oder es einseitig formuliert an eine Vielzahl von Aktionären gerichtet ist, „*die nicht aus eigener Kraft in der Lage sind, den offerierten Kaufpreis auf ihre Werthaltigkeit hin zu untersuchen und die zugleich finanziell und zeitlich in einer kollektiven Entscheidungssituation unter Druck gesetzt werden können*“.[87] Angebote können daher auch öffentlich sein, wenn es sich um Namensaktien handelt und es dem Bieter aufgrund über das Aktienregister erlangter Kenntnis möglich war, sämtliche Aktionäre individuell anzuschreiben. Es ist danach zu fragen, ob dem Bieter die Aktionäre im Einzelnen auch tatsächlich persönlich bekannt sind oder ob es sich lediglich um eine unpersönliche „*Mailingaktion*“ handelt.[88]

---

[82] FLEISCHER, ZIP 2001, 1653, 1659. In der Sache ähnlich KK-WpÜG/VERSTEEGEN, § 2 Rn. 56, 59: Ein Angebot hat dann als öffentlich zu gelten, wenn es einzelnen Aktieninhabern anders als individuell kommuniziert worden ist, wobei die Gleichförmigkeit der Ansprache ein Indiz für die Öffentlichkeit des Angebotes darstellt.

[83] BAUM, AG 2003, 144, 155 f. Das Erfordernis einer Mindestanzahl von Aktionären als Adressaten ebenso ablehnend FLEISCHER, ZIP 2001, 1653, 1659; für eine indizielle Bedeutung KK-WpÜG/VERSTEEGEN, § 2 Rn. 60.

[84] ANGERER in: Geibel/Süßmann, § 1 Rn. 13; FLEISCHER, ZIP 2001, 1653, 1658; OECHSELER in: Ehricke/Ekkenga/ Oechsler, § 2 Rn. 1; KK-WpÜG/VERSTEEGEN, § 2 Rn. 51.

[85] KK-WpÜG/VERSTEEGEN, § 2 Rn. 61 ff.

[86] Ähnlich OECHSLER in: Ehricke/Ekkenga/Oechsler, § 2 Rn. 3. Zur Anwendbarkeit des WpÜG und den Öffentlichkeitsbezug beim Rückerwerb eigener Aktien FLEISCHER/KÖRBER, BB 2001, 2589, 2591 ff.; LENZ/LINKE, AG 2002, 420 ff.; differenzierend OECHSLER in: Ehricke/Ekkenga/Oechsler, § 2 Rn. 5 ff.; PAEFGEN, ZIP 2002, 1509, 1513 ff.; SÜßMANN, AG 2002, 424, 427 f.

[87] OECHSLER in: Ehricke/Ekkenga/Oechsler, § 2 Rn. 3. Ebenso THAETER in: Thaeter/Brandi, Teil 2, Rn. 12 ff.

[88] SCHÜPPEN in: Haarmann/Riehmer/Schüppen, § 2 Rn. 12. Siehe auch PÖTZSCH in: Assmann/ Pötzsch/Schneider, § 2 Rn.33, wonach auf die konkrete Vorgehensweise und Ausgestaltung des Angebots sowie die Schutztwecke des Gesetzes abzustellen sei, wenn nur ausgewählte Wertpapierinhaber angesprochen werden.

B. DER BEDINGUNGSTATBESTAND

Im Hinblick auf die im Rahmen dieser Arbeit zu untersuchende Zulässigkeit von Bedingungen in Übernahmeangeboten kommt neben dem Begriff des Übernahmeangebotes dem Bedingungstatbestand besondere Bedeutung zu. Nach dem allgemeinen Sprachgebrauch sind Bedingungen jegliche Vertrags- oder Geschäftskonditionen (lat. condicio = Beschaffenheit, Zustand, Bedingung) wie etwa vertraglich vereinbarte preis- und kostenwirksame Nebenleistungen des Verkäufers.[89] Hiervon zu unterscheiden ist die Bedingung im Rechtssinne, die vorliegt, wenn die Rechtswirkungen eines Rechtsgeschäftes vom Eintritt eines zukünftigen Ereignisses abhängig sind, dessen Eintritt jetzt noch ungewiss ist.[90] Die das Rechtsgeschäft bedingende Tatsache darf subjektiv und objektiv bei Geschäftsabschluss nicht feststellbar sein.[91]

Bedingt im Rahmen des Übernahmeverfahrens ist neben den Aktienkauf- bzw. Aktientauschverträgen das Übernahmeangebot selbst. Nimmt der Bieter in sein Übernahmeangebot eine Bedingung auf, so will er an sein Angebot nur bis zu ihrem (Nicht-)Eintritt bzw. nur für den Fall ihres (Nicht-)Eintrittes gebunden sein.[92] Bedingt ist dabei aber nicht der im Wege der Annahme zustande kommende Vertragsschluss, sondern die durch den Vertrag zu begründende Umgestaltung der Rechtslage, wobei ein bedingtes Angebot nach Zugang der Annahmeerklärung immer auch einen bedingten Vertrag darstellt: *„Es liegt ein ‚bedingter Antrag', d.h. ein unbedingter Antrag zum Abschluß eines bedingten Vertrages vor"*.[93]

I. Aufschiebende und auflösende Bedingung i.S.v. §§ 158 ff. BGB

Innerhalb des Rechtsinstitutes der Bedingung ist zwischen den zwei gesetzlichen Grundformen der *„aufschiebenden Bedingung"* bzw. *„Suspensivbedingung"* i.S.v. § 158 Abs. 1 BGB und der *„auflösenden Bedingung"* bzw. *„Resolutivbedingung"* i.S.v. § 158 Abs. 2 BGB zu differenzieren.[94] Die gesetzlichen Regelungen der §§ 158 ff. BGB

---

[89] BROCKHAUS, Bd. 3, S. 9; so auch Staudinger/BORK, Vorbem zu §§ 158-163 BGB Rn. 4; MüKo-WESTERMANN, § 158 BGB Rn. 8.

[90] Vgl. § 158 BGB; hierzu Staudinger/BORK, Vorbem zu §§ 158-163 Rn. 4; THAETER in: Thaeter/Brandi, Teil 2, Rn. 172; Soergel/WOLF, vor § 158 Rn. 2. Zu bedingungsfeindlichen Rechtsgeschäften siehe unten 4. Teil § 10 A. I.

[91] Palandt-HEINRICHS, Einf v § 158 BGB Rn. 1, 6; MüKo-WESTERMANN, § 158 BGB Rn. 10. Steht fest, dass das Ereignis eintreten wird, ist lediglich der Zeitpunkt des Eintrittes ungewiss, liegt eine Befristung i.S.v. § 163 BGB vor.

[92] REUTTER, S. 73. Zur Zulässigkeit eines bedingten Angebotes zum Vertragsschluss und den hieraus gezogenen Schlussfolgerungen, MüKo-KRAMER, § 145 BGB Rn. 9; REUTTER, S. 71 ff.; Staudinger/BORK, § 145 BGB Rn. 29.

[93] REUTTER, S. 79 f. Siehe auch ders., S. 77.

[94] Bedeutung erlangt die Unterscheidung vor allem hinsichtlich der Rechtsfolgen ihres Eintrittes und Ausfalles, Palandt-HEINRICHS, § 158 BGB Rn. 1, sowie der Teilbarkeit des bedingten Rechtsgeschäftes, so Staudinger/BORK, Vorbem zu §§ 158-163 Rn. 12. Zur Bedeutung im Übernahmerecht 4. Teil § 11 D. I.; 5. Teil § 12 B. I., III.

betreffen dabei ausschließlich die Rechtsfolgen einer rechtsgeschäftlich begründeten Bedingung und nicht die sog. „*Rechtsbedingung*". Bei letzterer besteht der Schwebezustand aufgrund von Rechtsnormen.[95] Derartige Rechtsbedingungen sind keine Bedingungen im Sinne der §§ 158 ff. BGB.[96]
Während bei einer aufschiebenden Bedingung die Wirkungen eines Rechtsgeschäftes hinausgeschoben werden, treten sie bei einer auflösenden Bedingung sofort ein, allerdings unter Angabe derjenigen Umstände, bei deren zukünftigen Eintritt die Rechtsfolgen außer Kraft treten sollen bzw. von denen die Aufhebung oder Beendigung eines Rechtsgeschäftes abhängig ist. Bei der aufschiebenden Bedingung hängt der Eintritt, bei der auflösenden Bedingung das Fortbestehen der Rechtswirkungen von dem jeweiligen zukünftigen Ereignis ab.[97] Ob eine auflösende oder aufschiebende Bedingung vorliegt, ist im Wege der Auslegung zu ermitteln, wobei im Zweifel aufgrund der für den Schuldner geringeren Bindungswirkung vom Vorliegen einer aufschiebenden Bedingung auszugehen ist.[98]

II. Objektive und subjektive Bedingung bzw. Potestativ- und Zufallsbedingung

Eine weitere Unterscheidung nach der Art des zukünftigen Ereignisses enthalten die Regelungen der §§ 158 ff. BGB nicht. Nichtsdestotrotz wird innerhalb des Bedingungstatbestandes danach differenziert, ob das stipulierte zukünftige ungewisse Ereignis vom Willen einer Vertragspartei oder vom Zufall abhängt. Die Beeinflussbarkeit des Bedingungseintrittes ist hierbei das maßgebliche Unterscheidungskriterium. In beiden Fällen handelt es sich um echte Bedingungen i.S.v. §§ 158 ff. BGB.[99]
Hängt das Geschehen vom Willen einer Vertragspartei ab bzw. kann eine Partei ein maßgebliches objektives Ereignis gewollt eintreten lassen, handelt es sich um eine

[95] Z.B. §§ 104 ff., 1821 ff. BGB, Staudinger/BORK, Vorbem zu §§ 158-163 BGB Rn. 24; Palandt-HEINRICHS, Einf v § 158 BGB Rn. 5; MüKo-WESTERMANN, § 158 BGB Rn. 54; Soergel/WOLF, vor § 158 BGB Rn. 8.

[96] Die §§ 158 ff. BGB sind demzufolge nicht auf Rechtsbedingungen anwendbar. Eigenständige Bedeutung erlangen aber Vereinbarungen, wonach die Rechtswirkung eines Rechtsgeschäfts über die gesetzlichen Wirksamkeitserfordernisse hinaus davon abhängt, dass etwa eine behördliche Genehmigung innerhalb einer bestimmten Frist oder ohne Auflagen erteilt wird; darauf hinweisend auch THOMA/STÖCKER in: Baums/Thoma, § 18 Rn. 19.

[97] THAETER in: Thaeter/Brandi, Teil 2, Rn. 172. Siehe zur Abgrenzung, zum Eintritt sowie Ausfall der Bedingung im Einzelnen Palandt-HEINRICHS, § 158 BGB Rn. 1 ff.

[98] Erman-ARMBRÜSTER, § 158 Rn. 1; MüKo-WESTERMANN, § 158 BGB Rn. 1, 10; Soergel/WOLF, § 158 BGB Rn. 4; beschränkend auf die gesetzlich geregelten Fälle der §§ 449, 454 BGB Staudinger/BORK, § 158 BGB Rn. 4.

[99] Erman-ARMBRÜSTER, vor § 158 Rn. 12. Zur Bedeutung der Unterscheidung im Rahmen von § 162 BGB Palandt-HEINRICHS, § 162 BGB Rn. 1, und im Übernahmerecht unten 4. Teil § 11 D. I.; 5. Teil § 12 B. I., III.

„*subjektive*" oder auch „*Willens-*" oder „*Potestativbedingung*".[100] Als besondere Form der Potestativbedingung ist die „*Wollensbedingung*" anzusehen, bei der die bloße Willensäußerung einer Vertragspartei, das Geschäft gelten oder es nicht gelten lassen zu wollen, ins freie Belieben des Begünstigten gestellt und zur Bedingung erhoben wird.[101]

Stellt das Ereignis auf den Willen bzw. Entschluss eines bestimmten nicht am Geschäft beteiligten Dritten ab oder ist es vom Willen einer Person völlig unabhängig, handelt es sich um eine „*objektive Bedingung*" oder „*Zufallsbedingung*".[102] Sie ist dem Willen der Parteien bzw. der Beeinflussung durch eine Partei entzogen. In dem Fall, in dem das zukünftige Ereignis beeinflussbare sowie nicht beeinflussbare Elemente umfasst, scheidet eine klare Abgrenzung aus; es handelt sich um eine sog. gemischte Bedingung.[103]

III. Positive und negative Bedingung

Im Rahmen der weiteren Differenzierung zwischen „*negativen*" und „*positiven Bedingungen*" wird darauf abgestellt, ob der Eintritt oder Nichteintritt eines Ereignisses zur Bedingung erhoben wird.[104] Eine positive Bedingung liegt immer dann vor, wenn der Eintritt der Rechtswirkungen eines Vertrages von dem Eintritt zukünftiger Ereignisse, d.h. von einer Veränderung des bestehenden Zustandes, abhängt. Dagegen handelt es sich um eine negative Bedingung, wenn auf das Ausbleiben eines bestimmten Ereignisses, d.h. die Beibehaltung des beim Abschluss des Rechtsgeschäftes bestehenden status quo, abzustellen ist.[105]

C. DER BEGRIFF DER „*FORCE MAJEURE*" UND DES „*MATERIAL ADVERSE CHANGE*"

Im Rahmen der Erörterung der für die Problemstellung relevanten terminologischen Grundlagen sind zu-letzt die Begriffe der „*Force Majeure*" und des „*Material Adverse Change*" zu erläutern.

---

[100] Staudinger/BORK, Vorbem zu §§ 158-163 BGB Rn. 16; Palandt-HEINRICHS, Einf. v § 158 BGB Rn. 10; MüKo-WESTERMANN, § 158 BGB Rn. 19. Subjektiv wäre eine Bedingung, wonach der Bieter die Marktbedingungen weiterhin als günstig erachtet, BREMS/APFELBACHER in: Apfelbacher/Buhl/Barthelmess/von Dryander, § 18 Rn. 6.

[101] Palandt-HEINRICHS, Einf v § 158 BGB Rn. 10; MüKo-WESTERMANN, § 158 BGB Rn. 21. Zur Frage der Zulässigkeit einer aufschiebenden Wollensbedingung Erman-ARMBRÜSTER, vor § 158 BGB Rn. 13; MüKo-WESTERMANN, §158 BGB Rn. 21 ff.; Staudinger/BORK, Vorbem zu §§ 158-163 Rn. 18.

[102] MüKo-WESTERMANN, § 158 BGB Rn. 20; Soergel/WOLF, vor § 158 BGB Rn. 24. Zum Problem der Einflussnahme auf den (Nicht-)Eintritt einer Bedingung bei Übernahmeangeboten unten 5. Teil § 12 B. I. 2.

[103] Reutter, S. 61.

[104] Die Differenzierung ist rein klassifikatorischen Gehaltes.

[105] Staudinger/BORK, Vorbem zu §§ 158-163 Rn. 13.

I. Die „*Force Majeure*"-Klausel

In Verträgen enthaltene sog. „*Force-Majeure*"-Klauseln entbinden eine Vertragspartei von ihren vertraglichen Verpflichtungen im Falle des Eintrittes vertraglich festgelegter Ereignisse der höheren Gewalt, und zwar für den Zeitraum ihres Fortdauerns und evtl. auch noch für einen bestimmten Zeitraum danach. Insoweit verhindern, verzögern oder hemmen sie die Fähigkeit der Vertragsausführung.[106]

Höhere Gewalt wird allgemein definiert als ein von außen kommendes und keinen betrieblichen Zusammenhang aufweisendes, von keiner Partei vorhersehbares und auch durch äußerste vernünftigerweise zu erwartende Sorgfalt nicht abwendbares Ereignis.[107] Als derartige Ereignisse kommen vor allem Kriegsgeschehnisse, Krawalle, zivile Unruhen, Handlungen und Streiks dritter Parteien wie Lieferanten oder Spediteure oder ein Mangel an Rohmaterialien und Versorgungsgütern in Betracht. Nach den Ereignissen des 11.09.2001 wurde die Klausel vielfach um gegenwärtige oder drohende terroristische Akte erweitert.[108]

II. Die „*Material-Adverse-Change*"- bzw. „*MAC*"-Klausel

Eine „*Material-Adverse-Change*"-Klausel regelt demgegenüber, welche Vertragspartei das spezifische Risiko einer eintretenden wesentlichen Verschlechterung der wirtschaftlichen oder rechtlichen Bedingungen und einer damit evtl. zusammenhängenden Störung des Äquivalenzverhältnisses zu tragen hat.[109] Es werden Rechtsfolgen für den Fall vorgesehen, dass während eines bestimmten Zeitraumes in der Finanz- oder Vermögenslage oder in der Geschäftstätigkeit eines Vertragspartners wesentliche nachteilige Veränderungen eintreten, die die wirtschaftliche Grundlage des Vertrages entfallen lassen.

Es können drei Arten von MAC-Klauseln unterschieden werden. Unternehmensbezogene MAC-Klauseln knüpfen an etwaige Veränderungen des Geschäftsbetriebes des zu erwerbenden Unternehmens, etwa einen Margenverfall oder den Verlust eines wichtigen Kunden an, während im Rahmen von kapitalmarktbezogenen MAC-Klauseln gesamtwirtschaftliche Entwicklungen Anknüpfungspunkt sind, die sich insbesondere in einem sinkenden Börsenkurs niederschlagen. Beide Regelungsinhalte sind aber auch kombinierbar. So beinhalten sog. „*Force Majeure MAC*"-

[106] Zur höheren Gewalt ausführlich DOLL.

[107] Palandt-HEINRICHS, § 206 BGB Rn. 4, Palandt-SPRAU, § 651 j BGB Rn. 3, § 676 b BGB Rn. 11.

[108] Vgl. PICOT/DUGGAL, DB 2003, 2635, 2639; REYNOLDS (18.12.2001), http://www.uslfg.com/oldnews.cfm?Fuse Action=details&Users_ID =18, S. 2 (30.06.2006).

[109] Vgl. BERGER/FILGUT, WM 2005, 253. Unter „*material adverse effect*" wir eine erhebliche nachteilige Auswirkung verstanden, die Folge eines MAC sein kann oder, je nach Formulierung, ein Beispiel für einen MAC, SCHMITTNER, M&A Review 2005, 322. Zu ihren Erscheinungsformen im Einzelnen siehe 2. Teil § 7. Zum außerordentlichen Kündigungsrecht des Darlehensgebers HAAG in: Beck´sches Formularbuch, III.J.11, Ziff. 6 des Darlehensvertrages.

Klauseln neben unternehmensbezogenen Ereignissen allgemeine Geschehnisse wie Kriege, Terrorattentate oder Streiks.[110]

§ 4 RECHTLICHE GRUNDLAGEN DES BEDINGTEN ÜBERNAHME-ANGEBOTES

Die rechtliche Zulässigkeit objektiver Bedingungen in Übernahmeangeboten hängt entscheidend davon ab, welche nationalen und europäischen Rechtsgrundlagen als Maßstab heranzuziehen sind. Dazu soll ein kurzer Überblick über das WpÜG und dessen Verhältnis zum allgemeinen Zivilrecht gegeben sowie auf die EU-Richtlinie hingewiesen werden.

A. DAS WPÜG UND DESSEN VERHÄLTNIS ZUM ALLGEMEINEN VERTRAGS-RECHT

Seit Inkrafttreten des WpÜG[111] am 01.01.2002 existiert in Deutschland erstmals eine umfassende spezial-gesetzliche Regelung des Übernahmeverfahrens, wodurch der Übernahmemarkt u.a. zur Stärkung des Finanzmarktes an internationale Standards heran geführt werden sollte.[112] So enthält das WpÜG für in- und ausländische Erwerber von Aktien oder Wertpapieren einer Zielgesellschaft zwingende Regelungen über die dem Angebot zugrunde liegende Angebotsunterlage, das Angebotsverfahren, zulässige Handlungen von Vorstand und Aufsichtsrat der Zielgesellschaft während des Übernahmeverfahrens und zu Pflichtangeboten sowie Gerichts- und Verwaltungsverfahren in übernahmerechtlichen Fragen. Es löste den am 01.10.1995 in Kraft getretenen Übernahmekodex der BSK v. 14.07.1995[113] ab.[114]

---

[110] Vgl. Holzapfel/Pöllath, Rn. 21a.

[111] Zum Diskussionsentwurf v. 29.06.2000 (abgedr. in: NZG 2000, 844 ff.) LAND/HASSELBACH, DB 2000, 1747ff.; RIEHMER/SCHRÖDER, NZG 2000, 820 ff., zum *Referentenentwurf* v. 12.03.2001 LIEBSCHER, ZIP 2001, 853 ff.; ZINSER, NZG 2001, 391 ff. und zum *Regierungsentwurf* v. 11.07.2001 (BT-Drucks. 14/7034, 14/7090, 14/7477, abgedr. in: ZIP 2001, 1262 ff.) OECHSLER, NZG 2001, 817 ff.; PÖTZSCH/MÖLLER, ZIP 2001, 1256 ff. Zur Erforderlichkeit einer bindenden gesetzlichen Regelung NÖRR/STIEFENHOFER, S. 11 f.

[112] Zur Entstehungsgeschichte jeweils m.w.N. BECKMANN in: Beckmann/Kersting/Mielke, A Rn. 1 ff.; FLEISCHER/ KALSS, § 2, S. 42 ff.; HIRTE in: Hirte, S. 1 ff.; KK-WpÜG/HIRTE, Einleitung Rn. 35 ff.; KALSS in: Semler/Volhard, Bd. 2, § 51 Rn. 1 ff.; PÖTZSCH, S. 13 ff., 58 ff.; SCHÜPPEN in: Haarmann/Riehmer/Schüppen, Einleitung Rn. 9 ff.; STEINMEYER/HÄGER, Einleitung Rn. 4 ff.; ZEHETMEIER-MÜLLER in: Geibel/Süßmann, Einleitung Rn. 1 ff.

[113] Geändert durch Bekanntmachung v. 28.11.1997, abgedruckt in ZIP 1995, 1464 ff.; AG 1998, 133 ff.; HIRTE, Teil 4, S. 315 ff. Zum Kodex siehe DIEKMANN, WM 1997, 897 ff.

[114] Zu den Gründen APFELBACHER/BARTHELMESS/BUHL/VON DRYANDER in: Apfelbacher/Barthelmess/Buhl/von Dryander, Vorwort Rn. 3; BÖRSENSACHVERSTÄNDIGENKOMMISSION, S. 9 f.; BURGARD, WM 2000, 611 ff.; KRAUSE, ZGR 2002, 500, 504; ÜBERNAHMEKOMMISSION, S. 22 f. Siehe zu den Schwierigkeiten seiner praktischen Durchsetzung ASSMANN, AG 1995, 563, 654 f.; KALLMEYER, ZHR 161(1997), 435, 436 ff.; KIRCHNER/EHRICKE, AG 1998, 105, 106 ff.

Mit der Schaffung spezialgesetzlicher Regelungen wird zugleich immer auch die Frage aufgeworfen, welchem Rechtsgebiet sie jeweils zuzuordnen sind und in welchem Rechtsverhältnis sie zu anderen Vorschriften desselben Rechtsgebietes stehen, um etwaige Normwidersprüche auflösen zu können. Aufgrund der sich in den Grundprinzipien des § 3 WpÜG widerspiegelnden Grundintention des Gesetzgebers, die Stärkung des Finanzplatzes Deutschland durch die Stärkung des Anlegerschutzes bei Unternehmensübernahmen und der Schutz der Minderheitsaktionäre vor einem unerwünschten Kontrollwechsel, bewegt sich das WpÜG im Schnittfeld zwischen Aufsichts-, Kapitalmarkt-, Gesellschafts- bzw. Konzernrecht und Kartellrecht.[115] Obwohl dem Vertragsrecht aufgrund des Abschlusses zahlreicher Kauf- bzw. Tauschverträge eine besondere Rolle zukommt, ist das WpÜG im Ganzen nicht im allgemeinen Zivilrecht einzuordnen.[116] Das WpÜG enthält aber vor allem in den §§ 16 ff. WpÜG einzelne Vorschriften, die den Vertragsschluss regeln. So wird z.B. der Zeitraum, innerhalb dessen die Annahme des Angebotes erfolgen kann, festgelegt (§§ 16 Abs. 1-3, 21 Abs. 5, 22 Abs. 7 WpÜG). Es wird bestimmt, ob ein Widerruf oder Rücktritt vom Angebot möglich ist (§ 18 Abs. 2 WpÜG), inwieweit Bedingungen in die Angebotsunterlage aufgenommen werden dürfen (§ 18 Abs. 1 WpÜG) sowie inwieweit und bis zu welchem Zeitpunkt Angebotsänderungen zulässig sind (§ 21 WpÜG). Die vom Bieter vorgesehenen Vertragskonditionen müssen zwar von der BaFin als Aufsichtsbehörde auf ihre Vereinbarkeit mit den gesetzlichen Regelungen überprüft und genehmigt werden, so dass hierin ein aufsichtsrechtlicher bzw. öffentlich-rechtlicher Vorgang zu sehen ist. Diese Vorschriften sind dennoch dem Privatrecht zuzuordnen, wenn es um ihre Wirkung auf die Vertragsgestaltung zwischen dem Bieter und den Aktionären der Zielgesellschaft als potenzielle Vertragsparteien geht.[117]

In ihrer die Vertragsfreiheit beeinflussenden Ausprägung ist mit Blick auf die Aufnahme von Bedingungen danach zu fragen, in welchem Verhältnis die einzelnen vertragsrechtlichen Normen des WpÜG zum allgemeinen Vertragsrecht stehen. Die genannten Vorschriften betreffen den Erwerb von Wertpapieren im Wege eines öffentlichen Angebotes. Es handelt sich demnach bei den genannten Regelungen um ein privat-rechtliches Sondervertragsschlussrecht.[118] Da sie eine spezielle Vertragsart regeln, handelt es sich bei diesen Vorschriften des WpÜG um Spezialvorschriften gegenüber dem allgemeinen Vertragsrecht der §§ 145 ff. BGB; sie sind leges speciales. Die WpÜG-AngVO ist zwar gegenüber dem BGB auf einer niedri-

---

[115] KK-WpÜG/HIRTE, Einleitung Rn. 79 ff.; PÖTZSCH in: Assmann/Pötzsch/Schneider, Einleitung, Rn. 14.

[116] FLEISCHER/KALSS, § 1 IV., S. 23 ff.; STEINMEYER/HÄGER, Einleitung Rn. 14 ff. Für eine systematische Einordnung in das Kapitalmarktrecht SCHÜPPEN in: Haarmann/Riehmer/Schüppen, Einleitung Rn. 7.

[117] Zum Doppelcharakter von Normen des WpÜG STEINMEYER/HÄGER, Einleitung Rn. 17 f.

[118] Ebenfalls spezialgesetzlich geregelt ist der Vertragsschluss beim Versicherungsvertrag (§§ 1 ff., 49 ff. VVG).

geren Stufe der Normenhierarchie und wird eigentlich im Falle eines widersprechenden Regelungsgehaltes als lex inferior von der höherrangigen Norm verdrängt. Da sie aber auf dem WpÜG als dem BGB gleichrangige Normengruppe beruht und dieses als lex specialis dem BGB vorgeht, ist im Einzelfall von einer vorrangigen Anwendung der wertpapierrechtlichen Vorschriften auszugehen.[119] Darüber hinaus geht das WpÜG aufgrund seines späteren Erlasses im Falle eines Normwiderspruches als lex posterior vor.[120]

B. DIE EU-RICHTLINIE

Das Ziel der Schaffung einer verbindlichen Übernahmeregelung auf europäischer Ebene zur Mindestharmonisierung wurde nach jahrzehntelangen Verhandlungen, mit denen die Diskussion um ein verbindliches deutsches Übernahmerecht in den vergangenen Jahren eng verknüpft war, erreicht. Nachdem die von der Kommission eingesetzte Expertengruppe zur Erarbeitung von Empfehlungen für die Regelung zur Abwicklung von Übernahmeangeboten am 10.01.2002 ihren Bericht[121] zur Regelung von Übernahmeangeboten vorgelegt hatte, veröffentlichte die Kommission am 02.10.2002 einen neuen Richtlinien-Vorschlag[122], der am 16.12.2003 vom Europäischen Parlament gebilligt und am 30.03.2004 durch den Ministerrat formell verabschiedet wurde; die Richtlinie trat am 20.05.2004 in Kraft.[123]
Weder bei der Schaffung des WpÜG noch nach Inkrafttreten der Richtlinie hatte bzw. hat der deutsche Gesetzgeber europäische Vorgaben hinsichtlich der Zulässigkeit von Bedingungen zu beachten.[124] Während der Richtlinienentwurf von 1990[125] in Art. 13 noch die Rücknahme bzw. den Widerruf eines Angebotes durch den Bie-

---

[119] Vgl. REUTTER, S. 99. Zur Ergänzung des WpÜG durch Regelungen des BGB 4. Teil § 11 E.; 5. Teil § 12 B. I. 2.

[120] Dagegen kein Vorrang i.S.e. *lex specialis* oder *lex posterior* vor den Vorschriften der Fusionskontrolle, da dieser einen – insofern abzulehnenden – identischen Schutzzweck erfordert; dazu HOLZBORN/ISRAEL, BKR 2002, 982, 984.

[121] „*Report of the high level group of company law experts on issues related to takeover bids*" v. 10.01.2002, http://ec.europa.eu/internal_market/company/takeoverbids/2002-01-hlg-report_de.pdf (30. 06.2006); hierzu HOPT, ZHR 166 (2002), 383, 387.

[122] Vorschlag der Kommission der Europäischen Gemeinschaften für eine Richtlinie des Europäischen Parlaments und des Rates betreffend Übernahmeangebote, KOM (2002), 534 endg. v. 02.10.2002, Abl. EG Nr. C 45 E v. 25.02.2003, S. 1; abgedruckt in ZIP 2002, 1863 ff.; hierzu KRAUSE, BB 2002, 2341 ff.

[123] *Richtlinie 2004/25/EG des Europäischen Parlaments und des Rates v. 21.04.2004 betreffend Übernahmeangebote,* Abl. EG Nr. L 142 v. 30.04.2004, S. 2. Zur Entwicklung MAUL/MUFFAT-JEANDET, AG 2004, 221, 222 ff. Die Umsetzungsfrist für die Mitgliedsstaaten ist am 20.05.2006 abgelaufen.

[124] Zu den Neuerungen sowie Umsetzungserfordernissen für den deutschen Gesetzgeber im Einzelnen KRAUSE, BB 2004, 113 ff.; SEIBT/HEISER, ZIP 2002, 2193 ff.; WIESNER, ZIP 2004, 343 ff. Zum Änderungsbedarf allgemein HABERSACK, ZHR 166 (2002), 619, 620 f.

[125] Geänderter Vorschlag der Kommission der Europäischen Gemeinschaften für eine Dreizehnte Richtlinie des Rates auf dem Gebiet des Gesellschaftsrechtes über Übernahmeangebote, KOM (90) 416 endg. v. 10.09.1990, Abl. EG Nr. C 240 v. 26.09.1990, S. 7.

ter regelte und verschiedene Umstände aufführte, die eine Abstandnahme rechtfertigen sollten, wurde bereits im Richtlinienvorschlag von 1996[126] von einer Regelung über die Angebotsrücknahme abgesehen. Vielmehr schrieb Art. 9 a) und b) den Mitgliedsstaaten vor, die Verfahrensfragen der Rücknahme oder Nichtigkeit des Angebotes sowie der Angebotsänderung selbständig zu regeln. Auch nach Art. 12 der gebilligten Richtlinie haben die Mitgliedstaaten Regelungen vorzusehen, die die Frage der Unwiderruflichkeit des Angebotes und zulässiger Bedingungen beinhalten.

§ 5 DOGMATISCHE EINORDNUNG VON MAC-KLAUSELN

Zum Ende dieses ersten Teiles soll die im Rahmen der Zulässigkeit von bedingten Übernahmeangeboten schwerpunktmäßig zu untersuchende MAC-Klausel dogmatisch in das deutsche Rechtssystem eingeordnet werden. Eine dogmatische Einordnung ermöglicht es, im Laufe der Untersuchung ihrer Zulässigkeit und ihrer inhaltlichen Anforderungen auf den dahinter stehenden Rechtsgedanken Bezug zu nehmen.

A. RECHTSGESCHICHTLICHER URSPRUNG – HERKUNFT DER MAC-KLAUSEL

Die MAC-Klausel hat ihren rechtsgeschichtlichen Ursprung in der angloamerikanischen Rechtspraxis. Ihre dortige Ausarbeitung ist auf die im Rahmen von vertraglichen Rechtsverhältnissen[127] bestehende strikte Vertragshaftung zurückzuführen. Ein „*Vertragsbruch*" („*breach of contract*") wird bejaht, wenn ein Schuldner unabhängig von seinem Verschulden seine nach Erfüllung sämtlicher Bedingungen bestehende Pflicht zur Leistung nicht vertragsgemäß erfüllt.[128] Die dadurch ausgelöste Garantiehaftung[129] entfällt lediglich im Falle eines hinsichtlich der Nichterfüllung eingreifenden Entschuldigungsgrundes.
Die mit dem Eintritt einer wesentlichen Verschlechterung begründete Nichterfüllung eines Vertragspartners kann bei Vorliegen einer „*Frustration of purpose*" ein solcher Entschuldigungsgrund sein. Deren Eingreifen hängt jedoch von strengen Kri-

[126] Vorschlag der Kommission der Europäischen Gemeinschaften für eine Dreizehnte Richtlinie des Europäischen Parlaments und des Rates auf dem Gebiet des Gesellschaftsrechtes über Übernahmeangebote, KOM (95) 655 endg. Abl. EG Nr. C 162 v. 06.06. 1996, S. 5, auch abgedruckt in BR-Drucks. 162/96.

[127] Zum Recht der unerlaubten Handlung („*law of torts*") und zu den mangels Bereicherungsrechtes entwickelten Hilfskonstruktionen („*Restitution*", „*Quasi Contract*") HAY, 5. Kapitel, Rn. 280, 344 ff., 350 ff.

[128] ELSING/VAN ALSTINE, Rn. 206 ff., insbesondere zu den Bedingungen Rn. 207 f.

[129] ELSING/VAN ALSTINE, Rn. 210; HARRER/WIEGMANN in: Assmann/Bungert, I. Teil, 2. Kapitel, Rn. 52. Zu den Voraussetzungen einer Vertragsaufhebung sowie zur Auflösung von Verpflichtungen HAY, 5. Kapitel, Rn. 328 f.

terien ab.[130] So muss im englischen Recht die Veränderung grundlegend i.S.v. radikal anders sein und darin liegen, dass besondere Umstände nicht mehr vorliegen, ein erwartetes Ereignis nicht oder ein unerwartetes Ereignis eintritt und die Umstände nicht von der sich auf die „*Frustration*“ berufenden Partei verschuldet wurden.[131] Zumutbarkeitsgesichtspunkte bleiben unberücksichtigt. Auch das amerikanische Fallrecht erfordert, dass der Vertrag noch nicht erfüllt, durch den Eintritt eines objektiv unerwarteten Ereignisses eine totale oder wesentliche Vereitelung des bekannten bzw. gemeinsamen Zweckes der Vertragsparteien eingetreten ist und die neuen Umstände die Leistung zu einer völlig anderen als der vernünftigerweise zu erwartenden Leistung machen.[132]

Da sich die „*Frustration*“-Lehre in der Rechtsprechungspraxis[133] nicht durchsetzen konnte, wurde dazu übergegangen, mittels einer MAC-Klausel den engen Tatbestand der haftungsbefreienden „*Frustration of purpose*“ auf unvorhersehbare, fundamental verändernde wirtschaftliche und politische Situationen bzw. grundlegende Vertragsstörungen zu erstrecken.[134] Nachdem sich die Klausel im angloamerikanischen Rechtsraum bewährt hat, wurde in der Folgezeit der dahinterstehende Gedanke der Erleichterung einer vertraglichen Abstandnahme in das deutsche Vertragsrecht, insbesondere in Unternehmenskaufverträge bei grenzüberschreitenden Transaktionen, transferiert. Insofern fehlt es an der Ursprünglichkeit der MAC-Klausel i.S.e. in Deutschland aus dem nationalen Rechtssystem heraus entwickelten Rechtsinstitutes.[135]
In rechtsgeschichtlicher Hinsicht ist die MAC-Klausel ein in der Praxis ausgebildeter Anwendungsfall der „*clausula rebus sic stantibus*“, wonach jeder Vertrag nur so lange bindend sein soll, als die Verhältnisse, die für seinen Abschluss bestimmend waren, sich nicht von Grund auf geändert haben.[136] Jede Verpflichtung könne von vornherein nur unter dem Vorbehalt eingegangen sein, dass die maßgeblichen Ver-

[130] Zu den Gründen HAY, AcP 164 (1964), 231, 268.
[131] So zusammenfassend HAY, AcP 164 (1964), 231, 244.
[132] HAY, AcP 164 (1964), 231, 248 f.; vgl. § 265 *Restatement (Second) of Contracts,* dazu HARRER/WIEGMANN in: Assmann/Bungert, I. Teil, 2. Kapitel, Rn. 61.
[133] Siehe zur geschichtlichen Entwicklung des Fallrechtes HAY, AcP 164 (1964), 231, 233 ff.; ders. zur Nichtdurchsetzung des Fallrechtes, AcP 164 (1964), 231, 247.
[134] HARRER/WIEGMANN in: Assmann/Bungert, I. Teil, 2. Kapitel, Rn. 59; HORN in: Kötz/v. Bieberstein, S. 26; SCHMITTHOFF, in: Kötz/v. Bieberstein, S. 99 f.
[135] Zu sog. „*Legal Transplants*“ im deutschen Aktienrecht ausführlich FLEISCHER, NZG 2004, 1129 ff.; speziell zu MAC-Klauseln PICOT/DUGGAL, DB 2003, 2635; HENSSLER in: FS Huber, S. 239 ff.
[136] Aufgrund der befürchteten Gefährdung des Vertrauens in den Bestand vertraglicher Verpflichtungen wurde bei der Kodifikation des BGB von einer Generalklausel abgesehen. Einzig einzelne Vorschriften (§§ 321, 490, 519, 528, 530, 605, 775 Abs. 1 BGB) stellen besondere Ausprägungsformen dar, MüKo-ROTH, § 313 BGB Rn. 42. Vgl. zur Krisenklausel in der Anleihepraxis HORN, S. 129 f.; HORN in: Kötz/v. Bieberstein, S. 15 f.

hältnisse unverändert Bestand hätten.[137] Die „*clausula rebus sic stantibus*“ wurde richterlich[138] zur Lehre vom Wegfall der Geschäftsgrundlage als Ausprägung des Grundsatzes von Treu und Glauben weiterentwickelt.

B. DIE MAC-KLAUSEL UND IHRE EINORDNUNG IN DAS HERRSCHENDE DEUTSCHE RECHTSSYSTEM

Das Rechtsinstitut des Wegfalles der Geschäftsgrundlage ist inzwischen in § 313 BGB gesetzlich verankert. Nach § 313 BGB kann eine Anpassung bzw. eine Beendigung eines Vertrages verlangt werden, soweit sich Umstände, die Grundlage des Vertrages geworden sind, nach Vertragsschluss schwerwiegend verändert haben oder sich wesentliche dem Vertrag zugrunde liegende Vorstellungen als falsch herausstellen.[139] Insbesondere in Fällen schwerer Äquivalenzstörung, wenn sich das Verhältnis von Leistung und Gegenleistung aufgrund unvorhersehbarer Veränderungen nachträglich grundlegend verändert hat, kann ein Lösungsrecht vom Vertrag bestehen.[140] Allerdings muss das vertragliche Gleichgewicht schwerwiegend verändert, die Grenze eines bewusst übernommenen Risikos überschritten sein.[141] Enthält eine Angebotsunterlage eine MAC-Klausel, ist § 313 BGB unanwendbar, da Vereinbarungen, die Vertragsinhalt geworden sind, nicht gleichzeitig Geschäftsgrundlage sein können.[142] Die Regelung des § 313 BGB betrifft allein außerhalb des Vertrages liegende Umstände. Bei der Frage der Gestaltung der MAC-Klausel geht es mithin nicht um dessen Anwendung, sondern um die Frage, inwieweit Regeln für das Fehlen, die Veränderung oder den Wegfall bestimmter Umstände zum Vertragsinhalt gemacht werden können.[143] Der im deutschen Recht geltende Grundsatz der vertraglichen Verschuldenshaftung definiert MAC-Klauseln als Fälle unverschuldeter Vertragsstörung. Durch ihre Aufnahme wird der juristische Begriff des Wegfalles der Geschäftsgrundlage erweitert und praxisnäher ausgestaltet.

---

[137] MüKo-ROTH, § 313 BGB Rn. 42. Zur historischen Entwicklung BROCKMEYER, S. 10 ff.; HAARMANN, S. 21 ff.

[138] Vgl. zuletzt BGHZ 40, 334, 335 ff.; BGH NJW 1986, 1333 m.w.N.

[139] Trotz des gegenüber der Rechtsprechung weiteren Wortlautes ist damit keine inhaltliche Änderung des Begriffes der Geschäftsgrundlage verbunden, vgl. BT-Drucks. 14/6040, S. 175; TRIEBEL/HÖLZLE, BB 2002, 521, 534.

[140] Vgl. BGHZ 128, 320, 329; OECHSLER, NZG 2001, 817, 822.

[141] Brockmeyer, S. 100.

[142] BGH ZIP 91, 1599 f.; HAARMANN, S. 47; Palandt-HEINRICHS, § 313 BGB Rn. 10; TRIEBEL/HÖLZLE, BB 2002, 521, 534. Vertragliche Regelungen kommen nur in Betracht, wenn das Bewusstsein einer möglichen Störung der Geschäftsgrundlage bei einer Vertragspartei vorhanden ist, vgl. MüKo-ROTH, § 313 BGB Rn. 29.

[143] ADOLFF/MEISTER/RANDELL/STEPHAN, S. 155; BREMS/APFELBACHER in: Apfelbacher/Barthelmess/Buhl/von Dryander, § 18 Rn. 17; BUSCH, AG 2002, 145, 150; HOLZBORN in: Zschocke/Schuster, C Rn. 114; RIEHMER in: Haarmann/Riehmer/Schüppen, § 18 Rn. 15; a.A. OECHSLER, NZG 2001, 817, 822. Siehe auch 6. Teil § 15 A.

Wurde eine MAC-Klausel in ein Übernahmeangebot aufgenommen, handelt es sich demnach um eine bei Vertragsschluss bewusste und besonders ausgestaltete Geschäftsgrundlage, die es dem Bieter ermöglicht, bei Eintritt einer Störung des Äquivalenzverhältnisses vom Übernahmeangebot Abstand zu nehmen.[144] Bei der Ausformulierung der MAC-Klausel im Rahmen eines Übernahmeangebotes – aber auch im Rahmen anderer Verträge – geht es mithin darum, den Bieter vom Festhalten am Angebot zu entbinden, wenn sich die dem ursprünglichen Angebot zugrunde gelegten Umstände unvorhersehbar grundlegend verändert haben.[145] Wie noch näher zu zeigen sein wird, wird die MAC-Klausel als von der Praxis ausgebildete Form der „*clausula rebus sic stantibus*" auf die besonderen Verhältnisse der Übernahme, insbesondere das zeitliche Auseinanderfallen von Angebotsabgabe und Ablauf der Annahmefrist, zugeschnitten.

C. ZUSAMMENFASSUNG

Trotz der unterschiedlichen Ausgangspositionen, der Garantiehaftung im angloamerikanischen Rechtsraum und der in Deutschland vorherrschenden Verschuldenshaftung, stellt sich das gleiche Grundproblem. Es geht um die Frage, inwiefern außervertragliche Umstände Auswirkungen auf bestehende Verträge bzw. Vertragsangebote haben können, d.h. in welchem Umfang von ihnen infolge veränderter Umstände Abstand genommen werden darf. Wie bei der Garantiehaftung ist auch bei der Verschuldenshaftung aufgrund des Grundsatzes der Vertragstreue eine gesetzliche Befreiung von der Leistungspflicht nur in eng begrenzten Fällen vorgesehen. Aus diesem Grund scheint eine vertragliche Ausgestaltung eines Rechtes zur Abstandnahme in Fällen einer wesentlichen Veränderung der Umstände geboten und verständlich.

---

[144] Zur Frage der Anwendbarkeit des § 313 BGB bei Übernahmeangeboten, wenn eine MAC-Klausel nicht aufgenommen wurde, siehe unten 4. Teil § 11 E.

[145] Während die MAC-Klausel die Auflösung rechtlicher Bindungen ermöglicht, zielt eine sog. „*Hardship-Klausel*" auf die Festlegung der Bedingungen für die Vertragsfortsetzung ab, vgl. SCHMITTHOFF, in: Kötz/v. Bieberstein, S. 100.

Bevor die rechtliche Problematik der Zulässigkeit eines bedingten Übernahmeangebotes nach dem WpÜG erörtert wird, soll eine rechtstatsächliche Untersuchung erfolgen. Neben der Darstellung der empirischen Befunde in Bezug auf die Aufnahme von Bedingungen sowie deren Inhalt werden die bisherige Ausgestaltung von MAC-Klauseln in den unter Geltung des WpÜG veröffentlichten Angebotsunterlagen erörtert (§ 6) wie auch deren Erscheinungsformen bei M&A- und Finance-Transaktionen aufgezeigt (§ 7).

§ 6 EMPIRISCHE BEFUNDE ZUM INSTRUMENT DES BEDINGTEN ÜBERNAHMEANGEBOTES

A. UNTERSUCHUNGSGEGENSTAND

Eine Analyse der veröffentlichten Angebotsunterlagen ergibt, dass das bedingte Übernahmeangebot im nationalen Rechtsraum eine bedeutende Rolle spielt. Im Folgenden sollen diejenigen Übernahmeangebote auf Bedingungen untersucht werden, die seit Inkrafttreten des WpÜG zum 01.01.2002 veröffentlicht wurden.[146] Seit diesem Zeitpunkt existieren eine nationale verbindliche Übernahmeregelung sowie eine rechtsverbindliche Regelung über die Zulässigkeit von Bedingungen. Zuvor enthielt zwar Art. 9 des Übernahmekodex eine Regelung, die keine Beschränkung auf bestimmte Bedingungen vorsah, aber solche ausgeschlossen hat, die der Bieter selbst herbeiführen konnte. Aufgrund der Unverbindlichkeit und der mangelnden Überprüfung der Einhaltung der Kodex-Bestimmungen lassen sich jedoch aus den anhand des Übernahmekodex zu beurteilenden Übernahmeangeboten keine verlässlichen Schlussfolgerungen über die Zulässigkeit bedingter Übernahmeangebote nach dem WpÜG herleiten. Eine erste Richtschnur über die an Bedingungen zu stellenden Anforderungen bieten vielmehr die von der BaFin genehmigten Angebotsunterlagen. Als Aufsichtsbehörde[147] kann sie nach § 15 Abs. 1 Nr. 2 WpÜG ein Angebot untersagen, wenn die in der Angebotsunterlage enthaltenen Angaben offensichtlich gegen Vorschriften dieses Gesetzes oder eine aufgrund dieses Gesetzes erlassenen Rechtsverordnung verstoßen. Darüber hinaus ist es ihr im Rahmen der vor Genehmigung und Veröffentlichung der Angebotsunterlage stattfindenden Kommunikation möglich, auf die Aufnahme nur solcher Bedingungen hinzuwirken, die ihrer Ansicht zufolge die gesetzlichen Bestimmungen einhalten.[148]

---

[146] Die Angebotsunterlagen sind unter http://www.bafin.de/datenbanken/wpueg_14liste.htm abrufbar. Eine Liste der Entscheidungen eines Bieters zur Abgabe eines Erwerbs- oder Übernahmeangebotes sowie der Kontrollerlangung über eine Zielgesellschaft ist unter http://www.bafin.de/datenbanken/wpueg_10+35liste.htm einsehbar.

[147] Siehe § 4 WpÜG. Die Rechts- und Fachaufsicht über die BaFin obliegt dem BMF, § 2 FinDAG.

[148] Siehe die Artikelüberschrift in der FAZ v. 02.06.2004, S. 25: „*Übernahmewächter arbeiten mit sanfter Gewalt*". Zur besonderen Bedeutung der Verwaltungspraxis auch KRAUSE, NJW 2004, 3681.

Bislang sind insgesamt 166[149] nach dem WpÜG zu beurteilende Angebote abgegeben worden. Davon wurden sechs Angebote von der BaFin als Aufsichtsbehörde untersagt.[150] Vier Bieter wurden von der Abgabe eines Pflichtangebotes befreit.[151] Daraus ergibt sich folgende Übersicht:

TABELLE 4:
ZAHLENMÄßIGER ÜBERBLICK ÜBER DIE ANGEBOTE NACH DEM WPÜG

	ERWERBS-ANGEBOTE	ÜBERNAHME-ANGEBOTE	PFLICHT-ANGEBOTE
ANGEBOTE	41	62	63
UNTERSAGUNGEN	1	4	1
BEFREIUNGEN	0	0	4

Quelle: Eigene Darstellung.

Da Pflichtangebote gemäß § 39 WpÜG grundsätzlich bedingungsfeindlich sind[152], wurden sie von der Analyse ausgeklammert, so dass allein die übrigen 103 Erwerbs- sowie Übernahmeangebote im Hinblick auf die darin festgesetzten Bedingungen untersucht wurden.[153]

B. EMPIRISCHE BEFUNDE

Die Untersuchung hat ergeben, dass 37 der 103 Angebotsunterlagen keine Bedingungen enthalten. In den übrigen 66 Angeboten haben sich einzelne Bedingungen herauskristallisiert, die wiederholt in den Angebotsunterlagen vorzufinden sind: die sog. Mindestannahmeschwelle, die Erteilung einer kartellrechtlichen oder sonstigen

[149] Stand: 30.06.2006. Drei Angebotsunterlagen wurden nicht eingereicht. Bei einem Angebot lag entgegen der Veröffentlichung keine Kontrollerlangung vor.

[150] Die untersagten Angebote wurden nicht veröffentlicht und bleiben daher unberücksichtigt. Ein Erwerbsangebot wurde gemäß § 15 Abs. 1 Nr. 3 WpÜG untersagt. Zur Untersagung eines Pflichtangebotes nach § 15 Abs. 1 Nr. 1 und Nr. 2 WpÜG LENZ/BEHNKE, BKR 2003, 43 f. Eine Untersagung wegen unzulässiger Bedingungen ist nicht zu verzeichnen, siehe STRUNK/LINKE, S. 24. Es gab aber Diskussionen über die Zulässigkeit von Bedingungen, Krause, NJW 2004, 3681, 3683.

[151] Siehe hierzu LENZ/LINKE, AG 2002, 361, 366 f.

[152] Kartellrechtliche Genehmigungen bzw. Freigaben wurden – soweit erforderlich – mit Ausnahme der Pflichtangebote H.T.B./BERLINER EFFEKTENGESELLSCHAFT (Ziff. 4.9) und LEIPNIK/VK MÜHLEN (Ziff. 2.4) bereits vor der Angebotsveröffentlichung erteilt. Zur Einschränkung des Grundsatzes der Bedingungsfeindlichkeit siehe 4. Teil § 11 C. II. Bei Angebotsnennungen bezeichnet die erstgenannte Gesellschaft den Bieter und die zweitgenannte Gesellschaft die Zielgesellschaft. Zu ihren vollständigen Bezeichnungen siehe ANLAGE 1 im Anhang.

[153] Im weiteren Verlauf der Arbeit wird allein die rechtliche Zulässigkeit eines bedingten Übernahme- und Pflichtangebotes untersucht.

Genehmigung bzw. Freigabe sowie die Verknüpfung des Angebotes mit dem Vollzug außerhalb des Übernahmeverfahrens abgeschlossener Aktienkaufverträge.[154]

I. Mindestannahmeschwelle

Eine häufig in Erwerbs- und Übernahmeangeboten zu findende Bedingung ist die sog. Mindestannahmeschwelle. In insgesamt 45 von 103 Angebotsunterlagen, d.h. in 43,69 % aller Angebote, wurde das jeweilige Angebot unter die Bedingung gestellt, dass eine näher festgelegte Anzahl an Aktionären, die einen bestimmten Anteil am Grundkapital halten, das Angebot bis zum Ablauf der Annahmefrist angenommen haben muss. Die zu erreichende Prozentzahl der Stimmrechte bzw. des Grundkapitals der Zielgesellschaft wird dabei als Mindestannahmeschwelle bezeichnet. Unterschiede bestehen in ihrer jeweiligen inhaltlichen Ausgestaltung, insbesondere hinsichtlich ihrer Höhe und Berechnung.

In dreizehn Angebotsunterlagen wurde ein Schwellenwert von 75 % der Aktien der Zielgesellschaft festgesetzt, bei dessen Erreichen der Bieter die für satzungsändernde Hauptversammlungsbeschlüsse nach § 179 Abs. 2 AktG[155] sowie für spätere Umstrukturierungsmaßnahmen (Verschmelzung, Abschluss eines Beherrschungs- und Gewinnabführungsvertrages) erforderliche Dreiviertel-Mehrheit hält.[156] Erreicht der Bieter eine Inhaberschaft von 95 % der Aktien der Zielgesellschaft, kann er im Rahmen eines sog. *„Squeeze-out"* gem. den §§ 327a ff. AktG die außenstehenden Minderheitsaktionäre gegen Barabfindung aus der Zielgesellschaft ausschließen oder die Zielgesellschaft im Wege einer Eingliederung nach §§ 319 ff. AktG integrieren. Dieser Schwellenwert wurde in insgesamt vierzehn Angeboten als Bedingung aufgenommen. Eine Mindestannahmeschwelle von 50 % des Grundkapitals bzw. der Stimmrechte und mehr (plus eine Aktie), wodurch der Bieter die einfache Mehrheit i.S.v. § 133 AktG halten würde, enthalten sechs Angebote. Weitere Schwellenwerte lagen zwischen 21 % und 90 %.

Die weitere inhaltliche Ausgestaltung der Bedingung hing davon ab, ob der Bieter oder mit ihm gemeinsam handelnde Personen[157] bereits Aktien der Zielgesellschaft hielten, ob außerhalb des Übernahmeverfahrens Aktienkaufverträge mit deren Aktionären abgeschlossen wurden, ob eigene Aktien der Zielgesellschaft existierten und ob Marktzukäufe bei der Berechnung des Schwellenwertes berücksichtigt wurden. Hielt der Bieter keine Aktien der Zielgesellschaft, handelte er nicht gemeinsam

---

[154] Siehe tabellarisch zu den einzelnen Angeboten und den darin enthaltenen Bedingungen die ANLAGE 1 im Anhang.

[155] Daneben bedarf es der einfachen Stimmenmehrheit des § 133 AktG, HÜFFER, § 179 Rn. 14. Ders. zu weitergehenden Anforderungen des Gesetzes oder der Satzung, § 133 Rn. 14 f.

[156] Zu den Gründen, 75 % der Stimmrechte anzustreben, DRYGALA, ZIP 2001, 1861, 1864; zu den Möglichkeiten und Folgen bei einer bestimmten Beteiligungshöhe tabellarisch ADOLFF/MEISTER/RANDELL/STEPHAN, S. 138.

[157] Siehe die Legaldefinition in § 2 Abs. 5 WpÜG, dazu KK-WpÜG/VERSTEEGEN, § 2 Rn. 140 ff. m.w.N.

mit Dritten und waren ihm keine Stimmrechte über § 30 WpÜG zuzurechnen, stand das Angebot zumeist

> *„unter der aufschiebenden Bedingung, dass Aktionäre, deren Anteile zusammen 90 % des Grundkapitals ... erreichen, das Angebot innerhalb der Annahmefrist ... annehmen“.*[158]

Wurden vom Bieter selbst bzw. von mit ihm gemeinsam handelnden Personen Aktien gehalten oder waren ihm Stimmrechte etwa aufgrund eines Stimmbindungsvertrages mit einer dritten Gesellschaft zuzurechnen, wurde die Bedingung inhaltlich regelmäßig wie folgt ausgestaltet:

> *„Dieses Kaufangebot und der mit der Annahme dieses Kaufangebots zustande kommende Vertrag ... stehen unter der aufschiebenden Bedingung, daß die Summe aus*
>
> *(a) der Gesamtzahl der Aktien der Zielgesellschaft, für die dieses Kaufangebot bei Ende der Annahmefrist wirksam angenommen worden ist,* **zuzüglich**
>
> *(b) der Gesamtzahl der ..-Aktien, die gegenwärtig von der ... oder .. gehalten werden ... mindestens 75 % der bei Ende der Annahmefrist insgesamt vorhandenen ...-Aktien entspricht.“*[159]

Hat der Bieter vor Abgabe des Angebotes Aktienkaufverträge mit Aktionären der Zielgesellschaft, insbesondere mit dem(n) Gründungs- oder Mehrheitsaktionär(en), abgeschlossen, hielt die Zielgesellschaft eigene Aktien und sollten auch Marktzukäufe des Bieters bis zum Ende der Annahmefrist berücksichtigt werden, war die Mindestannahmeschwelle zumeist folgendermaßen formuliert:

> *„Für die Berechnung der Höhe des stimmberechtigten Grundkapitals werden ... von der Zielgesellschaft gehaltene eigene und folglich nicht stimmberechtigte Aktien (..% des gesamten Grundkapitals) nicht berücksichtigt. Für die Berechnung des vorstehenden Mindestanteils von 75 % des stimmberechtigten Grundkapitals werden berücksichtigt:*
>
> *(a) alle Aktien, die von den jobpilot-Aktionären der Zielgesellschaft durch fristgerechte Annahme ... dieses Angebots eingereicht werden;*
>
> *(b) die von .. durch Vertrag mit .. aufschiebend bedingt erworbenen .. Aktien (..% des gesamten Grundkapitals);*
>
> *(c) alle ..-Aktien, die .. am Tag der Veröffentlichung dieser Angebotsunterlage hält oder noch bis zum Ende der Annahmefrist durch Marktzukäufe erwirbt.“*[160]

---

[158] C. 4. des Tauschangebotes DEPFA HOLDING/DEPFA DEUTSCHE PFANDBRIEF; vgl. Übernahmeangebote BESTMEAT/MOKSEL, ONTARIO/W.E.T, ONTARIO/GAUSS INTERPRISE und BCP/CELANESE.

[159] Siehe Ziff. 10 des Übernahmeangebotes OGILVYONE/CONCEPT!. Vgl. z.B. ADECCO/JOBPILOT, TEXAS INSTRUMENTS/CONDAT!, FINBA BAKERY/KAMPS, AWD/TECIS, EDCAR/EDSCHA, BOSCH/BUDERUS, SIEMENS/CYCOS, KÖRBER/WINKLER+DÜNNEBIER und Erwerbsangebote RACKE/KUPFERBERG, VTG/VTG-LEHNKERING, AS DEUTSCHLAND/JADO, SANDVIK HOLDING/WALTER, THIEL LOGISTIK/MICROLOG LOGISTICS, COHERENT HOLDING/LAMBDA PHYSIK, TFG/I:FAO, BUZZI UNICEM/DYCKERHOFF und CONTINENTAL/PHOENIX.

[160] Siehe Ziff. 5.1 des Übernahmeangebotes ADECCO/JOBPILOT. Zu Angeboten, bei denen der Bieter zuvor Aktienkaufverträge mit Aktionären abgeschlossen hat, siehe z.B. Übernahmeangebote OGILYONE/CONCEPT!, TEXAS INSTRUMENTS/CONDAT, BOSCH/BUDERUS, SIEMENS/CYCOS, EDCAR/EDSCHA, BESTMEAT/MOKSEL, ONTARIO/W.E.T., PROCTER & GAMBLE/WELLA, ITT/WEDECO, ISOLAR NORDIC/AUTANIA, BCP/CELANESE, GLOBALWARE/GAP, ONTARIO/GAUSS, ISOLAR NORDIC/AUTANIA, CARLSBERG/HOLSTEN, CONTINENTAL/PHOENIX und Erwerbsangebot COHERENT HOLDING/LAMBDA PHYSIK (Annahmeverpflichtungsvertrag).

II. Kartellrechtliche oder sonstige behördliche Genehmigungen bzw. Freigaben

Eine weitere in den Angebotsunterlagen weit verbreitete Bedingung betrifft die Erteilung einer erforderlichen kartellrechtlichen oder sonstigen behördlichen Genehmigung bzw. einer Freigabeentscheidung.[161] Von den insgesamt 73 Angeboten – einschließlich Pflichtangeboten –, die einer Genehmigung bedurften, wurden 35 Unternehmensübernahmen bereits vor Veröffentlichung der Angebotsunterlagen genehmigt.[162] Die Durchführung der übrigen 38 Angebote hing von Genehmigungen verschiedener (inter-)nationaler Behörden wie den Kartellbehörden/-gerichten oder der EU-Kommission nach der EG-Fusionskontroll-VO[163] ab.[164] Die Bedingung sah teilweise vor, dass die Genehmigung bzw. Freigabe bis zu einem bestimmten Zeitpunkt eingetreten sein musste; ansonsten sollte sie als endgültig nicht eingetreten gelten.[165]

III. Vollzug von Aktienkaufverträgen mit Aktionären der Zielgesellschaft

Mehrere Angebote wurden vom Vollzug im Einzelnen bezeichneter Kaufverträge abhängig gemacht. Vertragspartner waren dabei Gründungs-, Familien- oder Hauptaktionäre der Zielgesellschaft, wobei Gründungsaktionäre auch gleichzeitig Familien- oder Hauptaktionäre sein konnten. So stand das Übernahmeangebot TEXAS INSTRUMENTS/CONDAT! gemäß Ziff. I. 2. unter der Bedingung, dass die Bieterin

> *„gemäß dem Aktienkaufvertrag von den Gründungsaktionären wenigstens 56,25 % des Grundkapitals ... der .. AG erworben [hat], d.h. die in dem Aktienkaufvertrag vorgesehenen Transaktionen .. bis zum genannten Datum vollzogen worden [sind]".*

Besonders auffällig war, dass der Vollzug der einzelnen Kaufverträge selbst wiederum vom Eintritt aufschiebender Bedingungen abhing. So durften beispielsweise

---

161 Siehe zur Frage der Abgabe eines Pflichtangebotes trotz schwebenden Kartellverfahrens HOLZBORN/ISRAEL, BKR 2002, 982 ff.; Fleischer, NZG 2002, 545, 550.

162 Bei nationalen Kartellverfahren gibt das BKartA entweder eine Vollziehungsmitteilung hinsichtlich des angemeldeten Zusammenschlussvorhabens bekannt, den Zusammenschluss nach § 40 Abs. 2 S. 1 GWB frei oder untersagt ihn nicht innerhalb der Frist des § 40 Abs. 2 S. 2 GWB.

163 Verordnung (EWG) Nr. 4064/89 des Rates über die Kontrolle von Unternehmenszusammenschlüssen v. 21.12. 1989 (Abl. 1989 L 395/1, berichtigt ABl. 1990 Nr. L 257/13), geändert durch Verordnung Nr. 1310/97 v. 30.06. 1997 (ABl. 1997 Nr. L 180/1 – berichtigt in ABl. 1998 Nr. L 3/16 und 40/17) bzw. Verordnung (EG) Nr. 139/ 2004 des Rates v. 20.01.2004.

164 Siehe im Einzelnen Anlage 1 im Anhang.

165 Siehe z.B. die Angebote BILFINGER BERGER/RHEINHOLD & MAHLA, DB/STINNES (beide binnen ca. fünf Monaten nach Veröffentlichung des Angebotes), BOSCH/BUDERUS (acht Monate), BESTMEAT/MOKSEL (ca. vier Monate), SPRINGER/PROSIEBENSAT.1 (ca. neun Monate) sowie RAG/DEGUSSA (ca. halbes Jahr nach Ablauf der Annahmefrist), EDCAR/EDSCHA (Ablauf Annahme- oder Entscheidungsfrist), CARLSBERG/HOLSTEN (ca. dreieinhalb Monate). Zu den Gründen 5. Teil § 12 B. IV.

keine vertraglichen Garantien der Gründungsaktionäre verletzt werden, sofern eine solche Verletzung eine wesentliche nachteilige Veränderung der CONDAT! AG oder der in dem Angebot, dem Aktienkaufvertrag oder dem Kaufvertrag über Geschäftsbereiche vorgesehenen Transaktionen bewirken könnte. Auch die Verpflichtungen der Gründungsaktionäre aus dem Aktienkaufvertrag mussten in wesentlicher Weise erfüllt und eingehalten werden.[166]

Ein Beispiel für die Verknüpfung eines Übernahmeangebotes mit einem mit den Familienaktionären der Zielgesellschaft (77,57 % des stimmberechtigten Grundkapitals) abgeschlossenen Kaufvertrag über die Mindestannahmeschwelle ist das Übernahmeangebot PROCTER & GAMBLE/WELLA. Dieses stand unter der Bedingung, dass mindestens 75 % des stimmberechtigten Grundkapitals von der Bieterin erworben wird. Der Vollzug des Kaufvertrages war wiederum bedingt durch die kartellrechtliche Freigabe.[167]

Ein mit einem Hauptaktionär der Zielgesellschaft abgeschlossener Paket-Kaufvertrag war beispielsweise im Rahmen des Übernahmeangebotes EDCAR/EDSCHA von Bedeutung. Denn der Erwerb der Paket-Aktien war erforderlich, um die in Ziff. D. 9.1 (b) der Angebotsunterlage festgesetzte Mindestannahmeschwelle von 75 % am Grundkapital der Zielgesellschaft zu erreichen.[168] Zu den in den Paket-Kaufverträgen enthaltenen sog. „*Closing-Bedingungen*" gehörten nach Ziff. D. 3 des Angebotes u.a.

> „*der Nichteintritt einer in den Paket-Kaufverträgen anhand objektiver Kriterien näher festgelegten wesentlichen nachteiligen Veränderung (Material Adverse Change) von Edscha*".[169]

Der Vollzug eines Kaufvertrages mit einem Mehrheitsaktionär war ferner im Übernahmeverfahren ONTARIO/W.E.T. von Bedeutung. Im Rahmen der als Mindestannahmeschwelle ausgestalteten Bedingung wurde gemäß Ziff. 4.3. (b) für die Berechnung der Quote wiederum

> „*die unter aufschiebenden Bedingungen, welche in Ziffer 3.4 dieser Angebotsunterlage beschrieben sind, mit dem Paket-Kaufvertrag erworbenen Aktien [einbezogen], wobei diese nur berücksichtigt werden, wenn der Paket-Kaufvertrag wirksam besteht*".

Der Erwerb der Paket-Aktien war u.a. aufschiebend bedingt durch die Angebotsannahme durch so viele Aktionäre, dass die Bieterin inkl. der Paket-Aktien insgesamt 95 % der Aktien der Zielgesellschaft hält sowie den Nichteintritt eines – im Übernahmeangebot beschriebenen – MAC bei der Zielgesellschaft zwischen Vertragsschluss und Ablauf der weiteren Annahmefrist oder, falls diese später erfolgt, dem Eintritt der bzw. dem Verzicht auf die Bedingung der kartellrechtlichen Freigabe.

---

[166] Siehe zu unwiderruflichen Annahmeverpflichtungsverträgen das Erwerbsangebot COHERENT HOLDING/LAMBDA PHYSIK sowie das Übernahmeangebot SIEMENS/CYCOS.

[167] Siehe Ziff. III. 4. und V. 3. des Übernahmeangebotes.

[168] Vgl. zu dieser Verknüpfung die Übernahmeangebote BOSCH/BUDERUS.

[169] Zur Frage der Bestimmtheitsanforderungen an eine solche Klausel siehe unten 6. Teil § 15 B. II. 1.

IV. Weitere Bedingungen[170]

Neben den bereits aufgezeigten Bedingungen waren vereinzelt weitere Bedingungen in den untersuchten Angebotsunterlagen enthalten.

1. KEINE ABWEHR-/KAPITALMAßNAHMEN

So stand das Übernahmeangebot FINBA BAKERY/KAMPS unter der Bedingung, dass der Vorstand von Kamps bis zum Angebotsvollzug keine Handlungen vornimmt, durch die der Erfolg des Übernahmeangebotes verhindert werden könnte.[171] Der Verweis auf § 33 Abs. 1 und Abs. 2 WpÜG hat zur Folge, dass die nach dieser gesetzlichen Regelung während des Übernahmeverfahrens zur Abwehr eines Übernahmeangebotes zulässigen Handlungen des Vorstandes der Zielgesellschaft zu dessen Wirkungslosigkeit geführt hätten.
In diesem Zusammenhang ist auch die in dem Übernahmeangebot ONTARIO/IXOS enthaltene Bedingung der Ausgabe neuer Aktien der Zielgesellschaft oder von Wandlungs- oder Optionsrechten zu nennen.[172] Auch das Übernahmeangebot AGILISYS/INFOR stand nach Ziff. 9.2 b) unter der Bedingung, dass der Vorstand von Infor keine neuen stimmberechtigten Aktien aus genehmigtem oder bedingtem Kapital ausgibt.[173] Das Übernahmeangebot BCP/CELANESE wurde davon abhängig gemacht, dass weder das Grundkapital erhöht, Aktien ausgegeben, geglättet, geteilt, zusammengelegt oder neu eingeteilt werden noch dass eigene Aktien verkauft oder veräußert werden.[174] Nach Ziff. 10.1 (e) (i) des Übernahmeangebotes CONTINENTAL/PHOENIX durften bis zum Ablauf der Annahmefrist keine Dividendenzahlung beschlossen, keine Dividende gezahlt und kein Beschlussvorschlag veröffentlicht worden sein.

2. ZUSTIMMUNG DER HAUPTVERSAMMLUNG

Angebote wurden ferner von der Zustimmung der Hauptversammlung des Bieters oder einer Muttergesellschaft abhängig gemacht. So erging das Kaufangebot NORDAG/B.U.S. unter der Bedingung der Zustimmung der außerordentlichen

---

[170] Die als Bedingung ausgestaltete MAC-Klausel wird nachfolgend unter § 7 F. näher beleuchtet.

[171] Siehe Ziff. 10 des Übernahmeangebotes. Zu fortbestehenden gesellschaftsrechtlichen Schranken im Rahmen der nach § 33 WpÜG zulässigen Handlungen KK-WpÜG/HIRTE, § 33 Rn. 72 ff.

[172] Ziff. 9. b) (bb) des Übernahmeangebotes. Ausgenommen waren Aktien, die aufgrund der Ausübung bestehender Optionsrechte gemäß den Aktienoptionsprogrammen in Übereinstimmung mit deren Bedingungen bis zum Ende der Annahmefrist ausgegeben werden. Siehe auch Ziff. 9. b) (dd) (2) des Übernahmeangebotes ONTARIO/GAUSS INTERPRISE; als aufschiebende Bedingung Ziff. 10 (d) (ii) des Übernahmeangebotes CARLSBERG/HOLSTEN.

[173] Vgl. Ziff. 10.1 (e) (ii) des Übernahmeangebotes CONTINENTAL/PHOENIX (keine Erhöhung des Grundkapitals aufgrund der in § 4 Ab. 5 der Satzung der PHOENIX AG enthaltenen Ermächtigung des Vorstandes).

[174] Siehe Ziff. V. 4. (vi) (A) und (B) der Angebotsunterlage. Siehe auch das Übernahmeangebot CELLENT/TISCON.

Hauptversammlung der Bieterin zur Abgabe des Kaufangebotes nach Maßgabe der Angebotsunterlagen, wobei in Ziff. B. 5 des Angebotes unter Berufung auf das Holzmüller-Urteil des BGH[175] der Grund für die erforderliche Zustimmung der Hauptversammlung angegeben wurde.[176] Das Übernahmeangebot ONTARIO/IXOS stand unter der Bedingung, dass die Aktionärsversammlung der Muttergesellschaft Open Text der Ausgabe der Höchstzahl an angebotenen Open Text-(Stamm-)Aktien zustimmt, die die Grundlage für die unter diesem Übernahmeangebot angebotenen Open Text-Optionen als freiwillige alternative Gegenleistung zur Gegenleistung in Barmitteln bildeten.[177]

3. VOLLZUG BETEILIGUNGSVERKAUF

Das Übernahmeangebot RAG/DEGUSSA wurde erst mit „*Vollzug des Verkaufs der indirekten Ruhrgas-Beteiligung der RAG … an E.ON gemäß den Regelungen des Ruhrgaskaufvertrags*“[178] wirksam, der unter mehreren aufschiebenden Bedingungen stand.[179] Die Bedingung musste bis zum 31.01.2003 eingetreten sein, damit die Aktienkaufverträge mit den Aktionären der Zielgesellschaft, die das Angebot bereits angenommen haben, wirksam werden. Auch mittels dieser Verknüpfung wurden die in außerhalb des Übernahmeverfahrens abgeschlossenen Verträgen enthaltenen Bedingungen zu solchen des Übernahmeangebotes.

4. EINTRAGUNG KAPITALERHÖHUNGSBESCHLÜSSE

Eine weitere aufschiebende Bedingung enthielt das öffentliche Tauschangebot MEDIA[NETCOM]/INTERLINOX, dessen Wirksamkeit nach Ziff. B. 5 davon abhing, dass die Kapitalerhöhungsbeschlüsse der außerordentlichen Hauptversammlung

[175] BGHZ 83, 122 ff.; zusammenfassend BGH NJW 2001, 1277 ff. Zur auf dem Holzmüller-Urteil aufbauenden Gelatine-Entscheidung des BGH siehe unten Fn. 610.

[176] Siehe zur Zulässigkeit 5. Teil § 12 B. I. 1. Das Übernahmeangebot GFKL/ABIT erhebt die Zustimmung der Hauptversammlung der Zielgesellschaft zum Verschmelzungsvertrag zwischen der PHINWARE AG und der ABIT AG zur Bedingung.

[177] Siehe Ziff. 7.2 und 9. a) (bb) der Angebotsunterlage.

[178] Siehe Ziff. 11.(c) des Übernahmeangebotes. Dieses war Bestandteil einer zwischen den Konzernen RAG und E.ON abgestimmten Transaktion. Ziel des E.ON-Konzerns war es, seine Beteiligung von 64,56 % an DEGUSSA abzubauen und andererseits eine Mehrheitsbeteiligung an der Ruhrgas, an der die RAG zu 18,39 % beteiligt war, zu erwerben. Insofern wurde eine Rahmenvereinbarung getroffen, die eine Teilnahme von E.ON am Übernahmeangebot in der Weise vorsah, dass RAG zunächst die Kontrolle i.S.d. § 30 WpÜG erwirbt und später im Rahmen eines Terminkaufvertrages die Beteiligung auf 50,1 % aufgestockt wird. Zudem wurde eine Kaufvertrag über die Veräußerung der von RAG gehaltenen Ruhrgas-Beteiligung vereinbart; siehe Ziff. 5.2 der Angebotsunterlage.

[179] Sein Vollzug setzte u.a. voraus, dass eine Ministererlaubnis gemäß § 42 GWB erteilt und diese bzw. ihr Vollzug im Wege einer gerichtlichen Entscheidung nicht aufgehoben wurde, dass jeder Bergemann-Mitgesellschafter auf sein Andienungsrecht verzichtet oder davon keinen Gebrauch gemacht und der Kaufpreis durch E.ON gezahlt wurde.

der MEDIA[NETCOM] bis zu einem bestimmten Zeitpunkt in das zuständige Handelsregister eingetragen sein mussten.[180]

5. KEINE WESENTLICHE VERÄNDERUNG DES AKTIENKURSES

Das öffentliche Tauschangebot E.ON ENERGIE/E.ON BAYERN enthielt eine Bedingung über den Tausch ihrer Aktien gegen Aktien der E.ON AG. Danach musste der Stichtagskurs der E.ON-Aktie 35 Euro oder mehr betragen.[181] Die Abhängigkeit des Tauschangebotes von dieser Bedingung wurde damit begründet, dass eine erhebliche Veränderung des Aktienkurses während der Annahmefrist aufgrund der Volatilität der Aktienmärkte nicht ausgeschlossen werden könne und sich in diesem Fall die wirtschaftlichen Rahmenbedingungen für das Tauschangebot ebenfalls erheblich verändern würden.

6. KEIN VERSTOß GEGEN GELTENDES RECHT

Das Angebot ONTARIO/W.E.T. erging unter der Bedingung, dass der Vollzug keines der Transaktionsverträge wegen einer Änderung oder geänderten Anwendung gesetzlicher Bestimmungen gegen geltendes Recht verstößt.[182] Das Übernahmeangebot BCP/CELANESE war nach Ziff. V. 4. (v) insofern bedingt, als

> *„(A) ... im Bereich von oder gestützt auf kapitalmarktrechtliche Vorschriften in den USA, auf Bundesebene oder Ebene der Bundesstaaten keine Gesetze, Rechtsverordnungen oder behördliche oder gerichtliche Anordnungen erlassen [sind oder werden] und .. auf dieses Angebot Anwendung [finden], die den Erwerb von Celanese Aktien nach diesem Angebot durch den Bieter oder Blackstone verhindern oder um mehr als 3 Monate verzögern würden, und*
> *(B) .. alle Beanstandungen, die die SEC im Zusammenhang mit der Prüfung dieser Angebotsunterlage geltend gemacht hat, ausgeräumt werden [konnten].“*

7. KEIN KONKURRIERENDES ANGEBOT

Das Angebot EDDING/EDDING stand in Ziff. 11 unter der Bedingung, dass es entfallen sollte, wenn ein konkurrierendes Angebot abgegeben wird, dass über den Ablauf der verlängerten Annahmefrist des § 22 Abs. 2 WpÜG hinaus angenommen werden kann.

---

[180] Neben einer Kapitalerhöhung gegen Sacheinlagen in Form von INTERLINOX-Aktien durch im Angebot benannte Personen, deren Aktien damit nicht Angebotsgegenstand waren, wurde ein bedingtes Kapital beschlossen, das zur Angebotsfinanzierung und Ausgabe neuer Aktien an die annehmenden Aktionäre bestimmt war. Das Erwerbsangebot BUZZI UNICEM/DYCKERHOFF war von der Bestätigung des Einbringungswertes der Kapitalerhöhung durch einen externen Abschlussprüfer auf Basis des Berichtes des gerichtlich bestellten Prüfers abhängig; vgl. auch Übernahmeangebot UNICREDITO/HVB (Ziff. 12.1.4). Siehe auch Übernahmeangebot DELTA/BETA SYSTEMS (Ziff. 5.7 (b) und (c)).

[181] Siehe Ziff. 10 des Tauschangebotes. Vgl. Erwerbsangebote GENERALI/AMB und AXA/AXA sowie Übernahmeangebot BANDAI/ZAPF, in denen Bedingungen unter anderem auf eine negative Veränderung des Schlusskurses des DAX 30 am Ende der Annahmefrist abstellen.

[182] Siehe Ziff. 4.3.(c)(ii) des Übernahmeangebotes.

8. EINTRITT DER BEDINGUNGEN AUS DEM AKTIENKAUFVERTRAG

Die Wirksamkeit des Übernahmeangebotes VIACOM/VIVA wurde in Ziff. 7.3.1 davon abhängig gemacht, dass die im Aktienkaufvertrag mit den verkaufenden Aktionären enthaltenen sowie in Ziff. 3.2 aufgeführten aufschiebenden Bedingungen bis zum Ablauf der Annahmefrist eingetreten sind. Zur Vermeidung von Unsicherheiten bezüglich des Bedingungseintrittes wurden die in den Bedingungen enthaltenen Wesentlichkeitskriterien konkretisiert. So galt etwa jede Verletzung der Verhaltenspflichten oder der Gewährleistungen der verkaufenden Aktionäre als wesentlich.

C. ZUSAMMENFASSUNG

Die rechtstatsächliche Untersuchung der Angebotsunterlagen hat verdeutlicht, dass der Aufnahme von Bedingungen eine große Bedeutung zukommt. Es hat sich vor allem gezeigt, dass Angebote vermehrt von Geschehnissen abhängig gemacht wurden, die die hinter den jeweiligen Angeboten stehenden Motive des Bieters fördern und evtl. sogar sicherstellen. Dazu zählen insbesondere die Aufnahme einer Mindestannahmeschwelle sowie die Abhängigkeit des Angebotes vom Vollzug abgeschlossener Aktienkaufverträge. Das gleiche gilt in Bezug auf die Tatsache, dass neben den im WpÜG enthaltenen Erfordernissen weitere gesetzliche Verpflichtungen eingehalten bzw. Zustimmungserfordernisse erteilt werden müssen.

§ 7 METHODISCHE ERSCHEINUNGSFORMEN EINER MAC-KLAUSEL BEI M&A- UND FINANCE-TRANSAKTIONEN

Die Aufnahme einer MAC-Klausel ist bei M&A- und Finance-Transaktionen weit verbreitet. Im Folgenden sollen daher jeweils die Beweggründe für ihre dortige Verankerung sowie ihre einzelnen Erscheinungsformen aufgezeigt werden, bevor auf ihre Verwendung in Übernahmeangeboten eingegangen wird.

A. MAC-KLAUSELN IN UNTERNEHMENSKAUFVERTRÄGEN[183]

Einen ersten Anwendungsbereich von MAC-Klauseln stellt der klassische kaufrechtliche Unternehmenserwerb dar.[184] Im Rahmen dessen werden zwei Grundformen unterschieden. Beim sog. „*Asset Deal*“ werden alle oder bestimmte Wirtschaftsgüter, Forderungen und Verbindlichkeiten, Vertragspositionen, Marktanteile,

[183] Zur MAC-Klausel bei Venture-Capital-Transaktionen VC Experts, Inc. (2002), http://www.vclocator.com/pdf/41103_Material_Adverse_Change_Closing_Condition.pdf (30.06.2006).

[184] Während dem Verkäufer beim klassischen Kauf nur ein Kaufinteressent gegenübersteht, sind am Auktionsverfahren mehreren Kaufinteressenten beteiligt. Bei einer börsennotierten AG ist zudem – neben der Übertragung außerhalb der Börse – zwischen einem öffentlichen Kaufangebot und einem Kauf von Aktien über die Börse als Sonderformen des klassischen Share Deal zu unterscheiden. Zur Abgrenzung von Unternehmenskauf und einfachem Anteilserwerb HOMMELHOFF, ZGR 1982, 366 ff.

Ressourcen, Geschäftschancen eines Unternehmens als Sachgesamtheit auf den Erwerber übertragen.[185] Einer solchen Übertragung der einzelnen aktiven und passiven Vermögenswerte bedarf es beim Beteiligungserwerb, dem sog. „*Share Deal*"[186], nicht. Der Rechtsträger bleibt in diesem Fall unverändert.[187] Es werden allein die Anteile an der Gesellschaft übertragen.

In beiden Fällen wird das Unternehmen zumeist nicht mit dem Abschluss des schuldrechtlichen Kaufvertrages erworben, da dessen dingliche Übertragung regelmäßig erst nach Vertragsunterzeichnung und Eintritt vereinbarter aufschiebender Bedingungen erfolgt. Bei komplexen Unternehmenskäufen kann der Zeitraum zwischen Vertragsunterzeichnung und -vollzug mehrere Monate betragen, in denen sich die wirtschaftlichen Verhältnisse des Unternehmens und dessen Umfeldes wesentlich verschlechtern können.

Dieses Risiko wird in den Verträgen vielfach mittels der MAC-Klausel einer Vertragspartei zugewiesen, die eine Neuverhandlung oder Beendigung der Transaktion bestimmt. So kann ein Rücktrittsrecht des Käufers für den Fall vereinbart werden, dass zwischen Vertragsunterzeichnung und Vollzug eine wesentliche nachteilige Veränderung des Geschäftsbetriebes des Unternehmens eintritt[188]:

> *§ ... Rücktrittsrecht*
> *Der Käufer ist bis zum Vollzugszeitpunkt oder bis zum Eintritt des Vollzugsereignisses zum Rücktritt vom Kaufvertrag berechtigt, wenn eine wesentliche nachteilige Veränderung eingetreten ist.*

Zudem ist es möglich, im Rahmen der vertraglichen Garantie- und Zusicherungsvorschriften eine spezifische MAC-Garantie aufzunehmen, deren Unrichtigkeit dem Käufer wiederum ein Rücktrittsrecht gewährt:

> *§ ... Garantien*
> *Der Verkäufer garantiert die Richtigkeit und Vollständigkeit der folgenden Erklärungen im Sinne eines Garantieversprechens gemäß § 311 Abs. 1 BGB:*

---

[185] Vgl. zum *Asset Deal* HOLZAPFEL/PÖLLATH, Rn. 131, 827 ff.; KLUMPP in: Beisel/Klumpp, 4. Kapitel, Rn. 4 f., 16 ff.; MUELLER-THUNS in: Rödder/Hötzel/Mueller-Thuns, § 1 Rn. 6 f.; PICOT in: Picot, Teil I, Rn. 51 ff.; SCHMIDT, Handelsrecht, § 6 II. 2. b); SEMLER in: Hölters, Teil VII, Rn. 65 ff.

[186] Werden wesentliche Anteile gehalten, können bis zu 5 % per Eingliederung gem. §§ 319 ff. AktG oder im Wege des *Squeeze-out* nach §§ 327a ff. AktG erworben werden, vgl. VOLHARD in: Semler/Volhard, § 2 Rn. 35 ff.

[187] SEMLER in: Hölters, Teil VII, Rn. 78.

[188] PICOT in: Picot/Mentz/Seydel, Teil I, Rn. 131. Eine verkäuferfreundliche MAC-Klausel räumt dem Verkäufer ein Rücktrittsrecht für den Fall ein, dass der Kaufpreis aufgrund der vereinbarten Kaufpreismechanismen unter einen bestimmten Mindestwert fällt oder er schon vor Vollzug so erheblichen Garantieansprüchen ausgesetzt wäre, dass sich ein Verkauf für ihn wirschaftlich nicht mehr lohnt, so SCHMITTNER, M&A Review 2005, 322 f. Dies. zu der vertragstechnischen Lösung des Problems, dass ein MAC erst unmittelbar vor dem geplanten Vollzug stattfindet und den Vertragsparteien nicht bekannt ist sowie den Risiken des Rücktritts für den Käufer, ebenda, 322 f., 325.

...Zwischen dem Tag der Unterzeichnung und der Vollziehung des Unternehmenskaufvertrages ist keine wesentliche nachteilige Verschlechterung eingetreten.[189]

§ ... Rechtliche Folgen im Falle unrichtiger oder unvollständiger Garantien
Der Käufer ist bis zum Vollzugszeitpunkt oder bis zum Eintritt des Vollzugsereignisses zum Rücktritt vom Kaufvertrag berechtigt, wenn die gegebenen Garantien unrichtig und/oder unvollständig sind.[190]

Um Verschlechterungen nach Vertragsunterzeichnung zu erfassen, enthalten MAC-Garantien häufig auch eine sog. „*bring down reference*", nach der Garantien auch noch zum Zeitpunkt des Vertragsvollzuges richtig sind.[191] Ferner kann die Übernahmeverpflichtung davon abhängig gemacht werden, dass gegenüber dem Vertragsschluss keine wesentlichen Veränderungen eingetreten sind.[192] Der Terminus MAC kann auch die Garantien des Verkäufers konkretisieren („*Der Vertragsvollzug führt nicht zu einer Verletzung oder Verzögerung eines Vertrages, bei dem der Erwerber Vertragspartei ist, es sei denn es konnte vernünftigerweise nicht erwartet werden, dass die Verletzung oder der Verzug einen Material Adverse Change zur Folge hat.*") oder die „*bring down reference*" auf alle Garantien erstrecken („*Die in diesem Vertrag enthaltenen Garantien und Zusicherungen sollen in jeder Hinsicht zum Zeitpunkt des Vertragsvollzuges richtig sein, wie wenn sie zu diesem Zeitpunkt erst abgegeben worden wären.*").[193] Ferner kann er einen Schwellenwert für den Rücktritt aufgrund von Garantieverletzungen bestimmen:

§ ... Rechtliche Folgen im Falle unrichtiger oder unvollständiger Garantien
Der Käufer ist bis zum Vollzugszeitpunkt oder bis zum Eintritt des Vollzugsereignisses zum Rücktritt vom Kaufvertrag berechtigt, wenn die Verletzung einer Garantie oder Zusicherung zu verzeichnen ist und die Verletzung teilweise oder im Ganzen eine wesentliche nachteilige Veränderung bewirkt.[194]

---

[189] Als Ausgangszeitpunkt kann auch der letzte Jahresabschluss gewählt werden.

[190] Siehe MALLESONS (August 2002), http://www.mallesons.com/publications/Asian_Projects_and_Construction_Update/Asian_Projects_and_Construction_Update_17_August_2002.pdf, S. 1 (30.06.2006). Vgl. zum Rücktrittsrecht des Käufers im Falle einer vom Verkäufer nicht zu vertretenden Garantieverletzung GÜNTHER in: MünchVertragshdb., III.1 und 2 (§§ 11- 14, 16 des Formularvertrages). Siehe zur Vereinbarung von Freistellungsklauseln SCHMITTNER, M&A Review 2005, 322, 324.

[191] Zur angloamerikanischen Rechtspraxis BIRKETT, Global Counsel, Februar 2002, 45, 46 f., 50 ff.; siehe auch BLASSBERG/REGNER (2001), http://www.debvoise.com/db30/cgi-bin/pubs/Fall 2001.pdf, S. 3 (28.02.2005); GREENBERG/HADDAD (23.04.2001), http://www.kayescholer.com/podium/articles/2001/Greenberg-Haddad-The_Material_Adverse_NYLJ_4-23-01.pdf, S. 1 (13. 05.2003).

[192] BEISEL/KLUMPP in: Beisel/Klumpp, 18. Kapitel, Rn. 50.

[193] KING (14.05.2003), http://www.altassets.com/knowledgebank/learningcurve/2003/nz3480.php, S. 1 (30.06.2006); GREENBERG/HADDAD (23.04.2001), http://www.kayescholer.com/podium/articles/2001/Greenberg-Haddad-The_Material_Adverse_NYLJ_4-23-01.pdf, S. 1 (13. 05.2003).

[194] BLASSBERG/REGNER (2001), http://www.debvoise.com/db30/cgi-bin/pubs/Fall2001.pdf, S. 3 (28.02.2005); GREENBERG/HADDAD (23.04.2001), http://www.kayescholer.com/podium/articles/2001/Greenberg-Haddad-The_Material_Adverse_NYLJ_4-23-01.pdf, S. 1 (13.05.2003); SCHMITT, Finance 2003, 110.

Zuletzt kann der Nichteintritt eines MAC auch als aufschiebende Bedingung für den Vertragsvollzug oder die Anteilsübertragung vereinbart werden:

> *§ ... Vertragsvollzug/Anteilsübertragung*
> *Die Wirksamkeit des Vertrages/Übertragung der Anteile ist von folgenden Bedingungen abhängig: ...*
> *Nichteintritt einer wesentlichen nachteiligen Veränderung seit Vertragsunterzeichnung.*[195]

B. MAC-KLAUSELN IN AKTIENÜBERNAHMEVERTRÄGEN BEI BÖRSENGÄNGEN

Neben Unternehmenskaufverträgen enthalten gewöhnlich auch Aktienübernahmeverträge MAC-Klauseln.[196] Diese werden zum einen bei der Ausgabe junger Aktien, die entweder aus einem genehmigten Kapital oder einer im Vorfeld des Börsenganges beschlossenen Barkapitalerhöhung stammen[197], bei sog. „*Initial Public Offerings*" (Börsengängen) sowie im Rahmen von Kapitalerhöhungen bereits börsennotierter Gesellschaften abgeschlossen.[198] Im Aktienübernahmevertrag verpflichtet sich der Emittent zur Begebung der vereinbarten Wertpapiere sowie das Konsortium zu deren Übernahme sowie zur endgültigen Platzierung bei den im Übernahmevertrag vornehmlich als Zielgruppe angesprochenen Anlegern.[199] Er ist bereits vor der Preisfestsetzung abzuschließen. Die Zulassung der Aktien zum Börsenhandel, die spätestens einen Werktag vor Handelsaufnahme beschlossen und veröffentlicht sein muss (§ 52 Abs. 1 BörsZulV), setzt gemäß § 36 BörsG deren Existenz voraus, so dass Zeichnung der Aktien und Eintragung der Durchführung der Kapitalerhöhung vor Preisfestsetzung erfolgen müssen.[200] Die Zeichnung erfolgt dabei bei gleichzeitigem Abschluss des Übernahmevertrages, da die wesentlichen Bedingungen der Zeichnung und der Platzierung zuvor vertraglich vereinbart und auch das Syndikat gebildet sein sollten.[201]

Durch den frühzeitigen Vertragsschluss wird das Emissionsrisiko grundsätzlich auf die Banken übertragen. Mit der Zeichnung der Aktien und der Eintragung der Durchführung der Kapitalerhöhung allein ist zwar noch kein Platzierungsrisiko

---

[195] Vgl. MALLESONS (August 2002), http://www.mallesons.com/publications/Asian_Projects_and_Construction_Update/Asian_Projects_and_Construction_Update_17_August_ 2002.pdf, S. 1 (30.06.2006).

[196] Siehe zum Kauf von Aktien über die Börse MUELLER-THUNS in: Rödder/Hötzel/Mueller-Thuns, § 2 Rn. 16 ff.

[197] BUSCH, WM 2001, 1277 f.

[198] Siehe zu MAC-Klauseln in Bezugsangeboten bei Kapitalerhöhungen unten 2. Teil § 7 E.

[199] CLAUSSEN, Rn. 313. Das Emissionskonsortium verpflichtet sich nach ganz h.M. zur Zeichnung der Aktien, vgl. LUTTER in: KK-AktG, § 185 Rn. 5 m.w.N.; SCHWINTOWSKI/SCHÄFER, § 15 Rn. 68. Zur Charakterisierung des Vertrages CLAUSSEN, Rn. 315 f.; GRUNDMANN in: Schimansky/Bunte/Lwowski, Bd. III, § 112 Rn. 69.

[200] GROSS, ZHR 162 (1998), 318, 335.

[201] BUSCH, WM 2001, 1277.

verbunden. Denn mangels feststehenden Platzierungspreises werden die Aktien zum Nennwert bzw. geringsten Ausgabebetrag i.S.v. § 9 Abs. 1 AktG gezeichnet.[202] Im Übrigen wird vereinbart, dass die Durchführung der Platzierung und die Übertragung des Platzierungserlöses unter dem Vorbehalt der Einigung über den Platzierungspreis stehen.[203] Das Platzierungsrisiko entsteht für die Konsortialbanken jedoch mit der Preisfestsetzung. Sobald die Aktien den Anlegern zugeteilt werden, besteht ein Anspruch der Konsortialbanken gegen die Anleger auf Annahme der Aktien und Zahlung des Platzierungspreises. Ab dem Zeitpunkt der Zuteilung besteht mithin lediglich noch das Risiko der Nichterfüllung durch die Anleger. Mit Zahlung des Platzierungspreises folgt die Übertragung des Platzierungserlöses an den Emittenten. Entscheidend für die Begrenzung des Risikos des Bankenkonsortiums ist insofern die Dauer zwischen der Festlegung des Übernahmepreises und der effektiven Platzierung.
In der Vertragspraxis wird daher regelmäßig – trotz der Kommission als besondere Verdienstspanne – eine „*Krisenklausel*“ vereinbart. Diese verringert das beschriebene Risiko des Emissionskonsortiums, indem sie ihm ein Recht zur Abstandnahme vom Vertrag einräumt, wenn nach Vertragsschluss ein grundlegender Wandel in den Marktverhältnissen eintritt, so dass der Emissionserfolg erheblich gefährdet erscheint.[204] Wie beim Unternehmenskaufvertrag können MAC-Klauseln auf unterschiedliche Weise vertraglich verankert werden. Ein Rücktrittsrecht wird vor allem hinsichtlich wirtschaftlicher oder politischer Entwicklungen vereinbart, die die Marktverhältnisse grundlegend verändern und die im Übernahmevertrag vereinbarten Konditionen als nicht mehr marktgerecht erscheinen lassen:

> *§ ... Rücktrittsrecht*
> *„Falls vor der Veröffentlichung des Verkaufsangebots ... Änderungen an europäischen Geld- und Kapitalmärkten oder an den Wertpapierbörsen oder politische oder wirtschaftliche Krisen eintreten, die nach Auffassung der Banken oder der Anleiheschuldnerin die gegenwärtige Situation wesentlich ändern und den Erfolg der Emission gefährden, so kann jede der Vertragsparteien durch einseitige Erklärung von diesem Vertrag zurücktreten, ohne daß dadurch irgendwelche Ansprüche entstehen. Den Banken sind .. die ihnen bis dahin entstandenen Kosten zu ersetzen.“*[205]

Alternativ kann eine auflösende Bedingung in den Aktienübernahmevertrag aufgenommen werden:

> *§ ... Auflösende Bedingungen*
> *Der Vertrag bleibt nur wirksam, wenn bis zur Veröffentlichung des Verkaufsangebotes Änderungen an europäischen Geld- und Kapitalmärkten oder an den Wertpapierbörsen oder politi-*

[202] HOFFMANN-BECKING in: FS Lieberknecht, S. 25, 31.
[203] BUSCH, WM 2001, 1277.
[204] HORN, S. 127; CANARIS, Rn. 2252; GRUNDMANN in: Schimansky/Bunte/Lwowski, Bd. III, § 112, Rn. 68; KÜMPEL, Rn. 11.49, 11.103; SCHOLZE, S. 398 f. Zu den Ereignissen, welche ein Recht zur Abstandnahme begründen, BUSCH, WM 2001, 1277 f. Fn. 14; CANARIS, Rn. 2252 f.; HORN, S. 127 ff.; KÜMPEL, Rn. 9.193.
[205] HORN, Fn. 107.

sche oder wirtschaftliche Krisen nicht eintreten, die nach Auffassung der Banken oder der Anleiheschuldnerin die gegenwärtige Situation wesentlich ändern und den Erfolg der Emission gefährden. Im Falle des Eintrittes der genannten Änderungen entfaltet der Vertrag keinerlei Rechtswirkungen mehr. Das gleiche gilt für entstandene Ansprüche. Den Banken sind jedoch die ihnen bis dahin entstandenen Kosten zu ersetzen.[206]

C. MAC-KLAUSELN IN FINANZIERUNGSVERTRÄGEN

Üblicherweise finden MAC-Klauseln auch im Rahmen von Finance-Transaktionen, d.h. bei der Fremdfinanzierung von Transaktionen, Verwendung. Insbesondere bei Unternehmenskäufen und Übernahmeangeboten[207] stellt sich für den jeweiligen Erwerber die Frage der Finanzierung des Kaufpreises.[208] Im Rahmen der Außenfinanzierung[209] schließt das Unternehmen Darlehensverträge mit Kreditinstituten ab oder beschafft sich das erforderliche Kapital im Wege der Ausgabe von Wertpapieren auf dem Kapitalmarkt.[210] Im Falle der Aufnahme eines langfristigen Akquisitionsdarlehens (ab vier Jahre Laufzeit) als Einzel- oder Konsortialkredit[211] erfolgt die Verzinsung und Rückzahlung des Kredits aus dem gekauften Unternehmen oder der gekauften Beteiligung.[212] Übernimmt die Bank zusätzlich auch die Finanzierung des operativen Geschäftes, vergibt sie an die Zielgesellschaft sog. Betriebsmittelkredite. Beide Formen werden als „*corporate loan*" oder „*term loan*" bezeichnet.[213]
Für den Fall einer Verschlechterung der Vermögensverhältnisse des Darlehensnehmers enthalten die Darlehensverträge häufig – unabhängig vom außerordentlichen Kündigungsrechts des § 490 Abs. 1 BGB[214] – Garantie-[215] und Gewährleis-

---

[206] Vgl. GROß in: Hellner/Schröter, 10/324, Art. 10 Abs. 1 c) des Mustervertrages (aufschiebende Bedingung).

[207] Darlehen oder Darlehenszusagen reichen für das Tatbestandsmerkmal der Sicherstellung notwendiger Mittel i.S.v. § 13 Abs. 1 S. 1 WpÜG aus, siehe THAETER in: Thaeter/Brandi, Teil 2, Rn. 376 f. und unten 5. Teil § 12 C. II.

[208] Zur Kapitalbeschaffung aus betriebswirtschaftlicher Sicht umfassend BUERMEYER.

[209] Zu Instrumenten der Innenfinanzierung HEEMANN in: Semler/Volhard, § 15 Rn. 1; vgl. PICOT in: Picot, Teil I, Rn. 67; VOGEL, ZIP 2002, 1421, 1424; WISCHNEWSKI in: Schimansky/Bunte/Lwowski, Bd. II, § 88 Rn. 16 ff. Im Zusammenhang öffentlicher Übernahmen vgl. auch VOGEL in: Haarmann/Riehmer/Schüppen, § 13 Rn. 17.

[210] Siehe zur Eigenkapitalbeschaffung bei der AG zur Außenfinanzierung PICOT in: Picot, Teil I, Rn. 68 ff.

[211] Sie werden vergeben, wenn ein von einzelnen Geldinstituten nicht mehr zu deckender Finanzbedarf besteht; vgl. DE MEO, 1. Kapitel, Rn. 3, 7, 9, 24; HADDING in: Schimansky/Bunte/Lwowski, Bd. II, § 87 Rn. 2, 4.

[212] ALETH in: Picot/Mentz/Seydel, Teil VIII, Rn. 116 ff.

[213] Siehe zu den Darlehensformen HEMANN in: Semler/Volhard, § 15 Rn. 37 ff. Zum Ablauf der Kreditaufnahme siehe RAUPACH/WEISS in: Hölters, Teil III, Rn. 129 ff.

[214] Ein entsprechendes Kündigungsrecht enthalten Nr. 19 Abs. 3 S. 2 AGB-Banken und Nr. 26 Abs. 2 S. 3 a) AGB-Sparkassen, vgl. SONNENHOL, WM 2002, 1259, 1265.

[215] Zur Bedeutung der „*Representations*" und „*Warranties*" in angloamerikanischen Kreditverträgen und Abgrenzung von „*Covenants*" sowie zur vergleichbaren Regelung der Nr. 19 Abs. 3 AGB-Banken WITTIG, WM 1999, 985, 988 ff.

tungsregelungen in Bezug auf das Zielunternehmen.[216] Eine Zusicherung sieht zumeist vor, dass seit der Erstellung der jüngsten Jahresabschlüsse keine wesentliche Verschlechterung des Geschäftsbetriebes, der Vermögensverhältnisse, der finanziellen Situation oder der Ertragslage eingetreten ist. Sie beruht darauf, dass zwischen der Vorlage der von der Bank geprüften Dokumente und dem Abschluss des Darlehensvertrages und ersten Auszahlung eine längere Zeitspanne liegen kann.
Daneben haben sich in den Finanzierungsverträgen verschiedene Arten von MAC-Klauseln herauskristallisiert: die „*Financial Market MAC*"-, „*Business MAC*"- und „*Market Flex*"-Klausel.[217] Wurde eine „*Market Flex*"-Klausel vereinbart, sind die Banken auch noch nach Abschluss des Kreditvertrages berechtigt, die Konditionen des Kredits anzupassen, wenn und sobald die Syndizierung des Kredites aufgrund externer Ereignisse erschwert oder verhindert ist oder ein MAC den durch das Unternehmen erwirtschafteten und für die Schuldentilgung zur Verfügung stehenden Cashflow reduziert[218]:

> *§ ... Vertragsanpassung*
> *Der Darlehensgeber ist vor Abschluss der Syndizierung berechtigt, die Zahlung, Bedingungen, Tranchen und/oder die Struktur des Kredites zu ändern, ohne dass der Gesamtbetrag des Darlehens reduziert wird, wenn der Darlehensgeber bei Betrachtung der auf den nationalen und/oder internationalen Finanzmärkten herrschenden Bedingungen feststellt, dass eine solche Änderung hinsichtlich einer erfolgreichen Syndizierung des Kredits ratsam ist.*[219]

Alle Risiken einer Veränderung der Marktverhältnisse werden dadurch auf den Darlehensnehmer verlagert, die ansonsten vom Darlehensgeber zu tragen wären, da die Finanzierungsstruktur mitsamt der Zahlungsfestsetzung und den finanziellen Nebenpflichten bereits vor der Auszahlung festgelegt werden.

---

[216] Zu Bestimmungen eines Darlehensvertrages ALETH in: Picot/Mentz/Seydel, Teil VIII, Rn. 103 ff.; HEEMANN in: Semler/Volhard, § 15 Rn. 46 ff.; vgl. Musterformular von HAAG in: Beck´sches Formularbuch, III. J. 11. Die britische LOAN MARKET ASSOCIATION (LMA), ein Zusammenschluss von 47 Banken zur Vereinheitlichung von Kreditdokumenten, hat einen von der ASSOCIATION OF CORPORATE TREASURES akzeptierten „*Multicurrency Term and Revolving Facility*" veröffentlicht. Zur Anwendung im deutschen Recht, WITTIG WM 1999, 985 ff.

[217] Daneben existieren sog. „*Rating Triggers*", die den Kreditgeber vor einer Verschlechterung der Kreditwürdigkeit des Kreditnehmers im Falle einer Herabstufung durch Rating Agenturen schützen, hierzu BIRKETT/LEONARD, Global Counsel (21.01.2003), http://ldukpracticallaw.com/A28030, S. 2 ff. (30.06.2006). Zum Begriff des Rating EVERLING/HEINKE in: Gerke/Steiner, Sp. 1755 f.; FLEISCHER, S. 132 f.

[218] GRAY/HOLMES/MUZILLA, IFLR April 2003, 18 f.

[219] Siehe GRAY/HOLMES/MUZILLA, IFLR April 2003, 18; vgl. CHRISTENFELD/MELZER (03.10.2002), http://www.cliffordchance.com/uk/pdf/Material_Adverse_Change_Clauses_The_Big_MAC.pdf, S. 1 (28.02.2005); HALLORAN (01.03.1999), http://library.findlaw.com/1999/Sep/1/129885.html, S. 4 (30.06.2006). Zur Konkretisierung, Begrenzung und zum Ausschluss von Ereignissen, bei deren Eintritt eine Vertragsanpassung für den Darlehensgeber möglich sein soll, sowie zur spezifischen Festlegung der Anpassung aus Sicht des Kreditnehmers GRAY/HOLMES/MUZILLA, IFLR April 2003, 18 f.

Besteht das Risiko einer Gefährdung der Syndizierung trotz Veränderung der Kreditstruktur fort, kann das Risiko mittels einer „*Financial Market MAC*"-Klausel minimiert werden. Ihre Aufnahme ermöglicht der kreditfinanzierenden Bank, den Kredit nicht auszuzahlen, wenn ein MAC dessen Syndizierung oder Refinanzierung aufgrund wesentlicher nachteiliger Veränderungen in den Finanzmärkten erschwert oder verhindert.[220] Ein „*Market MAC*" wird üblicherweise wie folgt definiert:

> *§ ... Definition*
> *Market MAC: Jedes vor der Vertragsunterzeichnung eintretende Ereignis, das aus Sicht des Zeichners eine wesentliche nachteilige Veränderung auf den internationalen oder nationalen Refinanzierungs-, Darlehenssyndizierungs- oder Kapitalmärkten, oder des politischen, finanzwirtschaftlichen oder wirtschaftlichen Klimas im Sitzland des Unternehmens oder in dem Land, in dem sich die wesentlichen Vermögensgegenstände des Unternehmens befinden, auslösen kann, das jeweils aus Sicht des Zeichners die Syndizierung nachteilig beeinflusst hat oder eine nachteilige Beeinflussung wahrscheinlich erwarten lässt.*[221]

Eine „*Business MAC*"-Klausel gibt der Bank das Recht, einen Kredit nicht auszuzahlen bzw. den Kreditvertrag zu kündigen und vorzeitig fällig zu stellen, wenn ein MAC in Bezug auf das Unternehmen eintritt oder einzutreten droht, so beispielsweise wenn

> *„a change has occurred in the financial or business condition or circumstances or operations of the borrower such that it is reasonably unlikely in the opinion of the lender that the borrower will be able to perform its payment and other obligations under the facility and/or which would affect the ability of the borrower to comply with its financial covenants".*[222]

Eine „*Business MAC*"- oder „*Financial Market MAC*"-Klausel kann einen Kündigungsgrund darstellen, bei dessen Eingreifen der Darlehensgeber den Darlehensvertrag kündigen, den ausgezahlten Darlehensbetrag zur Rückzahlung fällig stellen kann und noch ausstehende Darlehensraten nicht auszahlen muss (sog. „*Event of Default*")[223].[224] Dies gilt insbesondere in den Fällen, in denen sich z.B. Garantien

---

[220] GRAY/HOLMES/MUZILLA, IFLR April 2003, 18, 20; siehe dort zum geringeren Schutz einer traditionellen MAC-Klausel im Hinblick auf externe Ereignisse und deren Risiken, IFLR April 2003, 19 f.

[221] Vgl. GRAY, HOLMES, MUZILLA, IFLR April 2003, 18, 20. Aus Sicht des Darlehensnehmers sollte die Klausel an die geplante Transaktion angepasst werden, indem auf einen bestimmten Markt im Sitzland des Kreditnehmers bzw. des Zielunternehmens und/oder der Bank oder einen Markt in derjenigen Region abgestellt wird, in der der Schwerpunkt seines Geschäftes liegt oder in der sich die wesentlichen Vermögensgegenstände befinden.

[222] OSBORNE CLARKE (August 2002), http://www.osborneclarke.com/publications/pdf/Material.pdf, S. 2 (05.03. 2003). Vgl. HALLORAN (01.03.1999), http://library.findlaw.com/1999/Sep/1/129885.html, S. 4 (30.06.2006); MALLESONS (August 2002), http://www.mallesons.com/publications/Asian_Projects_and_Construction_Update/Asian_Projects_and_Construction_Update_17_August_2002.pdf, S. 1 (30.06.2006).

[223] Siehe WITTIG, WM 1999, 985, 987; vgl. das Kündigungsrecht nach Nr. 19 Abs. 3 S. 2 AGB-Banken.

[224] Eine MAC-Klausel im Finanzierungsvertrag führt nicht dazu, dass nicht alle notwendigen Maßnahmen i.S.v. § 13 Abs. 1 WpÜG getroffen wurden, siehe hierzu unten 5. Teil § 12 C. II. 2.

bzw. Gewährleistungen als unzutreffend erweisen oder wenn Umstände eingetreten sind oder einzutreten drohen, die nach Einschätzung der Bank dazu führen, dass der Darlehensnehmer seine vertraglichen Pflichten nicht einhalten kann und die damit nachteilige Auswirkungen auf ihre Risikoposition haben können[225]:

> *§ ... Kündigungsgründe*
> *Jedes der folgenden Ereignisse oder jeder der folgenden Umstände stellt einen Kündigungsgrund dar:*
>
> *... Ein Ereignis oder Umstand, welcher nach begründeter Ansicht des Kreditgebers einen wesentlichen nachteiligen Effekt hat/ haben kann/ einen solchen wahrscheinlich erwarten lässt...*[226]
>
> *§ ... Auszahlungsbedingung*
> *Jeder Darlehensgeber ist nur dann zur Auszahlung des Darlehens verpflichtet, wenn zum Zeitpunkt des Ausreichungsverlangens und zum beabsichtigten Auszahlungszeitpunkt ein Kündigungsgrund nicht besteht und sich ein solcher auch nicht aus der beabsichtigen Auszahlung ergeben würde.*[227]
>
> *§ ... Fälligstellung*
> *Sollte ein Kündigungsgrund vorliegen, ist der Darlehensnehmer berechtigt, den Darlehensvertrag zu kündigen und den ausgezahlten Darlehensbetrag zur Rückzahlung sowie alle weiteren sich aus dem Darlehensvertrag ergebenden Zahlungsverpflichtungen fällig zu stellen.*[228]

D. MAC-KLAUSELN UND DIE VERKNÜPFUNG VON UNTERNEHMENSKAUF- UND FINANZIERUNGSVERTRÄGEN

Fehlt es an einem inhaltlichen Gleichlauf der MAC-Klausel im Unternehmenskauf- und Finanzierungsvertrag, liegt es nicht außerhalb jeglicher Wahrscheinlichkeit, dass der Käufer den Unternehmenskaufvertrag mangels verfügbarer Finanzierungsmittel nicht erfüllen, die Übertragung des Unternehmens demzufolge scheitert und der Käufer gegenüber dem Verkäufer einer Schadensersatzhaftung wegen Nichterfüllung unterliegt. Im Interesse des Erwerbers und Darlehensnehmers ist daher an eine Harmonisierung der MAC-Klauseln zu denken; eine Erwerbsverpflichtung soll

---

[225] Weitere Gründe für eine Fälligstellung durch die Bank wären Zahlungsverzug oder -unfähigkeit des Darlehensnehmers, Verlust der Werthaltigkeit von Sicherheiten und in anderen Finanzierungsverträgen eingetretene Fälligstellungsgründe („*cross default*"), hierzu auch KÄSTLE, S. 75, 78 f.

[226] Vgl. CHRISTENFELD/MELZER (03.10.2002), http://www.cliffordchance.com/uk/pdf/Material_Adverse_Change _Clauses_The_Big_MAC.pdf, S. 1 (28.02.2005); GRAF VON WESTPHALEN in: MünchVertragshdb., III.13, § 5 Abs. 1 c). Zur unrichtigen Zusicherung des Nichteintrittes eines MAC als Kündigungsgrund HEEMANN in: Semler/Volhard, § 15 Rn. 73, 102. Problematisch ist die justitiable Spezifizierung. Einer weiten Fassung zufolge kann ein MAC als eingetreten gelten, wenn die Kreditgebermehrheit ihn eingetreten sieht, THIEßEN, ZBB 1996, 19 f.

[227] Vgl. CHRISTENFELD/MELZER (03.10.2002), http://www.cliffordchance.com/uk/pdf/Material_Adverse_Change _Clauses_The_Big_MAC.pdf, S. 1 (28.02.2005); MALLESONS (August 2002), http://www.mallesons.com/publications/Asian_Projects_and_Construction_Update/Asian_Projects_and_Construction_Update_17_August_ 2002.pdf, S. 1 f. (30.06.2006).

[228] Siehe hierzu auch im Zusammenhang mit Covenants KÄSTLE, S. 75 f.

nur bestehen, wenn auch die Finanzierung gesichert ist, was im Hinblick auf die Zahlung des Kaufpreises auch im Interesse des Verkäufers liegt.[229]

Im Kreditvertrag enthaltene sog. „*Certain Funds*"-Konzepte bzw. sog. „*Certainty of funds*" besagen, dass der Kreditvertrag an die „*Business MAC*"- Klausel des Unternehmenskaufvertrages anknüpft.[230] Im Gegenzug zur Abbedingung sonst üblicher Auszahlungsvoraussetzungen wird die im Unternehmenskaufvertrag enthaltene MAC-Klausel in inhaltlich entsprechender Weise in den Kreditvertrag übernommen.[231] Der Unternehmenskauf scheitert dadurch nicht an seiner Finanzierung aufgrund von Ereignissen oder Umständen, bei deren Eintritt die Bank üblicherweise die Darlehensvaluta nicht mehr auszahlen würde. Dies gilt vor allem in Fällen, in denen das übernommene Unternehmen als Sicherungsobjekt dienen soll; gerade dann ist dessen tatsächliche Übertragung hinsichtlich der Rückzahlung der Kreditsumme von entscheidender Bedeutung. Aus Sicht der Bank haben „*Certain Funds*" zudem den Vorteil, dass die „*Business MAC*"-Klauseln der Unternehmenskaufverträge konkret ausgestaltet werden, indem sie z.B. an ein prozentuales Sinken der Einnahmen/EBITDA anknüpfen, und daher eine Berufung hierauf unter klaren faktischen Umständen möglich ist. Finanzierungs- und Unternehmenskaufverträge können aber auch mittelbar verknüpft werden, indem die Finanzierung des Unternehmenskaufvertrages Bedingung für dessen Vollzug ist und der Finanzierungsvertrag ein Kündigungsrecht bei Eintritt eines näher bezeichneten, gegenüber dem Unternehmenskaufvertrag eigenständigen MAC vorsieht[232]:

> *§ ... Vollzugsbedingungen*
> *Der Vollzug des Unternehmenskaufvertrages ist abhängig von:*
> *... der Finanzierung des Unternehmenskaufes seitens des Käufers, wobei (i) dieser alle Anstrengungen zu unternehmen hat, um einen definitiven und rechtlich verbindlichen Finanzierungsvertrag zur in diesem Vertrag enthaltenen Durchführung der Transaktion innerhalb von zwei Wochen nach Vertragsunterzeichnung abzuschließen, (ii) der Finanzierungsvertrag lediglich Vollzugsbedingungen einschließlich einer MAC-Klausel enthält, die vernünftigerweise für den Verkäufer akzeptabel sind. ...*

Eine gescheiterte Finanzierung kann ferner selbst einen MAC darstellen, der zum Rücktritt vom Unternehmenskaufvertrag berechtigt:

229 So auch SCHMITTNER, M&A Review 2005, 322, 326.

230 Siehe auch SINGHOF/WEBER, WM 2002, 1158, 1164.

231 Die wörtliche Wiedergabe der in Finanzierungsverträgen enthaltenen MAC-Klausel in Unternehmenskaufverträgen scheidet aufgrund des unterschiedlichen Wortlautes, der unterschiedlichen Zielrichtung und der unterschiedlichen Standards und Marktusancen aus.

232 BLASSBERG/REGNER (2001), http://www.debvoise.com/db30/cgi-bin/pubs/Fall2001.pdf, S. 3 (28.02.2005).

§ ... Rücktrittsrecht
Der Käufer ist berechtigt, vom Unternehmenskaufvertrag zurückzutreten, wenn eine wesentliche nachteilige Veränderung eingetreten ist. Wesentliche nachteilige Veränderung meint:
... Ereignisse oder Umstände, die eine Finanzierung verhindern. ...[233]

E. MAC-KLAUSELN IN BEZUGSANGEBOTEN BEI KAPITALERHÖHUNGEN

Wie bereits unter C. dargestellt, können Transaktionen größeren Volumens wie Barangebote[234] im Wege der Innenfinanzierung mittels Kapitalerhöhung[235] finanziert werden. Auch im Rahmen von Kapitalerhöhungen bereits börsennotierter Gesellschaften wird ein Emissionskonsortium eingeschaltet und damit in der Folge Aktienübernahmeverträge abgeschlossen. Diese enthalten zumeist aus den bereits unter B. aufgezeigten Gründen eine MAC-Klausel. Im Rahmen des Bezugsangebotes der Allianz AG wurde eine im Aktienübernahmevertrag vereinbarte MAC-Klausel dadurch Inhalt des Bezugsangebotes, dass durch einen Rücktritt der Konsortialbanken vor Eintragung der Durchführung der Kapitalerhöhung in das Handelsregister das Bezugsrecht entfallen sollte. Da der Aktienübernahmevertrag noch drei Tage nach Abwicklung des Bezugsangebotes gekündigt werden konnte, standen Aktienkaufverträge über zu dem Zeitpunkt nicht bezogene Aktien unter entsprechendem Vorbehalt. Auf S. 9 des Verkaufsprospekts heißt es:

„Wichtige Hinweise
Die Konsortialbanken behalten sich vor, unter bestimmten Umständen vom Aktienübernahmevertrag zurückzutreten oder die Durchführung des Bezugsangebots um bis zu eine Woche zu verschieben. Zu diesen Umständen zählen insbesondere wesentliche nachteilige Veränderungen in der Geschäfts-, Finanz- oder Ertragslage oder im Eigenkapital des Allianz-Konzerns, soweit diese nicht in diesem Verkaufsprospekt dargelegt sind, wesentliche Einschränkungen des Börsenhandels oder des Bankgeschäfts oder der Ausbruch oder die Eskalation von Feindseligkeiten, die wesentliche nachteilige Auswirkungen auf die Finanzmärkte erwarten lassen, sowie die Nichteintragung der Kapitalerhöhung im Handelsregister bis zum 28.04.2003.“[236]

F. MAC-KLAUSELN UND DEREN BISHERIGE VERWENDUNG IN ÜBERNAHMEANGEBOTEN

Obwohl die bisherigen Ausführungen gezeigt haben, dass MAC-Klauseln im Rahmen von M&A- und Finance-Transaktionen auf vielfältige Weise in vertragliche Regelungen aufgenommen werden und Übernahmeangebote Spezialfälle des Share Deal darstellen, enthielten bis zum 30.06.2006 lediglich 22 der 102 Angebotsunter-

[233] Zur Unzulässigkeit der Finanzierungsbedingung in Übernahmeangeboten unten 5. Teil § 12 C. II. 1. Zum unzulässigen Rücktritt vom Übernahmeangebot unten 4. Teil § 11 D. I.

[234] VOGEL, ZIP 2002, 1421, 1424.

[235] Die Kapitalerhöhung bei einer AG kann im Wege des „*genehmigten Kapitals*“, gegen Bar- oder Sacheinlage („*effektive Kapitalerhöhung*“) oder aus Gesellschaftsmitteln („*nominelle Kapitalerhöhung*“) erfolgen. Siehe dazu EISENHARDT, Rn. 497 ff.; SCHMIDT, Gesellschaftsrecht, § 29 III.; WILHELM, Rn. 570 ff.

[236] Siehe auch Verkaufsprospekt, S. 197 (Kündigung des Aktienübernahmevertrages).

lagen eine MAC-Klausel. Deren inhaltliche Ausgestaltung soll zum Abschluss der empirischen Erörterungen zum bedingten Übernahmeangebot dargestellt werden.

I. Mittelbare Aufnahme einer MAC-Klausel

Die Übernahmeangebote wurden zunächst über eine Bedingung mit dem Vollzug privater Aktienkaufverträge verknüpft, die wiederum durch den Nichteintritt eines MAC bedingt waren. Diese MAC-Klausel wirkte sich insofern indirekt auf den Erfolg des Angebotes aus; letzteres entfaltete keine Rechtswirkungen mehr, wenn die MAC-Klausel im Aktienkaufvertrag ausgelöst worden, dessen Vollzug mithin unterblieben wäre. Eine derartige Verknüpfung enthielt das Übernahmeangebot TEXAS INSTRUMENTS/CONDAT!:

> *Ziff. II. 1. a): „Das Ziel, 95 % des Grundkapitals der Condat AG zu erwerben, setzt voraus, daß dieses Angebot Aktionäre mit mindestens .. Aktien ... annehmen und daß die in dem Aktienkaufvertrag mit den Gründungsaktionären vorgesehenen Transaktionen ... vollzogen werden. Der Vollzug der in dem Aktienkaufvertrag vorgesehenen Transaktionen ... steht .. unter folgenden aufschiebenden Bedingungen: ...*
> *• keine wesentlichen nachteiligen Ereignisse hinsichtlich der Condat AG."*

Im Übernahmeangebot EDCAR/EDSCHA wurde die in den Paket-Kaufverträgen enthaltene MAC-Klausel über die Mindestannahmeschwelle verknüpft. Nach Ziff. D. 3. des Angebotes stand der Erwerb der Aktien der Hauptaktionäre im Wege eines Paket-Kaufvertrages unter der Bedingung der Kaufpreiszahlung:

> *„Diese wiederum wird erst nach Erfüllung der in den Paket-Kaufverträgen vorgesehenen sog. ‚Closing-Bedingungen' erfolgen. ... Darüber hinaus sind Closing-Bedingungen unter anderem der Nichteintritt einer in den Paket-Kaufverträgen anhand objektiver Kriterien näher festgelegten wesentlichen nachteiligen Veränderung (Material Adverse Change) von Edscha."*

II. Unmittelbare Aufnahme einer MAC-Klausel

Erst das Übernahmeangebot BOSCH/BUDERUS vom 06.05.2003 enthielt erstmals seit Inkrafttreten des WpÜG explizit eine MAC-Klausel.[237] Nach Ziff. 9(c)(i) stand es unter der Bedingung, dass folgende Ereignisse bis zum Ablauf der weiteren Annahmefrist nicht eintreten:

> *„Die Veröffentlichung neuer Tatsachen im Sinne des § 15 WpHG, welche nach Auffassung des Vorstandes ... bei sorgfältiger kaufmännischer Beurteilung voraussichtlich zu einer Belastung des Konzernergebnisses (vor Steuern) von Buderus, die bis zum nächsten Bilanzstichtag nicht beseitigt werden kann, von mehr als EUR 200 Mio. führen werden. Dies gilt nicht, soweit die Tatsachen im Konzernabschluß 2002 der Gesellschaft bereits berücksichtigt oder von Buderus bis zum 7. Mai 2003 durch Ad-hoc-Meldung gemäß § 15 WpHG bekannt gemacht wor-*

[237] Inwiefern diese Ausgestaltung mit der gesetzlichen Regelung des § 18 WpÜG vereinbar ist, wird im Rahmen der weiteren Untersuchung über die rechtliche Zulässigkeit von MAC-Klauseln zu überprüfen sein. Das Übernahmeangebot STATIONERYPRODUCTS/HERLITZ (Ziff. 5.7. (c)) verknüpfte das Angebot mit dem Eintritt der „*banküblichen*" Bedingungen für die Auszahlung eines Darlehens.

den sind. Bei der Beurteilung sind die bisher von Buderus angewandten Ansatz-, Bilanzierungs- und Bewertungsgrundsätze und die Praxis bei der Ausübung von Bilanzierungswahlrechten unverändert zugrundezulegen."

Die in das Übernahmeangebot ONTARIO/W.E.T. aufgenommene MAC-Klausel lehnte sich an diesen Wortlaut an und war hinsichtlich des Nichteintrittes des konkretisierten Ereignisses nahezu identisch:

> *„Die Veröffentlichung neuer Tatsachen im Sinne des § 15 WpHG, welche ... voraussichtlich zu einer Belastung des Operativen Konzernergebnisses im Geschäftsjahr 2003/2004 in Höhe von mindestens Euro 2 Mio. führen werden und welche im Abschluß für das am 30. September 2003 endende 1. Quartal des Geschäftsjahres 2003/2004 der W.E.T. AG auszuweisen wären, wobei die Belastung des Operativen Konzernergebnisses im Bericht über das 1. Quartal des Geschäftsjahres 2003/2004 bis zum nächsten Stichtag des folgenden Quartalsabschlusses nicht beseitigt werden kann.*"[238]

Alternativ wurde auf die Veröffentlichung neuer Tatsachen[239] i.S.v. § 15 WpHG a.F. abgestellt, die zu einer bestimmte Verringerung der Gesamtsumme der Aktiva der Zielgesellschaft – ohne immateriellen Vermögensgegenstände und Goodwill (Firmenwert) – führen oder aus denen bestimmte Verbindlichkeiten oder Inanspruchnahmen aus Gewährleistungen, Bürgschaften und dergleichen oder aufgrund von Schadensersatzansprüchen erwachsen.[240] Hiervon ausgenommen sein sollten Verbindlichkeiten und Inanspruchnahmen, die aus der beabsichtigten Übernahme resultieren sowie Tatsachen, die bereits durch eine Ad-hoc-Mitteilung nach § 15 WpHG a.F. vor Beginn der Annahmefrist bekannt gegeben, in einer dem Übernahmeangebot vorangehenden Bilanz berücksichtigt oder für die Rückstellungen gebildet wurden.

Nach Ziff. 3.2.3 (i) der Angebotsunterlage ITT/WEDECO hätten die veröffentlichten neuen Tatsachen zu einer voraussichtlichen näher festgelegten Minderung des in der konsolidierten Bilanz der Zielgesellschaft und ihren Tochterunternehmen für das laufende Geschäftsjahr oder in einem hierauf folgenden Quartalsbericht ausgewiesenen Netto-Eigenkapitals führen müssen; im folgenden Geschäftsjahr hätten sie weder ausgeglichen werden können noch hätten sich ihre Auswirkungen voraussichtlich dergestalt wiederholen dürfen, dass sie voraussichtlich das Betriebsergebnis (EBIT) des Zielkonzerns in den folgenden fünf Jahren in bestimmter Hö-

---

[238] Ziff. 4.3.(c) des Angebotes (Hervorhebung nicht im Original). Auch der Paket-Kaufvertrag stand unter der aufschiebenden Bedingung des Nichteintrittes einer wesentlichen nachteiligen Veränderung. Hinsichtlich der Definition einer wesentlichen nachteiligen Veränderung wurde auf die genannte Klausel verwiesen (siehe Ziff. 3.4.).

[239] § 15 WpHG n.F. knüpft an die Insiderinformationen i.S.v. § 13 WpHG n.F. an, siehe 6. Teil, § 15 B. II. 1 b), c).

[240] Siehe Übernahmeangebote AGILISYS/INFOR (Ziff. 9.2 a)) und ONTARIO/IXOS (Ziff. 9 b) (aa)). Das Übernahmeangebot SINGULUS/STEAG (Ziff. 9.1 (b)) knüpft an ein Ereignis höherer Gewalt ein, infolge dessen sich der Unternehmenswert der Steag um minestens EUR 5,0 Millionen verringert hat. Siehe auch Übernahmeangebot SOLVAY/GIRINDUS (Ziff. 8.1 (d)).

he negativ beeinflussen. Bemerkenswert ist, dass in dem Übernahmeangebot ITT/WEDECO erstmals nicht nur auf die Veröffentlichung, sondern alternativ auf den Nichteintritt

> *„einer oder mehrerer neuer Tatsachen [abgestellt wurde], welche die* ***Abgabe einer Ad-hoc-Mitteilung im Sinne des § 15 WpHG erforderlich machen würden****, wobei bei der Beurteilung der Erforderlichkeit der Abgabe einer Ad-hoc-Mitteilung unberücksichtigt bleibt, daß ein öffentliches Übernahmeangebot vorliegt“.*[241]

Auch die pflichtwidrig unterlassene Veröffentlichung eingetretener neuer Tatsachen i.S.v. § 15 WpHG a.F. hätte demnach die Wirkungslosigkeit des Übernahmeangebotes bewirken können. Ob die Voraussetzungen der Bedingung eingetreten sind oder nicht, sollte durch einen unabhängigen Gutachter unter Zugrundelegung sorgfältiger kaufmännischer Abwägung überprüft werden:

> *„Die Bedingung gilt als endgültig nicht eingetreten, wenn die Stellungnahme des unabhängigen Gutachters, die deren Eintritt bestätigt, nicht spätestens an dem Tag vor der Veröffentlichung des Ergebnisses dieses Übernahmeangebots gemäß § 23 Abs. 1 Nr. 2 WpÜG erfolgt ist. Der unabhängige Gutachter hat die Einleitung des Verfahrens zur Feststellung der Voraussetzungen unverzüglich unter Bezugnahme auf dieses Angebot in der Frankfurter Allgemei-nen Zeitung zu veröffentlichen. Er hat desweiteren seine Stellungnahme unverzüglich abzugeben und das Ergebnis der Stellungnahme unverzüglich unter Bezugnahme auf dieses Angebot in der Frankfurter Allgemeinen Zeitung zu veröffentlichen. ... Die Kosten für den unabhängigen Gutachter und dessen Auslagen sind vom Bieter zu tragen.“*[242]

Eine den Tatsachenbegriff konkretisierende MAC-Klausel enthielt erstmals das Übernahmeangebot ONTARIO/GAUSS INTERPRISE. Ziff. 9 b) des Angebotes stellte nicht nur allgemein darauf ab, dass Tatsachen nach § 15 WpHG a.F. veröffentlicht werden, die zu einer näher bezeichneten Belastung führen, sondern es bedurfte des Publizierens alternativ aufgelisteter Tatsachen i.S.v. § 15 WpHG a.F., z.B. der Zahlungsunfähigkeit bzw. Überschuldung einzelner aufgeführter Gesellschaften i.S.v.

---

[241] Ziff. 3.2.3 (ii) der Angebotsunterlage (Hervorhebung nicht im Original). Siehe auch Übernahmeangebote BCP/CELANESE (Ziff. V. 4. (iv) (B)), BORGWARNER/BERU (Ziff. 8.1 (b)); VIACOM/VIVA (Ziff. 7.3.2 (i)); DRITTE BV/SCHERING (Ziff. 6.1.3), ADECCO/DIS Ziff. 11.1 b)); SUMIDA/VOGT (Ziff. 3.2); SC/SÜD-CHEMIE (Ziff. 11.1 (e)).

[242] Siehe Ziff. 3.2.3 (ii) der Angebotsunterlage. Der Bieter hat sich nach Ziff. 5.2 der Angebotsunterlage in einem sog. *„Business Combination Agreement“* dazu verpflichtet, auf die MAC-Bedingung, *„soweit möglich, zu verzichten, es sei denn, die zugrundeliegenden Tatsachen (i) sind als aussergewöhnliche Ereignisse anzusehen, die … außerhalb des üblichen Geschäftsverlaufs liegen und (ii) sich nicht aus (a) den allgemeinen wirtschaftlichen Bedingungen oder solchen Bedingungen …, die generell Gesellschaften in dem Industriezweig betreffen, in dem die Zielgesellschaft tätig ist, (b) der Bekanntgabe des Business Combination Agreements, des Angebots oder der in diesen vorgesehenen Transaktionen oder (c) Änderung von Gesetzen oder deren Auslegung ergeben und die Voraussetzungen dieser Ausnahme nach Ansicht eines unabhängigen Gutachters unter Zugrundelegung sorgfältiger kaufmännischer Abwägung eingetreten sind.“* Zur Frage der Bindungswirkung der Entscheidung unten 7. Teil § 17 B.

§ 92 AktG[243] oder der Nichtvornahme bezeichneter Handlungen seitens des Vorstandes der Zielgesellschaft[244]. Auch die Wirksamkeit der Übernahmeangebote BCP/CELANESE[245], CONTINENTAL/PHOENIX[246], CARLSBERG/HOLSTEN[247], KÖRBER/WINKLER+ DÜNNBIER[248] war vom Nichteintritt konkret benannter Tatsachen abhängig.

243 So auch unter Verweis auf §§ 17-19 InsO in den Übernahmeangeboten AGILISYS/INFOR (Ziff. 9.2 c)), ONTARIO/ IXOS (Ziff. 9. b) (aa)) und CARLSBERG/HOLSTEN (Ziff. 10 (d) (i); auch § 64 GmbHG, § 130a HGB). Vgl. auch Übernahmeangebote CONTINENTAL/PHOENIX (Ziff. 10.1 (d)), DELTA/BETA SYSTEMS (Ziff. 5.7 (a)) und BANDAI/ZAPF (Ziff. 3.4.4).

244 Siehe auch die Angebotsunterlagen BCP/CELANESE (Ziff. V. 4. (vi)), VIACOM/VIVA (Ziff. 7.3.2 (ii)), HSW/SENATOR (Ziff. 13.1) und Übernahmeangebot STATIONERY PRODUCTS/HERLITZ (Ziff. 5.7 (b) (ii)).

245 Siehe Ziff. V. 4. (viii) der Angebotsunterlage.

246 Siehe Ziff. 10.1 (f) der Angebotsunterlage

247 Siehe Ziff. 10 (d) (iii) der Angebotsunterlage.

248 Siehe Ziff. 9.1 d) der Angebotsunterlage.

Welche Beweggründe im Einzelnen für die Aufnahme einer MAC-Klausel in ein Übernahmeangebot sprechen, soll im folgenden dritten Teil der Arbeit aufgezeigt werden (§ 8). In diesem Zusammenhang wird zu untersuchen sein, inwiefern ihrer Aufnahme ein latentes Missbrauchspotenzial immanent ist. Ferner wird erörtert, welche Risiken sie für die vom Übernahmeverfahren betroffenen Interessengruppen hervorruft, die es im Hinblick auf den mit dem WpÜG verfolgten Gesetzeszweck einzudämmen gilt (§ 9).

§ 8 BEWEGGRÜNDE FÜR DIE AUSGESTALTUNG EINER MAC-KLAUSEL IN ÜBERNAHMEANGEBOTEN

Aufgrund der Qualifizierung des Übernahmeangebotes als besondere Form des Share Deal erscheint es nahe liegend, dass auch im Rahmen der Durchführung eines öffentlichen Übernahmeangebotes die Gefahr einer bei der Zielgesellschaft eintretenden nachteiligen wirtschaftlichen oder rechtlichen Veränderung während des Erwerbsvorganges besteht. Im Folgenden werden daher das Übernahmeverfahren einschließlich der Risiken für den Bieter und damit dessen Beweggründe für die Ausgestaltung einer MAC-Klausel untersucht (A.). In einem weiteren Schritt wird danach gefragt, ob die beim Unternehmenskauf bestehenden Möglichkeiten zur Risikominimierung auf das Übernahmeangebot übertragbar sind (B.).

A. ÜBERNAHMEANGEBOTE UND DAS PROBLEM DER RISIKOVERTEILUNG WÄHREND DES ÜBERNAHMEPROZESSES

Das Übernahmeverfahren unterliegt nach den Regelungen des WpÜG umfangreichen verfahrensrechtlichen Anforderungen. Insbesondere zeichnet es sich dadurch aus, dass die Angebotskonditionen grundsätzlich mit Veröffentlichung der Angebotsunterlage feststehen müssen. Eine Änderung des Angebotes ist nach § 21 WpÜG nur in begrenztem Umfang und nur zugunsten der Anteilseigner der Zielgesellschaft bis zu einem Werktag vor Ablauf der Annahmefrist möglich.[249]

I. Ablauf des Übernahmeverfahrens

Das vom Bieter[250] einzuhaltende und von mehreren Veröffentlichungspflichten geprägte Übernahmeverfahren lässt sich in fünf Phasen aufgliedern. Mit der genauen Festlegung dieser einzelnen Verfahrensabschnitte wird eine rasche Durchführung des Übernahmeverfahrens sichergestellt, eine übermäßige Belastung der Zielgesellschaft verhindert und ihre Handlungsfreiheit nicht unverhältnismäßig beeinträchtigt.

---

[249] Siehe dazu unten 5. Teil § 12 D.

[250] Im Folgenden werden lediglich die vom Bieter einzuhaltenden Verfahrenserfordernisse dargestellt.

TABELLE 5:
DIE PHASEN DES ÜBERNAHMEVERFAHRENS

Vorbereitungsphase[251]	Bekanntgabe der Entscheidung zur Abgabe eines Angebotes (§ 10 WpÜG)	Erstellung und Veröffentlichung der Angebotsunterlage (§§ 11, 14 WpÜG)	Angebotsphase (§§ 16 ff. WpÜG)	Verlängerungsphase

Quelle: Eigene Darstellung.

Die Entscheidung des Bieters zur Abgabe eines Übernahmeangebotes an die Aktionäre der zuvor im Rahmen der Vorbereitungsphase identifizierten Zielgesellschaft bildet den Abschluss des vorangegangenen Willensbildungsprozesses[252]. Nach ihrer Mitteilung an die in §§ 10 Abs. 2, 34 WpÜG genannten Institutionen ist sie vom Bieter gem. §§ 10 Abs. 1, 34 WpÜG unverzüglich zu veröffentlichen und die Veröffentlichung an die in § 10 Abs. 4 WpÜG genannten Institutionen zu übersenden.[253] Zudem ist die veröffentlichte Entscheidung unverzüglich an den Vorstand der Zielgesellschaft weiterzuleiten, §§ 10 Abs. 5 S. 1, 34 WpÜG. Ob eine endgültige Entscheidung des Bieters zur Abgabe eines Übernahmeangebotes vorliegt, der Entscheidungsfindungsprozess abgeschlossen ist, kann – ist Bieter eine deutsche AG[254] – von der Zustimmung des Aufsichtsrates[255] abhängen, soweit eine solche gesellschaftsrechtlich erforderlich, d.h. durch Satzung oder durch Beschluss des Aufsichtsrates nach § 111 Abs. 4 S. 2 AktG vorgeschrieben ist.[256]

[251] Siehe hierzu HASSELBACH in: Picot/Mentz/Seydel, Teil VIII, Rn. 8 ff.; KRAUSE, NJW 2002, 705, 707; MIELKE in: Beckmann/Kersting/Mielke, B 109 ff.; RIEHMER/SCHRÖDER, BB 2001, Beil. 5, S. 1 ff.; THAETER in: Thaeter/ Brandi, Teil 2, Rn. 717 ff.

[252] THAETER in: Thaeter/Brandi, Teil 2, Rn. 46. Zum mehrstufigen Entscheidungsprozess THAETER in: Thaeter/Brandi, Teil 2, Rn. 47 ff.

[253] Zur Art und Weise der Veröffentlichung und zu den Mitteilungspflichten ASSMANN, AG 2002, 114, 117 f.; LAND/HASSELBACH, DB 2000, 1747, 1749; MÜHLE, S. 214 ff. Zum Verhältnis zur Ad-hoc-Publizität nach § 15 WpHG a.F. MÜHLE, S. 210 ff.; STEINMEYER/HÄGER, § 10 Rn. 46 ff.

[254] Bei einer GbR oder GmbH als Bieterin ist auch die Entscheidung der Gesellschafterversammlung abzuwarten.

[255] Siehe Begr. RegE-WpÜG, BT-Drucks. 14/7034, S. 39 zu § 10 Abs. 1; GEIBEL in: Geibel/Süßmann, § 10 Rn. 11 ff.; OECHSLER in: Ehricke/Ekkenga/Oechsler, § 10 Rn. 7; enger i.S.e. Veröffentlichungspflicht, wenn unter normalen Umständen von der Zustimmung auszugehen ist, LAND/HASSELBACH, DB 2000, 1747, 1749; zusammenfassend THAETER in: Thaeter/Brandi, Teil 2, Rn. 51 ff.

[256] ASSMANN, AG 2002, 114, 116 Fn. 17; KRAUSE, NJW 2002, 705, 707; ZINSER, WM 2002, 15, 17. Siehe zur Zustimmung der Hauptversammlung einer AG §§ 10 Abs. 1 S. 2, 34 WpÜG, hierzu ASSMANN, AG 2002, 114, 116 f.; vgl. Begr. RegE, BT-Drucks. 14/7034, S. 39 zu § 10 Abs. 1. Zur Ausnahmegenehmigung nach § 10 Abs. 1 S. 3 WpÜG MÖLLER/PÖTZSCH, ZIP 2001, 1256, 1257 f. Zur Zulässigkeit eines Vorbehaltes der Zustimmung der Gesellschafterversammlung sowie des Aufsichtsrates im Übernahmeangebot selbst unten 5. Teil § 13 C.

Innerhalb von vier Wochen nach Veröffentlichung der Entscheidung zur Abgabe eines Angebotes hat der Bieter in Übereinstimmung mit den § 11 Abs. 1-3 i.V.m. §§ 17, 18, 31, 32 WpÜG, § 11 Abs. 4 und 5 WpÜG i.V.m. WpÜG-AngVO eine detaillierte Angebotsunterlage zu erstellen und bei der BaFin zur Prüfung einzureichen.[257] Diese Frist kann um höchstens vier weitere Wochen verlängert werden, wenn dem Bieter die Einhaltung der ursprünglichen Frist aufgrund eines grenzüberschreitenden Angebotes oder erforderlicher Kapitalmaßnahmen nicht möglich ist, §§ 14 Abs. 1 S. 3, 34 WpÜG.[258] Sind seit Eingang bei der BaFin zehn Tage verstrichen oder wurde die Veröffentlichung der Angebotsunterlage gestattet[259], ist die Angebotsunterlage unverzüglich zu veröffentlichen, §§ 14 Abs. 2, 34 WpÜG, und ein Exemplar dem Vorstand der Zielgesellschaft zu übermitteln, §§ 14 Abs. 4, 34 WpÜG. Mit der Veröffentlichung der Angebotsunterlage hat der Bieter das Angebot abgegeben.[260]

Die Veröffentlichung der Angebotsunterlage stellt gem. § 34 i.V.m. § 16 Abs. 1 S. 1 und 2 WpÜG den Fristbeginn für die Annahme des Übernahmeangebotes dar. Die Annahmefrist muss mindestens vier Wochen und darf höchstens zehn Wochen betragen.[261] Eine zehnwöchige Annahmefrist ist den Aktionären zwingend zu gewähren, wenn nach der Veröffentlichung der Angebotsunterlage im Zusammenhang mit dem Übernahmeangebot eine Hauptversammlung der Zielgesellschaft einberufen wird, §§ 16 Abs. 3 S. 1, 33 Abs. 1, 34 WpÜG. Sie ermöglicht dem Vorstand der Zielgesellschaft, im Rahmen der kurzfristig einberufenen Hauptversammlung eine auf die Verhinderung eines erfolgreichen Abschlusses des Übernahmeangebotes oder auf die Zustimmung gerichtete Beschlussfassung herbeizuführen.[262] Der Bieter hat die Mitteilung der Einberufung einer Hauptversammlung der Zielgesellschaft (§ 16 Abs. 3 S. 2) gem. §§ 16 Abs. 3 S. 3, 34 WpÜG unverzüglich und unter Angabe des Ablaufes der Annahmefrist zu veröffentlichen. Ändert der Bieter sein Angebot innerhalb der letzten zwei Wochen der Annahmefrist[263], verlängert sich die Annahmefrist kraft Gesetzes um zwei Wochen, §§ 16 Abs. 1 S. 1, 21 Abs. 5, 34 WpÜG. Auch die Abgabe eines konkurrierenden Übernahmeangebotes führt zu einer Verlängerung der Annahmefrist nach §§ 16 Abs. 1 S. 1, 22 Abs. 2, 34 WpÜG, und zwar bis zum Ablauf der Annahmefrist des konkurrierenden Angebotes, wenn

---

[257] Einen strukturellen kurzen Überblick über ihren Inhalt im Falle eines freundlichen Übernahmeangebotes als Barangebot enthält ADOLFF/MEISTER/RANDELL/STEPHAN, S. 156 ff.

[258] ASSMANN, AG 2002, 114, 120.

[259] Die BaFin überprüft nur, ob die Angebotsunterlage alle gesetzlich zwingenden Angaben enthält und ob sie anderweitig offensichtlich gegen gesetzliche Vorschriften verstößt; eine umfassende Prüfungspflicht besteht nicht, § 15 Abs. 1 WpÜG. Nach § 14 Abs. 2 S. 3 WpÜG kann eine Nachbesserungsfrist von fünf Tagen gewährt werden.

[260] Vgl. Begr. RegE-WpÜG, BT-Drucks. 14/7034, S. 44 zu § 14 Abs. 2. Zu Veröffentlichungspflichten nach Abgabe des Angebotes siehe § 23 WpÜG.

[261] Zur Befristung siehe MÜHLE, S. 244 f.

[262] Begr. RegE-WpÜG, BT-Drucks. 14/7034, S. 46 zu § 16 Abs. 3.

[263] Siehe § 21 WpÜG.

letztere länger läuft als diejenige des Erstangebotes.[264] Steht mit Ablauf der Annahmefrist[265] fest, dass das Übernahmeangebot erfolgreich war[266], können die Aktionäre, die sich während der Annahmefrist nicht zu einer Veräußerung entschließen konnten, das Angebot noch innerhalb von zwei Wochen nach der in § 23 Abs. 1 S. 1 Nr. 2 WpÜG genannten Veröffentlichung annehmen, §§ 16 Abs. 2, 34 WpÜG.[267] Mit Ablauf dieser *„weiteren Annahmefrist"* endet das Angebot endgültig; die Verträge sind nach den Bestimmungen der Angebotsunterlage abzuwickeln.[268]
Erwirbt der Bieter innerhalb eines Jahres nach Veröffentlichung der Annahmequote eines Übernahme- oder Pflichtangebotes (§ 23 Abs. 1 S. 1 Nr. 2 WpÜG) außerhalb des Übernahmeverfahrens Aktien der Zielgesellschaft, so hat er die Höhe der erworbenen Aktien- und Stimmrechtsanteile unter Angabe der Art und Höhe der für jeden Anteil gewährten Gegenleistung unverzüglich gem. § 14 Abs. 3 WpÜG zu veröffentlichen und der BaFin mitzuteilen, § 23 Abs. 2 S. 1 WpÜG.[269]

Bereits aufgrund der Verfahrensregelungen des WpÜG vergehen demnach von der Abgabe des Übernahmeangebotes bis zum Ablauf der Annahmefrist bis zu drei Monate. Die Annahmefrist kann sich im Falle eines konkurrierenden Angebotes um nochmals bis zu zwölf Wochen verlängern. Die Entscheidung über die Angebotsabgabe wird sogar bereits einige Wochen vor der Veröffentlichung der Angebotsunterlage getroffen. Eine zeitliche Verzögerung der Abwicklung des Übernahmeangebotes um mehrere Monate kann sich zudem aus einem kartellrechtlichen oder sonstigen behördlichen Genehmigungsverfahren ergeben.[270] Überblicksmäßig ergibt sich folgender zeitlicher Ablauf des Übernahmeverfahrens[271]:

---

[264] Zur Zulässigkeit einer einseitigen Fristverlängerung innerhalb der Höchstfrist HASSELBACH in: Picot/Mentz/Seydel, Teil V, Rn 36 f.

[265] Die Annahmefrist endet unabhängig vom Eintritt der festgesetzten Bedingungen, BRÖCKER/WEISNER, Rn. 10.

[266] Wird eine im Angebot festgesetzte Mindestannahmeschwelle innerhalb der Annahmefrist nicht erreicht und findet damit kein Kontrollwechsel statt, ist es nicht angezeigt, den Aktionären eine über das ursprüngliche Angebot hinausgehende Annahmefrist zu gewähren, Begr. RegE-WpÜG, BT-Drucks. 14/7034, S. 46 zu § 16 Abs. 2.

[267] Zum Zweck Begr. RegE-WpÜG, BT-Drucks. 14/7034, S. 46 zu § 16 Abs. 2; siehe auch KRAUSE, S. 109 ff.; MÜHLE, S. 250 f.

[268] Die Abwicklung ist im WpÜG nicht geregelt, hierzu MIELKE in: Beckmann/Kersting/Mielke, B 190 ff.

[269] Hat der Bieter Anteile zu einer höheren Gegenleistung erworben, ist er gem. § 31 Abs. 5 S. 1 WpÜG grundsätzlich dazu verpflichtet, den Aktionären, die das Angebot angenommen haben, den sich ergebenden Differenzbetrag zu zahlen (Ausnahmen siehe § 35 Abs. 5 S. 2 WpÜG).

[270] Zum Konflikt zwischen den Fristen und Verfahrensvorgaben im Übernahme- und Kartellrecht sowie Lösungsmöglichkeiten BOSCH/KOPPELT in: Thaeter/ Brandi, Teil 4, Rn. 108 ff.

[271] Die Darstellung enthält keine Mitteilungs- und Übersendungspflichten gegenüber der Zielgesellschaft, der BaFin und anderen Organisationen, soweit diese für die grundsätzliche Dauer des Übernahmeverfahrens (mangels Angebotsuntersagung im Falle ihrer Verletzung) irrelevant sind.

TABELLE 6:
ZEITLICHER ABLAUF DES ÜBERNAHMEVERFAHRENS[272]

MAßNAHME	ZEITPUNKT/FRISTEN	WPÜG
Veröffentlichung der Entscheidung zur Abgabe eines Angebotes bzw. Veröffentlichung der Kontrollerlangung beim Pflichtangebot	0 0-7 Tage	§ 10 Abs. 1/ § 35 Abs. 1
Übermittlung der Angebotsunterlage an die BaFin	4 Wochen (evtl. Verlängerung um 4 Wochen)	§ 14 Abs. 1/ § 35 Abs. 2 § 14 Abs. 1 S. 3
Gestattung der Veröffentlichung durch die BaFin	10-15 Werktage	§ 14 Abs. 2
Veröffentlichung der Angebotsunterlage durch den Bieter	Unverzüglich	§ 14 Abs. 2
Annahme des Angebotes durch die Aktionäre der Zielgesellschaft während der Annahmefrist	4-10 Wochen	§ 16 Abs. 1 und Abs. 3
Änderung des Angebotes	2 Wochen bei Änderung innerhalb der letzten zwei Wochen der ursprünglichen Annahmefrist	§ 21 Abs. 5
Konkurrierendes Angebot	1-12 Wochen: Ablauf der Annahmefrist des konkurrierenden Angebotes, sofern vorher Fristablauf des Angebotes des Erstbieters	§ 22 Abs. 2
Bekanntgabe des Ergebnisses des Angebotes	Unverzüglich nach Fristablauf	§ 23 Abs. 1
Erweiterte Frist bei Übernahmeangeboten	2 Wochen	§ 16 Abs. 2
Bekanntgabe und Abwicklung des Angebotes, evtl. Nachbesserung	1 Jahr	§§ 23 Abs. 1-2, 31 Abs. 4-6

Quelle: Eigene Darstellung.

II. Risiken und Risikoverteilung

Die Dauer des Übernahmeverfahrens bringt die Gefahr mit sich, dass Veränderungen mit wirtschaftlich nachteiligen Auswirkungen auf die Zielgesellschaft eintreten. Hierbei sind unternehmensinterne und -externe Ereignisse als Risikoursachen zu unterscheiden, die der Bieter aufgrund ihrer Unvorhersehbarkeit nicht in seine

[272] Vgl. ADOLFF/ MEISTER/RANDELL/STEPHAN, S. 123 ff.; NÖRR/STIEFENHOFER, S. 24 ff.

Überlegungen über die Abgabe eines Übernahmeangebotes einstellen konnte. Er geht bei seiner Entscheidungsfindung vielmehr von anderen Grunddaten des Unternehmens aus, die ihn zur Angebotsabgabe bewegen. Den einzelnen für den Bieter maßgebenden Kriterien liegen im Falle einer Risikorealisierung veränderte Tatsachen zugrunde, bei deren Voraussehbarkeit er ein Angebot anderen Inhaltes (z.B. geringere Gegenleistung) abgegeben oder sogar gänzlich davon abgesehen hätte.

Veränderungen der wirtschaftlichen Verhältnisse können auf Maßnahmen der Leitungsorgane der Zielgesellschaft, wie z.B. Kündigung von Schlüsselmitarbeitern, Umleitung bedeutender Liefer- oder Abnahmevereinbarungen auf andere Firmen, Eingehung neuer Verpflichtungen oder Veräußerung von für den Bieter und dessen Entscheidung wesentlichen Unternehmensbestandteilen an Dritte, beruhen. Diese Maß-nahmen können den Bestand und Wert bzw. die Assets des Unternehmens negativ beeinflussen und sich damit auch negativ auf dessen Bilanz auswirken. Die Bilanzanalyse ist es aber gerade, die im Rahmen des Entscheidungsprozesses des Bieters mangels einer zeitlich dem Übernahmeangebot vorgelagerten (umfassenden) Due Diligence große Bedeutung besitzt. Relevant sind dabei sowohl das Netto-Betriebsvermögen als solches als auch die Zusammensetzung der einzelnen Bilanzposten wie etwa das Verhältnis von Eigen- und Fremdkapital (Eigen- und Fremdkapitalquote), die konkrete Zusammensetzung des Anlage- und Umlaufvermögens oder der sich aus einem Betriebsvermögensvergleich ergebende Gewinn.[273] Jene Risiken werden auch nicht gänzlich durch § 33 WpÜG ausgeschlossen. Zwar darf gem. § 33 Abs. 1 S. 1 WpÜG der Vorstand der Zielgesellschaft nach Veröffentlichung der Entscheidung zur Angebotsabgabe bis zur Veröffentlichung des Ergebnisses (§ 23 Abs. 1 S. 1 Nr. 2 WpÜG) keine Handlungen vornehmen, durch die der Erfolg des Angebotes verhindert werden könnte.[274] Grundsätzlich verboten sind demnach Veräußerungen wesentlicher Beteiligungen (sog. *„crown jewels"*) und sonstige wesentliche Veränderungen des Aktiv- oder Passivbestandes der Zielge-

---

[273] Ertragsrückgänge, niedrigste EBIT-Margen im Branchenvergleich, Wertvernichtungen durch eine (falsche) Diversifikationsstrategie oder eine Überkapitalisierung können für die Angebotsabgabe ausschlaggebend gewesen sein.

[274] Nach dem umfassenden Vereitelungsverbot des Art. 9 EG-Übernahmerichtlinie müssen die Ausnahmetatbestände des §§ 33 Abs. 1 S. 2 3. Alt., Abs. 2 WpÜG im Rahmen ihrer Umsetzung gestrichen werden; eine systemändernde Verwerfung ist damit nach SEIBT/HEISER, ZIP 2002, 2193, 2195 f., aber nicht verbunden. Nach Art 12 EG-Übernahmerichtlinie sind die Mitgliedstaaten berechtigt, von der Umsetzung des Vereitelungsverbots abzusehen, müssen den Gesellschaften aber die Möglichkeit eröffnen, sich den Beschränkungen der Richtlinie durch Hauptversammlungsbeschluss mit satzungsändernder Mehrheit individuell unterwerfen und auch wieder lösen zu können, hierzu KRAUS/PÖTZSCH in: Assmann/Pötzsch/Schneider, § 33 Rn. 26 ff.

sellschaft.[275] Von dem Handlungsverbot werden aber keine Handlungen umfasst, die der Weiterführung des Tagesgeschäftes oder der Erfüllung bereits vor der Veröffentlichung der Entscheidung zur Angebotsabgabe begründeter Rechtspflichten dienen.[276] Ausnahmsweise zulässig sind auch Handlungen, die ein ordentlicher und gewissenhafter Geschäftsleiter einer nicht vom Übernahmeangebot betroffenen Gesellschaft vorgenommen hätte. Der Gesetzesbegründung zufolge sind unter dieser Voraussetzung auch außergewöhnliche Geschäfte zulässig; eingeschlagene Unternehmensstrategien dürfen weiterverfolgt werden.[277] Demnach dürfen sogar wesentliche Bestandteile des Unternehmens bei entsprechender, dem Übernahmeangebot zeitlich vorgelagerter Entscheidung veräußert werden. Fallen Maßnahmen in den Zuständigkeitsbereich der Hauptversammlung, können derartige Handlungen bereits aufgrund eines diesbezüglichen Ermächtigungsbeschlusses zulässig sein, § 33 Abs. 2 WpÜG.[278]

Während des Übernahmeverfahrens auftretende Veränderungen können ferner auf veränderte makroökonomische Bedingungen zurückzuführen sein, aufgrund derer das Unternehmensergebnis der Zielgesellschaft in negativer Hinsicht nicht mehr dem Wert entspricht, der vom Bieter bei seiner Entscheidung zur Angebotsabgabe und der Erstellung der Angebotsunterlage angesetzt wurde. Unternehmerische Rahmenbedingungen, die Entwicklung der wirtschaftlichen Lage wie auch politische und rechtliche Ereignisse sind jedoch für die strategische Ausrichtung des Unternehmens, die Geschäftsabsichten und Investitionsentscheidungen, aber auch die unternehmerische Tätigkeit insgesamt maßgebend. Zu nennen sind beispielsweise eine verminderte Nachfrage nach den Produkten des Unternehmens, die Einführung von Importverboten bei exportorientierter Unternehmensausrichtung, Steuererhöhungen oder die Kosten verursachende Auferlegung zusätzlicher Publizitätspflichten.

Einen zusätzlichen Risikofaktor stellt die Marktsensitivität dar. Erfährt eine Zielgesellschaft in ihrer Zusammensetzung und/oder ihrem Ergebnis negative Veränderungen, können diese Analysten zu einer negativen Bewertung des zukünftigen Unternehmenswertes veranlassen. Derartige negative Prognosen können in der Folge der Grund dafür sein, dass die Nachfrage der Anleger nach einer Beteiligung an der Zielgesellschaft sinkt bzw. erhöhte Veräußerungsaktivitäten zu beobachten sind und

---

[275] Vgl. Begr. RegE-WpÜG, BT-Drucks. 14/7034, S. 58 zu § 33 Abs. 1 S. 2. Nach Note 2 zu Rule 21.1 Takeover Code werden der ursprünglich vorhandene und der erworbene Vermögenswert verglichen; eine Veränderung von mehr als zehn Prozent gilt als wesentlich. Zur Wesentlichkeit auch THAETER in: Thaeter/Brandi, Teil 3, Rn. 544.

[276] STEINMEYER/HÄGER, § 33 Rn. 14.

[277] Begr. RegE-WpÜG, BT-Drucks. 14/7034, S. 58 zu § 33 Abs. 1 S. 2. Zur richtlinienkonformen Auslegung des § 33 Abs. 1 S. 2 2. Alt. WpÜG SEIBT/HEISER, ZIP 2002, 2193, 2196: Die Weiterverfolgung eingeschlagener neuartiger, für den Bieter nachteiliger Unternehmensstrategien ist wegen Art. 9 Abs. 2 und 3 EU-Übernahmerichtlinie unzulässig.

[278] Im Einzelnen KK-WpÜG/HIRTE, § 33 Rn. 95 ff.; THAETER in: Thaeter/Brandi, Teil 3, Rn. 545 ff.

der (zumeist nach der Veröffentlichung der Entscheidung zur Abgabe eines Übernahmeangebotes zunächst steigende) Börsenkurs des Unternehmens – evtl. sogar längerfristig – unter den als Mindestpreis nach § 31 WpÜG anzusetzenden Durchschnittskurs der letzten drei Monate fällt. Demzufolge ist die Preisspanne zwischen der Mindestleistung und dem darüber liegenden angebotenen Preis größer als beabsichtigt. Die Transaktionskosten für den Bieter steigen. Für ihn kann dies schlimmstenfalls bedeuten, dass die Übernahme wegen des gesunkenen Unternehmenswertes nicht mehr ökonomisch sinnvoll ist.

B. LÖSUNGSMÖGLICHKEITEN

Inwiefern der Bieter jene Risiken durch einen Vorbehalt der Abstandnahme in der Angebotsunterlage von sich abwenden kann, wird noch im Einzelnen anhand der diesbezüglichen Regelungen des WpÜG im 4. Teil der Arbeit untersucht. Zuvor soll erörtert werden, ob es dem Bieter, die übernahmerechtliche Zulässigkeit unterstellt, möglich wäre, die Risiken wie beim Unternehmenskauf vertraglich zu minimieren.

I. Ausdehnung der Gewährleistungsregeln

Eine Ausdehnung der kaufrechtlichen Gewährleistungsregeln auf den Zeitpunkt des Angebotsvollzuges scheitert daran, dass eine Anwendung der Sachmängelhaftung ausscheidet. Nach der Rechtsprechung des BGH zum Share Deal setzt ihre Anwendbarkeit voraus, dass der Erwerber zumindest eine beherrschende Stellung im Unternehmen erstrebt[279] und der Wille der Parteien auf einen Verkauf des Unternehmens gerichtet ist, d.h. für die Entscheidung des Käufers und für die Kaufpreisbildung die Ertragskraft und die sich aus der Anteilsinhaberschaft ergebenden unternehmerischen Einwirkungsmöglichkeiten maßgeblich sind.[280] Der Anteilskauf muss dem Kauf eines Unternehmens im Ganzen gleichkommen.

Zweifelhaft ist bereits, ob die Erlangung von 30 % der Stimmrechte ausreicht, um eine beherrschende Stellung zu bejahen, zumal nach der Rechtsprechung schon der Erwerb von 49 % der Gesellschaftsanteile als nicht ausreichend erachtet wird.[281] Entscheidend ist, dass die Aktien regelmäßig im Streubesitz gehalten werden und der Bieter sie bei einem Übernahmeangebot von einer Vielzahl von Aktionären erwirbt. Erst die individuellen Übertragungen in ihrer Gesamtheit führen dazu, dass der Bieter die Kontrollmehrheit erlangt. Demzufolge wird von den Aktionären

---

[279] Bereits hiernach scheidet eine Anwendbarkeit auf reine Erwerbsangebote aus.

[280] BGHZ 65, 246, 250 ff.: Erwerb aller Anteile bis auf einen unbedeutenden Rest; ein Anteil von 0,25 % ist unschädlich. Vgl. auch OLG München, NJW 1967, 1326 f.: 80 % der Gesellschaftsanteile; dass., DB 1998, 1321: 75 %. Siehe MüKO-WESTERMANN, § 433 BGB Rn. 15 f. m.w.N; zusammenfassend KLUMPP in: Beisel/Klumpp, 16. Kapitel, Rn. 3 ff.; ROSCHMANN, ZIP 1998, 1941 f.

[281] BGHZ 65, 246, 251 f.; bejahend OECHSLER, NZG 2001, 817, 821.

auch nicht die Veräußerung des Unternehmens i.S.e. sach- und rechtsmängelfreien Kontrollerwerbes geschuldet; Zusicherungen erlangen nur im Rahmen selbständiger Garantieverträge Bedeutung. Eine (gewährleistungsrechtliche) Verantwortung besteht allein für die eigene Beteiligung und damit nicht für eine negative Entwicklung des Unternehmens insgesamt.[282]

II. „*Covenants*"

Um einen Wertverlust des Unternehmens infolge von unternehmensleitenden Maßnahmen des Verkäufers zu verhindern, strebt der Erwerber bei Unternehmenskäufen häufig die Vereinbarung sog. „*Covenants*" an. Darin werden dem Verkäufer – ergänzend zu den vertraglichen Hauptleistungspflichten – konkrete Verhaltenspflichten auferlegt, die er zwischen dem Signing und Closing einzuhalten verpflichtet ist und wodurch der Erwerber dessen zukünftiges Verhalten im eigenen Interesse steuern kann.[283] Ergänzend dazu können „*Covenants*" den Verkäufer dazu verpflichten, den garantierten Zustand herzustellen bzw. alle erforderlichen Maßnahmen zu treffen, um einen bestimmten Zustand herzustellen.[284]
Die Aufnahme derartiger „*Covenants*" in Übernahmeangebote würde eine unangemessene Risikoverteilung zulasten der Aktionäre der Zielgesellschaft bedeuten. Beim Übernahmeangebot sind Anteilsveräußerer die einzelnen das Angebot annehmenden Aktionäre der Zielgesellschaft, die ausschließlich über die Hauptversammlung auf die Geschäftstätigkeit der Gesellschaft Einfluss nehmen können. Der Vorstand muss aber lediglich in den in § 119 Abs. 1 AktG[285] aufgeführten Fällen sowie im Falle eines „*Holzmüller*"-Sachverhaltes[286] einen Hauptversammlungsbeschluss herbeiführen.[287] Mangels ausreichender Einflussmöglichkeiten des einzelnen Aktionärs auf die unternehmerischen Tätigkeiten des Vorstandes ist es daher nicht angemessen, ihm in der Angebotsunterlage bestimmte Verhaltenspflichten aufzuerlegen, zumal er kein Weisungsrecht gegenüber dem Vorstand besitzt.[288]

---

[282] Vgl. BRÖCKER/WEISNER, Rn. 167 f.; OECHSLER, NZG 2001, 817, 821.

[283] Vgl. Voss, S. 14; Wittig, WM 1999, 985, 987.

[284] Siehe zu den verschiedenen Arten von Covenants BLACK'S LAW DICTIONARY, S. 369 f., und zum Anwendungsfeld VOSS, S.75 f.; zu ihrer Verwendung in Kreditverträgen KÄSTLE, S. 27 ff. Zu unternehmensbezogenen Offenlegungspflichten siehe PÖLLATH in: FS Bezzenberger, S. 549, 556.

[285] Zu weiteren im AktG genannten Fällen siehe HÜFFER, § 76 Rn. 10 f., § 82 Rn. 4, 11, § 119 Rn. 5 ff., 16 ff.

[286] Siehe Fn. 175.

[287] § 119 Abs. 2 AktG enthält eine durch den Vorstand initiierte Zuständigkeit über Fragen der Geschäftsführung. Zur Verpflichtung, gemäß § 119 Abs. 2 AktG eine Entscheidung der Hauptversammlung herbeizuführen, SCHMIDT, Gesellschaftsrecht, § 28 V. 2. b).

[288] HÜFFER, § 76 Rn. 10, KK-AktG/MERTENS, § 76 Rn. 42.

III. Regeln zur Unternehmensführung während des Angebotsverfahrens

Vor dem Hintergrund, dass der Bieter im Zeitraum des Angebotsverfahrens mangels dinglichen Rechtsüberganges noch nicht mehrheitlicher Anteilsinhaber ist und daher auch nicht mit gesellschaftsrechtlichen Mitteln auf die unternehmerische Leitungsmacht Einfluss nehmen kann, könnten zur Risikominimierung vertragliche Regelungen über die Unternehmensführung getroffen werden. Im Unternehmenskaufvertrag garantiert der Verkäufer, dass er das Unternehmen zwischen dem Vertragsabschluss und dem zukünftigen Übergangsstichtag mit der Sorgfalt eines ordentlichen Kaufmannes fortführt und keine außergewöhnlichen Maßnahmen ergreift. Auch kann vereinbart werden, dass bestimmte Geschäftsführungsmaßnahmen nur mit vorheriger Zustimmung oder nach Information des Käufers vorgenommen werden dürfen[289], bestimmte Entnahmen verboten sind oder der Käufer bestimmte Geschäftsführungsmaßnahmen verlangen kann.[290] Eine frühzeitige Übertragung der Unternehmensführung auf den Käufer[291] scheidet aus, wenn Fusionskontrollvorschriften ein Vollzugsverbot vorsehen (§ 41 Abs. 1 S. 1 GWB, Art. 7 Abs. 1 FKVO), das bis zur Freigabe jegliche dem Vertragsvollzug zugehörige Handlungen verbietet.[292]
Derartige Regelungen scheitern im Rahmen eines Übernahmeangebotes daran, dass zwischen dem Bieter und den einzelnen Aktionären der Zielgesellschaft keine Verhandlungen stattfinden, eine einverständliche Regelung über die Unternehmensführung mithin ausgeschlossen ist. Der Bieter trägt das Angebot einseitig im Wege der Veröffentlichung an die Aktionäre heran, die dieses entweder annehmen oder ablehnen.[293] Entscheidend ist vor allem, dass die einseitige Bestimmung derartiger Regelungen für die Aktionäre unangemessen wäre, da die Unternehmensführung in den Händen des Vorstandes der Zielgesellschaft liegt, die die Aktionäre nur in begrenztem Umfang über die Hauptversammlung beeinflussen können.

IV. Anpassung der Gegenleistung

Beim Unternehmenskauf kann der bisherige Unternehmensertrag als Bemessungsgrundlage des Kaufpreises vereinbart werden. Der Käufer kann dessen Anpassung verlangen, wenn durch Veränderungen der Unternehmensertrag unter die bisherigen Durchschnittsergebnisse sinkt.[294] Alternativ kann eine Kaufpreisanpassung für

---

[289] HOLZAPFEL/PÖLLATH, Rn. 30; MUELLER-THUNS in: Rödder/Hötzel/Mueller-Thuns, § 7 Rn. 34.

[290] STREYL in: Semler/Volhard, § 12 Rn. 110. Zu beachten ist aber ein kartellrechtliches Vollzugsverbot.

[291] In diesem Fall ist sicherzustellen, dass der Verkäufer keine – gesellschaftsrechtlich möglichen – Weisungen erteilt, STREYL in: Semler/Volhard, § 12 Rn. 110.

[292] Siehe zur Fusionskontrolle MUELLER-THUNS in: Rödder/Hötzel/Mueller-Thuns, § 18 Rn. 88, § 19 Rn. 5.

[293] Siehe zur Charakterisierung des Übernahmeangebotes unten 4. Teil § 10 B. III.

[294] KLUMPP in: Beisel/Klumpp, 9. Kapitel, Rn. 112.

den Fall vorgesehen werden, dass ein bestimmter Parameter wie etwa das Eigenkapital des Unternehmens in der Übertragungsbilanz (sog. „*Closing Balance Sheet*") unterschritten wird.

Derartige Regelungen scheiden bei öffentlichen Übernahmeangeboten aus. Der Gesetzgeber hat die an die Aktionäre zu zahlende angemessene Gegenleistung in § 31 WpÜG[295] i.V.m. §§ 3 ff. WpÜG-AngVO im Sinne einer marktorientierten Lösung normiert.[296] Die Angemessenheit des Preises bestimmt sich ausschließlich nach der Höhe des Börsenkurses innerhalb des dreimonatigen Referenzzeitraumes und/oder eines im privaten Pakethandel gezahlten Preises.[297] Die Festlegung einer anderweitigen Bemessungsgrundlage ist ausgeschlossen.[298] Außergewöhnliche Umstände werden einzig insoweit berücksichtigt, als nach § 31 Abs. 7 WpÜG i.V.m. §§ 6 Abs. 6, 5 Abs. 4 WpÜG-AngVO Verzerrungen bei der Bestimmung des Aktienwertes, die auf Unterbrechungen des Handels der Aktien der Zielgesellschaft zurückzuführen sind, den Bieter zur Unternehmensbewertung verpflichten.[299]

Nur in den abschließend genannten Fällen ist eine Unternehmensbewertung durchzuführen. Eine Unter- und Überbewertung des Kurses wird damit allein durch den dreimonatigen Referenzzeitraum ausgeglichen.[300] Nach dem Wortlaut des § 31 Abs. 7 WpÜG i.V.m. § 5 WpÜG-AngVO bleiben Kursentwicklungen im Interesse der Rechtssicherheit nach Ablauf des Referenzzeitraumes grundsätzlich unberücksichtigt. Denn durch eine nachträgliche Reduzierung der Gegenleistung bis zum gesetzlich vorgegebenen Mindestpreis kann der Anreiz für die Aktionäre der Zielgesellschaft zur Annahme des Angebotes wegfallen oder, haben sie das Angebot bereits angenommen, dazu veranlassen, von einem etwaigen Rücktrittsrecht Gebrauch zu machen. Eine an sich erfolgreiche Übernahme würde auf diesem We-

---

[295] § 31 WpÜG findet auf einfache Erwerbsangebote keine Anwendung.

[296] Einzelheiten hierzu bei KRAUSE, NJW 2002, 705, 710 f. Zur gesetzlichen Festsetzung der Gegenleistung und Beschränkung der Vertragsautonomie GEIBEL/SÜßMANN, BKR 2002, 52, 58 f.; HAMANN, ZIP 2001, 2249, 2252 f.; KK-WpÜG/KREMER/OSTERHAUS, § 31 Rn. 2; STEINMEYER/HÄGER, § 31 WpÜG Rn. 4. Zur Interessenlage bei Übernahme- und Pflichtangeboten STEINMEYER/HÄGER, § 31 Rn. 2 f.

[297] Zur Angemessenheitsüberprüfung i.R.d. §§ 304 f. AktG, bei der der Verkehrswert – bei der AG der Börsenkurs – nur die Untergrenze bildet, BVerfG, DB 1999, 1693 ff. (DAT/Altana-Beschluss); zur Umsetzung der verfassungsrechtlichen Vorgaben BGH, DB 2001, 969 ff., mit Anm. MEILICKE/HEIDEL, DB 2001, 969, 973 ff.

[298] Zur Entwicklungsgeschichte der Berücksichtigung des Börsenkurses bei Bewertungsfragen LUTTERMANN, ZIP 2001, 869 f.; zum Zweck Begr. RegE-WpÜG, BT-Drucks. 14/7034, S. 80 zu § 31. Zur Zulässigkeit von individualvertraglichen Vereinbarungen mit einzelnen Aktionären KK-WpÜG/KREMER/OSTERHAUS, § 31 Rn. 3.

[299] Kritisch zu dieser abschließenden Regelung wegen der fehlenden Einzelfallgerechtigkeit THAETER in: Thaeter/Brandi, Teil 2, Rn. 454, 459 ff.

300 Eine Preisanpassung nach unten würde zudem den Erfolg des Übernahmeangebotes für den Bieter erschweren; um die Kontrolle zu erlangen, muss er ohnehin zumeist die Gegenleistung über dem Mindestpreis festsetzen. Zur Verlängerung des Referenzzeitraums nach Art. 5 Abs. 4 EG-Übernahmerichtlinie Krause in: Assmann/Pötzsch/Schneider, § 31 Rn. 21ff.

ge nachträglich verhindert werden. Die §§ 34, 21 Abs. 1 Nr. 1 WpÜG sehen vor, dass die Gegenleistung, sobald das Angebot veröffentlicht wurde, nur noch erhöht werden darf.

Setzt der Bieter allerdings eine Gegenleistung über dem gesetzlichen Mindestmaß fest, kann er in der Angebotsunterlage bestimmen, dass sich seine Gegenleistung bei nachträglicher Unter- oder Überschreitung bestimmter Kursschwellen in einem von ihm festgelegten Maß erhöht bzw. ermäßigt. Derartige „*Preisanpassungsklauseln*“[301] stellen keine Angebotsänderungen i.S.v. § 21 WpÜG dar, da sie bereits Teil des Angebotes selbst sind.[302] Die – durch Reduzierung der Prämie – ermäßigte Gegenleistung darf jedoch nicht den gesetzlich geforderten Mindestpreis unterschreiten.[303] Im Hinblick auf den Transparenzgrundsatz des § 3 Abs. 2 WpÜG muss zudem sichergestellt sein, dass die Klausel dem Bieter keinen Ermessensspielraum hinsichtlich der Preisanpassung einräumt. Es sind einzelne Kursschwellen sowie die durch ihr Unter- bzw. Überschreiten ausgelöste Veränderung der Gegenleistung konkret festzulegen.[304]

C. ZUSAMMENFASSUNG

Die Ausführungen haben gezeigt, dass im Rahmen des Übernahmeverfahrens ein erheblicher Zeitraum zwischen der Angebotsabgabe und dem Ablauf der Annahmefrist sowie dem Vertragsvollzug zu verzeichnen ist. Eine vertragliche Regelung zur Minimierung des Risikos einer nachteiligen Veränderung bei der Zielgesellschaft zugunsten des Bieters gestaltet sich jedoch schwieriger als beim Unternehmenskauf. Die Angebotsabgabe gegenüber allen Aktionären der Zielgesellschaft, die nur für von ihnen gehaltene Gesellschaftsanteile gewährleistungsrechtlich verantwortlich sind, ihr grundsätzlicher Ausschluss von der Unternehmensleitung sowie gesetzliche Vorgaben bezüglich der Gegenleistung (§ 31 WpÜG) lassen eine Übertragung der im Rahmen eines Unternehmenskaufvertrages möglichen Regelungen nicht zu.

---

301 Siehe dazu auch THAETER in: Thaeter/Brandi, Teil 2, Rn. 436 f. m.w.N.

302 KK-WpÜG/HASSELBACH, § 18 Rn. 46; KK-WpÜG/KRAMER/OSTERHAUS, § 21 Rn. 24, § 31 Rn. 18; KRAUSE in: Assmann/Pötzsch/Schneider, § 31 Rn. 32.

303 KK-WpÜG/KRAMER/OSTERHAUS, Anh. § 31 zu § 5 WpÜG-AngVO Rn. 10, § 7 WpÜG-AngVO Rn. 11; THUN in: Geibel/Süßmann, § 31 Rn. 8.

304 Kritisch zur Neufestsetzung des Umtauschverhältnisses oder Festlegung eines fixierten Wertverhältnisses bei Tauschangeboten im Hinblick auf den Transparenzgrundsatz BUSCH, AG 2002, 145, 151 f.

§ 9 MISSBRAUCHSPOTENZIAL UND RISIKEN BEI DER AUFNAHME VON BEDINGUNGEN IN ÜBERNAHMEANGEBOTE

Um dem Risiko einer Störung des Äquivalenzverhältnisses Rechnung zu tragen, ist die Aufnahme einer Bedingung zu erwägen, deren Eintritt zur Wirkungslosigkeit des Übernahmeangebotes führt. Vor einer eingehenden Untersuchung ihrer rechtlichen Zulässigkeit soll verdeutlicht werden, dass ihr ein Missbrauchspotenzial sowie Risiken für die vom Angebot betroffenen Interessengruppen immanent sind.

A. VOM ÜBERNAHMEANGEBOT BETROFFENE INTERESSENGRUPPEN

Um auf die einzelnen Risiken und Missbrauchsgefahren eingehen zu können, sind zunächst die Interessengruppen zu bestimmen, die vom Übernahmeverfahren betroffen sind und in den Schutzbereich des WpÜG fallen. Einen ersten Anhaltspunkt bietet § 3 WpÜG, der allgemeine Grund- bzw. Programmsätze enthält und zur Auslegung einzelner Normen herangezogen werden kann.[305]

I. Aktionäre der Ziel- und Bietergesellschaft

Schutzwürdig sind die Anleger als Anteilseigner der übernommenen Zielgesellschaft und Kapitalmarktteilnehmer, die über die Börse Aktien der Zielgesellschaft erworben haben.[306] Im weiteren Verlauf der Untersuchung wird allein auf den privaten Anleger abgestellt, für den – im Gegensatz zu strategischen Investoren – die Vermehrung seines Vermögens mittels eines steigenden Börsenkurses oder einer Dividendenzahlung im Vordergrund steht. Für sie gestaltet sich das Übernahmeverfahren auf der einen Seite vorteilhaft, da der Börsenkurs vor und nach Bekanntgabe des Übernahmeangebotes regelmäßig steigt sowie der Angebotspreis – als Anreizsteigerung zur Angebotsannahme – zumeist wesentlich über dem Börsenkurs liegt.[307] Auf der anderen Seite geraten sie jedoch in eine Zwangslage, da sie innerhalb eines kurzen Zeitraumes darüber entscheiden müssen, ob sie ihre Anteile an den Bieter veräußern oder als Minderheitsaktionär in der Zielgesellschaft verbleiben wollen, wodurch sich der Anteilswert mindern kann.[308] Sie entscheiden dabei allein anhand der vom Bieter erstellten Angebotsunterlage. Insbesondere aus deren einseitigen Erstellung resultiert die Gefahr, dass die Aktionäre ihre Anteile zu schnell

---

[305] ADOLFF/MEISTER/RANDELL/STEPHAN, S. 116; NÖRR/STIEFENHOFER, S. 21; KK-WpÜG/VERSTEEGEN, § 3 Rn. 2 f. Kritisch in Bezug auf die systematische Unklarheit, ob es sich nur um Auslegungsregeln handelt oder eigenständige Rechten und Pflichten begründet werden sollen, DAV-HANDELSRECHTSAUSSCHUSS, NZG 2001, 420 f. Zur Auslegung des § 18 Abs. 1 WpÜG anhand des § 3 WpÜG 5. Teil § 12 C. I.

[306] KLEPPE, S. 78. Ders. zur Frage des Aktionärs als Anleger oder Gesellschafter, S. 79 f.; vgl. ASSMANN in: Assmann/Schütze, § 1 Rn. 58 ff.

[307] BURKART, S. 27; RÖHRICHT, S. 109.

[308] ASSMANN/BOZENHARDT in: Assmann/Basaldua/Bozenhardt/Peltzer, S. 15; zum Verkaufsdruck auch BAUMS/HECKER in: Baums/Thoma, § 3 Rn. 42.

und zu einem zu geringen Preis verkaufen. Ist das Übernahmeangebot erfolgreich und hat der Bieter die Kontrollmehrheit erlangt, ist der Einfluss der Minderheitsaktionäre je nach dem vom Bieter gehaltenen Prozentsatz der Aktien begrenzt. Darüber hinaus droht ein Ausschluss im Wege des *Squeeze-out* nach den §§ 327a ff. AktG.
Die Aktionäre der Bietergesellschaft messen einem Übernahmeverfahren vor allem im Hinblick auf die erhöhte Ertragserwartung der verbundenen Unternehmen eine positive wirtschaftliche Bedeutung bei.[309] Andererseits kann es sie auch wirtschaftlich nachteilig betreffen, da die Abgabe eines Übernahmeangebotes Risiken birgt und von den Leitungsorganen nicht sorgfältig getroffene Entscheidungen negative Auswirkungen auf das eigene Unternehmen haben können.[310] Denn eine Übernahme ist ohnehin mit hohen Transaktionskosten verbunden, die sich im Falle ihres Scheiterns nicht über die sich aus einem Zusammenschluss ergebenden Wirkungen amortisieren lassen. Selbst wenn das Übernahmeangebot erfolgreich ist, droht bei Umtauschangeboten eine Verwässerung der Beteiligungen der bisherigen Anteilseigner.[311]

II. Ziel- und Bietergesellschaft

Auch die Ziel- und die Bietergesellschaft selbst werden vom Übernahmeangebot betroffen. Neben den Handlungs- und Unterlassungspflichten der Zielgesellschaft nach den §§ 27, 33 WpÜG sowie der zeitlichen Inanspruchnahme ihrer Leitungsorgane[312] verursachen Übernahmen – auch schon in deren Vorfeld – Spekulationen, infolgedessen Schwankungen des Börsenkurses zu verzeichnen sind. Potenzielle Investoren oder Vertragspartner können diese zum Anlass nehmen, ihre Pläne und Absichten zurückzustellen und den Ausgang des Übernahmeverfahrens abzuwarten.[313] Die von der Zielgesellschaft im Hinblick auf erwartete Vertragsschlüsse getätigten Investitionen werden dadurch (zunächst) nutzlos. Zudem kann die Produktivität des Unternehmens unter dem Weggang von Schlüsselmitarbeitern leiden, die einem etwaigen Wegfall des eigenen Arbeitsplatzes nach einem erfolgreichen Übernahmeangebot infolge von Rationalisierungsmaßnahmen zuvorkommen wollen. Entscheidendes Potenzial an Know-how und Kundenkontakten kann auch dadurch verloren gehen, dass mit Blick auf den – drohenden – Vollzug eines feind-

---

[309] BUXBAUM, Ohio State Law Journal, 45. Jg. (1984), 515, 526; WEIDENBAUM/VOGTS, California Management Review 29. Jg. (1987), 157, 163.

[310] Möller, S. 48; Zinser, S. 30.

[311] ASSMANN/BOZENHARDT in: Assmann/Basaldua/Bozenhardt/Peltzer, S. 17.

[312] Aufgrund des durch ein Angebot hervorgerufenen Schwebezustandes von einer Ausnahmesituation – wenn nicht sogar einer Störung – für die Zielgesellschaft sprechend ASSMANN in: Assmann/Pötzsch/Schneider, § 3 Rn. 50.

[313] Vgl. BAUMS/HECKER in: Baums/Thoma, § 3 Rn. 42, die von einer Beeinträchtigung der Wettbewerbsfähigkeit auf Anbieter- und Nachfragemärkten sprechen, wenn Unklarheiten über eine Veränderung der Beteiligungsverhältnisse der Zielgesellschaft und damit einer Änderung der Unternehmens- und Geschäftspolitik bestehen.

lichen Übernahmeangebotes Teile des Managements freiwillig oder erzwungenermaßen das Unternehmen verlassen.
Die Bietergesellschaft und deren Leitungsorgane sind demgegenüber daran interessiert, ihre unternehmerischen Ziele – unter Ausschluss des Managements der Zielgesellschaft – zu erreichen.[314] Die Transaktion soll schnell abgewickelt werden, um Abwehrmaßnahmen und Konkurrenzangebote zu erschweren.[315] Eine möglichst niedrige Gegenleistung minimiert die Transaktionskosten.[316]

III. Kapitalmarkt

Ziel des Kapitalmarktrechts ist es, die Funktionsfähigkeit der Märkte durch Verhinderung eines Marktversagens zu schützen und das Vertrauen der Anleger in den Markt zu gewinnen.[317] Einen effizienten Kapitalmarkt kennzeichnet insbesondere, dass sich sämtliche vorhandenen und relevanten Informationen in den Kursen widerspiegeln.[318] Zur Funktionsfähigkeit des Kapitalmarktes gehören daher auch realistische Börsen- bzw. Aktienkurse, die das Angebot an und die Nachfrage nach Beteiligungen in Form von Aktien wiedergeben, die auf vollständigen, umfassenden und wahrheitsgemäßen Informationen beruhen. Der Börsenkurs einer Zielgesellschaft unterliegt insbesondere im Vorfeld und mit Beginn der Übernahme, aber auch noch im weiteren Verlauf des Übernahmeverfahrens starken Schwankungen. Empirische betriebswirtschaftliche Untersuchungen haben belegt, dass es in kurzfristiger Sicht zu signifikant positiven abnormalen[319] Kursrenditen kommt, dass Spekulationen über eine mögliche Transaktion oder die Offenlegung bislang unberücksichtigter Unternehmenspotenziale eine erhöhte Nachfrage der Anleger, die dem Vorhaben einen positiven Kapitalwert zuschreiben, hervorrufen und einen starken Kursanstieg bewirken.[320] Der steigende Börsenkurs spiegelt die Erwartung wider, dass durch die Übernahme wirtschaftliche Möglichkeiten besser ausgenutzt

[314] HAUSCHKA/ROTH, AG 1988, 181, 186.

[315] RÖHRICHT, S. 37 f., 244; STRAZZER, S. 122.

[316] Zu den Transaktionskosten zählen ferner Such- und Beratungskosten sowie die durch Offenlegungs- und Verhaltenspflichten verursachten Kosten.

[317] MÜHLE, S. 144 f. Zu den Unsicherheiten bezüglich der Definition des Begriffes „*Kapitalmarktrecht*" ASSMANN in: Assmann/Schütze, § 1 Rn. 1 ff.; LENENBACH, § 1 Rn. 1.45 ff. Zum Kapitalmarkt LENENBACH, § 1 Rn. 1.6 ff. Zu den einzelnen Teilaspekten der Funktionsfähigkeit ASSMANN in: Assmann/Schütze, § 1 Rn. 22 ff.; LENENBACH, § 1 Rn. 1.40 ff.; MÜHLE, S. 145 f.

[318] JENSEN, 6 JFE 1978, 95 f.; WATTER, SZW 1990, 193, 195 f.

[319] In kapitalmarktorientierten Untersuchungen bezeichnen „*abnormale Rendite*" die Gewinne und Verluste der Aktionäre, die von einer normalen Durchschnittsentwicklung abweichen, vgl. BÜHNER, ZfbF 1990, 295, 298.

[320] Siehe die empirische Untersuchung von BÜHNER, ZfbF 1990, 295, 303 f. Längerfristig soll wieder eine Angleichung der Kursausschläge erfolgen, BÜHNER, ZfbF, 295, 297; GRANDJEAN, S. 201 ff.

und infolgedessen der Gewinn gesteigert werden kann.[321] Nach etwaigen weiteren Spekulationen über eine Angebotserhöhung pendelt sich der Kurs in der Folgezeit auf einer bestimmten Höhe ein. Wird das Angebot als Reaktion auf die sinkende Wahrscheinlichkeit einer erfolgreichen Übernahme sowie als Reaktion auf die aufgrund erfolgreichen Lobbyings mittlerweile allgemeine Einschätzung als zu niedrig bewertet, kann dies einen weiteren Kursanstieg bewirken.[322]

B. MISSBRAUCHSPOTENZIAL UND RISIKEN

I. Missbrauchspotenzial

Eine uneingeschränkte Möglichkeit, durch die Aufnahme einer Bedingung willkürlich vom Angebot Abstand zu nehmen, ermöglicht dem Bieter, das Übernahmeverfahren zum Nachteil der Zielgesellschaft, ihrer Aktionäre und Gläubiger sowie des Kapitalmarktes zu beeinflussen.

1. WETTBEWERBSVORTEIL

Der Bieter kann, handelt es sich bei der Zielgesellschaft um ein Konkurrenzunternehmen, dieses mittels eines Übernahmeangebotes für einen längeren Zeitraum in seiner Geschäftstätigkeit behindern. Denn mit einem Übernahmeangebot ist stets eine Einschränkung der Geschäftstätigkeit verbunden. Gesetzliche Bestimmungen (§§ 14 Abs. 4, 16 Abs. 3 S. 2, Abs. 4, 27 WpÜG), unternehmensinterne Präventivstrategien und -maßnahmen im Angebotsvorfeld, Vorstands- und Aufsichtsratssitzungen, Abwehrmaßnahmen, die Fortführung informeller Gespräche mit Großaktionären sowie die Planung einer „*Road-Show*" binden zwangsläufig finanzielle und personelle Ressourcen. Durch diese auch zeitliche Einbindung vernachlässigt der Vorstand der Zielgesellschaft möglicherweise die eigentlichen geschäftlichen Aktivitäten, die tägliche Unternehmensführung und verfolgt die eigentlichen Unternehmensziele wie Gewinnmaximierung und Positionierung im Markt nicht weiter. Der Bieter könnte demgegenüber das laufende Übernahmeverfahren nutzen, um verstärkt eigene Unternehmensaktivitäten zu entwickeln, die eigene Marktstellung auszubauen und den eigenen Unternehmenswert zu erhöhen. Die Zielgesellschaft würde jedoch unangemessen i.S.v. § 3 Abs. 4 WpÜG[323] in ihrer Geschäftstätigkeit behindert, wenn die eigentliche Absicht des Bieters nicht in der Kontrollerlangung

[321] Zu den Motiven für Übernahmeangebote allgemein BEBCHUK, Harvard Law Review 95. Jg. (1982), 1028, 1030 ff.; KLEIN, NJW 1997, 2085. Zur sog. „*Synergiehypothese*" HAUSCHKA/ROTH, AG 1988, 181, 185 f. m.w.N. Zur Unterbewertung des Unternehmens aufgrund der kurzfristigen Gewinnpolitik dominierender institutioneller Investoren LIPTON/ROSENBLUM, 58 U.Chi.L.Rev., 187, 208; STROTMANN, S. 81.

[322] Zu den Drittinteressen der Gesellschaftsgläubiger, Arbeitnehmer, Kunden und Zulieferer CAYTAS/MAHARI, S. 33, 163; WATTER, S. 83 f.; zusammenfassend MÖLLER, S. 48 f.

[323] Hierzu BegrRegE-WpÜG, BT-Drucks. 14/7034, S. 35 zu § 3 Abs. 4 WpÜG. Vgl. BAUMS/HECKER in: Baums/Thoma, § 3 Rn. 42.

über die Zielgesellschaft bestünde, sondern mit Hilfe des Übernahmeangebotes ausschließlich ungerechtfertigte Wettbewerbsvorteile erlangt werden sollen. Der Anreiz zur Schädigung eines Konkurrenzunternehmens wäre besonders groß, wenn der Bieter an ein Angebot nicht rechtlich gebunden ist und von dem Angebot willkürlich vor Ablauf der Annahmefrist Abstand nehmen kann.

2. BEEINFLUSSUNG DES BÖRSENPREISES DER ZIELGESELLSCHAFT

Ein unverbindliches Angebot kann zudem ungerechtfertigte Kursschwankungen sowie Kursmanipulationen herbeiführen.[324] Der Kapitalmarkt reagiert unmittelbar auf die Information „*Übernahmeabsicht*", d.h. in einem Stadium, in dem der tatsächliche Vollzug der Transaktion noch unsicher ist (sog. „*Bekanntmachungs-effekt*"[325]).[326] Der Bieter kann versuchen, den im Rahmen eines Übernahmeverfahrens erhöhten Börsenkurs zu seinem Vorteil auszunutzen, indem er ein Angebot ohne die ernsthafte Absicht der Kontrollübernahme abgibt und er bestehende Beteiligungen an der Zielgesellschaft vor oder unmittelbar nach der Abstandnahme gewinnbringend veräußert. In diesem Fall spiegelt der Börsenkurs nicht den wahren Unternehmenswert wider, sondern ist überhöht. Die mit dem steigenden Börsenkurs verbundenen Hoffnungen der Anleger sind von Anfang an unbegründet. Es ist nicht auszuschließen, dass der Börsenkurs nach Bekanntwerden der fehlenden Übernahmeabsicht sogar unter denjenigen sinkt, zu dem die Aktien der Zielgesellschaft vor Beginn der Übernahmespekulation gehandelt wurden. Derartige Kursmanipulationen[327] gilt es zu unterbinden, um eine Schädigung der Investoren und eine Beeinträchtigung des Vertrauens in den Kapitalmarkt durch verfälschte Kurse im Interesse eines fairen Marktes zu verhindern.[328]

---

[324] Zur Frage, inwiefern ein solches Verhalten bereits ein Insidergeschäft i.S.v. § 14 WpHG darstellt, sowie zum Verbot von Insidergeschäften ASSMANN/CRAMER in: Assmann/Schneider, § 14 Rn. 5 ff. Im Gegensatz zu den repressiven Schutz bietenden Konkretisierungen des Marktverzerrungsverbotes (§§ 14 f., 38 WpHG) und zum Kursbetrug (§ 88 BörsG) wirkt die nach § 11 Abs. 2 Nr. 5 WpÜG erforderliche Bedingungsaufnahme bereits präventiv.

[325] GRANDJEAN, S. 47 ff., 61.

[326] BÜHNER, ZfbF 1990, 295 ff.; GRANDJEAN, S. 201 ff.; zur Steigerung des Börsenkurses bereits im 3. Teil § 9 A. III.

[327] Die Grundform der Kursmanipulation besteht darin, dass dem Aktienkauf Handlungen folgen (z.B. Verbreiten von Falschmeldungen oder fiktive Aktienkäufe), die geeignet sind, den Kurs dieser Aktien zu steigern. Der Gewinn wird dadurch realisiert, dass die Aktien zum künstlich erhöhten Kurs wieder verkauft werden, WATTER, SZW 1990, 193 f. Zum Tatbestand der Marktpreismanipulation siehe § 20 a Abs. 1 WpHG.

[328] WATTER, SZW 1990, 193, 196. Zum Verbot der Marktverzerrung nach § 3 Abs. 5 WpÜG ASSMANN in: Assmann/Pötzsch/Schneider, § 3 Rn. 55ff.; KOPP/VON DRYANDER in: Apfelbacher/Barthelmess/Buhl/von Dryander, § 3 Rn. 13; KK-WpÜG/VERSTEEGEN, § 3 Rn. 44 ff.; SCHWENNICKE in: Geibel/Süßmann, § 3 Rn. 42; STEINMEYER/HÄGER, § 3 Rn. 16.

3. ABWERBUNG VON ANTEILSEIGNERN DER ZIELGESELLSCHAFT

Der Bieter könnte schließlich mittels einer Abstandnahme vom Übernahmeangebot versuchen, Anteilseigner der Zielgesellschaft abzuwerben, indem er sie hinsichtlich der Wirtschaftskraft der Zielgesellschaft verunsichert und dadurch verstärkt Anteilsveräußerungen hervorruft.
Als Grund für eine Unternehmensübernahme wird vom Bieter häufig die mangelhafte Rentabilität des Zielunternehmens angeführt: Das im Unternehmen vorhandene Potenzial sei bislang nicht vollständig ausgeschöpft worden, der durch den Börsenkurs angezeigte Unternehmenswert entspreche mithin nicht dem wahren bzw. erreichbaren Wert. Die Anleger verbinden daher mit der Abgabe eines Übernahmeangebotes die Hoffnung einer Steigerung des Unternehmenswertes und damit auch des Börsenkurses. Eine Abstandnahme vom Übernahmeangebot verunsichert die Anleger über die Wirtschaftskraft ihres Unternehmens. Führen sie diese – evtl. mangels anderweitiger Information – darauf zurück, dass der Bieter hinsichtlich des Unternehmenswertes einer Fehleinschätzung unterlag und er eine Investition in das Zielunternehmen wirtschaftlich als nicht mehr sinnvoll erachtet, könnten sie sich dazu veranlasst sehen, ihre Beteiligung zu veräußern. Mittels der Abstandnahme von einem nicht ernstlich gemeinten Übernahmeangebot kann ein Bieter demnach indirekt darauf hinwirken, dass die Anteilsinhaber der Zielgesellschaft ihr Anlagekapital abziehen. Dies eröffnet ihm gleichzeitig die Möglichkeit, die Anleger von der eigenen Unternehmensstrategie sowie davon zu überzeugen, das frei gewordene Kapital der eigenen Gesellschaft zuzuführen. Auch auf diesem Weg verschafft sich der Bieter missbräuchlich Wettbewerbsvorteile.

II. Risiken

Neben dem Missbrauchspotenzial sind die aus einer Abstandnahme resultierenden Risiken für die vom Übernahmeangebot betroffenen Interessengruppen zu berücksichtigen, die die Kehrseite der sich für den Bieter aus der Bedingungsaufnahme ergebenden Chancen darstellen.

1. AKTIONÄRE DER ZIEL- UND BIETERGESELLSCHAFT

Mit Bedingungseintritt ist der bis zu diesem Zeitpunkt erfolgte Entscheidungsfindungsprozess der Anteilseigner der Zielgesellschaft überflüssig geworden. Denjenigen Aktionären, die das Angebot bereits angenommen haben, war es zwischenzeitlich verwehrt, andere Verkaufschancen wahrzunehmen.[329] Enthält die Angebotsunterlage eine auflösende Bedingung, ist die Handelbarkeit der Aktien nach Annahme

[329] Zum Umtausch eingereichte Aktien können eine separate Wertpapier-Kenn-Nummer zugewiesen bekommen, die den Handel bis kurz vor Ende der Annahmefrist ermöglicht, BUSCH, AG 2002, 145 f. Sämtliche aus den mit dem Bieter abgeschlossenen Verträgen entstanden Verpflichtungen gehen auf den Erwerber über, so dass keine Verringerung der Annahmequote des Übernahmeangebotes eintritt, SCHRÖDER/RIEHMER, BB 2001, Beil. 5, 1, 7. Doch auch bei ihrer Handelbarkeit werden die Aktien aufgrund des Übernahmeverfahrens als illiquide angesehen.

des Angebotes auf jeden Fall ausgeschlossen. Ferner bleibt es ihnen versagt, die von ihnen gehaltenen Aktien im Rahmen des – nun mit Bedingungseintritt beendeten – Übernahmeverfahrens zu einem oberhalb des Börsenkurses liegenden Preises zu veräußern; die Chance einer erhöhten Rendite wird vereitelt.
Auch die Anteilseigner der Bietergesellschaft können von einer Abstandnahme nachteilig betroffen sein. Übernahmeverfahren sind generell mit hohen Kosten verbunden. Die Abstandnahme schließt es aus, diese durch die aus der Unternehmensübernahme erwarteten Wertzuwächse zu kompensieren.

2. ZIELGESELLSCHAFT UND DEREN GLÄUBIGER

Der Eintritt der Bedingung führt bei der Zielgesellschaft dazu, dass die Kapitalbeschaffung über den Kapitalmarkt erschwert wird. Der Bedingungseintritt kann die Nachfrage der Anleger sinken lassen und die Anteilsinhaber der Zielgesellschaft veranlassen, ihre Beteiligungen über die Börse zu veräußern, so dass der Aktienkurs mangels Nachfrage und infolge verstärkter Veräußerungsaktivitäten sinkt. Um eine Beteiligung an der Zielgesellschaft attraktiv zu gestalten und aus Sicht der Anleger eine weitere bzw. zukünftige Beteiligung als lohnenswert erscheinen zu lassen, müssen kostenintensive (Restrukturierungs-)Maßnahmen ergriffen werden.
Eine nicht unerhebliche Belastung der Zielgesellschaft resultiert ferner daraus, dass Übernahmeangebote den Vorstand gemäß § 27 WpÜG zur Abgabe einer Stellungnahme verpflichten und finanzielle und personelle Ressourcen der Zielgesellschaft nicht mehr uneingeschränkt verfügbar sind.[330] Zudem enthält § 33 WpÜG besondere Vorgaben für Vorstand und Aufsichtsrat der Zielgesellschaft für Handlungen, durch die der Erfolg eines Angebotes verhindert werden könnte. Dazu gehören die erleichterte Einberufung einer Hauptversammlung und der daraus erwachsende vielfältige Aufwand sowie der den Organen der Zielgesellschaft auferlegte Meinungsaustausch über die Ergreifung von Abwehrmaßnahmen.[331] Das eigentliche alltägliche Unternehmensgeschäft mitsamt der strategischen Ziele – soweit nach § 33 WpÜG zulässig – werden nur noch zweitrangig verfolgt.[332] Die damit verbundenen Kosten können bei einer Abstandnahme nicht durch die aus der Übernahme erwarteten Wertzuwächse kompensiert werden. Die Zielgesellschaft kann sogar zu Transaktionen oder Vermögensübertragungen gezwungen sein, um die durch die nicht vollzogene Übernahme verursachten Kosten abdecken zu können.[333]

---

[330] Siehe hierzu bereits oben 3. Teil § 9 A. II., B. I. 1.

[331] BAUMS/HECKER in: Baums/Thoma, § 3 Rn. 42; KK-WpÜG/VERSTEEGEN, § 3 Rn. 40.

[332] SCHÜPPEN in: Haarmann/Riehmer/Schüppen, § 3 Rn. 19; STEINMEYER/HÄGER, § 3 Rn. 14.

[333] Vgl. BERGER/FILGUT, WM 2005, 253 f. Zu weiteren nachteiligen Auswirkungen (Ruf als *damaged goods*; potenzieller Verlust von Personal oder Kunden) FLEISCHER (01.01.2002), http://www.ffhsj.com/cmemos/contract_interpretation.pdf, S. 2 (30.06.2006); REISS/KAUTZ November 2001), http://www.whitecase.com/publications/List.aspx?Professionals=8117c2ef-d5fe-4f93-9981-4c5968333036&year=2001, S. 1 f. (30.06.2006); HARRIS NESBITT, http://www.corporate.bmo.com/Harris Nesbitt/images/MAC.pdf, S. 3 (28.02.2005).

Gläubiger der Zielgesellschaft, deren Haftungssubstrat bei einer Abstandnahme vom Übernahmeangebot in der Regel nicht entscheidend berührt wird[334], unterliegen der Gefahr, dass Schlüsselmitarbeiter das Unternehmen aufgrund der ungewissen Unternehmensfortführung und -ausrichtung verlassen, sie aber Vertragsbeziehungen mit der Zielgesellschaft gerade wegen deren fachlichen Qualifikationen eingegangen sind. Möglicherweise werden daher auch potenzielle Vertragspartner von der Eingehung vertraglicher Bindungen absehen. Die Kompensation der Schlüsselmitarbeiter durch Abwerbung von Mitarbeitern aus anderen Unternehmen wäre wiederum mit Kosten verbunden. Durch die Einbindung der Leitungsebene in das Übernahmeverfahren kann die Einhaltung vertraglicher Verpflichtungen vernachlässigt werden und können infolgedessen Leistungen verspätet erbracht oder finanzielle Verpflichtungen verspätet erfüllt werden.

3. KAPITALMARKT

Schließend wird durch die Möglichkeit einer beliebigen Abstandnahme vom Übernahmeangebot die Funktionsfähigkeit des Kapitalmarktes geschwächt, dessen Qualität für den Wohlstand einer jeden Volkswirtschaft von essentieller Wichtigkeit ist, da er als *„unsichtbare Hand"* die vorhandenen finanziellen Ressourcen einer produktiven Verwendung zuweist.[335] Insbesondere die AG kann ihrer Kapitalsammelfunktion nur gerecht werden, wenn möglichst viele Anleger in die Funktionsfähigkeit des Kapitalmarktes vertrauen.[336] Das Vertrauen wird erschüttert, wenn der Bieter vom Übernahmeangebot beliebig Abstand nehmen kann. Die ohnehin Schwankungen ausgesetzte Börsennotierung einer Gesellschaft unterliegt infolge zunehmender Handelsaktivitäten im Verlaufe eines Übernahmeverfahrens zusätzlichen Kursbewegungen. Sollte es infolge einer Abstandnahme nicht zur Übernahme kommen, sind weitere Kursschwankungen und Unsicherheiten hinsichtlich des Unternehmenswertes nicht auszuschließen. Derartige Unregelmäßigkeiten des Börsenkurses fördern aber nicht das Vertrauen potenzieller Anleger, deren Entscheidung primär von möglichen Renditeerwartungen abhängt. Das enttäuschte Vertrauen der Anteilsinhaber kann daher einen verstärkten Kapitalabzug bewirken. Darüber hinaus können die mit einer späteren Abstandnahme vom Übernahmeangebot möglicherweise einhergehenden Rufschädigungen und ein etwaiger Prestigeverlust potenzielle Investoren und Anleger abschrecken.[337]

---

[334] In Einzelfällen – wie bei MANNESMANN/VODAFONE oder SANOFI-SYNTHÉLABO/AVENTIS – werden zur Abwehr feindlicher Übernahmeangebote Millionen Euro des Gesellschaftsvermögens in Werbekampagnen investiert.

[335] So im Rahmen positiver gesamtwirtschaftlicher Effekte einer Regelung für Übernahmeangebote KRAUSE, S. 156.

[336] KRAUSE, S. 156. Zur AG als Kapitalsammelbecken HOFFMANN-BECKING in: Hoffmann-Becking, Münchener Hdb., Bd. 4, § 2 Rn. 4 m.w.N.

[337] ZINSER, S. 33.

C. ZUSAMMENFASSUNG

Die Frage der Abstandnahme vom Übernahmeangebot tangiert mehrere Interessengruppen. Der Bieter auf der einen Seite sieht in der Abstandnahme eine Chance, seine Entscheidung über die Abgabe eines Übernahmeangebotes rückgängig zu machen, insbesondere das Risiko von Äquivalenzstörungen von sich abzuwenden; er ist an einer größtmöglichen Flexibilität interessiert, um sämtliche Optionen im Falle veränderter wirtschaftlicher Umstände ausnutzen zu können. Für ihn stellt sich demnach die Frage, ob und inwieweit ihm eine Abwendungsbefugnis in Bezug auf dieses Zufallsrisiko des Eintrittes einer wesentlichen Verschlechterung bei der Zielgesellschaft zusteht, d.h. ob er sanktionslos bei jeder beliebigen bei der Zielgesellschaft eintretenden nachteiligen Veränderung vom Übernahmeangebot Abstand nehmen kann.

Auf der anderen Seite sind aber die Aktionäre der Zielgesellschaft und des Bieters, die Zielgesellschaft und deren Gläubiger sowie der Kapitalmarkt im Falle einer Abstandnahme des Bieters vom Übernahmeangebot unterschiedlichen Risiken ausgesetzt. Im Hinblick hierauf sowie auf das latent vorhandene Missbrauchspotenzial des Bieters liegt es in ihrem Interesse, dass das Angebot verbindlichen Charakter besitzt, d.h. dem Bieter nur begrenzte Ausstiegsmöglichkeiten offen stehen. Wie dieser Interessenwiderstreit aufzulösen ist und in welchem Umfang eine Einschränkung der Abstandnahme von Übernahmeangeboten für eine angemessene Risikoverteilung geboten ist, bleibt Gegenstand der weiteren Untersuchung.

Aufbauend auf den bislang gewonnenen Erkenntnissen wird im 4. Teil der Arbeit untersucht, wie sich die Rechtslage nach dem WpÜG im Hinblick auf die Abstandnahme von öffentlichen Übernahmeangeboten gestaltet. Hierzu wird zunächst in § 10 die Frage aufgeworfen, ob die an sich zivilrechtlich zulässigen Gestaltungsmöglichkeiten mit Blick auf die im dritten Teil unter § 9 aufgezeigten Risiken für vom Übernahmeverfahren betroffene Interessengruppen, das latent vorhandene Missbrauchspotenzial seitens des Bieters sowie Rechtsnatur und Charakteristika des Übernahmeangebotes, den Gesetzeszweck des WpÜG wie auch die grundrechtliche Schutzpflicht des Gesetzgebers eine Einschränkung erfahren müssen. Daran anschließend wird in § 11 der Regelungsgehalt des WpÜG dargestellt.

§ 10 EINSCHRÄNKUNG DER PRIVATAUTONOMIE BEI ÜBERNAHMEANGEBOTEN

Da es sich bei Vertragsschlüssen infolge eines öffentlichen Übernahmeangebotes um im Rahmen eines Sonderprivatrechtes[338] abgeschlossene spezielle Vertragsschlüsse handelt, stellt sich die Frage, ob die allgemeinen zivilrechtlichen Gestaltungsmöglichkeiten einer Abstandnahme von Verträgen zur Anwendung gelangen oder ob Übernahmeangeboten eine Einschränkung der Privatautonomie inhärent ist.

Im allgemeinen Zivilrecht bestehen grundsätzlich aufgrund des dort geltenden Grundsatzes der Privatautonomie[339] zahlreiche Möglichkeiten, bei einer Störung der Äquivalenz[340] von Leistung und Gegenleistung vom Vertrag Abstand zu nehmen. So kann eine auflösende Bedingung i.S.v. § 158 Abs. 2 BGB[341] oder ein Rücktrittsrecht gemäß den §§ 346 ff. BGB vereinbart werden. Ein Widerrufsvorbehalt ist als Rücktrittsrecht auszulegen. Denn eine Widerrufserklärung betrifft nicht den Vertrag als Ganzes, sondern bewirkt allein das Unwirksamwerden der abgegebenen Willenserklärung[342] bzw. die Beseitigung der Rechtsfolgen einer noch nicht endgültig wirksamen Willenserklärung.[343] Nach dem Grundsatz „*pacta sunt servanda*" ist es

[338] Siehe dazu 1. Teil § 4 A.

[339] Dazu Palandt-HEINRICHS, Überbl v § 104 BGB Rn. 1; HAARMANN, S. 40 ff.

[340] Die Ausführungen betreffen nachträgliche, d.h. nach Gefahrübergang auftretende Äquivalenzstörungen sowie solche, die keine Sachmängel darstellen und daher keine Gewährleistungsrechte im engeren Sinne auslösen. Mängelgewährleistungsrechte betreffen allein Fehlvorstellungen über gegenwärtige Sachmängel.

[341] Zu Einschränkungen des Grundsatzes der Bedingungsfreundlichkeit von Rechtsgeschäften Staudinger/BORK, Vorbem zu §§ 158-163 Rn. 34 ff.; MüKo-WESTERMANN, § 158 Rn. 24 ff. Zu unmöglichen, unerlaubten, unsittlichen und unverständlichen oder widersinnigen Bedingungen als sog. Scheinbedingungen Staudinger/BORK, Vorb zu §§ 158-163 Rn. 30 ff.; ERMAN-ARMBRÜSTER, vor § 158 Rn. 8 f.; Soergel/WOLF, § 158 Rn. 31 f.

[342] Siehe § 357 BGB. Es handelt sich um ein besonders ausgestaltetes gesetzliches Rücktrittsrecht.

[343] Siehe §§ 109, 130 BGB. Die §§ 346 ff. BGB sind nicht anwendbar, Palandt-HEINRICHS, Einf v § 346 BGB Rn. 13.

den Vertragsparteien jedoch in der Regel nicht erlaubt, sich von der Vertragsbindung durch einseitige Erklärung ohne entsprechende Willensübereinstimmung hinsichtlich der Vertragsaufhebung zu lösen.[344]
Ferner nimmt der Gesetzgeber mit der Regelung des § 313 BGB einen korrigierenden Eingriff in die Vertragsautonomie vor, die ein gegenüber der Vertragsanpassung subsidiäres gesetzliches Rücktrittsrecht gewährt. Ein nach Vertragsschluss zu verzeichnendes objektives Missverhältnis von Leistung und Gegenleistung stellt dabei einen gewichtigen Anwendungsfall dar.[345]
Die Zulässigkeit einer uneingeschränkten Abstandnahme wäre anzunehmen, wenn die im Rahmen einer Übernahme abzuschließenden Verträge entsprechend den §§ 145 ff. BGB zustande kommen und eine Einschränkung der Privatautonomie nicht geboten ist. Daher wird zunächst die Rechtsnatur des Übernahmeangebotes bestimmt, um daran anschließend damit verbundene Wirkungen zu erörtern und sich daraus ergebenden Schlussfolgerungen für die Abstandnahme vom Übernahmeangebot ziehen zu können.

A. Rechtsnatur des Übernahmeangebotes: Bürgerlich-rechtliches Angebot

Gem. § 2 Abs. 1 WpÜG sind Angebote freiwillige oder aufgrund einer Verpflichtung nach diesem Gesetz erfolgende öffentliche Kauf- oder Tauschangebote zum Erwerb von Wertpapieren einer Zielgesellschaft. Öffentliche Angebote bezwecken mithin den Abschluss einer Vielzahl von Kauf- oder Tauschverträgen mit Anteilseignern der Zielgesellschaft. Im WpÜG existiert insofern ein spezieller wertpapierrechtlicher Angebotsbegriff; es handelt sich um ein öffentliches und auf Kauf oder Tausch gerichtetes Angebot.[346] Durch welche besonderen Merkmale sich der wertpapierrechtliche Angebotsbegriff auszeichnet oder ob er im Ergebnis dem des bürgerlichen Rechtes nach § 145 BGB entspricht, d.h. als auf den Abschluss eines Vertrages gerichtete verbindliche Willenserklärung auszulegen ist, wird aus § 2 Abs. 1 WpÜG nicht ersichtlich. In Betracht käme auch eine weitergehende Auslegung dergestalt, dass unter ihn *„jegliche auf den Erwerb von Wertpapieren zielende «öffentlich» wahrnehmbare Handlung von einem gewissen Konkretisierungsgrad“*[347] zu subsumieren

---

[344] Vgl. HAARMANN, S. 44; Palandt-HEINRICHS, Einf v § 145 BGB Rn. 4a. Eine Vereinbarung ist dagegen bei Eingreifen gesetzlicher Widerrufsrechte (§§ 312, 312b ff., 355 f. BGB) sowie gesetzlicher Rücktrittsrechte (u.a. §§ 323, 324, 326 Abs. 5, 437 Nr. 2, 440, 634 Nr. 3, 636 BGB i.V.m. § 323, 651i BGB) entbehrlich.

[345] § 313 BGB kann gegenüber Gewährleistungsrechten einschlägig sein, wenn Fehlvorstellungen über gegenwärtige, keinen Sachmangel darstellende oder über zukünftige Umstände vorliegen, vgl. MüKo-ROTH, § 313 BGB Rn. 134.

[346] Kritisch dazu KK-WpÜG/VERSTEEGEN, § 2 Rn. 10.

[347] KK-WpÜG/VERSTEEGEN, § 2 Rn. 25.

ist.[348] Gerade im Hinblick auf eine umfassende Verwirklichung der Schutzzwecke[349] des WpÜG könnte eine derart weite Auslegung des Angebotsbegriffes in Erwägung zu ziehen sein.

I. Gründe gegen eine weite Auslegung

Ein derart weites Verständnis des Angebotsbegriffes kann darauf basieren, dass § 17 WpÜG einen Sachverhalt regelt, der mangels Rechtsbindungswillens vom bürgerlich-rechtlichen Angebotsbegriff nicht umfasst ist. Auch ein die Prospektpflicht auslösendes Angebot wird bereits bejaht – sollten auch die anderen Kriterien des § 1 VerkProspG erfüllt sein –, wenn *„eine konkrete Möglichkeit zum Erwerb der offerierten Wertpapiere besteht"*[350], d.h. der Anleger Maßnahmen ergreifen kann, mittels derer er ohne weiteres Zutun die Eigentümerstellung erlangt. Gegen eine Übertragung dieser weiten Auslegung spricht allerdings, dass schon die Gesetzesbegründung zu § 1 VerkProspG auf die fehlende Deckungsgleichheit verweist.[351] Einen solchen Verweis enthält die Gesetzesbegründung zu § 2 Abs. 1 WpÜG nicht.

Dass vom Angebotsbegriff keine Vorfeldhandlungen umfasst sein sollen, ergibt sich auch aus § 10 WpÜG, der zwischen dem öffentlichen Angebot und der Entscheidung zur Abgabe eines Angebotes differenziert. Die Ankündigung, Wertpapiere erwerben zu wollen, kann daher noch nicht als Angebot i.S.v. § 2 Abs. 1 WpÜG angesehen werden.[352] Auch § 28 WpÜG, nach dem bestimmte Arten der Werbung im Zusammenhang mit Angeboten zum Erwerb von Wertpapieren untersagt werden können, obwohl die Werbung selbst noch kein Angebot darstellt, belegt die Differenzierung zwischen öffentlicher Werbung und einem öffentlichen Angebot zum Erwerb von Wertpapieren.[353] Einer Ausdehnung auf Vorfeldhandlungen bedarf es auch gar nicht, um eine Umgehung der Schutzzwecke des WpÜG zu verhindern. Denn insofern enthält das WpÜG eine Spezialregelung, die eine öffentliche Aufforderung zum Angebot verbietet.[354] Gründe, die für ein weites Verständnis des Angebotsbegriffes sprechen, sind daher nicht ersichtlich.

II. Gründe für eine Auslegung als Angebot i.S.v. § 145 BGB

Vielmehr sind einzelne Kriterien erkennbar, die zur Auslegung des übernahmerechtlichen Angebotes als Angebot i.S.v. § 145 BGB führen. Schon die Verwendung

---

[348] Ausführlich hierzu KK-WpÜG/VERSTEEGEN, § 2 Rn. 25 ff.

[349] Siehe dazu noch unten 4. Teil § 10 B. IV.

[350] RITZ in: Assmann/Lenz/Ritz, § 1 Rn. 23 ff.; siehe auch Ziff. I. 2. c) der Bekanntmachung des BAWe zum Wertpapier-Verkaufsprospekt (Verkaufsprospektgesetz) und zur Verordnung über Wertpapier-Verkaufsprospekte (Verkaufsprospekt-Verordnung), Banz. Nr. 177 v. 21.09.1999, S. 16180.

[351] BT-Drucks. 11/6340, S. 11 zu § 1 VerkProspG.

[352] Vgl. RENNER in: Haarmann/Riehmer/Schüppen, § 11 Rn. 11.

[353] Vgl. im Ergebnis ANGERER in: Geibel/Süßmann, § 1 Rn. 5.

[354] KK-WpÜG/VERSTEEGEN, § 2 Rn. 26. Siehe zu § 17 WpÜG unten 4. Teil § 11 B.

des Begriffes Angebot in § 2 Abs. 1 WpÜG deutet auf diese Auslegung hin, zumal er vom Gesetzgeber mangels eigener Definition als bekannt vorausgesetzt wird. Im Hinblick auf die einzelnen in § 2 WpÜG enthaltenen Legaldefinitionen kann erwartet werden, dass der Gesetzgeber eine explizite Begriffsbestimmung des übernahmerechtlichen Angebotsbegriffes in das Gesetz aufgenommen hätte, hätte er ein § 145 BGB abweichendes Begriffsverständnis gehabt. Zudem führt die Kombination des Angebotsbegriffes mit denen des Kaufes und Tausches sowie die Verwendung in § 17 WpÜG zu dem Ergebnis, dass Handlungen im Vorfeld von grundsätzlich verbindlichen bürgerlich-rechtlichen Angeboten nicht umfasst sein sollen.[355] Da zudem nach § 2 Nr. 4 WpÜG-AngVO die Inhaber der betroffenen Wertpapiere in der Lage sein müssen, die Annahme des Angebots zu erklären, muss ein (bindender) Antrag existieren.[356]

Überdies stellt das Angebot nach der Gesetzessystematik diejenige Rechtshandlung dar, deren Annahme das schuldrechtliche Rechtsgeschäft über den Erwerb der Wertpapiere begründet, es sei denn die Angebotsunterlage enthält Bedingungen. Da das WpÜG keine alternativen Formen des Erwerbes vorsieht, bedarf es zur Durchführung des Angebotes eines Vertragsschlusses. Auch § 22 Abs. 3 WpÜG verdeutlicht, dass mit Erklärung der Annahme ein Vertrag zustande kommt; damit eine Annahme aber überhaupt möglich ist, muss ihr ein verbindliches Angebot vorausgehen. Gleiches gilt bei der Änderung eines Angebotes (§ 21 Abs. 4 WpÜG). Zudem wäre die in § 35 WpÜG enthaltene Verpflichtung zur Abgabe eines Pflichtangebotes im Hinblick auf ihren Schutzzweck ungeeignet, wenn sie nicht gleichzeitig eine Verpflichtung zum Vertragsschluss und damit die Verpflichtung zur Abgabe eines verbindlichen Angebotes enthielte.[357] Infolge der in § 11 Abs. 1 S. 2, Abs. 2 S. 2 und 3, Abs. 4 WpÜG i.V.m. WpüG-AngVO aufgestellten Anforderungen sind Gegenstand und Inhalt des abzuschließenden Vertrages auch inhaltlich bestimmt und bringen den Willen des Bieters zu einer rechtlichen Bindung zum Ausdruck.[358]

Das Angebot i.S.v. § 2 Abs. 1 WpÜG entspricht damit dem Angebotsbegriff i.S.v. § 145 BGB.[359] Die Angebotsankündigung nach § 10 WpÜG stellt demnach lediglich

---

[355] KK-WpÜG/VERSTEEGEN, § 2 Rn. 27.

[356] BOSCH/MEYER in: Assmann/Pötzsch/Schneider, § 11 Rn. 27, die zudem auf § 3 Abs. 1 WpÜG verweisen.

[357] KK-WpÜG/VERSTEEGEN, § 2 Rn. 27; im Ergebnis ebenso ANGERER in: Geibel/Süßmann, § 1 Rn. 5.

[358] Zur Unwiderruflichkeit des Angebotes nach § 18 Abs. 2 WpÜG unten 4. Teil § 11 D.

[359] Indirekt MÜHLE, S. 221; STEINMEYER/HÄGER, § 11 Rn. 5; THOMA in: Baums/Thoma, § 11 Rn. 6. Ohne weitergehende Problematisierung LIEBSCHER ZIP 2001, 853, 862; RENNER in: Haarmann/Riehmer/Schüppen, § 11 Rn. 11; mit Blick auf den bezweckten Abschluss einer Vielzahl einzelner Kauf- oder Tauschverträge GEIBEL/SÜßMANN, BKR 2002, 52, 57 und GEIBEL in: Geibel/Süßmann, § 11 Rn. 2. Eine bedeutende Abweichung vom System der §§ 145 ff. BGB besteht insoweit, als der Bieter für die Angebotsabgabe auf die Zustimmung der BaFin (§§ 14 Abs. 2, 15 Abs. 1 und 2 WpÜG) angewiesen ist, OECHSLER, ZIP 2003, 1330.

eine das Angebot vorbereitenden Maßnahme dar.[360] Mangels Rechtsbindungswillens wird daher die *invitatio ad offerendum* vom Angebotsbegriff nicht umfasst.[361] Das Übernahmeangebot wird als Teil der Angebotsunterlage, die nach § 14 Abs. 3 WpÜG zu veröffentlichen ist, mit deren Veröffentlichung abgegeben[362], wie es auch wegen § 16 Abs. 1 S. 2 WpÜG den Aktionären der Zielgesellschaft im selben Augenblick zugeht.[363] Der Fristablauf führt zu seinem Erlöschen und damit zum Wegfall der Bindungswirkung (§ 148 BGB).[364] Der Zugang der Annahmeerklärung innerhalb der Frist führt dagegen zum Vertragsschluss. Inwiefern sich Modifikationen des Angebotsbegriffes aus den Besonderheiten des Übernahmeverfahrens, dem Gesetzeszweck und gesetzlichen Bestimmungen hinsichtlich einer Abstandnahme vom Angebot ergeben, wird noch zu untersuchen sein.[365]

B. EINSCHRÄNKUNG DER PRIVATAUTONOMIE: „*ÖFFENTLICHES*" ÜBERNAHMEANGEBOT UND DIE ANWENDBARKEIT DER §§ 305 FF. BGB

Da nach § 2 Abs. 1 WpÜG zur Qualifizierung eines Angebotes als Übernahmeangebot ein „*öffentliches*" Kauf- oder Tauschangebot vorliegen muss, ist auch die Frage aufzuwerfen, ob Übernahmeangebote Allgemeine Geschäftsbedingungen i.S.v. §§ 305 ff. BGB darstellen. Diese unterliegen zum Schutz der Vertragsparität und Sicherstellung der Vertragsgerechtigkeit einer die inhaltliche Gestaltungsfreiheit einschränkenden Inhaltskontrolle.[366] Als Instrument des Verbraucherschutzes steht dabei nicht die Funktionsfähigkeit des Kapitalmarktes im Vordergrund, sondern das Schutzinteresse des Einzelnen.

---

[360] ANGERER in: Geibel/Süßmann, § 1 Rn. 5; KK-WpÜG/VERSTEEGEN, § 2 Rn. 28. Nach THAETER in: Thaeter/Brandi, Teil 2, Rn. 70, handelt es sich um eine Äußerung über eine Absicht, deren Veröffentlichung gesetzlich vorgeschrieben ist; ders. zur Rücknahme der Entscheidung bei Willensmängeln und Äquivalenzstörungen, ebenda, Teil 2, Rn. 71 f., siehe auch unten 4. Teil § 11 E. II.

[361] ANGERER in: Geibel/Süßmann, § 1 Rn. 5; SCHÜPPEN in: Haarmann/Riehmer/Schüppen, § 2 Rn. 6.

[362] Oechsler, ZIP 2003, 1330, 1332; Thoma in: Baums/Thoma, § 11 Rn. 7 f.

[363] STEINMEYER/HÄGER, § 11 Rn. 5; LENENBACH, Rn. 13.35, der in der Veröffentlichung einen Zugang nach § 130 Abs. 1 S. 1 BGB sieht; THOMA in: Baums/Thoma, § 11 Rn. 9 ff. (Fiktion des Zugangs bei allen Angebotsadressaten unabhängig von der Kenntnisnahme im Zeitpunkt des ordnungsgemäßen Abschlusses der Veröffentlichung gemäß § 14 Abs. 3 Satz 1 WpÜG). Das Angebot ist jedoch nicht in den Bereich des Empfängers i.S.v. § 130 Abs. 1 S. 1 BGB gelangt, siehe dazu Palandt-HEINRICHS, § 130 Rn. 5 ff. Ein Zugangserfordernis ablehnend BOSCH/MEYER in: Assmann/Pötzsch/Schneider, § 31 Rn. 21 ff.

[364] Für ein Erlöschen infolge der Ablehnung einzelner Wertpapierinhaber gegenüber dem Bieter (§ 146 BGB) RENNER in: Haarmann/Riehmer/Schüppen, § 11 Rn. 12; dagegen KK-WpÜG/SEYDEL, § 11 Rn. 21.

[365] Siehe 4. Teil § 10 B. III. und IV. sowie 4. Teil § 11.

[366] Vgl. Palandt-HEINRICHS, Einf v § 145 BGB Rn. 13, 15.

I. Persönlicher und sachlicher Anwendungsbereich

Der Eröffnung des sachlichen Anwendungsbereiches steht § 310 Abs. 4 S. 1 BGB grundsätzlich nicht entgegen, wonach die §§ 305 ff. BGB keine Anwendung finden, wenn es bei der Übertragung von Wertpapieren um die Gewährung gesellschaftsrechtlich geprägter Mitgliedschaftsrechte ginge. Beim Wertpapiererwerb handelt es sich um Kauf- oder Tauschverträge, d.h. Veräußerungsverträge über Wertpapiere.[367] Sie betreffen primär den schuldrechtlichen Abschluss einer Vielzahl von Rechtsgeschäften auf den Kapitalmärkten[368] und nicht die Rechtsbeziehung zur Gesellschaft.[369] Es geht um die Begründung rein schuldrechtlicher Forderungsrechte, die keine gesellschaftsrechtlich vermittelten Mitgliedschaftsrechte im Sinne obiger Vorschrift beinhalten.

LENENBACH vertritt – soweit ersichtlich – als einziger die Auffassung, dass § 310 Abs. 4 S. 1 BGB teleologisch extensiv auszulegen ist.[370] Dem ist jedoch nicht zu folgen. Zum einen müssen für eine teleologische Auslegung der Wortlaut der Vorschrift, der Bedeutungszusammenhang des Gesetzes und die ihm zugrunde liegende begriffliche Systematik mehrere Deutungsmöglichkeiten offen lassen. Bereits der Wortlaut spricht aber dafür, dass ein mittels Übernahmeangebot abzuschließender Kauf- oder Tauschvertrag nicht als gesellschaftsrechtlicher Vertrag aufzufassen ist. Zum anderen scheitert eine teleologisch extensive Auslegung daran, dass sie nicht durch den Zweck des § 310 Abs. 4 BGB gedeckt wäre. Dieser besagt, dass „*ein Bedürfnis nach richterlicher Kontrolle dort nicht gegeben [ist], wo Gesellschaftsverträge auf Vertragsbedingungen beruhen, die von den miteinander in persönlichen oder geschäftlichen Beziehungen stehenden Gesellschaftern im einzelnen ausgehandelt sind, oder wo – wie zB bei der AG und der Genossenschaft – wegen der zahlreichen zwingenden Bestimmungen des Gesetzesrechts keine Gefahr besteht, daß die Satzungen unangemessene Regelungen enthalten*".[371] Bezogen auf das Übernahmeangebot bedeutet dies, dass an die Angebotsunterlage zwar bestimmte inhaltliche Anforderungen gestellt werden, die vom Bieter zu erfüllen sind. Doch bietet das WpÜG keinen ausreichenden Schutz hinsichtlich des Vertragsvollzuges[372], vertraglicher Leistungs-, Mitwirkungs- und Informationspflichten sowie Ge-

---

[367] GEIBEL in: Geibel/Süßmann, § 11 Rn. 3; OECHSLER, NZG 2001, 817, 821; STEINMEYER/HÄGER, § 11 Rn. 6; THOMA in: Baums/Thoma, § 11 Rn. 20; KK-WpÜG/VERSTEEGEN, § 11 Rn. 23. Siehe zur Frage, wann ein Vertrag auf dem Gebiet des Gesellschaftsrechtes vorliegt, Palandt-HEINRICHS, § 310 BGB Rn. 50.

[368] OECHSLER, NZG 2001, 817, 821, der einen obligatorischen Gewährleistungsausschluss befürwortet.

[369] Zur Anwendbarkeit im umgekehrten Fall der Veräußerung von Gesellschaftsanteilen: ASSMANN/BOZENHARDT in: Assmann/Basaldua/Bozenhardt/Peltzer, S. 83; MüKo-BASEDOW, § 23 AGBG Rn. 12; HORN in: Wolf/Horn/Lindacher, § 23 Rn. 74a; ULMER in: Ulmer/Brandner/Hensen, § 23 Rn. 21 f.

[370] LENENBACH, Rn. 13.57.

[371] MüKo-BASEDOW, § 23 AGBG Rn. 9.

[372] Siehe § 2 Nr. 4 WpÜG-AngVO.

währleistungen, so dass hier ein umfangreicher vertraglicher Gestaltungsspielraum besteht.[373]

Die Einschränkung des persönlichen Anwendungsbereichs in § 310 Abs. 1 BGB[374] steht einer Inhaltskontrolle nur entgegen, wenn der Verkauf von Aktien durch einen Unternehmer *„zur Ausübung seiner gewerblichen oder selbständigen Tätigkeit"*[375] gehört.[376]

Das WpÜG ist zuletzt auch nicht *lex specialis*. Diese ebenfalls von LENENBACH[377] vertretene Ansicht ist zumindest teilweise abzulehnen: Das Argument, dass vor Geltung des WpÜG durch die AGB-Bestimmungen ein Mindestschutz der Aktionäre der Zielgesellschaft erreicht wurde und mit Inkrafttreten der Regelungen des WpÜG ein ausreichender Aktionärsschutz gegeben sei, ist zu eng. Denn der Bereich der Vertragsabwicklung[378] einschließlich etwaiger Vertragsverletzungen ist durch das WpÜG gänzlich ungeregelt. Da diesbezüglich die allgemeinen bürgerlichrechtlichen Vorschriften Anwendung finden, ist ein weitergehender Schutz der Aktionäre der Zielgesellschaft gerechtfertigt und geboten. Insbesondere gewährleisten die §§ 305 ff. BGB, dass eine Bestimmung über die Gewährleistung der Aktionäre der Zielgesellschaft[379] nicht Angebotsinhalt wird. Eine Regelung, nach der die Aktionäre über den Bestand der eigenen Anteile hinaus für das Unternehmen haften, wäre überraschend i.S.v. § 305c Abs. 1 BGB wie auch mit den hinter der gesetzlichen Regelung stehenden Grundgedanken unvereinbar und damit nach § 307 Abs. 2 Nr. 1 BGB unwirksam.[380] Eine Einschränkung kann jedoch insofern gemacht werden, als das WpÜG Regelungen enthält, die auch von der Inhaltskontrolle der §§ 307 ff. BGB umfasst sind. Insofern ist einem Vorrang des WpÜG zuzustimmen.[381]

Der Einordnung als Allgemeine Gechäftsbedingungen steht ferner nicht entgegen, dass diese von dem gesetzlich vorausgesetzten Idealtypus des im Einzelfall ausgehandelten Vertrages abweichen, ein individuelles Aushandeln mit Blick auf § 3

---

[373] KK-WpÜG/SEYDEL, § 11 Rn. 23, mit Hinweis darauf, dass Gerichtsstandsvereinbarungen oder Schiedsklauseln bereits gem. §§ 38, 1031 ZPO unwirksam sind.

[374] In der Praxis ist es unwahrscheinlich, dass sich ein Angebot ausschließlich an Unternehmer richtet, so dass § 310 Abs. 1 BGB nicht einschlägig ist, siehe SCHRÖDER in: Haarmann/Riehmer/Schüppen, § 21 Rn. 37.

[375] Vgl. Legaldefinition des Unternehmers in § 14 BGB.

[376] Etwas anderes gilt bei Fondsmanagern, Fondsgesellschaften und institutionellen Anlegern.

[377] LENENBACH, Rn. 13.57. Vgl. auch MüKo-AktG/WACKERBARTH, § 11 Rn. 8.

[378] Vgl. KK-WpÜG/SEYDEL, § 11 Rn. 23: Eine unbedingte Übereignung der betroffenen Aktien bereits mit Annahme des Angebotes vor dessen Wirksamwerden wäre nach § 307 Abs. 2 Nr. 1 BGB sowie § 305c BGB unwirksam.

[379] Siehe oben 3. Teil § 8 B. I.

[380] KK-WpÜG/SEYDEL, § 11 Rn. 23.

[381] Siehe § 308 Nr. 3 BGB, § 18 Abs. 2 WpÜG, § 10 Nr. 4, § 21 WpÜG. Vgl. OECHSLER in: Ehricke/Ekkenga/Oechsler, § 11 Rn. 50. Die Anwendung ohne Erläuterung bejahend THOMA in: Baums/Thoma, § 11 Rn. 20.

Abs. 1 WpÜG im Falle eines Erwerbs nach Maßgabe des WpÜG aber ausgeschlossen ist.[382] Denn gerade diese einseitige Festlegung und Nichtverhandelbarkeit des Angebotsinhaltes impliziert die Abweichung vom Idealtypus. Dass unbillige oder überraschende Klauseln auf ablehnende Reaktionen stoßen und die Übernahme gefährden können[383], ändert nichts an der Tatsache, dass der Bieter als Verwender Marktmacht im Sinne einer einseitigen Festlegung der Angebotskonditionen besitzt.[384]

II. Übernahmeangebot als Allgemeine Geschäftsbedingungen

Bei den in der Angebotsunterlage enthaltenen Bestimmungen handelt es sich um Vertragsbedingungen i.S.v. den Vertragsinhalt gestaltenden Regelungen[385], die für eine Vielzahl von Verträgen vorformuliert sind und die der Bieter den Aktionären der Zielgesellschaft als der anderen Vertragspartei bei Abschluss des jeweiligen Vertrages stellt, § 305 Abs. 1 S. 1 BGB. Sie werden für eine mehrfache Verwendung schriftlich aufgezeichnet, so dass sie vorformuliert wie auch für eine Vielzahl von Verträgen mit den Anteilsinhabern der Zielgesellschaft aufgestellt werden.[386] Es sollen Wertpapiere einer großen Anzahl von Anlegern vertraglich erworben werden. Der Bieter verlangt zudem die Einbeziehung der vorformulierten Vertragsbedingungen in den Vertrag durch Aufnahme in die Angebotsunterlage, ohne dass sie im Einzelnen i.S.v. § 305 Abs. 1 S. 3 BGB ausgehandelt werden könnten.[387] Die Konditionen werden auch einseitig vom Bieter gestellt, ohne dass er zur Änderung bereit und dies den Anteilsinhabern bewusst wäre. Unerheblich ist, dass die Bedingungen in den Vertragstext eingearbeitet werden, § 305 Abs. 1 S. 2 BGB. Auch ist § 305 Abs. 2 BGB auf Formularverträge nicht anwendbar.[388]

III. Inhaltskontrolle

Die vom Bieter in das Übernahmeangebot aufgenommenen Informationen ohne sachlich-rechtlichen Inhalt und Leistungsbeschreibungen[389] fallen gemäß § 307 Abs. 3 BGB aus der spezialgesetzlichen Inhaltskontrolle der §§ 307 ff. BGB heraus.

---

[382] So aber KRAUSE in: Assmann/Pötzsch/Schneider, § 11 Rn. 34.

[383] So KRAUSE in: Assmann/Pötzsch/Schneider, § 11 Rn. 36.

[384] A.A. KRAUSE in: Assmann/Pötzsch/Schneider, § 11 Rn. 35.

[385] Vgl. Palandt-HEINRICHS, § 305 BGB Rn. 3.

[386] Vgl. Palandt-HEINRICHS, § 305 BGB Rn. 8 f.

[387] Übereinstimmend GEIBEL/SÜßMANN, BKR 2002, 52, 57; GEIBEL in: Geibel/Süßmann, § 11 Rn. 3; SCHRÖDER in: Haarmann/Riehmer/Schüppen, § 21 Rn. 37; STEINMEYER/HÄGER, § 11 Rn. 6; KK-WpÜG/VERSTEEGEN, § 11 Rn. 23. Vor Inkrafttreten des WpÜG: ASSMANN/BOZENHARDT in: Assmann/Basaldua/Bozenhardt/Peltzer, S. 83 f.; BUNGERT, WM 2000, 611 Fn. 1, 614. Ablehnend zur AGB-Kontrolle von Wertpapier-Bedingungen bei Fremdemissionen EKKENGA, ZHR 1996, 59 ff.; JOUSSEN, WM 1995, 1861, 1865 ff.

[388] Zu § 2 AGBG (jetzt § 305 Abs. 2 BGB) BGH NJW 95, 190.

[389] Nach § 307 Abs. 3 S. 2 BGB gilt neuerdings explizit das Transparenzgebot des § 307 Abs. 1 S. 2 BGB.

Die Klauseln, die die Wirksamkeit des Angebotes selbst, das Zustandekommen der Verträge oder aber *essentialia negotii* (z.B. die Bestimmung der Gegenleistung oder des Vertragspartners) betreffen[390], sind von vornherein nicht Gegenstand einer Inhaltskontrolle nach den §§ 307 ff. BGB.[391] Es bleibt aber der Schutz der §§ 305 Abs. 2, 305b, 305c Abs. 1 BGB.[392] Der Anwendungsbereich ist demnach vor allem für die die Vertragsabwicklung betreffenden Klauseln im Hinblick auf den dabei bestehenden Gestaltungsspielraum (§ 2 Nr. 4 WpÜG-AngVO) eröffnet.[393] Ausgeschlossen sind danach insbesondere Gewährleistungsregelungen hinsichtlich des Unternehmens der Zielgesellschaft oder die Begründung von Leistungspflichten der Veräußerer.[394] Dass eine Kontrolle möglicherweise über § 3 WpÜG erfolgen kann, macht die Inhaltskontrolle nach den §§ 305 ff. BGB, insbesondere §§ 305c Abs. 1, 307 Abs. 2 Nr. 1, 308 Nr. 3, 4 und 5 BGB nicht entbehrlich.[395] Denn im Gegensatz zu einem Verstoß gegen § 3 WpÜG besitzen Verstöße gegen die §§ 305 ff. BGB unmittelbare Wirkung; eine unwirksame Regelung fällt weg oder wird durch eine zulässige Regelung ersetzt. Rechtsfolge eines Verstoßes gegen Bestimmungen des WpÜG ist die Untersagung des Angebotes nach § 15 Abs. 1 Nr. 2 WpÜG.[396]

C. EINSCHRÄNKUNG DER PRIVATAUTONOMIE: BÜRGERLICH-RECHTLICHES ANGEBOT MIT MODIFIKATIONEN

Eine Einschränkung der Vertragsfreiheit ergibt sich auch aus anderen Erwägungen. Zwar handelt es sich bei öffentlichen Übernahmeangeboten um formalisierte, verbindliche Angebote zum Vertragsabschluss i.S.v. §§ 145 ff. BGB.[397] Sie zeichnen sich darüber hinaus aber durch bestimmte Charakteristika aus, die sich aus der Art und Weise der Angebotabgabe, den Besonderheiten des Übernahmeverfahrens so-

---

[390] In Betracht kommen u.a. die Erweiterung unzulässiger Teilangebote oder die Ersetzung eines gegen § 31 Abs. 7 WpÜG i.V.m. § 4 WpÜG-AngVO verstoßenden Angebotspreises, KK-WpÜG/SEYDEL, § 11 Rn. 23.

[391] OECHSLER in: Ehricke/Ekkenga/Oechsler, § 11 Rn. 50, spricht insofern vom Vorrang der spezielleren Regelungen des § 11 WpÜG und § 2 WpÜG-AngVO.

[392] ASSMANN/BOZENHARDT in: Assmann/Basaldua/Bozenhardt/Peltzer, S. 84; Palandt-HEINRICHS, § 305 Rn. 3, 5, § 307 Rn. 54; KK-WpÜG/SEYDEL, § 11 Rn. 23.

[393] KK-WpÜG/SEYDEL, § 11 Rn. 23, nach dem eine unbedingte Übereignung der Aktien mit Annahme des Angebotes vor dessen Wirksamwerden gemäß §§ 307 Abs. 2 Nr. 1, 305c BGB unwirksam ist; zustimmend OECHSLER in: Ehricke/Ekkenga/Oechsler, § 11 Rn. 50.

[394] KK-WpÜG/SEYDEL, § 11 Rn. 23.

[395] Die praktische Bedeutung gering einschätzend ASSMANN/BOZENHARDT in: Assmann/Basaldua/Bozenhardt/Peltzer, S. 83 f.; STEINMEYER/HÄGER, § 11 Rn. 6. Nach SEYDEL, KK-WpÜG, § 11 Rn. 23, wird der Bieter zur Vermeidung eines Image- und Akzeptanzverlustes von überraschenden bzw. benachteiligenden Regelungen absehen.

[396] Vgl. KK-WpÜG/SEYDEL, § 11 Rn. 22 f.

[397] So PÖTZSCH/MÖLLER, WM 2000, Beil. 2 zu Heft 31/00 (05.08.2000), 1, 21; ohne nähere Begründung GEIBEL/SÜßMANN, BKR 2002, 52, 57.

wie den Vorschriften des WpÜG ergeben. Daraus resultierende Modifikationen zum bürgerlich-rechtlichen Angebotsbegriff müssen – zwangsläufig – Auswirkungen auf die Vertragsfreiheit haben.

I. Charakteristika des öffentlichen Übernahmeangebotes

1. ANONYMITÄT

Als erstes Charakteristikum des öffentlichen Übernahmeangebotes ist dessen Anonymität hervorzuheben. Eine Sonderform des bürgerlich-rechtlichen Angebotes stellt das Angebot *ad incertas personas* dar, das sich an einen unbestimmten, aber bestimmbaren Personenkreis richtet.[398] Obwohl die das Angebot annehmenden Personen dem Antragenden zum Zeitpunkt der Angebotsabgabe unbekannt sind, bleibt das Bestimmtheitserfordernis gewahrt.[399] Auch das Übernahmeangebot richtet sich an eine unbestimmte Zahl von Verkäufern, an die dem Bieter unbekannten Aktionäre der Zielgesellschaft. Sind Inhaberaktien ausgegeben worden, so existiert kein jedermann zugängliches öffentliches Register, aus dem die Namen der Anteilsinhaber ersichtlich werden. Der Bieter kann demnach sein Angebot nicht direkt und individuell gegenüber den einzelnen Aktionären abgeben. Das Angebot richtet sich jedoch nicht an jeden Beliebigen. Die das Angebot Annehmenden sind dadurch bestimmbar, dass potenzielle Verkäufer allein die Anteilseigner der Zielgesellschaft sein können.

2. EINSEITIGE FESTLEGUNG DER KONDITIONEN

Kennzeichnend für ein Übernahmeangebot ist ferner, dass der Bieter die Erwerbsbedingungen, insbesondere die *essentialia negotii* wie z.B. den Preis und die Menge der Papiere, für die Kaufbereitschaft besteht, einseitig und im voraus in seiner Angebotsunterlage festlegt. Den Aktionären ist es nicht möglich, einen privatautonomen Interessenausgleich im Wege einer Verhandlungslösung herbeizuführen.[400] Eine Verhandelbarkeit der Bedingungen ist ausgeschlossen. Die Anteilseigner können einzig das Angebot zu den vom Bieter festgesetzten Konditionen annehmen oder ablehnen. Damit ein Angebot vorliegt, muss es derart präzise sein, dass es den Anteilsinhabern ohne weitere Verhandlungen mit dem Bieter möglich ist, es allein durch ein „*Ja*" – z.B. durch Anweisung an ihre Depotbank, die Wertpapiere an den Bieter zu veräußern – anzunehmen oder durch ein „*Nein*" abzulehnen.[401] Insofern besteht kein Unterschied zum Angebot i.S.v. § 145 BGB. Auch dort wird eine Bestimmtheit oder im Wege der Auslegung erfolgende Bestimmbarkeit des Gegenstandes und Inhaltes vorausgesetzt.[402]

---

398 Palandt-HEINRICHS, § 145 BGB Rn. 7; THOMA in: Baums/Thoma, § 11 Rn. 6.

399 Siehe MüKo-KRAMER, § 145 BGB Rn. 13; Staudinger-BORK, § 145 BGB Rn. 19.

400 BEISEL in: Beisel/Klumpp, 14. Kapitel, Rn. 22.

401 KOPP/VON DRYANDER in: Apfelbacher/Barthelmess/Buhl/von Dryander, § 2 Rn. 5; THAETER in: Thaeter/Brandi, Teil 2, Rn. 1.

402 Palandt-HEINRICHS, § 145 BGB Rn. 1; MüKo-KRAMER, § 145 BGB Rn. 4.

3. GLEICHZEITIGKEIT

Weiteres Bestimmungsmerkmal des öffentlichen Übernahmeangebotes ist die gleichzeitige Abgabe des Angebotes gegenüber mehreren Anlegern. Das Angebot wird nicht nacheinander gegenüber den einzelnen Aktionären der Zielgesellschaft abgegeben, sondern die Abgabe erfolgt zeitgleich, indem es in allgemein zugänglichen Medien bekannt zu geben ist. Infolge der Anonymität der Adressaten ist der Bieter – einer raschen Verfahrensdurchführung sowie einem raschen Kontrollerwerb dienend – gezwungen, sein Angebot gleichzeitig an eine Mehrzahl von Anteilseignern zu adressieren.

4. UNZULÄSSIGKEIT EINER INVITATIO AD OFFERENDUM

Aus § 17 WpÜG ergibt sich zuletzt, dass die Abgabe einer *invitatio ad offerendum* bei öffentlichen Übernahmeangeboten[403] unzulässig ist, der Bieter vielmehr prinzipiell an das von ihm abgegebene Angebot gebunden ist. Ihm ist es untersagt, öffentlich zur Abgabe von Angeboten über den Verkauf von Wertpapieren der Zielgesellschaft durch die Inhaber der Papiere aufzufordern. Ein Testen des Marktes ist folglich nicht möglich, wodurch das in § 3 Abs. 4 S. 2 WpÜG enthaltene Behinderungsverbot konkretisiert wird.[404]

II. Auswirkungen auf den Grundsatz der Vertragsfreiheit

Die genannten Modifikationen haben zur Folge, dass die Vertragsfreiheit bei öffentlichen Übernahmeangeboten nur eingeschränkt gelten kann. Ein privatautonomer Interessenausgleich im Wege der Vertragsverhandlung ist ausgeschlossen, da der Bieter inhaltlich die Kaufkonditionen einseitig und einheitlich vorgibt sowie dem Bieter personell die Anteilsinhaber der Zielgesellschaft nicht – gänzlich – bekannt sind.[405] Dadurch kann ein wirtschaftliches Ungleichgewicht zwischen den Vertragspartnern mit der Gefahr einer uneingeschränkten Fremdbestimmung der Anteilsinhaber hervorgerufen werden. Es muss daher verhindert werden, dass der Bieter als Ausgestalter des Angebotes die Vertragsgestaltungsfreiheit für sich allein in Anspruch nimmt, und die Anteilseigner unter Abbedingung des dispositiven Rechtes unangemessen benachteiligt werden.[406] Es sind somit Grenzen der Vertragsfreiheit zu bestimmen.[407] Diese sind als Gegenstück zur Erwerbs- und Unternehmensfreiheit zu sehen. So steht es im Belieben des Bieters, welche unternehmerischen Ziele er verfolgt, wie er die Unternehmenstätigkeit im Hinblick auf Beteiligungen an anderen Unternehmen ausrichtet und damit auch, ob er die Übernahme

[403] Zum abweichenden prospektrechtlichen Angebot bereits oben 4. Teil, § 10 B. I. 1.

[404] Begr. RegE-WpÜG, BT-Drucks. 14/7034, S. 47 zu § 17.

[405] Siehe zur wirtschaftlichen Zwangssituation, dem sog. „*prisonner's dilemma*", LIEBSCHER, ZIP 2001, 853, 856.

[406] Vgl. zum Schutzzweck der §§ 305 ff. BGB Palandt-HEINRICHS, Überbl v § 305 BGB Rn. 8 f.

[407] Vgl. allgemein Palandt-HEINRICHS, Einf v § 145 BGB Rn. 7.

der Kontrolle über ein drittes Unternehmen beabsichtigt. Hat der Bieter von seiner Entscheidungsfreiheit zugunsten der Abgabe eines Übernahmeangebotes Gebrauch gemacht, muss er als Kehrseite die infolge der Besonderheiten des Übernahmeangebotes gebotenen Restriktionen in Kauf nehmen.

Die dargestellten Charakteristika sind seitens des Gesetzgebers berücksichtigt worden. Auch wenn sich insbesondere die Abwicklung der Vertragsbeziehungen nach den Vorschriften des BGB richtet, werden die zulässigen Vertragsbedingungen weitestgehend durch das WpÜG geregelt. Das Angebotsverfahren wird einer Standardisierung unterworfen, die die Gestaltungsfreiheit des Bieters hinsichtlich der Verfahrensschritte und des zeitlichen Angebotsablaufes sowie der inhaltlichen Angebotsausgestaltung maßgeblich einschränkt.[408] Die Freiheit der beliebigen Angebotsausgestaltung wird vor allem durch die zwingenden Vorgaben der §§ 11, 16 ff., 21, 22 Abs. 2, Abs. 3, 31 f. WpÜG begrenzt. Sie betreffen vor allem Regelungen über die Gegenleistung, die Annahmefrist und etwaige Angebotsänderungen, die Aufnahme von Bedingungen oder Rücktrittsrechten sowie die Abgabe von Teilangeboten.

D. IMMANENTE EINSCHRÄNKUNG DER PRIVATAUTONOMIE DURCH DEN GESETZESZWECK

Als Folge der dem Übernahmeverfahren immanenten Risiken für die verschiedenen Interessengruppen einschließlich der Missbrauchsgefahr ist das Gebot einer Einschränkung der Vertragsfreiheit schließlich auch dem Gesetzeszweck des WpÜG und dessen Zielen zu entnehmen.[409]

I. Faires Übernahmeverfahren

Das WpÜG soll Leitlinien für ein faires Angebotsverfahren schaffen, ohne Unternehmensübernahmen zu fördern oder zu verhindern.[410] Rechtsmissbräuchliche Handlungen und Vorgehensweisen sollen bestmöglich verhindert sowie aus dem Verfahrensablauf resultierende, potenzielle Risiken für vom Übernahmeverfahren betroffene Interessengruppen, die nicht ausschließlich in ihren Zumutbarkeitsbereich fallen, zwischen den Parteien gerecht verteilt werden. Macht- und Informationsungleichgewichte zwischen den Aktionären der Zielgesellschaft und dem Bieter sind zu verhindern bzw. zu beseitigen. Das Gesetz muss diejenigen schützen, denen gegenüber die eine Vertragspartei in der Lage ist, vorformulierte Vertragsbedingungen zu stellen, mit denen sich die andere Seite nur mit unverhältnismäßig hohem Aufwand befassen kann, geschweige denn die Möglichkeit hat, auf deren Inhalt Einfluss zu nehmen. Ein faires Verfahren wäre nicht gewährleistet, wenn der Bieter

[408] Steinmeyer/Häger, § 11 Rn. 6.
[409] Ausführlich dazu 3. Teil § 9 A.
[410] Begr. RegE-WpÜG, BT-Drucks. 14/7034, S. 28 Allgemeiner Teil, Ziff. I. 5.

sein Angebot unter Ausnutzung seiner Handlungsmöglichkeiten beliebig zurückziehen könnte und damit den Aktionären der Zielgesellschaft die Chance entzieht, die zumeist über dem Börsenkurs der Zielgesellschaft angebotene Gegenleistung[411] einfordern zu können.

Daneben ist ein faires Übernahmeverfahren auch in Bezug auf die Zielgesellschaft sicherzustellen. Die aus dem Verfahren resultierende Ressourcenbindung wäre unverhältnismäßig, wenn der Bieter nicht gleichzeitig – zumindest im Grundsatz – an sein Angebot gebunden ist. Ein faires Verfahren gebietet zudem, dass der Zielgesellschaft die Kapitalbeschaffung über die Börse nicht durch ein Verhalten des Bieters unverhältnismäßig erschwert wird. Dazu kommt es jedoch, wenn der Bieter vom Übernahmeangebot Abstand nehmen kann. Denn der regelmäßig mit einem Übernahmeangebot einhergehende Kursanstieg ist in diesem Fall nicht mehr gerechtfertigt. Das mangels Realisierung der mit dem Angebot verbundenen Hoffnungen enttäuschte Vertrauen der Kapitalanleger kann verstärkte Veräußerungsaktivitäten hervorrufen.[412]

II. Rasche Verfahrensdurchführung und Behinderungsverbot

Das WpÜG soll zudem eine rasche Verfahrensdurchführung sicherstellen, um die Zielgesellschaft nicht über einen angemessenen Zeitraum hinaus in ihrer Geschäftstätigkeit zu behindern.[413] Das Gebot rascher Verfahrensdurchführung impliziert die tatsächliche Durchführung des Übernahmeangebotes an sich. Durch eine Einschränkung der Vertragsfreiheit wird eine zusätzliche Schutzwirkung bezüglich einer unangemessenen Behinderung der Zielgesellschaft erzielt. Sie wird vor nicht ernstlich gemeinten Übernahmeangeboten geschützt, mit denen der Bieter lediglich ihre Schädigung beabsichtigt und sich selbst einen Wettbewerbsvorteil verschaffen will.[414] Eine beliebige Abstandnahme von einem Übernahmeangebot ist vor dem Hintergrund der durch das Angebot hervorgerufenen Kursschwankungen und der Ressourcenbindung bei der Zielgesellschaft nicht gerechtfertigt.

Neben der Zielgesellschaft selbst sind auch ihre Aktionäre an einer tatsächlichen Verfahrensdurchführung, d.h. daran interessiert, im Vertrauen auf die Angebotsdurchführung die Gegenleistung zu erhalten; allein im Vertrauen hierauf nehmen

---

[411] Siehe 3. Teil § 9 A. I.

[412] Siehe dazu auch 3. Teil § 9 A. III., B. II. 3.

[413] Siehe Begr. RegE-WpÜG, BT-Drucks. 14/7034, S. 29 Allgemeiner Teil, Ziff. II. 3. Nach Begr. RegE-WpÜG, BT-Drucks. 14/7034, S. 35 zu § 3 allgemein sollen die in § 3 enthaltenen Regelungen „*grundlegende Wertungen des Gesetzgebers wiedergeben*"; vgl. auch Begr. RegE-WpÜG, BT-Drucks. 14/7034, S. 35 zu § 3 Abs. 4 WpÜG. Zur ermessensleitenden Funktion von § 3 Abs. 4 Satz 1 WpÜG BAUMS/HECKER in: Baums/Thoma, § 3 Rn. 44.

[414] Vgl. RIEHMER in: Haarmann/Riehmer/Schüppen, § 18 Rn. 13; THOMA/STÖCKER in: Baums/Thoma, § 18 Rn. 5. BAUMS/HECKER in: Baums/Thoma, § 3 Rn. 48, sprechen insoweit von der Unvereinbarkeit von Scheinankündigungen und -angeboten mit § 3 Abs. 4 Satz 2 WpÜG. Zur Abwerbung von Anteilseignern der Zielgesellschaft als Missbrauchspotenzial siehe oben 3. Teil § 9 B. I. 3.

sie das Angebot des Bieters an. Dieses Vertrauen ist aber nur begründet, wenn die Durchführung des Verfahrens sichergestellt ist, die nicht dadurch verhindert werden darf, dass der Bieter beliebig von seinem Angebot zu irgendeinem Zeitpunkt Abstand nehmen kann.

III. Transparenz

Ein weiteres Ziel des Gesetzgebers besteht darin, *„die Information und Transparenz für die betroffenen Wertpapierinhaber und Arbeitnehmer [zu] verbessern“*.[415] Die vom Übernahmeverfahren betroffenen Interessengruppen sollen sich auf transparente Verhältnisse während des Übernahmeverfahrens einstellen können. Dieser Zielsetzung widerspricht die Zulassung einer willkürlichen Verfahrensbeendigung. Es wäre unsicher, ob das Angebot überhaupt vollzogen wird bzw. bei Vorliegen welcher Umstände der Bieter vom Angebotsvollzug absieht oder absehen kann.[416] Insbesondere könnte auch der Vorstand der Zielgesellschaft nicht sichergehen, dass die für die Erfüllung der gesetzlichen Pflichten aufzuwendenden Ressourcen im Interesse der Zielgesellschaft und eines größtmöglichen Nutzens zugunsten der Anteilsinhaber gebunden werden. Eine Transparenz über die Effizienz der zu erbringenden Leistungen wäre nicht gewährleistet.

IV. Keine Marktverzerrung

Der in § 3 Abs. 5 WpÜG enthaltene Grundsatz, dass beim Handel mit Wertpapieren keine Marktverzerrungen geschaffen werden dürfen, stellt darauf ab, das Vertrauen der Anleger in den Markt zu gewinnen. Er ist – neben der Vermeidung einer Verleitung der Aktionäre zu sachlich ungerechtfertigten Entscheidungen[417] – Ausdruck des mit der Schaffung des WpÜG bezweckten Zieles, die Funktionsfähigkeit der Märkte[418] durch Verhinderung eines Marktversagens zu schützen. Handelstätigkeiten dürfen nicht dazu führen, dass sich künstlich erhöhte Aktienkurse ergeben, die bei unbeeinträchtigtem Verlauf nicht zustande kämen und sich daher nicht als Resultat einer freien, unverzerrten Preisbildung darstellen.[419] Derartige Überbewertungen können durch ein Übernahmeangebot ausgelöst werden, wenn der Bieter hiervon Abstand nimmt. Verbindet er mit einem Angebot keine Erwartungen, sind die – begründeten – Hoffnungen der Aktionäre, die sich in einer steigenden Nachfrage der Kapitalanleger und damit einem – berechtigterweise – steigenden Börsenkurs der Zielgesellschaft niederschlagen, unbegründet; das Vertrauen in den Kapitalmarkt wird geschwächt. Folge des Vertrauensverlustes ist es, dass die Nachfrage

---

[415] Begr. RegE-WpÜG, BT-Drucks. 14/7034, S. 28 Allgemeiner Teil, Ziff. I. 5.

[416] Vgl. STEINMEYER/HÄGER, § 18 Rn. 3.

[417] Begr. RegE-WpÜG, BT-Drucks. 14/7034, S. 35 zu § 3 Abs. 5.

[418] Dazu MÜHLE, S. 145.

[419] SCHÜPPEN in: Haarmann/Riehmer/Schüppen, § 3 Rn. 22; KK-WpÜG/VERSTEEGEN, § 3 Rn. 45. Siehe nun auch Art. 3 Abs. 1 lit. d) der EG-Übernahmerichtlinie. Zum Begriff der Marktverzerrung BAUMS/HECKER in: Baums/Thoma, § 3 Rn. 57.

sinkt und die Kapitalbeschaffung über die Börse für die Unternehmen erschwert wird. Um Marktverzerrungen zu verhindern, muss die Abgabe eines nicht ernstlich gemeinten konkurrierenden Angebotes ausgeschlossen sein.[420]

E. EINSCHRÄNKUNG DER PRIVATAUTONOMIE AUFGRUND GRUNDRECHTLICHER SCHUTZPFLICHT DES GESETZGEBERS

Eine Einschränkung der Privatautonomie ergibt sich zuletzt daraus, dass der Staat einer sich aus den Grundrechten ergebenden Schutzpflicht unterliegt.

I. Grundrechte der Zielgesellschaft und deren Aktionäre

Der Vertragsschluss seitens der Aktionäre über die Veräußerung von Wertpapieren ist zwar eigentlich Ausfluss der Eigentumsfreiheit, da die Eigentumsgarantie das Recht des Nutzens und Verfügens hinsichtlich der Wertpapiere umfasst.[421] Jedoch wird durch eine Beschränkung der Abstandnahme kein Veräußerungshindernis geschaffen. Vielmehr geht es um den Schutz der Aktionäre vor einer uneingeschränkten Auflösung der vertraglichen Bindungswirkung durch den Bieter. Das BVerfG hat neben der Funktion der Grundrechte als Abwehrrechte gegenüber dem Staat die Bedeutung der Privatautonomie als Gegenstand einer grundrechtlichen Schutzpflicht hervorgehoben.[422] Diese beschreibt DI FABIO wie folgt: „*Denn wenn die Vertragsfreiheit und die Privatautonomie die freie Selbstbestimmung des Einzelnen zur Regelung seiner Rechtsbeziehungen garantiert, dann kann den Staat ... die Pflicht treffen, dafür Sorge zu tragen, dass es nicht aufgrund eines fehlenden Kräftegleichgewichts und damit aufgrund sog.* **gestörter Vertragsparität** *zwischen den Vertragspartnern im Ergebnis zu einer Fremdbestimmung des ‚Schwächeren' durch den ‚Stärkeren' kommt. Nach der aus Art. 2 Abs. 1 GG abzuleitenden grundrechtlichen Schutzpflicht müssen staatliche Stellen verhindern, dass sich für einen Vertragsteil die Selbstbestimmung in eine Fremdbestimmung umkehrt*“.[423] Dem Gesetzgeber obliegt daher die Schutzpflicht, die infolge des strukturellen Ungleichgewichtes zwischen den Vertragsparteien gestörte Vertragsparität wiederherzustellen.

Ähnliches gilt im Hinblick auf die Zielgesellschaft. Auch sie muss einen angemessenen Schutz davor erfahren, dass die ihr auferlegten Verhaltenspflichten nicht zu einer unangemessenen Beeinträchtigung führen.[424] Durch die vorrangig von Art. 12 Abs. 1 S. 1 und 14 Abs. 1 S. 1 GG geschützte Freiheit der unternehmerischen Betätigung der Zielgesellschaft werden auch die dazugehörigen Teilbereiche der Dispositions-, Investitions- und Produktionsfreiheit, die Freiheit der marktmäßigen Betä-

---

420 ASSMANN, AG 2002, 114, 116 Fn. 13. Zu der Abgabe eines Scheinangebotes als indirekte Einwirkung auf den Wertpapierhandel BAUMS/HECKER in: Baums/Thoma, § 3 Rn. 54 f., 58.

421 PAPIER in: Maunz-Dürig, Art. 14 Rn. 229.

422 BVerfGE 89, 214, 232.

423 DI FABIO in: Maunz-Dürig, Art. 2 Rn. 107.

424 Siehe dazu oben 3. Teil § 9 A. II.

tigung und die Organisationsfreiheit umfasst.[425] Die Zielgesellschaft ist jedoch automatisch mit der Ankündigung eines Übernahmeangebotes an die Regelungen der §§ 27, 33 WpÜG und die ihr darin auferlegten Verhaltenspflichten gebunden. Deren Erfüllung würde insbesondere dann sinnlos werden, wenn der Bieter nicht zum Vollzug des Übernahmeangebotes verpflichtet wäre.

II. Grundrechte des Bieters

Auf der anderen Seite darf aber nicht außer Acht gelassen werden, dass der Bieter durch eine gesetzliche Beschränkung der Abstandnahme vom Übernahmeangebot in seinem Grundrecht aus Art. 2 Abs. 1 GG beeinträchtigt wird. Eine grundsätzliche Bindungswirkung des Übernahmeangebotes bewirkt einen faktischen Zwang zu weiterem Eigentumserwerb. Die Vertragsfreiheit als *Individualgarantie* umfasst aber das Recht, Verträge zu gestalten, abzuschließen und aufzulösen.[426] Die Vertragspartner sollen grundsätzlich eigenverantwortlich bestimmen, wie ihre widerstreitenden Interessen aus ihrer Sicht angemessen auszugleichen sind.[427] Zwar ist nach dem Elfes-Urteil des BVerfG[428] Art. 2 Abs. 1 GG gegenüber den speziellen Freiheitsrechten wie Art. 12 und 14 GG subsidiär.[429] Dies gilt auch hinsichtlich der von Art. 2 Abs. 1 GG umfassten Vertragsfreiheit[430], soweit es um die berufs- und arbeitsrechtliche Vertragsfreiheit sowie die Freiheit der wirtschaftlichen Betätigung und Wettbewerbsfreiheit geht.[431] Die Schutzbereiche sind vorliegend aber nicht betroffen.

Der sachliche Schutzbereich des Art. 12 GG ist nur eröffnet, wenn Aktien von einem strategischen Investor, er mit er Übernahme eine Ausweitung seines wirtschaftlichen Betätigugnsumfeles erstrebt, erworben werden. Wer dagegen mit dem Kauf nur eine Form der Kapitalanlage wählt, übt keinen Beruf aus, auch wenn die Aktien einen beherrschenden Einfluss sichern sollen.[432] Auf jeden Fall läge aber keine Beschränkung der arbeitsrechtlichen Vertragsfreiheit vor. Es geht um Verträge mit den Aktionären der Zielgesellschaft als außerhalb des Unternehmens des

---

[425] Insofern handelt es sich um *Annexfreiheiten*, d.h. Freiheiten, die aus der typischen Grundrechtsausübung resultieren, siehe SCHOLZ in: Maunz-Dürig, Art. 12 Rn. 124.

[426] DI FABIO in: Maunz-Dürig, Art. 2 Rn. 101.

[427] BVerfGE 81, 242, 254. Daneben bedeutet die Vertragsfreiheit in Verbindung mit dem Sozialstaatsprinzip als *Institutsgarantie*, dass der Staat Bedingungen schaffen muss, die jedem zumindest ein Minimum an vertraglicher Gestaltungsfreiheit in seinem Lebensbereich gewähren, Soergel-WOLF, vor § 145 Rn. 43.

[428] BVerfGE 6, 32, 37. Siehe dazu SCHOLZ in: Maunz-Dürig, Art. 12 Rn. 114.

[429] Zuletzt BVerfGE 101, 54, 74; 101, 106, 121 f.; BVERFG, NJW 2000, 1480 f. Siehe DI FABIO in: Maunz-Dürig, Art 2 Rn. 21.

[430] Zuletzt BVERFG, NJW 2001, 957 ff. und 1709. Siehe DI FABIO in: Maunz-Dürig, Art. 2 Rn. 101 m.w.N.; SCHOLZ in: Maunz-Dürig, Art. 12 Rn. 131 m.w.N.

[431] SCHOLZ in: Maunz-Dürig, Art. 12 Rn. 115. Vgl. DI FABIO in: Maunz-Dürig, Art. 2 Rn. 81.

[432] LORITZ/WAGNER, WM 1991, 709, 720. Die Untersuchung wure auf die Interessen der Privatanleger beschränkt, vgl. 3. Kapital § 9 A. I

Bieters stehenden Dritten, die jedoch nicht die Reglementierung einer beruflichen Beziehung zum Gegenstand haben.
Die Eigentumsgarantie umfasst den substanziellen Bestand des Erworbenen.[433] Eine gesetzliche Beschränkung der Abstandnahme greift jedoch nicht in bestehendes Aktieneigentum ein, sondern verstärkt die Bindung des Bieters an die im Übernahmeangebot enthaltene Verpflichtung zum Eigentumserwerb. In Übereinstimmung mit der Theorie der negativen Freiheiten, die den Grundrechtsschutz auch auf das Unterlassen grundrechtlich geschützter Tätigkeiten erstreckt, wäre auch die Freiheit, Eigentum nicht erwerben zu müssen, als von Art. 14 Abs. 1 S. 1 GG geschützte Eigentumsfreiheit anzusehen.[434] Als Abwehranspruch gegen den Staat ist aber nur ein Recht am Eigentum und nicht ein Recht auf Eigentum geschützt. Ein Recht auf kein Eigentum wäre die Kehrseite des nicht von Art. 14 Abs. 1 S. 1 GG geschützten Rechtes auf Eigentum.[435] Die Entscheidung eines Grundrechtsträgers, mit oder ohne Eigentum leben zu wollen, ist vielmehr bei der wirtschaftlichen Handlungsfreiheit i.S.v. Art. 2 GG einzuordnen.[436]

III. Ausgleich im Wege der praktischen Konkordanz

Das Recht auf freie Vertragsgestaltung unterliegt gemäß Art. 2 Abs. 3 GG den Schranken der verfassungsmäßigen Ordnung[437]. Ein freiheitseinschränkendes Gesetz muss sich an allgemeinen Verfassungsgrundsätzen, d.h. dem Rechtsstaatsprinzip und den damit zusammenhängenden Grundsätzen der Normenklarheit und Verhältnismäßigkeit bzw. dem Übermaßverbot messen lassen.[438] Die Sozialstaatsentscheidung in Art. 20 Abs. 1, 28 Abs. 1 GG gestattet zudem eine Missbrauchsabwehr und gebietet insofern hinsichtlich der der Vertragsfreiheit inhärenten Missbrauchsgefahr, dass einem sozialen und wirtschaftlichen Ungleichgewicht entgegengewirkt wird, damit Selbstbestimmung für den Vertragspartner nicht zur schrankenlosen Fremdbestimmung wird.[439] Auch kollidierende Grundrechtspositionen Dritter sind zur Rechtfertigung von Eingriffen heranzuziehen.[440] Da die privatrechtlichen Gestaltungsmöglichkeiten aber nicht übermäßig eingeschränkt werden dürfen, sind sie am Verhältnismäßigkeitsgrundsatz zu messen. Die grundrechtlich geschützten widerstreitenden Interessen des Bieters, der Zielgesellschaft und

---

[433] Nach BVerfGE 30, 292, 335 schützt „*Art. 14 Abs. 1 GG .. das Erworbene, das Ergebnis der Betätigung, Art. 12 Abs. 1 GG dagegen den Erwerb, die Betätigung selbst*".
[434] So in Bezug auf das Pflichtangebot LORITZ/WAGNER, WM 1991, 709, 718.
[435] Vgl. hierzu PAPIER in: Maunz-Dürig, Art. 14 Rn. 6 f. m.w.N.
[436] So auch in Bezug auf das Pflichtangebot KRAUSE, S. 172.
[437] Unter *verfassungsmäßiger Ordnung* wird in ständiger Rechtsprechung des BVerfG die Summe aller Rechtsnormen verstanden, die formell und materiell mit der Verfassung übereinstimmen, siehe zuletzt BVerfGE 96, 375, 397 f.
[438] DI FABIO in: Maunz-Dürig, Art. 2 Rn. 41.
[439] Grundlegend BVerfGE 89, 214, 229 ff.; BVerfG NJW 1990, 1469 f.; 1994, 37 f.
[440] DI FABIO in: Maunz-Dürig, Art. 2 Rn. 104.

deren Aktionäre sind im Wege der praktischen Konkordanz möglichst schonend in Ausgleich zu bringen.[441] Maßgebende Schranke ist das Übermaßverbot.[442]

F. ZUSAMMENFASSUNG

Bei einem Übernahmeangebot handelt es sich um ein Angebot i.S.v. § 145 BGB, das sich von diesem lediglich in der gesetzlich bestimmten Form der Ansprache der potenziellen Vertragspartner und der Formulierung unterscheidet. Obwohl diese Qualifizierung für eine uneingeschränkte Zulässigkeit von Vereinbarungen über die Abstandnahme von Verträgen spricht, ist sie bei öffentlichen Übernahmeangeboten dennoch abzulehnen. Bereits vor dem Hintergrund des aufgezeigten Missbrauchspotenzials und der für die Anteilseigner der Zielgesellschaft, die Zielgesellschaft mitsamt deren Gläubiger sowie für den Kapitalmarkt bestehenden Risiken bedarf es gesetzlicher Regelungen, die ein faires Übernahmeverfahren garantieren und Unsicherheiten für die vom Übernahmeverfahren betroffenen Interessengruppen vermeiden.[443] Darüber hinaus ist zu berücksichtigen, dass Übernahmeangebote als Allgemeine Geschäftsbedingungen einen Schutz der Anleger als Verbraucher vor unangemessenen Vertragsbestimmungen erfordern. Zudem weisen sie spezifische Charakteristika auf, die zu einem Ungleichgewicht hinsichtlich der Einflussnahme auf die Vertragsmodalitäten zwischen den Vertragsparteien führen. Überdies besteht die Gefahr, dass der Gesetzeszweck des WpÜG, seine gesetzlichen Ziele und die in § 3 WpÜG enthaltenen Grundsätze unterlaufen werden. Den bestehenden Gefahren ist insbesondere durch eine verstärkte Bindung an ein einmal abgegebenes Angebot entgegenzuwirken. Fehlt es an einem Verhandlungsgleichgewicht und liegen damit die Voraussetzungen für einen gerechten Interessenausgleich nicht vor, sind der Vertragsfreiheit Schranken zu setzen.[444] Auf der anderen Seite muss sich aber auch der Bieter bis zu einem bestimmten Grad vor den mit einem Übernahmeangebot einhergehenden Risiken schützen können.[445]

---

[441] BVerfG NJW 1994, 36, 38.

[442] Zur besonderen Ausprägung im Rahmen des Art. 12 Abs. 1 S. 2 GG (sog. Stufentheorie) siehe den Leitsatz 6. a) des Apotheken-Urteils, BVerfGE 7, 377 f.

[443] Insofern zu eng, wenn lediglich auf den Schutz der Adressaten des Angebotes als Rechtfertigung für die eingeschränkte Aufnahme von Bedingungen verwiesen wird, THAETER in: Thaeter/Brandi, Teil 2, Rn. 173.

[444] SOERGEL-WOLF, vor § 145 Rn. 29.

[445] NÖRR/STIEFENHOFER, S. 31; zum Interessenausgleich THOMA/STÖCKER in: Baums/Thoma, § 18 Rn. 2.

§ 11 DIE GESETZLICHE REGELUNG DER ABSTANDNAHME VON ÜBERNAHMEANGEBOTEN NACH DEM WPÜG

Inwiefern der Gesetzgeber in Bezug auf die Abstandnahme von Übernahmeangeboten seiner eigenen Zielsetzung nachgekommen ist und er die gebotene Einschränkung der Vertragsfreiheit in ausreichendem Maße umgesetzt hat, wird Gegenstand der weiteren Untersuchung sein.[446]

Insbesondere ist bei der Untersuchung der gesetzlichen Regelungen zu berücksichtigen, dass der Gesetzgeber bei der Schaffung gesetzlicher Regelungen die sich aus dem Rechtsstaatsprinzip[447] als ungeschriebenem Bestandteil des Art. 20 Abs. 3 GG[448] ergebenden Anforderungen zu beachten hat. Wesentliches und für die Problemstellung relevantes Element ist die materielle Gerechtigkeit und das Prinzip der Rechtssicherheit[449], das u.a. durch die Grundsätze der Klarheit und Bestimmtheit von gesetzlichen Regelungen geprägt wird[450]. Das Gesetz muss grundsätzlich hinreichend klar gefasst sein, damit sich die Bürger ein eigenes Bild von ihrer Rechtslage machen und ihr Verhalten daran ausrichten können.[451] Das Gebot der Rechtsklarheit bezeichnet allerdings lediglich Mindestanforderungen. So ist es dem Gesetzgeber erlaubt, unbestimmte Rechtsbegriffe und Generalklauseln zu verwenden, die einer Auslegung und/oder Konkretisierung durch die Verwaltung und Rechtsprechung bedürfen.[452] Nur in Ausnahmefällen unklarer, in sich widersprüchlicher, unbestimmter Normen kann die Nichtigkeit einer Norm allein aus der Verletzung des Prinzips der Rechtssicherheit abgeleitet werden.[453]

Aus dem Rechtsstaatsprinzip folgt zudem das Übermaßverbot mit seinen drei Teilelementen der Geeignetheit, Erforderlichkeit und Verhältnismäßigkeit einer staatlichen Maßnahme im engen Sinne. Gesetze können verfassungswidrig sein, wenn die Rechte der von ihnen betroffenen Personen unverhältnismäßig beeinträchtigt werden. Die beeinträchtigenden Gesetze müssen geeignet sein, den erstrebten Zweck zu verwirklichen oder zumindest zu fördern. Nach dem Prinzip der Erforderlichkeit darf eine Beeinträchtigung nicht über den mit ihr verfolgten Zweck hinausge-

---

[446] Soweit nicht die Besonderheiten des Übernahmeangebotes eine besondere Einschränkung gebieten, gelten die nachfolgenden Ausführungen auch für das hier nicht näher behandelte Erwerbsangebot.

[447] HERZOG in: Maunz-Dürig, Art. 20, VII. Rn. 3. Zu den formellen Grundsätzen des Rechtsstaates zählen u.a. die Gesetzmäßigkeit von Verwaltung und Justiz, die Gewährleistung persönlicher Grundrechte, der Vorbehalt des Gesetzes, die Unabhängigkeit der Gerichte, die Gewaltenteilung und die Gerichtskontrolle der Verwaltung.

[448] Siehe dazu HERZOG in: Maunz-Dürig, Art. 20 VII. Rn. 30 ff.

[449] BVerfGE 7, 89, 92; 13, 261, 271.

[450] HERZOG in: Maunz-Dürig, Art. 20, VII. Rn. 61, 63.

[451] Zuletzt BVerfGE 26, 41 f.; siehe auch HERZOG in: Maunz-Dürig, Art. 20, VII. Rn. 63 m.w.N.

[452] BVerfGE 3, 225, 243; 13, 153, 161; 21, 73, 79; 31, 255, 264. Zur verfassungskonformen Auslegung durch das BVerfG HERZOG in: Maunz-Dürig, Art. 20, VII. Rn. 63.

[453] Hierzu BVerfGE 1, 14, 45; 25, 216, 227.

hen, wobei unter mehreren zur Zweckerreichung gleich geeigneten Mitteln das mildeste Mittel zu wählen ist. Zuletzt ist nach dem Prinzip der Verhältnismäßigkeit im engeren Sinne eine geeignete und erforderliche Maßnahme unzulässig, wenn die Beeinträchtigung außer Verhältnis zu dem mit ihr erstrebten Zweck steht.[454]

A. § 11 ABS. 2 S. 2 NR. 5 WPÜG

Eine erste auf die Abstandnahme vom Übernahmeangebot bezogene gesetzliche Regelung enthält § 11 Abs. 2 S. 2 Nr. 5 WpÜG. Danach hat die Angebotsunterlage den Angebotsinhalt zu enthalten, wozu Bedingungen zählen, von denen die Wirksamkeit des Angebotes abhängt.[455] Da § 11 WpÜG Ausfluss sämtlicher in § 3 WpÜG enthaltener Grundsätze ist, kann aus der Vorschrift lediglich gefolgert werden, dass etwaige Bedingungen eindeutig, verständlich und nachvollziehbar sein müssen. Denn ansonsten würde gegen das Transparenzgebot des § 3 Abs. 2 WpÜG verstoßen.[456] Eine Einschränkung des mit einer Bedingung verbundenen Inhaltes ist § 11 WpÜG nicht zu entnehmen; vielmehr sind hiernach Übernahmeangebote uneingeschränkt bedingungsfreundlich.[457]
Demgegenüber weist der Regelungsgehalt von § 11 WpÜG bereits darauf hin, dass Rücktritts- oder Widerrufsvorbehalte in Übernahmeangeboten ausgeschlossen sind. Während Bedingungen nach § 11 Abs. 2 S. 2 Nr. 5 WpÜG in der Angebotsunterlage anzugeben sind, enthält § 11 WpÜG keine Verpflichtung zur Angabe etwaiger Rücktritts- oder Widerrufsrechte.

B. UNZULÄSSIGKEIT EINER *INVITATIO AD OFFERENDUM*, § 17 WPÜG

Gemäß § 17 WpÜG ist eine öffentliche auf den Erwerb von Wertpapieren der Zielgesellschaft gerichtete Aufforderung des Bieters zur Abgabe von Angeboten durch die Inhaber der Wertpapiere unzulässig. Das gesetzliche Verbot einer *invitatio ad offerendum* ist vor dem Hintergrund folgerichtig, dass nach den bisherigen Ausführungen dem Kriterium der Verbindlichkeit des Angebotes bei einem Übernahmeangebot entscheidende Bedeutung zukommt. Ein verbindliches Angebot liegt aber nicht vor, wenn lediglich tatsächliche Mitteilungen oder Äußerungen im vorvertraglichen Stadium veröffentlicht werden, wozu eine solche in § 17 WpÜG genannte Aufforderung zur Abgabe eines Angebotes zu zählen ist.[458] Sie würde allein zu erkennen geben, dass seitens des Bieters eine Bereitschaft zum Vertragsschluss

---

[454] Siehe dazu im Einzelnen HERZOG in: Maunz-Dürig, Art. 20, VII. Rn. 71 ff.
[455] Vgl. Art. 6 Nr. 3 g) EG-Übernahmerichtlinie. Neben einer detaillierten Beschreibung des Bedingungseintrittes hat der Bieter klarzustellen, ob das Angebot aufschiebend oder auflösend bedingt ist und wie eine Rückabwicklung erfolgt, so HOLZBORN in: Zschocke/Schuster, C Rn. 109; vgl. BREMS/APFELBACHER in: Apfelbacher/Barthelmess/Buhl/von Dryander, § 18 Rn. 28.
[456] STEINMEYER/HÄGER, § 11 Rn. 1, 26.
[457] DAV-HANDELSRECHTSAUSSCHUSS, NZG 2001, 420, 424.
[458] MüKo-KRAMER, § 145 BGB Rn. 10.

bestünde. Eine Verpflichtung seinerseits, ein infolge der Mitteilung von Aktionären der Zielgesellschaft abgegebenes Angebot zur Veräußerung ihrer Anteile an der Zielgesellschaft anzunehmen, bestünde nicht.
Das Übernahmeangebot wird vielmehr grundsätzlich mit seiner Veröffentlichung nach § 14 Abs. 3 WpÜG verbindlich.[459] Der Gesetzgeber begründet dies mit den von einem Übernahmeangebot ausgelösten gravierenden Folgen. Neben der häufigen Veränderung des Börsenkurses seien die §§ 27, 33 WpÜG zu berücksichtigen, die vom Management der Zielgesellschaft nach der Veröffentlichung der Abgabe eines Übernahmeangebotes zu beachten sind.[460] Der dem § 17 WpÜG zugrunde liegende Gedanke eines Interessenausgleiches der Vertragspartner sei ferner in § 3 Abs. 4 S. 2 WpÜG enthalten. Wenn die Zielgesellschaft schon nicht über einen angemessenen Zeitraum hinaus in ihrer Geschäftstätigkeit behindert werden darf, müssten gerade „*Behinderungen der Zielgesellschaft durch Übernahmeangebote vermieden werden, an die der Bieter nicht gebunden ist oder deren Bindung er ohne weiteres lösen kann*".[461] Ein weiterer Gesichtspunkt ist die präventive Verhinderung von Kursmanipulationen.[462] Demnach ist auch ein Ausschluss der Bindungswirkung eines Übernahmeangebotes nach § 145 2. Halbsatz BGB unzulässig. Eine derartige Erklärung des Angebotes als unverbindlich muss entweder als Widerrufsvorbehalt, der nach § 18 Abs. 2 WpÜG ausdrücklich unzulässig ist, oder als Aufforderung zur Abgabe eines Angebotes ausgelegt werden.[463]

C. UNZULÄSSIGKEIT VON POTESTATIVBEDINGUNGEN, § 18 ABS. 1 WPÜG

Eine weitere gesetzliche Einschränkung des Grundsatzes der Vertragsfreiheit enthält § 18 Abs. 1 WpÜG. Aus dessen Wortlaut folgt, dass bedingte Übernahmeangebote grundsätzlich zulässig sind, jedoch bestimmte, abschließend beschriebene subjektive Bedingungen ausgenommen werden.[464] Ein Angebot darf nicht von Bedin-

---

[459] NÖRR/STIEFENHOFER, S. 30 f.

[460] Begr. RegE-WpÜG, BT-Drucks. 14/7034, S. 47 zu § 17. Auf die praktische Sicht abstellend RIEHMER/SCHRÖDER, NZG 2000, 820 f., wonach ein unverbindliches Übernahmeangebot aus psychologischen Gründen nicht überzeugend wirke und eine Übernahme erschwere. Gegen eine Geltung der §§ 17 f. WpÜG für Erwerbsangebote mangels Geltung der §§ 27, 33 WpÜG DAV-HANDELSRECHTSAUSSCHUSS, NZG 2001, 420, 424 f.; a.A. im Hinblick auf die Missbrauchsgefahr BOSCH/MEYER in: Assmann/Pötzsch/Schneider, § 17 Rn. 8.

[461] Begr. RegE-WpÜG, BT-Drucks. 14/7034, S. 47 zu § 17.

[462] FLEISCHER/KALSS, § 3 III. 5. a), S. 91; GEIBEL in: Geibel/Süßmann, § 17 Rn. 5; MÜHLE, S. 240.

[463] Palandt-HEINRICHS, § 145 BGB Rn. 4 (unter Verweis auf BGH NJW 58, 1628 f.; 96, 919 f.); bezüglich Übernahmeangebote LIEBSCHER, ZIP 2001, 853, 861 f.

[464] Sog. Regel-Ausnahme-Verhältnis, vgl. KK-WpÜG/HASSELBACH, § 18 Rn. 15; einschränkend THOMA/STÖCKER in: Baums/Thoma, § 18 Rn. 1, 21, wonach Angebote bedingungsfreundlich sind, sofern sich nicht die Unzulässigkeit einer Bedingung aus anderen Vorschriften, insbesondere § 13 WpÜG ergibt. Zum Verhältnis zum allgemeinen Vertragsrecht WACKERBARTH in: MüKo-AktG, § 18 Rn. 3.

gungen abhängen, deren Eintritt der Bieter, mit ihm gemeinsam handelnde Personen oder deren Tochterunternehmen oder im Zusammenhang mit dem Angebot für diese Personen oder Unternehmen tätige Berater ausschließlich selbst herbeiführen können.[465] Zivilrechtlich an sich zulässige Potestativbedingungen und reine Wollensbedingungen sind danach unzulässig.[466] Übernahmeangebote sind beschränkt bedingungsfeindlich.[467]
Der Gesetzgeber führt für die Einschränkung der Bedingungsfreundlichkeit die „*in der Begründung zu § 17 dargestellten Erwägungen*" an.[468] Der Verweis auf das Verbot einer *invitatio ad offerendum* bezieht sich insbesondere darauf, Behinderungen der Zielgesellschaft durch Angebote zu vermeiden, von denen der Bieter willkürlich durch eine eigene Willensentscheidung wieder Abstand nehmen kann.[469] Die mit einem Übernahmeangebot zusammenhängenden Risiko- und Missbrauchspotenziale sollen eingegrenzt werden.[470] § 18 Abs. 1 WpÜG ist danach im Zusammenspiel mit dem § 17 WpÜG, der eingeschränkten Angebotsänderung (§ 21 WpÜG) sowie der Verpflichtung zur Übermittlung und Veröffentlichung der Angebotsunterlage (§ 14 Abs. 1 S. 1, Abs. 2 S. 1 WpÜG) zu sehen.[471] Vielfach wird im Schrifttum unterstützend darauf verwiesen, dass derartige Bedingungen eine Call-Option entstehen lassen, durch die der Erwerb von Wertpapieren mittels bloßer Willensbekundung des Bieters möglich wird.[472]

---

[465] Das Tatbestandsmerkmal der Bedingung in den §§ 18, 39 WpÜG erfasst mangels ausdrücklicher Eingrenzung neben Bedingungen i.S.v. §§ 158 ff. BGB auch Rechtsbedingungen, so auch KRAUSE in: Assmann/Pötzsch/Schneider, § 18 Rn. 13. Ansonsten wäre ihre ausdrückliche Zulassung in Pflichtangeboten in der Gesetzesbegründung nicht erforderlich gewesen, dazu unten 4. Teil § 11 C. II. 2. Die Anwendung des § 18 Abs. 1 WpÜG scheitert aber regelmäßig daran, dass ihr Eintritt nicht im ausschließlichen Einflussbereich des Bieters liegt, so auch GEIBEL in: Geibel/Süßmann, § 18 Rn. 7.

[466] Zur Wollensbedingung 1. Teil § 3 B. II. GEIBEL in: Geibel/Süßmann, § 18 Rn. 1; KRAUSE in: Assmann/Pötzsch/Schneider, § 18 Rn. 14; MÜHLE, S. 241; WACKERBARTH in: MüKo-AktG, § 18 Rn. 14; kritisch insoweit zum VODAFONE-Angebot BURGARD, WM 2000, 611, 614.

[467] RIEHMER in: Haarmann/Riehmer/Schüppen, § 18 Rn. 14; STEINMEYER/HÄGER, § 18 Rn. 2.

[468] Begr. RegE-WpÜG, BT-Drucks. 14/7034, S. 47 zu § 18 Abs. 1. Bezweifelt werden darf, ob die Anwendung der §§ 17 f. WpÜG auf Erwerbsangebote verfassungsgemäß ist oder nicht vielmehr eine übermäßige Einschränkung vor dem Hintergrund bedeutet, dass lediglich ein für die Kontrolle unbedeutender Anteil an der Zielgesellschaft übernommen wird, sei es dass der Kontrollerwerb nicht beabsichtigt ist oder der Bieter die Zielgesellschaft bereits kontrolliert, § 33 WpÜG nur für Übernahmeangebote gilt und die Interessen des Bieters insofern überwiegen. A.A. mit Blick auf § 27 WpÜG und die durch subjektive Bedingungen hervorgerufene Unsicherheit am Kapitalmarkt KRAUSE in: Assmann/Pötzsch/Schneider, § 18 Rn. 4, 11; vgl. THOMA/STÖCKER in: Baums/Thoma, § 18 Rn. 6.

[469] RIEHMER in: Haarmann/Riehmer/Schüppen, § 18 Rn. 2, 13.

[470] KK-WpÜG/HASSELBACH, § 18 Rn. 2.

[471] GEIBEL in: Geibel/Süßmann, § 18 Rn. 1.

[472] FLEISCHER/KALSS, § 3 III. 5. b) bb, S. 91; STEINMEYER/HÄGER, § 18 Rn. 1, 4.

D. GRUNDSATZ DER BEDINGUNGSFEINDLICHKEIT VON PFLICHTANGEBOTEN, § 39 WPÜG

I. Regelungsgehalt des § 39 WpÜG

Eine eigenständige Regelung erfahren Pflichtangebote. Gemäß § 39 WpÜG gelten mit Ausnahme von u.a. § 18 Abs. 1 WpÜG die Vorschriften der Abschnitte 3 und 4 sinngemäß. Demzufolge ist auch bei einem Pflichtangebot die Ausgestaltung des Angebotes als *invitatio ad offerendum* ausgeschlossen.[473] Aus dem Ausschluss der Anwendbarkeit des § 18 Abs. 1 WpÜG in § 39 WpÜG liegt die Schlussfolgerung nahe, dass eine Aufnahme von Bedingungen in Pflichtangebote uneingeschränkt möglich ist. Denn das in § 18 Abs. 1 WpÜG kodifizierte Verbot von Potestativbedingungen als Ausnahme von der Zulässigkeit von Bedingungen wäre aufgehoben und Pflichtangebote wären demnach uneingeschränkt bedingungsfreundlich; § 18 Abs. 1 WpÜG schränkt die aus § 158 BGB folgende generelle Bedingungsfreundlichkeit ein und lässt nicht umgekehrt Bedingungen erst zu.[474]

Trotz dieser missverständlichen Regelung[475] besteht Einigkeit, dass Pflichtangebote ihrer Natur nach bedingungsfeindlich sind.[476] Der Bieter soll sich nicht durch die Aufnahme von Bedingungen seiner Verpflichtung zur Abgabe eines Pflichtangebotes entziehen können.[477] Denn die Abgabe eines Pflichtangebotes nach vorheriger Kontrollerlangung beruht nicht auf einer autonomen und freien Entscheidung des Bieters. Es besteht vielmehr ein Zwang zum Abschluss von Erwerbsverträgen mit den das Angebot annehmenden Aktionären der Zielgesellschaft. Letztere sollen die Möglichkeit erhalten, im Falle eines Kontrollwechsels aus der Gesellschaft auszuscheiden. Dieser Zwang darf nicht dadurch unterlaufen werden, dass in das Angebot aufgenommene Bedingungen dem Bieter eine Abstandnahme ermöglichen.[478]

---

[473] Auch die Aufnahme eines Rücktritts- oder Widerrufsvorbehaltes in die Angebotsunterlage ist unzulässig.

[474] KK-WpÜG/VON BÜLOW, § 39 Rn. 45; DAV-HANDELSRECHTSAUSSCHUSS, NZG 2001, 420, 424.

[475] Vgl. Kritik zur rechtstechnischen Umsetzung der Bedingungsfeindlichkeit DAV-HANDELSRECHTSAUSSCHUSS, NZG 2001, 420, 424 und 1003, 1007; MEYER in: Geibel/Süßmann, § 39 Rn. 6; RIEHMER in: Haarmann/Riehmer/Schüppen, § 18 Rn. 5; STEINMEYER/HÄGER, § 39 Rn. 7 Fn. 2; STRUNK/LINKE, S. 25; KK-WpÜG/VON BÜLOW, § 39 Rn. 45. Die Regelungstechnik angesichts der Ableitung der Bedingungsfeindlichkeit aus allgemeinen Rechtsgrundsätzen nicht beanstandend PÖTZSCH in: Assmann/Pötzsch/Schneider, § 39 Rn. 17.

[476] BAUMS/HECKER in: Baums/Thoma, § 39 Rn. 230; BREMS/APFELBACHER in: Apfelbacher/ Barthelmess/Buhl/ von Dryander, § 18 Rn. 26; HOLZBORN in: Zschocke/Schuster, C Rn. 119; HOMMELHOFF/WITT in: Haarmann/Riehmer/Schüppen, § 39 Rn. 11; KALSS in: Semler/Volhard, Bd. 2, § 51 Rn. 50; KERSTING in: Beckmann, B Rn. 249; KRAUSE in: Assmann/ Pötzsch/ Schneider, § 18 Rn. 5; MEYER in: Geibel/Süßmann, § 39 Rn. 6; STEINMEYER/HÄGER, § 39 Rn. 7; THOMA/STÖCKER in: Baums/Thoma, § 18 Rn. 4; KK-WpÜG/VON BÜLOW, § 39 Rn. 45.

[477] Begr. RegE-WpÜG, BT-Drucks. 14/7034, S. 62 zu § 39.

[478] Vgl. HASSELBACH in: Picot/Mentz/Seydel, Teil V, Rn. 22; KK-WpÜG/VON BÜLOW, § 39 Rn. 45.

Die Nichtanwendbarkeit des § 18 Abs. 1 WpÜG bedeutet demnach, dass Bedingungen auch dann unzulässig sind, wenn der Bieter deren Eintritt nicht selbst herbeiführen kann.[479] Vor dem Hintergrund der mit dem Pflichtangebot bezweckten Ausstiegsmöglichkeit für Minderheitsaktionäre ist dies nur folgerichtig.

II. Einschränkung der Bedingungsfeindlichkeit

Die Aufnahme einer Bedingung muss allerdings möglich sein, wenn ansonsten gegen gesetzliche, vor allem wettbewerbsrechtliche Vorschriften verstoßen würde. Im Falle eines kartellrechtlichen Genehmigungserfordernisses kann der Bieter insbesondere nicht gezwungen werden, durch den Vollzug eines Pflichtangebotes gegen das Vollzugsverbot des § 41 Abs. 1 GWB zu verstoßen.[480] Bestünde eine Pflicht zur Abgabe eines Angebotes, wäre dessen dinglicher Vollzug eventuell schwebend unwirksam; der Erwerber könnte sein Stimmrecht nicht ausüben.[481]
Der Gesetzgeber stellt insofern auf den allgemeinen Rechtsgrundsatz ab, dass niemand zu einem rechtswidrigen Verhalten verpflichtet werden dürfe.[482] Eine Lösung über die Kollisionsregeln der *lex specialis* und *lex posterior* scheidet aus, da Kapitalmarkt- und Kartellrecht den Schutz gleichrangig nebeneinander stehender unterschiedlicher Rechtsgüter bezwecken.[483] Während sich der Schutzzweck des WpÜG auf die Transparenz und Publizität des Kapitalmarktes und die Schaffung eines *level-playing-field* für die Beteiligten konzentriert[484], wollen kartellrechtliche Regelungen im Wege einer *ex-ante-Kontrolle* Wettbewerbsverzerrungen aufgrund von Marktmacht

---

[479] So BOSCH/KOBBELT in: Thaeter/Brandi, Teil 4, Rn. 128.

[480] Vgl. dagegen die ausdrücklichen Regelungen in Rule 9.4 i.V.m. Rule 12.1 (a) und (b) Takeover Code, wonach eine Angebotspflicht hinfällig wird, wenn die Wettbewerbsbehörden in eine kartellrechtliche Prüfung eintreten. Im Falle einer Untersagungsverfügung kann der Takeover Panel vom Bieter die Herabsetzung seines Anteilsbesitzes unter die 30 %-Schwelle verlangen, vgl. Note 1 zu Rule 9.4 Takeover Code; ansonsten hat der Bieter das ursprüngliche Angebot zu denselben Konditionen erneut abzugeben.

[481] Ausführlich zu den Auswirkungen der Entscheidung einer Kartellbehörde und die Frage nach dem Erfordernis einer Kartellbedingung HOLZBORN/ISRAEL, BKR 2002, 982, 984 ff. Das Bedürfnis für ein bedingtes Pflichtangebot ablehnend WACKERBARTH in: MüKo-AktG, § 18 Rn. 5. Zur geringen praktischen Bedeutung STRUNK/LINKE, S. 25 f. Für ein verfahrensökonomisches Zuwarten bis zur Erteilung der kartellrechtlichen Freigabe FLEISCHER, NZG 2002, 545, 551. Zum Zeitpunkt von Pflichtangeboten bei schwebenden Kartellverfahren LENZ/BEHNKE, BKR 2003, 43, 47 f. Zu den Auswirkungen einer Genehmigungsverweigerung oder -untersagung auf die Angebotspflicht des Bieters PÖTZSCH in: Assmann/Pötzsch/Schneider, § 39 Rn. 19.

[482] Siehe unter Anführung kartellrechtlicher Beschränkungen als Beispiel für zulässige Bedingungen Begr. RegE-WpÜG, BT-Drucks. 14/7034, S. 62 zu § 39. Kritisch zur dogmatischen Begründung STEINMEYER/HÄGER, § 39 Rn. 7 Fn. 4 insofern, als eine gesetzliche Pflicht nicht zur Verletzung einer anderen, gleichrangigen gesetzlichen Pflicht führen könne; das WpÜG wolle keine von anderen Gesetzen abweichende Vorschriften aufstellen.

[483] So FLEISCHER, NZG 2002, 545, 551.

[484] Begr. RegE-WpÜG, BT-Drucks. 14/7034, Allgemeiner Teil I.1., S. 27, und II. 2., S. 29.

verhindern[485]. Ausnahmsweise zulässig sind demnach Bedingungen bei kartellrechtlichen Vollzugsvorbehalten (§ 41 Abs. 1 GWB, Art. 7 FKVO[486]). Entsprechendes muss bei bestimmten öffentlich-rechtlichen Zustimmungserfordernissen (§ 65 Abs. 3 S. 2 BHO)[487], Untersagungsvorbehalten (§ 2b Abs. 1 a S. 1 KWG, §§ 7a Abs. 2 S. 3, 104 Abs. 1 a VAG)[488] oder einer medienrechtlichen Anzeigepflicht[489] und vinkulierten Namensaktien in Bezug auf die Zustimmung der Zielgesellschaft gelten, wobei sich für den Bieter jegliche Einflussnahme auf deren Vorstand verbietet[490].

Bedingungen, die sich auf gesetzlich erforderliche Zustimmungen von Organen des Bieters oder auf die rechtswirksame Entstehung zum Tausch angebotener Wertpapiere beziehen, bleiben dagegen unzulässig. Die Verpflichtung des Bieters zur Abgabe eines Pflichtangebotes soll den Bieter unabhängig von internen Zustimmungserfordernissen oder erforderlichen Kapitalmaßnahmen treffen.[491] Demnach ist eine Zustimmung der Gesellschafterversammlung vor Kontrollerlangung einzuholen; § 25 WpÜG gilt nach § 39 WpÜG nicht für Pflichtangebote. Dies erscheint allerdings problematisch, wenn die Schwelle der Kontrollerlangung unachtsam überschritten wird. Holt das Management die Zustimmung nicht ein, verstößt

---

[485] EMMERICH, S. 251 f.

[486] Beachte das eingeschränkte Vollzugsverbot nach Art. 7 Abs. 3 FKVO (keine Stimmrechtsausübung). Da das Vollzugsverbot des Art. 7 Abs. 1 FKVO nur besteht, wenn das Zusammenschlussvorhaben als mit dem Gemeinsamen Markt für unvereinbar erklärt wird, ist nach KK-WpÜG/VON BÜLOW, § 39 Rn. 48 f., nur eine auflösende Bedingung zulässig; ebenso BAUMS/HECKER in: Baums/Thoma, § 39 Rn. 237 f. Eine Entflechtungsentscheidung der Kommission führt aber zur Rückabwicklung des Angebotsverfahrens, BRÖCKER/WEISNER, Rn. 82; BUSCH, AG 2002, 145 f.; THAETER in: Thaeter/Brandi, Teil 2, Rn. 197; THOMA/STÖCKER in: Baums/Thoma, § 18 Rn. 59 f. Zur Frage der Anmeldefähigkeit eines Zusammenschlusses THOMA/STÖCKER in: Baums/Thoma, § 18 Rn. 62 f.

[487] A.A. KK-WpÜG/VON BÜLOW, § 39 Rn. 59; siehe aber Fn. 486.

[488] BUSCH, AG 2002, 145 f.; EKKENGA/HOFSCHROER, DStR 2002, 768, 772; EKKENGA in: Ehricke/Ekkenga/Oechsler, § 39 Rn. 6; GEIBEL in: Geibel/Süßmann, § 18 Rn. 25. A.A. BAUMS/HECKER in: Baums/Thoma, § 39 Rn. 246 f.; KK-WpÜG/VON BÜLOW, § 39 Rn. 53 ff., siehe aber Fn. 486; THOMA/STÖCKER in: Baums/Thoma, § 18 Rn. 72 f.

[489] Siehe zu § 29 S. 1 RStV und dem nach § 29 S. 4 RStV drohenden Widerruf der Zulassung, wenn sich nach Vollzug der Veränderung herausstellt, dass diese nicht als unbedenklich bestätigt werden kann, KK-WpÜG/VON BÜLOW, § 18 Rn. 35, § 39 Rn. 56. Für die Zulässigkeit einer Bedingung vgl. Fn. 486.

[490] GEIBEL in: Geibel/Süßmann, § 18 Rn. 38. A.A. KRAUSE in: Assmann/Pötzsch/Schneider, § 18 Rn. 7, wonach der Bieter die Zustimmung regelmäßig vor der Veröffentlichung der Angebotsunterlage einholen könne. Ders. für die Zulässigkeit bei Übernahmeangeboten, ebenda, § 18 Rn. 86 f.

[491] HOMMELHOFF/WITT in: Haarmann/Riehmer/Schüppen, § 39 Rn. 12, 14; MEYER in: Geibel/Süßmann, § 39 Rn. 7; STEINMEYER/HÄGER, § 39 Rn. 48; KK-WpÜG/VON BÜLOW, § 39 Rn. 59, 66. Um aber eine Verletzung des § 31 Abs. 2 WpÜG zu vermeiden, muss der Bieter – besteht die Gegenleistung in börsenzugelassenen liquiden Aktien – die Entstehung der neuen Aktien und ihre Börsenzulassung zur Bedingung erheben, KRAUSE in: Assmann/Pötzsch/Schneider, § 18 Rn. 6.

es gegen seine unternehmerischen Pflichten und überschreitet damit seinen Kompetenzbereich. Auf der anderen Seite muss die Angebotsunterlage der BaFin innerhalb der vierwöchigen Frist des § 35 Abs. 2 S. 1 WpÜG übermittelt und nach § 14 Abs. 2 S. 1 WpÜG veröffentlicht werden. Die einzige Möglichkeit besteht darin, die BaFin um eine Befreiung von der Abgabe eines Pflichtangebotes nach § 37 WpÜG zu ersuchen oder eine Fristausdehnung bis zur Zustimmung der Gesellschafterversammlung zu erbitten.[492]
Zur Bedingung kann zuletzt nicht die endgültige Wirksamkeit eines aufschiebend bedingten Mehrheitserwerbsvertrages erhoben werden, selbst wenn bei endgültigem Nichteintritt der Bedingung der Kontrolltatbestand und damit die Verpflichtung zur Abgabe eines Pflichtangebotes nachträglich entfällt.[493] Ebenso darf das Pflichtangebot nicht vom Unterbleiben etwaiger Abwehrmaßnahmen nach § 33 WpÜG oder einer Mindesterwerbsschwelle abhängig sein.[494] Insofern wird niemand zu einem rechtswidrigen Verhalten verleitet, wenn er ein unbedingtes Pflichtangebot abgeben muss. Dies war jedoch die ausschließliche Erwägung des Gesetzgebers, ausnahmsweise Bedingungen in Pflichtangeboten zuzulassen.

E. UNZULÄSSIGKEIT EINES RÜCKTRITTS- ODER WIDERRUFSVORBEHALTES, § 18 ABS. 2 WPÜG

§ 18 Abs. 2 WpÜG regelt die Unzulässigkeit eines vertraglichen Rücktritts- und Widerrufvorbehaltes. Nach der gesetzlichen Wertung soll der Bieter, hat er sich einmal dazu entschlossen, ein Übernahmeangebot abzugeben, an ein veröffentlichtes Angebot gebunden sein und grundsätzlich auch bleiben: „*Widerrufs- oder Rücktrittsvorbehalte [stellen] eine einfache Möglichkeit für den Bieter dar, sich von seinem Angebot zu lösen. Absatz 2 schließt daher Angebote aus, die mit entsprechenden Vorbehalten versehen sind.*“[495] Auch durch dieses Verbot wird das mit einer Abstandnahme vom Übernahmeangebot verbundene Unsicherheits- und Gefahrenpotenzial für die Zielgesellschaft, ihre Aktionäre, den Kapitalmarkt und dessen Anlegerpublikum eingegrenzt.[496]

---

[492] KOPP/VON DRYANDER in: Apfelbacher/Barthelmess/Buhl/von Dryander, § 39 Rn. 16. Vgl. insofern Regelung des § 10 Abs. 1 S. 2 WpÜG.

[493] Nach HOLZBORN in: Zschocke/Schuster, C Rn. 119, wäre bei einem schuldrechtlichen Erwerb ohne Stimmrechte an ein Übernahmeangebot zu denken, um nach Vollzug und Stimmrechtserwerb ein Pflichtangebot zu vermeiden.

[494] So aber BAUMS/HECKER in: Baums/Thoma, § 39 Rn. 250 ff.

[495] Begr. RegE-WpÜG, BT-Drucks. 14/7034, S. 48 zu § 18 Abs. 2. Als weiterer Zweck wird von KRAUSE in: Assmann/Pötzsch/Schneider, § 18 Rn. 117, angeführt, dass dem Bieter die Möglichkeit genommen werden soll, sich durch Ausübung eines selbst eingeräumten Gestaltungsrechts von dem Angebot zu lösen. A.A. wohl BUSCH, AG 2002, 145 Fn. 2; THOMA/STÖCKER in Baums/Thoma, § 18 Rn. 143.

[496] BERGER/FILGUT, WM 2005, 253, 259; KK-WpÜG/HASSELBACH, § 18 Rn. 2. Zur analogen Anwendung des § 18 Abs. 2 WpÜG bei praktisch unerfüllbaren Bedingungen KRAUSE in: Assmann/Pötzsch/Schneider, § 18 Rn. 119.

I. Keine teleologische Reduktion

Im Schrifttum wird vereinzelt in Erwägung gezogen, § 18 Abs. 2 WpÜG dahingehend teleologisch zu reduzieren, dass Widerrufs- oder Rücktrittsvorbehalte in Übernahmeangeboten lediglich in demselben Umfang wie Bedingungen nach § 18 Abs. 1 WpÜG unzulässig sein sollen.[497] So vertritt STÖCKER die Auffassung, dass „*Rücktritts- oder Widerrufsvorbehalte, die sich nicht auf Umstände beziehen, welche der Bieter oder ihm nach § 18 Abs. 1 WpÜG zuzurechnende Personen oder Unternehmen ausschließlich selbst herbeiführen können, .. dem Bieter ebenso wie unter dem WpÜG uneingeschränkt zulässige objektive Bedingungen nicht die Möglichkeit [eröffnen], sich nach eigenem Gutdünken ohne eine ex ante definierte objektive Veränderung von Umständen einseitig von dem Angebot zu lösen*“.[498] Der Wortlaut des § 18 Abs. 2 WpÜG sei einschränkend auszulegen.[499] Der Regelungszweck, die Verhinderung einer Umgehung des Verbotes subjektiver Bedingungen, rechtfertige kein umfassendes Verbot. Entscheide sich der Bieter dazu, von seinem Widerrufs- oder Rücktrittsrecht keinen Gebrauch zu machen, so sei dies für die Aktionäre der Zielgesellschaft vorteilhaft. Selbst im Falle der Ausübung des Widerrufs- oder Rücktrittsrechtes würde dies wie beim Eintritt einer zulässigen objektiven Bedingung lediglich dazu führen, dass das Übernahmeangebot nicht durchgeführt wird.[500]

Dieser Ansicht ist insoweit zuzustimmen, als auflösende Bedingungen, auf deren Eintritt verzichtet werden kann, rechtstechnisch einem Rücktrittsvorbehalt sehr nahe kommen.[501] Es bestehen allerdings entscheidende Unterschiede, die gegen eine teleologische Reduktion sprechen.[502] Von besonderem Gewicht ist die Tatsache, dass die Aktionäre der Zielgesellschaft als Angebotsadressaten bei Eintritt des Widerrufs- oder Rücktrittsgrundes keine Gewissheit haben, ob das Übernahmeangebot zurückgenommen wird oder es weiterhin Bestand hat.[503] Denn anders als bei Eintritt einer auflösenden Bedingung sind Widerrufs- und Rücktrittsvorbehalte von einer subjektiven Komponente abhängig und führen nicht automatisch zur Unwirk-

[497] Zum Teil wird auch eine Öffnungsklausel gefordert, die dem Bieter bei Vorliegen eines sachlichen Rechtfertigungsgrundes ermöglichen soll, sich von dem Angebot zu lösen, GEIBEL in: Geibel/Süßmann, § 18 Rn. 4. Das Ausbleiben bestimmter Abwehrmaßnahmen kann allerdings auch zur Bedingung erhoben werden, KRAUSE in: Assmann/Pötzsch/Schneider, § 18 Rn. 12.

[498] STÖCKER, NZG 2003, 993 f.

[499] BUSCH, AG 2002, 145, 145 Fn. 2; THOMA/STÖCKER in Baums/Thoma, § 10 Rn. 64 ff., § 18 Rn. 143.

[500] STÖCKER, NZG 2003, 993 f.

[501] BGH NJW 1972, 159 f.; BGH WM 74, 394 f.; BUSCH, AG 2002, 145, 145 Fn. 2; Soergel/WOLF, vor § 158 Rn. 17; THOMA/STÖCKER in: Baums/Thoma, § 18 Rn. 142.

[502] So KK-WpÜG/HASSELBACH, § 18 Rn. 73; GEIBEL in: Geibel/Süßmann, § 18 Rn. 44; KRAUSE in: Assmann/Pötzsch/Schneider, § 18 Rn. 118; RIEHMER in: Haarmann/Riehmer/Schüppen, § 18 Rn. 22 f. Allgemein zur Abgrenzung THOMA/STÖCKER in: Baums/Thoma, § 18 Rn. 17.

[503] KK-WpÜG/HASSELBACH, § 18 Rn. 73; zustimmend THOMA/STÖCKER in: Baums/Thoma, § 18 Rn. 144.

samkeit des Angebotes.[504] Als Gestaltungsrecht muss es vom Bieter durch einseitige Rücktritts- oder Widerrufserklärung ausgeübt werden – oder nicht. Insofern liegt es im Ermessen des Bieters, ob er sein Übernahmeangebot aufrechterhält oder nicht.[505] Entsprechende Rücktritts- oder Widerrufserklärungen, denen jeweils eine aktive, für die vom Übernahmeverfahren betroffenen Interessengruppen unvorhersehbare und damit unkalkulierbare Entscheidung des Bieters zugrunde liegt, würden zum Abbruch des Verfahrens führen. Dies ist vor dem Hintergrund der Missbrauchspotenziale und Risiken mit den Schutzgedanken des WpÜG unvereinbar.[506] Nur wenn die Möglichkeit eines Abrückens von der Entscheidung zur Abgabe eines Übernahmeangebotes durch eigene Willensentscheidung ausgeschlossen ist[507], kann verhindert werden, dass der Erwerb der Wertpapiere als Call-Option ausgestaltet wird[508]; Rücktritt und Widerruf sind stets vom Willen des Bieters abhängig, egal welches Motiv hinter der Erklärung steht. Darauf, dass es nur vorteilhaft sei, wenn der Bieter trotz Eintritt des Widerrufs- oder Rücktrittsgrundes von seinem Widerrufs- oder Rücktrittsrecht kein Gebrauch mache[509], kann es nicht ankommen. Die Rechtsunsicherheit, ob der Bieter von seinem Widerrufs- oder Rücktrittsrecht tatsächlich Gebrauch macht, bleibt bestehen. Überdies werden die Interesen des Bieters ausreichend dadurch gewahrt, dass er das Übernahmeangebot bedingt ausgestalten und auf die Bedingung verzichten kann.

Selbst wenn die Rechtsfolge bei Bedingungseintritt und Ausübung einer Rücktritts- bzw. Widerrufserklärung, i.e. die Nichtdurchführung des Übernahmeangebotes, identisch ist, so ist nicht gesetzlich geregelt, bis zu welchem Zeitpunkt das Gestaltungsrecht auszuüben wäre. Der Bieter könnte seine Entscheidung hinauszögern und etwaige die Zielgesellschaft betreffende Entwicklungen abwarten, finanzielle und personelle Ressourcen der Zielgesellschaft über einen weiteren Zeitraum bin-

[504] In Bezug auf MAC-Klauseln BERGER/FILGUT, WM 2005, 253, 260; RIEHMER in: Haarmann/Riehmer/Schüppen, § 18 Rn. 22; WACKERBARTH in: MüKo-AktG, § 18 Rn. 53, der aber eine analoge Anwendung des § 18 Abs. 2 WpÜG auf auflösende Bedingungen befürwortet, deren Eintritt nach der Formulierung bis zu einem Zeitpunkt nach dem Vollzug der Wertpapiergeschäfte möglich ist, WACKERBARTH in: MüKo-AktG, § 18 Rn. 56.

[505] Unzutreffend insoweit RIEHMER in: Haarmann/Riehmer/Schüppen, § 18 Rn. 22, der ein Ermessen bezüglich des Wirksamwerdens des Angebotes annimmt. Ein unter einem Widerrufs- oder Rücktrittsvorbehalt stehendes Übernahmeangebot ist aber mit Abgabe wirksam, wobei unsicher ist, ob es Bestand haben wird; in diesem Sinne auch RIEHMER in: Haarmann/Riehmer/Schüppen, § 18 Rn. 23; STÖCKER, NZG 2003, 993 f.

[506] Vgl. KK-WpÜG/HASSELBACH, § 18 Rn. 73; KRAUSE in: Assmann/Pötzsch/Schneider, § 18 Rn. 118; WACKERBARTH in: MüKo-AktG, § 18 Rn. 54 f.

[507] So formulierend das Regelungsziel von § 18 WpÜG GEIBEL in: Geibel/Süßmann, § 18 Rn. 1. Ders. in: Geibel/Süßmann, § 18 Rn. 4, kritisch zur unterlassenen Kodifikation von Ausnahmen, z.B. für den Fall einer Veränderung der wirtschaftlichen Rahmenbedingungen infolge von Abwehrmaßnahmen der Zielgesellschaft.

[508] So formulierend den Zweck von § 18 WpÜG STEINMEYER/HÄGER, § 18 Rn. 1.

[509] So THOMA/STÖCKER in: Baums/Thoma, § 18 Rn. 144, als Argument für eine einschränkende Auslegung des § 18 Abs. 2 WpÜG.

den und damit ihre unternehmerische Tätigkeit mittelbar einschränken. Es entstünde eine zusätzliche Missbrauchsgefahr, die unterbunden werden müsste, wie auch unangemessene Behinderungen der Zielgesellschaft durch unverbindliche Übernahmeangebote zu verhindern sind[510].

Etwas anderes ergibt sich nicht daraus, dass auch ein Bedingungsverzicht des Bieters gemäß § 21 Abs. 1 Nr. 4 WpÜG für die Zielgesellschaft und deren Aktionäre weder vorhersehbar noch kalkulierbar ist.[511] Beide Erklärungen haben unterschiedliche Auswirkungen. Bei der Erklärung des Verzichtes auf eine in der Angebotsunterlage enthaltene Bedingung handelt es sich um eine solche zugunsten der Aktionäre der Zielgesellschaft. Der Bieter bleibt an sein Übernahmeangebot gebunden, auch wenn absehbar ist, dass beispielsweise eine bestimmte Annahmequote nicht erreicht wird oder Kapitalmaßnahmen unmittelbar bevorstehen. Dagegen führt die Rücktritts- oder Widerrufserklärung dazu, dass der Bieter von seinem Übernahmeangebot Abstand nehmen kann und in der Folge die vom Bieter in seiner Angebotsunterlage angebotene Gegenleistung für die annahme- und verkaufsbereiten Aktionäre der Zielgesellschaft nicht mehr realisierbar ist. Insofern ist es verständlich, dass das WpÜG ausschließlich zugunsten der annehmenden Aktionäre der Zielgesellschaft ein gesetzliches Rücktrittsrecht enthält.[512]

II. Rücknahme einer Entscheidung zur Abgabe eines Übernahmeangebotes i.S.d. § 10 Abs. 1 S. 1 WpÜG – Analoge Anwendung des § 18 Abs. 1 und 2 WpÜG

Unmittelbar mit der Frage der Zulässigkeit eines Rücktritts- oder Widerrufsvorbehaltes im Zusammenhang steht das streitige Problem, ob die Entscheidung zur Abgabe eines Übernahmeangebotes i.S.d. § 10 Abs. 1 S. 1 WpÜG zurückgenommen[513]

---

[510] FLEISCHER/KALSS, § 3 III. 5. b), S. 91. Zugleich soll verhindert werden, dass der Bieter die Wirkungen einer nach § 18 Abs. 1 WpÜG unzulässigen Bedingung, d.h. die Lösung von einem Angebot, durch andere Angebotskonstruktionen herbeiführt, vgl. Begr. RegE-WpÜG, BT-Drucks. 14/7034, S. 48 zu § 18 Abs. 2; dazu MÜHLE, S. 243.

[511] So KK-WpÜG/HASSELBACH, § 18 Rn. 73, mit der Folgerung der unvollständigen Konsequenz der Regelung.

[512] Vgl. KRAUSE in: Assmann/Pötzsch/Schneider, § 18 Rn. 118. Siehe zu den Rücktrittsrechten nach §§ 21 Abs. 4, 22 Abs. 3 WpÜG ausführlich KK-WpÜG/HASSELBACH, § 21 Rn. 40 ff., § 22 Rn. 30 ff.

[513] Die Rücknahme durch den Bieter ist von der Erledigung aus anderen Gründen (Formwechsel der Zielgesellschaft in eine nicht von § 2 Abs. 3 WpÜG erfasste Rechtsform) zu unterscheiden. Eine Veröffentlichungspflicht besteht dann nur noch unter den Voraussetzungen des § 15 Abs. 1 S. 1 WpHG.

werden kann oder ob auf diese Entscheidung § 18 Abs. 1 oder Abs. 2 WpÜG zumindest analog anwendbar sind.[514]

1. GRÜNDE FÜR EINE BINDUNG DES BIETERS AN SEINE ANGEBOTSANKÜNDIGUNG

Für eine strikte Bindung an die Angebotsankündigung könnte folgendes angeführt werden:

a) § 10 Abs. 1 S. 2 WpÜG

Nach § 10 Abs. 1 S. 2 WpÜG besteht *selbst dann* die Pflicht zur Veröffentlichung der Entscheidung zur Abgabe eines Übernahmeangebotes, wenn für diese Entscheidung unternehmensintern ein Beschluss der Gesellschafterversammlung erforderlich und dieser noch nicht ergangen ist.[515] Wenn somit – so könnte man folgern – die Angebotsankündigung nicht einmal unter dem Vorbehalt der Zustimmung der Gesellschafterversammlung stehen darf, müssen auch sämtliche anderen Vorbehalte, die in einer Angebotsunterlage nach § 18 Abs. 1 WpÜG zur Bedingung erhoben werden können, unzulässig sein.[516]

b) Auswirkungen der Angebotsankündigung

Die Unzulässigkeit einer Abstandnahme von der Angebotsankündigung könnte außerdem darauf gestützt werden, dass die Folgen einer unzulässigen Abstandnahme den Bieter nicht über Gebühr belasten. Wenn er nach der Ankündigung keine Angebotsunterlage folgen lässt, kann ihm über § 15 Abs. 1 Nr. 3 WpÜG die wegen Verletzung der Übermittlungs- oder Veröffentlichungspflicht ausgelöste einjährige Sperrfrist des § 26 Abs. 1 S. 1 WpÜG treffen, innerhalb der ein erneutes Angebot nicht abgegeben werden darf. Das ist vom Bieter hinzunehmen.[517]

---

[514] Siehe zur Frage, ob eine Angebotsankündigung unter Vorbehalt überhaupt eine solche i.S.d. § 10 Abs. 1 S. 1 WpÜG ist, STÖCKER, NZG 2003, 993, 994 f.; verneinend STRUNK/LINKE in: Veil/Drinkurth, S. 29; in Bezug auf einen Finanzierungsvorbehalt BAUMS/HECKER in: Baums/Thoma, § 10 Rn. 80 ff. Es geht darum, ob eine Vorbehalt möglich ist und nicht nur um die Frage, ob eine Veröffentlichungspflicht besteht, obwohl das Angebot sogleich aufgrund einer Äquivalenzstörung nach § 313 BGB zurückgenommen werden dürfte, dazu THAETER in: Thaeter/Brandi, Teil 2, Rn. 72.

[515] Unzutreffend GROBYS/GEIBEL in: Geibel/Süßmann, § 10 Rn. 128; §§ 18, 25 WpÜG betreffen ausschließlich die im Angebot enthaltene Bedingung der Zustimmung.

[516] Da die Angebotsankündigung keine Willens-, sondern eine Absichtserklärung ist (siehe OECHSLER, ZIP 2003, 1330, 1333), kann sie nur einem Widerrufs- oder Rücktrittsvorbehalt zugänglich sein, STÖCKER, NZG 2003, 993.

[517] Eine direkte Anwendung der Vorschrift scheidet aus, da ein wirkungslos gewordenes Angebot nicht mehr untersagt werden kann. In Betracht kommt lediglich eine analoge Anwendung, KK-WpÜG/HIRTE, § 10 Fn. 13.

Weitere Sanktionen sieht das Gesetz nicht vor. Insbesondere ist die Pflicht zur Erstellung der Angebotsunterlage nicht bußgeldbewehrt.[518] § 60 Abs. 1 Nr. 2 a) WpÜG i.V.m. § 14 Abs. 1 S. 1 WpÜG sanktioniert allein die Nichtübermittlung der Angebotsunterlage an die BaFin. Eine Sanktionierung der Nichterstellung der Angebotsunterlage sieht das Gesetz nicht vor. Sie ist auch nicht von der Pflicht der Nichtübermittlung umfasst. Denn der Gesetzgeber differenziert in § 11 Abs. 1 S. 1 WpÜG ausdrücklich zwischen der Veröffentlichungs- und Erstellungspflicht. § 60 Abs. 1 Nr. 2 a) WpÜG setzt demnach eine existente Angebotsunterlage voraus und sanktioniert ausschließlich die nicht korrekte Weiterbehandlung der Angebotsunterlage.[519] Entsprechend ist auch § 60 Abs. 1 Nr. 1 a) WpÜG nicht einschlägig, der die Nichtveröffentlichung der Angebotsunterlage sanktioniert. Die Vorschrift umfasst die Fälle, in denen der Bieter entgegen seiner gesetzlichen Verpflichtung das Angebot nach Überprüfung durch die BaFin nicht im Wege der Veröffentlichung gegenüber den Aktionären der Zielgesellschaft abgibt.[520] Es soll verhindert werden, dass der Bieter sanktionslos durch seine Veröffentlichung nach § 10 WpÜG die in § 33 WpÜG enthaltenen Handlungsvorgaben für die Leitungsorgane der Zielgesellschaft auslöst, im weiteren Verlauf aber kein Angebot „*abgibt*".[521] Wird ein Angebot von der BaFin untersagt, ist es zudem bereits kraft Gesetzes nicht zu veröffentlichen, § 14 Abs. 2 S. 2 WpÜG.[522]

Zuletzt sind die Auswirkungen einer Angebotsankündigung auf die Aktionäre der Zielgesellschaft als Angebotsadressaten sowie auf den Kapitalmarkt zu berücksichtigen. Das auf der Entscheidung zur Abgabe eines Übernahmeangebotes beruhende Vertrauen der Aktionäre der Zielgesellschaft, dass der Bieter auch tatsächlich ein Angebot abgibt, ist schützenswert. Darüber hinaus ist eine Missbrauchsgefahr im Falle einer möglichen Abstandnahme von der Angebotsankündigung nicht zu leugnen, wobei die Kursfolgen nicht allein durch die §§ 20 a, b WpHG abgefedert werden können. Auch hat eine Angebotsuntersagung durch die BaFin nach § 15 Abs. 1 Nr. 3 WpÜG eine andere Qualität als eine schlichte Mitteilung über die Abstandnahme von der Angebotsankündigung durch den Bieter über eine Nachrichtenagentur.

---

[518] A.A. GEIBEL in: Geibel/Süßmann, § 10 Rn. 128; RIEHMER in: Haarmann/Riehmer/Schüppen, § 15 Rn. 15; STÖCKER, NZG 2003, 993.

[519] KK-WpÜG/HIRTE, § 10 Rn. 19, mit dem Hinweis, dass infolgedessen auch eine zivilrechtliche Haftung wegen verspäteter oder unterlassener Erstellung der Angebotsunterlage ausscheidet; a.A. EKKENGA/HOFSCHROER, DStR 2002, 724, 730. Vgl. hierzu auch OECHSLER in: EHRICKE/EKKENGA/OECHSLER, § 10 Rn. 11.

[520] Vgl. Gesetzesbegründung zu § 15 Abs. 1 Nr. 4 WpÜG, Begr. RegE-WpÜG, BT-Drucks. 14/7034, S. 45 zu § 15.

[521] Vgl. insofern zu § 15 Abs. 1 Nr. 5 Begr. RegE-WpÜG, BT-Drucks. 14/7034, S. 45 zu § 15.

[522] So STEINMEYER/HÄGER, § 14 Rn. 15. Nichts anderes kann gelten, wenn keine Pflicht zur Erstellung der Angebotsunterlage besteht, weil die Angebotsankündigung in zulässiger Weise wirkungslos geworden ist. Zumindest kommt einem zulässigen Vorbehalt bei Eintritt der von ihm erfassten Ereignisse rechtfertigende Wirkung zu.

2. GRÜNDE FÜR DIE ZULÄSSIGKEIT EINER EINGESCHRÄNKTEN ABSTANDNAHME

Die gegen eine Zulässigkeit vorgebrachten Erwägungen sind jedoch nicht in vollem Umfang stichhaltig. Dem Bieter ist eine eingeschränkte Lösungsmöglichkeit von der Angebotsankündigung zu gewähren; er muss nicht zwingend in allen Fällen einer Ankündigung eine Angebotsunterlage nachfolgen lassen.

a) *Übermittlungs- und Veröffentlichungspflicht der Angebotsunterlage und deren Einschränkung*

Eine erste Erwägung geht dahin, dass ein ausdrücklich in der Angebotsankündigung enthaltener Vorbehalt in dem Umfang zulässig sein muss, in dem eine Befreiung von der Pflicht zur Übermittlung und Veröffentlichung der Angebotsunterlage in Betracht kommt. Der Regelungsmechanismus des § 10 WpÜG führt grundsätzlich dazu, dass die Veröffentlichung der Entscheidung zur Abgabe eines Übernahmeangebotes auch zur Durchführung des Angebotsverfahrens verpflichtet. Mit der Veröffentlichungs- und Übermittlungspflicht wird ein Automatismus in Gang gesetzt mit der Folge, dass die Entscheidung nicht zurückgenommen werden kann.[523] Ausnahmen von der Verpflichtung nach § 14 Abs. 1 S. 1 WpÜG zur Übermittlung der Angebotsunterlage sind nicht vorgesehen.[524] Der Gesetzgeber will den Bieter nicht erst durch die Regelungen der §§ 17, 18 WpÜG an dessen Übernahmeangebot festhalten, sondern ihn bereits an seine veröffentlichte Angebotsankündigung binden.[525]

Unabhängig von der Aufnahme eines Vorbehaltes oder einer Gestattung nach § 10 Abs. 1 S. 3 WpÜG muss die Übermittlungspflicht aber schon entfallen, wenn vor Ablauf der Übermittlungsfrist feststeht, dass das Angebot nicht wirksam wird, weil z.B. eine kartellrechtliche Untersagungsverfügung ergangen ist, die Gesellschafterversammlung ihre Zustimmung verweigert hat oder eine Mindestannahmequote wegen endgültiger Angebotsablehnung seitens der Paketaktionäre nicht erreicht wird[526].[527] In diesen Fällen muss ein entsprechender Vorbehalt zulässig sein. Der Bieter kann nicht verpflichtet sein, ein Übernahmeverfahren in dem Wissen fortzuführen, dass das Übernahmeangebot keine Wirkung entfalten wird. Insofern muss

---

[523] THAETER in: Thaeter/Brandi, Teil 2, Rn. 65.

[524] GEIBEL in: Geibel/Süßmann, § 14 Rn. 12; KK-WpÜG/SEYDEL, § 14 Rn. 26.

[525] GEIBEL in: Geibel/Süßmann, § 14 Rn. 12. Die BaFin kann die vierwöchige Übermittlungspflicht allerdings nicht durchsetzen, BUSCH, AG 2002, 145, 152. Eine Verfügung gemäß § 4 Abs. 1 S. 3 WpÜG scheidet aus, da dem Bieter keine konkrete Angebotsunterlage vorgeschrieben werden kann, dessen Inhalt sich auch nicht bereits aus der Entscheidung nach § 10 WpÜG ergibt. Die Untersagungsverpflichtung nach § 15 Abs. 1 Nr. 3 WpÜG schließt zudem eine auf Erfüllung der Übermittlungspflicht gerichtete Verfügung aus, KK-WpÜG/SEYDEL, § 14 Rn. 76.

[526] Insofern kritisch wegen möglicher Meinungsänderungen BAUMS/HECKER in: Baums/Thoma, § 10 Fn. 141.

[527] KK-WpÜG/SEYDEL, § 14 Rn. 26. Nach GEIBEL in: Geibel/Süßmann, § 14 Rn. 12, 34 entfällt die Übermittlungs- und Veröffentlichungspflicht konsequenterweise in den Fällen, in denen der Bieter die Entscheidung nach § 10 WpÜG zulässigerweise revidieren darf.

auf jeden Fall ein Rückzugsrecht bestehen.[528] Dieselben Erwägungen sind in Bezug auf die Veröffentlichungspflicht anzustellen. Tritt die im Übernahmeangebot enthaltene Bedingung zwischen der Einreichung der Angebotsunterlage und ihrer Veröffentlichung ein, ist das Angebot nicht nach § 15 Abs. 1 Nr. 4 WpÜG zu untersagen. Steht fest, dass das Angebot niemals wirksam werden kann, muss auch die Veröffentlichungspflicht bezüglich der Angebotsunterlage entfallen.[529]

b) Angebotsankündigung als Vorbereitungshandlung des Übernahmeangebotes

Sind Ereignisse für eine erfolgreiche Durchführung des Übernahmeverfahrens nicht zwingend erforderlich, ist dem Bieter zumindest eine eingeschränkte Lösung von der Angebotsankündigung zuzugestehen. Vor allem vor dem Hintergrund, dass die Entscheidung zur Abgabe eines Übernahmeangebotes lediglich eine zum Vertragsschluss führende Willenserklärung ankündigt[530], können durch sie noch keine Leistungspflichten begründet werden.[531] Nach OECHSLER erinnert der „*willkürliche Abbruch des Angebotsverfahrens durch den Bieter .. daher eher an die aus dem systematischen Zusammenhang der culpa in contrahendo bekannte Fallgruppe des Abbruchs von Vertragsverhandlungen ohne sachlichen Grund*".[532] Er folgert hieraus, dass die negative Vertragsfreiheit des Bieters gemäß § 311 Abs. 1 BGB in der Regel schützenswert ist. Der Bieter hafte nur ausnahmsweise nach §§ 280 Abs. 1 S. 1, 241 Abs. 2, 311 Abs. 2 BGB, wenn er das berechtigte Vertrauen erweckt habe, dass die Angebotsankündigung mit Sicherheit zur Unterbreitung eines Übernahmeangebotes führe. Dies sei insbesondere zu bejahen, wenn sich der Bieter in der Ankündigung inhaltlich über das gesetzlich erforderliche Maß festgelegt hat oder ihm infolge seiner Versicherung einer Angebotsabgabe Einblicke in das Unternehmen im Rahmen einer Due Diligence gewährt wurden.[533] Zudem sei aufgrund des sich auch aus § 10 Abs. 1 S. 1 und 2 WpÜG ergebenden erheblichen Zeitdruckes eine weit reichende Bindung des Bieters an die Angebotsankündigung unangemessen.

---

[528] So GROBYS/GEIBEL in: Geibel/Süßmann, § 10 Rn. 129.

[529] Das gleiche gilt, wenn das Übernahmeangebot infolge des Bedingungseintrittes wirkungslos geworden wäre, wäre es bereits zum Zeitpunkt seiner Ankündigung abgegeben worden. Vgl. dazu KK-WpÜG/SEYDEL, § 14 Rn. 27: „*Der in der Überprüfung der Angebotsunterlage liegende Antrag auf Prüfung und Gestattung der Veröffentlichung kann zurückgenommen werden, wenn ein Pflicht zur Übermittlung bzw. Veröffentlichung ... auf Grund von Ereignissen entfällt, die nach Übermittlung der Angebotsunterlage eintreten bzw. bekannt werden.*" Siehe auch GEIBEL in: Geibel/Süßmann, § 14 Rn. 12, 34, § 10 Rn. 130. Da das Angebot erst mit Veröffentlichung wirksam wird und hinsichtlich des zukünftigen ungewissen Ereignisses auf den Zeitpunkt der Veröffentlichung der Angebotsunterlage abzustellen ist, liegt keine Bedingung vor; beabsichtigt wird eine Abstandnahme aufgrund eines gegenwärtigen Ereignisses.

[530] Vgl. Begr. RegE-WpÜG, BT-Drucks. 14/7034, S. 39 zu § 10 Abs. 1.

[531] KK-WpÜG/HIRTE, § 10 Rn. 20; dagegen tendenziell KK-WpÜG/SEYDEL, § 14 Rn. 26.

[532] OECHSELER, ZIP 2003, 1330, 1333.

[533] OECHSELER, ZIP 2003, 1330, 1333.

Nach anderer Ansicht liegt eine planwidrige Regelungslücke lediglich insoweit vor, als eine Rücknahme in demselben Umfang wie beim Übernahmeangebot selbst möglich sein soll.[534] Die Entscheidung zur Abgabe eines Übernahmeangebotes als Vorbereitungshandlung[535] dürfe keiner stärkeren Bindung als das Übernahmeangebot selbst unterliegen.[536] Infolgedessen seien § 14 Abs. 1 S. 1 und Abs. 2 S. 1 WpÜG einschränkend dahin auszulegen, dass eine Übermittlungs- und Veröffentlichungspflicht des Bieters bei einer analog § 18 WpÜG zulässigen Abstandnahme vom Übernahmeangebot nicht besteht.[537] Die tatbestandliche Anknüpfung an § 18 WpÜG sei einem Heranziehen des § 311 Abs. 2 BGB vorzuziehen. Darüber hinaus würde nur die analoge Anwendung von § 18 WpÜG billige Ergebnisse herbeiführen. Während eine nach § 33 Abs. 1 S. 2 1. Alt. WpÜG zulässige Kapitalerhöhung mit Bezugsrechtsausschluss nach Angebotsabgabe zu dessen Unwirksamkeit führe – wurde die Nichtvornahme von Abwehrmaßnahmen zur Bedingung erhoben –, wäre eine Kapitalerhöhung vor Angebotsveröffentlichung unbeachtlich. Da insofern kein zukünftiges, ungewisses Ereignis vorliegt, scheide eine diesbezügliche Bedingung aus.[538] In diesem Fall besäße „*der Bieter die Wahl zwischen einem Abbruch des Angebotsverfahren unter Inkaufnahme von Sanktionen*[539] *oder der Abgabe eines Angebots, dessen Scheitern möglicherweise vorprogrammiert wäre*“.[540] Ausnahmsweise zulässig sei ferner ein Finanzierungsvorbehalt bei hauptversammlungspflichtigen Kapitalmaßnahmen. Um nicht zur Angebotsabgabe trotz Unsicherheit über die erfolgreiche Durchführung der für die Gegenleistung erforderlichen Kapitalmaßnahme verpflichtet zu sein, könne die Ankündigung einen Rücktritts- oder Widerrufsvorbehalt beinhalten, sofern die Zustimmung nicht analog § 10 Abs. 1 S. 3 WpÜG vor der Veröffentlichung der Angebotsankündigung eingeholt werden konnte und diese auch nicht nur eine reine Formsache darstelle.[541]

---

[534] KK-WpÜG/HIRTE, § 10 Rn. 28; STÖCKER, NZG 2003, 993, 995; in Bezug auf § 18 Abs. 2 WpÜG BAUMS/HECKER in: Baums/Thoma, § 10 Rn. 69 f., 74 f. Ausnahmsweise zulässig sei ferner der Vorbehalt der Zustimmung der Gesellschafterversammlung des Bieters, ohne dass die 5-Tages-Frist des § 25 WpÜG einzuhalten sei, da eine Angebotsankündigung als Nicht-Willenserklärung von niemand angenommen wird und der Zweck der rechtzeitigen Information über die erforderliche Zustimmung somit nicht eingreift, siehe STÖCKER, NZG 2003, 993, 996; KK-WpÜG/HIRTE, § 10 Rn. 28 f.

[535] Siehe GEIBEL in: Geibel/Süßmann, § 10 Rn. 7.

[536] BAUMS/HECKER in: Baums/Thoma, § 10 Rn. 68; STÖCKER, NZG 2003, 993, 995.

[537] BAUMS/HECKER in: Baums/Thoma, § 10 Rn. 69, aber nur soweit die Angebotsankündigung einen entsprechenden Vorbehalt enthält; STÖCKER, NZG 2003, 993, 996.

[538] Das unter einer auflösenden Scheinbedingung, die sich auf gegenwärtige oder vergangene Ereignisse bezieht, vorgenommene Rechtsgeschäft ist unbedingt gültig, BORK in: Soergel, Vorbem zu §§ 158-163 Rn. 28.

[539] Siehe § 26 Abs. 1 S. 1 WpÜG. Ferner stellt die Nichtübermittlung oder Nichtveröffentlichung einer existenten Angebotsunterlage eine bußgeldbewehrte Ordnungswidrigkeit gem. § 60 Abs. 2 i.V.m. Abs. 1 Nr. 1 a) oder b) WpÜG dar.

[540] STÖCKER, NZG 2003, 993, 996.

[541] STÖCKER, NZG 2003, 993, 997.

Letztgenannten Erwägungen ist im Ergebnis zu folgen. Für eine zulässige Rücknahme der Entscheidung zur Abgabe eines Übernahmeangebotes ist vor allem anzuführen, dass die Bindungswirkung eines Übernahmeangebotes i.S.v. § 145 BGB nicht früher als nach allgemeinem bürgerlichem Recht eintreten kann:

> *„Dies ist aber erst nach Erstellung der Angebotsunterlage der Fall (§ 14 Abs. 1). Diese zivilrechtliche Systematik ... wird durch § 10 nicht modifiziert, sondern lediglich überlagert: da für den Kapitalmarkt schon ein bloß wahrscheinliches Angebot eine wichtige Information darstellt, wird schon – wie bei § 15 Abs. 1 WpHG – dieser Wahrscheinlichkeitstatbestand für veröffentlichungspflichtig erklärt. Eine zivilrechtliche Durchführungspflicht, eine «Pflicht zum Durchmarsch» folgt aus § 10 ebensowenig, wie aus § 15 Ab. 1 WpHG eine Pflicht folgt, etwa nach dieser Norm angekündigte Maßnahmen auch tatsächlich durchzuführen.“*[542]

Eine Abstandnahme darf aber nur eingeschränkt möglich sein. Zu berücksichtigen ist insoweit, dass sich der Kapitalmarkt auf das beabsichtigte Übernahmeangebot einstellt. Der Preis der vom Angebot erfassten Aktien ändert sich und wäre nach einer Abstandnahme von der Angebotsankündigung zu korrigieren. Dadurch wären Marktverzerrungen nicht ausgeschlossen, die die Regelungen des WpÜG verhindern wollen und deren Gefahr daher eine Einschränkung erfordert.[543] Gegen eine unbeschränkte Abstandnahme von der Angebotsankündigung spricht ferner, dass ein missbräuchliches Verhalten seitens des Bieters nicht ausgeschlossen werden kann. Dieser kann – wenn auch mit der Folge einer Ordnungswidrigkeit gemäß § 60 Abs. 1 Nr. 2 a) WpÜG – eine Angebotsunterlage nicht oder bewusst nicht vollständig einreichen, um dadurch die Untersagung des Übernahmeangebotes nach § 15 Abs. 1 WpÜG zu erwirken.[544] Zudem wird durch die eingeschränkte Abstandnahme die Gefahr einer kapitalmarktrechtlichen Haftung gegenüber aktuellen und potenziellen Anlegern wegen unzutreffender Mitteilung nach §§ 37b, c WpHG, § 823 Abs. 2 i.V.m. § 263 StGB, §§ 20 a, 39 WpHG oder § 826 BGB eingegrenzt.[545] Zuletzt verursacht die Rücknahme einer Angebotsankündigung für den Bieter negative Folgen in wirtschaftlicher Hinsicht; auch negative PR-Wirkungen sind nicht auszuschließen.[546]

Vermittelnd muss daher § 18 Abs. 1 analog herangezogen werden: Eine Rücknahme der Entscheidung zur Abgabe eines Übernahmeangebotes ist – ausschließlich – in den Fällen zulässig, in denen auch ein wirksames Übernahmeangebot gemäß § 18 Abs. 1 WpÜG zurückgenommen werden kann. Durch die Anknüpfung an die im Übernahmeangebot nach § 18 Abs. 1 WpÜG zulässigen Bedingungen werden an die inhaltliche Ausgestaltung des Vorbehaltes in der Angebotsankündigung als Vorbereitungshandlung des Übernahmeangebotes dieselben Anforderungen gestellt

---

542 KK-WpÜG/HIRTE, § 10 Rn. 20. Zur Haltung der BaFin siehe KRAUSE, NJW 2004, 3681, 3683.

543 RIEHMER in: Haarmann/Riehmer/Schüppen, § 10 Rn. 22.

544 So GROBYS/GEIBEL in: Geibel/Süßmann, § 10 Rn. 128, mit der Schlussfolgerung, dass ausnahmsweise ein Recht bestehen muss, sich von der Entscheidung zu lösen.

545 Siehe KK-WpÜG/HIRTE, § 10 Rn. 46; BAUMS/HECKER in: Baums/Thoma, § 10 Rn. 99 f.

546 RIEHMER in: Haarmann/Riehmer/Schüppen, § 10 Rn. 22.

wie an das Angebot selbst.[547] In diesen Fällen ist die Übermittlung und Veröffentlichung einer Angebotsunterlage demnach entbehrlich. Denn gerade die Veröffentlichung, die umgehend wieder zurückgenommen werden müsste, würde Marktstörungen verursachen.[548]

F. ZUR ANWENDBARKEIT DES § 313 BGB

Im Rahmen der gesetzlichen Regelungen über die Abstandnahme von Übernahmeangeboten ist zuletzt zu erörtern, ob § 313 BGB anwendbar ist oder die Regelungen im WpÜG abschließend sind.

I. Diskussion um die tatbestandlichen Voraussetzungen

Hinsichtlich des Eingreifens der tatbestandlichen Voraussetzungen werden im Schrifttum unterschiedliche Meinungen vertreten. Allein unstreitig ist, dass aufgrund der gesetzlichen Risikoverteilung und des beabsichtigten Schutzes der Minderheitsaktionäre § 313 BGB im Rahmen eines Pflichtangebotes, mit dem i.d.R. eine grundlegende Änderung der Unternehmenspolitik mit Auswirkungen auf die Ertragsaussichten und damit das Investmentrisiko einhergeht[549], nicht anwendbar ist.[550] Für eine Anwendung bei Übernahmeangeboten spricht an sich, dass auf sie neben den §§ 145 ff. BGB auch sonstige allgemeine zivilrechtliche Vorschriften anwendbar sein müssten, soweit sie nicht von Spezialregelungen des WpÜG verdrängt oder ausdrücklich ausgeschlossen werden. Das WpÜG enthält aber weder eine spezielle, die Geschäftsgrundlage betreffende Regelung noch wird § 313 BGB explizit eingeschränkt oder ausgeschlossen. § 18 Abs. 2 WpÜG betrifft allein vertraglich vereinbarte Rücktrittsvorbehalte, nicht aber solche kraft Gesetzes.[551] Andererseits hat der Gesetzgeber in den §§ 21 Abs. 4, 22 Abs. 3 WpÜG nur für die Aktionäre der Zielgesellschaft gesetzliche Rücktrittsrechte vorgesehen. Daraus könnte der Wille entnommen werden, dass ein solches des Bieters ausgeschlossen sein soll.

Dennoch gelangt OECHSLER zu dem Ergebnis, dass „*in den Fällen der schweren Äquivalenzstörung, wenn aufgrund unvorhersehbarer Ereignisse das Verhältnis von Leistung und Gegenleistung fundamental verändert wird, .. dem Bieter ein Lösungsrecht eröffnet werden [muss]*“.[552] So würde ein Rückgang des Börsenkurses als Teil des Spekulationsrisikos, die Nichtzulassung der Tauschaktien zur amtlichen Notierung an einer Wertpapier-

---

547 Nach GROBYS/GEIBEL in: Geibel/Süßmann, § 10 Rn. 130, sind dem Bieter Rückzugsrechte insoweit zuzubilligen, als er nach § 313 BGB vom Vertrag zurücktreten könnte. Aufgrund des Bewusstseins eines Umstandes, über dessen Eintritt nur Ungewissheit besteht, ist ein Abstellen auf die Anforderungen an eine Bedingung sachgerechter.

548 THAETER in: Thaeter/Brandi, Teil 2, Rn. 67.

549 LIEBSCHER, ZIP 2001, 853, 866.

550 GEIBEL in: Geibel/Süßmann, § 18 Rn. 47.

551 THAETER in: Thaeter/Brandi, Teil 2, Rn. 214 f.

552 OECHSLER, NZG 2001, 817, 822.

börse[553] sowie ein Antrag auf Eröffnung des Insolvenzverfahrens über das Vermögen der Zielgesellschaft[554] gegenüber denjenigen Aktionären, die das Angebot bereits angenommen haben, in den Risikobereich des Bieters fallen. Dagegen bestünde ein Lösungsrecht im Falle der Antragstellung auf Eröffnung eines Insolvenzverfahrens gegenüber den Aktionären, die das Angebot noch nicht angenommen hatten, sowie im Falle eines konkurrierenden Angebotes.[555] Eine noch weitergehende Berufung auf § 313 BGB lässt GEIBEL zu, nach dessen Ansicht „*ein Rücktrittsrecht des Bieters bei entscheidender Veränderung der Umstände nach erfolgter Veröffentlichung der Angebotsunterlage (ggf. auch schon nach Veröffentlichung der Entscheidung zur Abgabe eines Angebots...) in Betracht [kommt]*".[556] Danach könnte der Bieter sogar vom Angebot Abstand nehmen, wenn bei der Zielgesellschaft wesentliche Strukturveränderungen oder auf eine Verhinderung der Übernahme abzielende Kapitalmaßnahmen vorgenommen werden.[557]
Gegen eine Berufung des Bieters auf § 313 BGB spricht nach HASSELBACH „*der Regelungszweck der §§ 17, 18, 21 und 25 [WpÜG], die nach dem Willen des Gesetzgebers darauf ausgerichtet sind, dem Bieter nur diejenigen Möglichkeiten der Loslösung von dem Angebot zuzugestehen, die in der Angebotsunterlage – zulässigerweise – ausdrücklich und von Anfang an vorgesehen sind*".[558] Würde eine Berufung zugelassen, so käme eine solche nur bei extremen Ausnahmefällen wie etwa einem völlig unerwarteten Wechsel von einer abgestimmten zu einer feindlichen, mit schwerwiegenden wirtschaftlichen Nachteilen für den Bieter verbundenen und mit Abwehrmaßnahmen einhergehenden Übernahme in Betracht.[559]

Zuzustimmen ist der ablehnenden Ansicht HASSELBACHS insofern, als durch die Regelungen der §§ 17 f., 21 WpÜG eine willkürliche oder im Belieben des Bieters stehende Veränderung des Angebotes bis hin zur Abstandnahme verhindert werden soll. Doch die daraus gezogene Schlussfolgerung, dass eine Loslösung nur in den zulässigerweise in das Angebot aufgenommenen Fällen möglich sein soll, überzeugt nicht. Von Bedeutung ist insofern, dass § 313 BGB gerade diejenigen später eintretenden Eventualitäten umfassen soll, die der Bieter im Zeitpunkt der Erstel-

---

[553] Ebenso mit Hinweis auf einen Verstoß gegen § 31 Abs. 2 S. 1 WpÜG und der Untersagungsmöglichkeit der BaFin im Rahmen der Missstandsaufsicht nach § 4 Abs. 1 S. 3 WpÜG GEIBEL in: Geibel/Süßmann, § 18 Rn. 51.

[554] Anerkennend GEIBEL in: Geibel/Süßmann, § 18 Rn. 50.

[555] OECHSLER, NZG 2001, 817, 822.

[556] GEIBEL in: Geibel/Süßmann, § 18 Rn. 47.

[557] GEIBEL in: Geibel/Süßmann, § 18 Rn. 48 f.

[558] KK-WpÜG/HASSELBACH, § 18 Rn. 75, und offenbar ohne nähere Begründung auch RIEHMER in: Haarmann/Riehmer/Schüppen, § 18 Rn. 15.

[559] KK-WpÜG/HASSELBACH, § 18 Rn. 75. Ausdrücklich abgelehnt wird eine Berufung bei zulässigen Abwehrmaßnahmen im Rahmen einer feindlichen Übernahme, bei konkurrierenden Angeboten oder bei der Insolvenz der Zielgesellschaft. Schutz würde in diesen Fällen nur eine entsprechende Bedingung bieten.

lung der Angebotsunterlage wegen beschränkter Kognition nicht vorhersehen und daher nicht aufnehmen konnte. Einen ausreichenden Schutz erzielt der Bieter auch nicht dadurch, dass er Umstände als Bedingung in das Angebot aufnimmt und der Vertrag bei einer entsprechenden Regelung Vorrang genießt. Kennzeichnend für § 313 BGB ist gerade, dass die Geschäftsgrundlage nicht Vertragsinhalt geworden ist.

Ferner ist nicht zu befürchten, dass die gesetzliche Wertung im WpÜG durch § 313 BGB unterlaufen wird. Zwar folgt aus der Unzulässigkeit der Potestativbedingungen insbesondere, dass eine Abstandnahme unzulässig sein soll, die allein auf subjektiven Einschätzungen basiert. Bei § 313 BGB geht es aber um objektive Gegebenheiten, die eingetreten sein müssen, damit der Bieter sein Angebot anpassen oder von diesem zurücktreten kann. Demzufolge handelt es sich beim Rücktrittsrecht aufgrund einer objektiv veränderten Geschäftsgrundlage nicht um eine ausschließlich vom Bieter zu kontrollierende Bedingung.[560]

II. Restriktive Anwendung

Aufgrund der für die Interessengruppen bestehenden Risiken und Missbrauchspotenziale ist allerdings eine restriktive Auslegung des Tatbestandes angezeigt. Es muss ein Umstand eingetreten sein, der nicht in die Risikosphäre des Bieters fällt. Da es sich bei der Übernahme mittels eines Übernahmeangebotes um einen Chancen- und Risikokauf handelt, hat der Bieter nach der Veröffentlichung der verbindlichen Angebotsunterlage grundsätzlich jede Störung des Äquivalenzverhältnisses zu tragen. Dies folgt bereits aus § 21 Abs. 1 Nr. 1 WpÜG, wonach nur eine Erhöhung der Gegenleistung möglich ist.[561] Zudem wird aus dem Zusammenspiel der §§ 17, 18 WpÜG die grundsätzliche Verbindlichkeit des Angebotes geschlossen. Aus § 18 Abs. 1 WpÜG ergibt sich aber gleichzeitig, dass objektive Bedingungen als zulässig erachtet werden. Demzufolge müssen objektive Geschehnisse ein Lösungsrecht über § 313 BGB gewähren können.[562]

Der Anwendungsbereich fällt dennoch eher gering aus.[563] So ist ein konkurrierendes Angebot ein der Übernahme und dem Wettbewerb konkurrierender Unternehmen immanentes Risiko.[564] Der Bieter muss damit rechnen, dass Konkurrenten durch ein eigenes Angebot z.B. einen Ausbau der Marktposition des Bieters ver-

---

[560] Vgl. THAETER in: Thaeter/Brandi, Teil 2, Rn. 213.

[561] Siehe zu in den Angebotsunterlagen vorgesehenen Preisanpassungsmechanismen 3. Teil § 8 B. III.

[562] Zu den Voraussetzungen für eine Berufung des Bieters auf § 313 BGB GEIBEL in: Geibel/Süßmann, § 18 Rn. 47. Der Bieter kann sich über § 313 BGB nicht nur von einem auf seinem Angebot basierenden Vertrag, sondern erst recht von seinem Angebot lösen, BERGER/FILGUT, WM 2005, 253, 256.

[563] Zur Abstandnahme bei fundamentalen Veränderungen in den wirtschaftlichen Gegebenheiten siehe im Rahmen der Zulässigkeit von MAC-Klauseln unten 6. Teil § 15 B. II. und C.

[564] So auch THAETER in: Thaeter/Brandi, Teil 2, Rn. 218. A.A. GEIBEL in: Geibel/Süßmann, § 18 Rn. 49.

hindern wollen. Dass die Aktionäre der Zielgesellschaft im Falle einer Höherwertigkeit des Zweitangebotes keinen Nachteil erleiden, ist unbeachtlich.[565] Denn es kommt allein darauf an, ob der Bieter sein Angebot nicht oder anders abgegeben hätte und ihm ein Festhalten am Angebot nicht zugemutet werden kann. Ein Konkurrenzangebot führt aber weder zu einer Äquivalenzstörung noch zu einer Störung des Verwendungszweckes.[566] Eine mögliche Auswirkung auf die Kalkulationsgrundlage des Bieters fällt allein in dessen Risikosphäre, da Übernahmen wie der einzelne Kauf von Aktien mit Spekulationen verbunden sind, auf denen die Kalkulation aufbaut. Einseitige Erwartungen des Bieters an die Rentabilität fallen nicht in den Verantwortungsbereich der Aktionäre der Zielgesellschaft.

Eine Berufung auf § 313 BGB nur gegenüber denjenigen Aktionären der Zielgesellschaft, die das Angebot noch nicht angenommen hatten, als die Eröffnung des Insolvenzverfahrens über das Vermögen der Zielgesellschaft beantragt wurde[567], scheitert bereits an § 3 Abs. 1 WpÜG; alle Inhaber von Wertpapieren der Zielgesellschaft, die derselben Gattung angehören, sind gleich zu behandeln. Es ist zwar richtig, dass die Aktionäre, die das Angebot im Zeitpunkt der Insolvenzantragstellung noch nicht angenommen haben, das Risiko der Insolvenz ihrer AG zu tragen haben. Wäre der Bieter nur gegenüber denjenigen Aktionären an sein Angebot gebunden, die dieses bereits angenommen haben, würde ein nicht gerechtfertigter Entscheidungsdruck aufgebaut. Dieser äußert sich darin, dass die Aktionäre das Angebot zügig annehmen müssten, wollten sie der Gefahr einer Anpassung oder Nichtdurchführung des Angebotes entgehen.[568]

Schließlich kommt eine Anpassung bzw. Abstandnahme grundsätzlich auch bei Abwehrmaßnahmen der Zielgesellschaft in Betracht.[569] Der Bieter muss sich nach den Grundsätzen von Treu und Glauben nicht an ein Angebot festhalten lassen, dessen Erfolg gerade nach § 33 WpÜG verhindert werden soll. Möchte sich der Bieter vom Angebot lösen, weil für ihn interessante Unternehmensbestandteile veräußert wurden, sei allerdings zu fordern, dass das Interesse des Bieters an den veräußerten Unternehmensteilen in der Angebotsunterlage für die Anteilsinhaber der Zielgesellschaft klar erkennbar hervorgehe.[570] Dem Bieter ist ein Festhalten am An-

---

[565] OECHSLER, NZG 2001, 817, 822, der eine Bindungswirkung nur bei einem Teilangebot nach § 19 WpÜG befürwortet, da in diesem Fall nicht alle vom Erstbieter angesprochenen Aktionäre veräußern können.

[566] Die zum Rechtsinstitut des Wegfalles der Geschäftsgrundlage entwickelten Fallgruppen haben auch nach dessen Normierung in § 313 BGB Bestand.

[567] So aber OECHSLER, NZG 2001, 817, 822.

[568] Die Anwendbarkeit auch bejahend GEIBEL in: Geibel/Süßmann, § 18 Rn. 50. Zum Bedingungstatbestand der Insolvenz OECHSLER in EHRICKE/EKKENGA/OECHSLER, § 18 Rn. 7.

[569] GEIBEL in: Geibel/Süßmann, § 18 Rn. 48. A.A. KK-WpÜG-HASSELBACH, § 18 Rn. 75, der eine Loslösung nur für den Fall zulässt, dass die Abwehrmaßnahmen mit schwerwiegenden wirtschaftlichen Nachteilen für den Bieter verbunden sind.

[570] So GEIBEL in: Geibel/Süßmann, § 18 Rn. 48.

gebot auch dann unzumutbar, wenn aufgrund von Kapitalmaßnahmen die vom Bieter intendierte Übernahme scheitert.[571]
Infolge der restriktiven Anwendung ist eine Umgehung der gesetzgeberischen Intention ausgeschlossen. Ein anderes Ergebnis wird möglicherweise erzielt, wenn nicht von § 313 BGB umfasste Tatbestände – soweit nach § 18 Abs. 1 WpÜG zulässig – in die Angebotsunterlage aufgenommen werden. Da sich die Aktionäre der Zielgesellschaft in diesen Fällen auf mögliche Änderungen einstellen können, erscheint dies sachgerecht. Überdies besitzen sie die Entscheidungsfreiheit, ob sie das Übernahmeangebot auch mit den in die Angebotsunterlage aufgenommenen Einschränkungen der Bindungswirkung annehmen oder nicht.

III. Rechtsfolge des § 313 BGB

Bei einer Anwendbarkeit des § 313 BGB kommt als Rechtsfolge der Ansicht GEIBELS zufolge ausschließlich der Rücktritt und nicht eine Anpassung der Angebotsbedingungen in Betracht. Dem Bieter stünde kein konkreter Vertragspartner gegenüber, mit dem über eine Anpassung der Vertragsbedingungen verhandelt werden könnte; eine selbständige Anpassung durch die Vertragspartner sei nicht möglich.[572] Dem ist zwar insofern zuzustimmen, als die BaFin die Funktion eines Vertragspartners nicht übernehmen kann.[573] Doch sind keine Gründe ersichtlich, die gegen eine gerichtliche Nachprüfung der vom Bieter vorgenommenen Anpassung bzw. eine gerichtliche Anpassung sprechen würden. Da sich die Frage der Rechtsfolge auch im Rahmen der MAC-Klausel und ihrer Zulässigkeit stellt, erfolgt an dortiger Stelle eine eingehende Erörterung, ob eine Vertragsanpassung möglich oder sogar geboten ist.

G. ZUSAMMENFASSUNG

Zusammenfassend lässt sich konstatieren, dass der Gesetzgeber die der Vertragsfreiheit immanente Möglichkeit, die Verbindlichkeit des Angebotes sowie eine Abstandnahme vom Vertrag eigenständig und beliebig zu regeln, im Rahmen von Übernahmeverfahren eingeschränkt hat. Der Bieter ist an ein veröffentlichtes Angebot weitgehend gebunden. Diese gesetzgeberische Intention spiegelt sich im Verbot subjektiver Bedingungen (§ 18 Abs. 1 WpÜG), in der Unzulässigkeit der Aufnahme von Rücktritts- und Widerrufsvorbehalten in die Angebotsunterlage (§ 18 Abs. 2 WpÜG) und der Abgabe einer bloßen *invitatio ad offerendum* (§ 17 WpÜG) sowie der Beschränkung nachträglicher Angebotsänderungen (§ 21 WpÜG) wider.[574] Das

---

[571] GEIBEL in: Geibel/Süßmann, § 18 Rn. 48.
[572] GEIBEL in: Geibel/Süßmann, § 18 Rn. 47; ebenso BERGER/FILGUT, WM 2005, 253, 256; tendenziell THAETER in: Thaeter/Brandi, Teil 2, Rn. 216.
[573] GEIBEL in: Geibel/Süßmann, § 18 Rn. 47.
[574] Vgl. KRAUSE in: Assmann/Pötzsch/Schneider, § 18 Rn. 2; WACKERBARTH in: MüKo-AktG, § 18 Rn. 1 f.

WpÜG misst demnach den Interessen der Zielgesellschaft und der Anleger sowie der Rechtssicherheit größere Bedeutung bei als den Interessen des Bieters.[575] Um sich die Möglichkeit offen zu halten, vom Angebot Abstand zu nehmen, kann der Bieter einzig die für ihn wesentlichen Entscheidungsgrundlagen als objektive Bedingungen in die Angebotsunterlage aufnehmen, will er sich nicht auf das gesetzliche Rücktrittsrecht des § 313 BGB Abs. 3 S. 1 BGB verlassen.[576]

575 So auch BERGER/FILGUT, WM 2005, 253, 255. Vgl. auch Begr. RegE-WpÜG, BT-Drucks. 14/7034, S. 49 zu § 21.

576 Zur Vermeidung von Umgehungen der gesetzlichen Wertung des § 18 WpÜG muss sein Rechtsgedanke nach MÜHLE, S. 244, für sämtliche Vereinbarungen, etwa auch eines Kündigungsrechtes gelten.

Im Rahmen der nachfolgenden Untersuchung, in welchem Umfang dem Bieter die Aufnahme objektiver Bedingungen möglich ist und welche Grenzen mit Blick auf die gesetzgeberische Intention der grundsätzlichen Verbindlichkeit des Übernahmeangebotes bestehen, werden zunächst die an objektive Bedingungen *de lege lata* zu stellenden rechtlichen Anforderungen erörtert (§ 12), um im Anschluss daran einzelne Bedingungen und deren Zulässigkeit näher beleuchten zu können (§ 13).

§ 12 AUSGESTALTUNG OBJEKTIVER BEDINGUNGEN IM ALLGEMEINEN

Da grenzüberschreitende Übernahmen zunehmen, soll der Untersuchung der Zulässigkeit eines bedingten Übernahmeangebotes nach nationalem Recht ein kurzer Überblick über Parallelvorschriften in anderen europäischen Rechtsordnungen vorausgehen (A.). Die zulässige Ausgestaltung in Deutschland bemisst sich vordergründig nach § 18 Abs. 1 WpÜG[577] (B.). Hierbei wird die Frage zu beantworten sein, ob und inwiefern darüber hinaus eine Einschränkung der Zulässigkeit objektiver Bedingungen geboten ist bzw. der Prüfungsmaßstab erweitert werden muss (C.). Daneben soll erörtert werden, inwieweit die nachträgliche Änderung einer Bedingung in Betracht kommt (D.) sowie welche Rechtsfolgen mit der Aufnahme einer unzulässigen Bedingung in die Angebotsunterlage wie auch mit dem (Nicht-)Eintritt einer Bedingung verbunden sind (E.).

A. DIE ABSTANDNAHME VON ÜBERNAHMEANGEBOTEN IN EUROPA – PARALLELVORSCHRIFTEN IN EUROPÄISCHEN RECHTSORDNUNGEN

I. Österreich[578]

In Österreich sind Bedingungen und Rücktrittsvorbehalte nach § 8 ÜbG grundsätzlich nur zulässig, wenn sie sachlich gerechtfertigt sind. Dies wird vor allem angenommen, wenn der Bedingungseintritt oder die Ausübung des Rücktrittsrechtes nicht ausschließlich vom Ermessen des Bieters abhängt oder wenn die Bedingungen oder Rücktrittsrechte auf Rechtspflichten des Bieters beruhen.[579] Freiwillige Angebote, nach deren Inhalt der Bieter eine kontrollierende Beteiligung erlangen könnte, sind schon ex lege dadurch bedingt, dass das Angebot nur wirksam sein soll, wenn der Bieter zumindest die einfache Mehrheit der Stimmrechte erlangt,

---

[577] In Bezug auf § 18 Abs. 1 WpÜG stellt sich insbesondere die Frage, ob die Vertragsfreiheit zum Schutz der vom Übernahmeverfahren betroffenen Interessen ausreichend eingeschränkt wird oder ob über die gesetzlichen Anforderungen hinaus die Einhaltung weiterer Erfordernisse geboten ist. Siehe hierzu 7. Teil § 16 und § 17 A. I.

[578] Zur Zulässigkeit von bedingten Übernahmeangeboten nach dem Takeover Code siehe unten 6. Teil § 13 B.

[579] HUBER/LÖBER, § 8 Rn. 2; STOCKENHUBER, RIW 1999, 752, 755.

§ 22 Abs. 11 ÜbG.[580] Demgegenüber sind bei Pflichtangeboten gemäß § 22 Abs. 10 ÜbG ausschließlich gesetzlich gebotene Bedingungen zulässig.

II. Schweiz

In der Schweiz sind aufschiebende Bedingungen zulässig, deren Eintritt der Bieter selbst nicht maßgeblich beeinflussen kann, Art. 13 Abs. 1 S. 1 UEV-UEK. Im Unterschied zum deutschen Recht beruht die Unterscheidung zwischen aufschiebenden und auflösenden Bedingungen auf einem zeitlichen Element. Unter aufschiebenden Bedingungen werden solche verstanden, über deren Ausfall vor Ablauf der Annahmefrist Klarheit besteht. Dies folgt aus Art. 13 Abs. 4 UEV-UEK, wonach das Angebot mit Einverständnis der Übernahmekommission auch an auflösende Bedingungen geknüpft werden kann, über deren Ablauf erst nach Ablauf der Annahmefrist Klarheit besteht.[581] Hat der Bieter aufgrund der Art der aufschiebenden Bedingungen einen Beitrag zu deren Eintritt zu leisten, muss er alle ihm zumutbaren Maßnahmen ergreifen, damit die Bedingungen eintreten, Art. 13 Abs. 1 S. 2 UEV-UEK. Ein veröffentlichtes Angebot kann überdies widerrufen werden, wenn sich der Bieter diese Möglichkeit ausdrücklich im Angebot durch eine oder mehrere Bedingungen nach Art. 13 UEV-UEK vorbehalten hat, Art. 16 UEV-UEK.[582]

III. Italien

In Italien sind die übernahmerechtlichen Regelungen auch auf Aufforderungen zur Abgabe von Angeboten oder Werbemaßnahmen in beliebiger Form anwendbar, Art. 1 Abs. 1 v) T.U. Der Bieter kann aber auch nach italienischem Recht sein Angebot nicht widerrufen, Art. 103 Abs. 1 S. 1 T.U. Mit der Regelung des § 18 Abs. 1 WpÜG vergleichbar ist Art. 40 Abs. 1 R.E., wonach ein öffentliches Übernahmeangebot allein von solchen Bedingungen abhängig gemacht werden kann, deren Eintritt der Bieter nicht selbst herbeiführen kann. Somit kann ein Bedingungstatbestand nicht an die Zustimmung der Hauptversammlung oder eines Aufsichtsgremiums des Bieters und auch nicht an einen Finanzierungsvorbehalt anknüpfen.[583] Umstritten ist hingegen, ob ein Angebot vom Erreichen einer bestimmten Beteiligungsquote abhängig gemacht werden kann.[584]

IV. Schweden

Nach der TOR ist es grundsätzlich möglich, bedingte Übernahmeangebote abzugeben. Neben Bedingungen, die aus Rechtsgründen notwendig sind, werden solche für zulässig erachtet, nach denen keine Umstände über die Zielgesellschaft be-

---

[580] STOCKENHUBER, RIW 1999, 752, 755.

[581] Siehe hierzu REUTTER, S. 163 ff.

[582] Siehe hierzu REUTTER, S. 134 ff.

[583] Siehe DIEMER/HASSELBACH, NZG 2000, 824, 827.

[584] Siehe DIEMER/HASSELBACH, NZG 2000, 824, 827 m.w.N.; HOMMELHOFF/WITT, RIW 2001, 561, 564 m.w.N. Die Zulässigkeit bejahend SCHMID, AG 1999, 402, 405.

kannt werden dürfen, die von den Darstellungen im Übernahmeangebot abweichen. Auch ein Finanzierungsvorbehalt ist grundsätzlich zulässig.[585]
In jüngster Zeit werden allerdings von der schwedischen Behörde *Aktiemarknadsnämnden* (AMN), zu deren Aufgabenbereich Stellungnahmen zum Anwendungsbereich und der Auslegung der TOR sowie andere Handlungsempfehlungen gehören, generalklauselartige Bedingungen kritisch beurteilt. So müssten Bedingungen so formuliert sein, dass sich in objektiver Weise feststellen lasse, ob sie eingetreten sind oder nicht.[586]

B. RECHTLICHE ANFORDERUNGEN *DE LEGE LATA* – TATBESTAND DES § 18 ABS. 1 WPÜG

An anderer Stelle[587] wurde bereits festgestellt, dass nach den WpÜG zu beurteilende Übernahmeangebote beschränkt bedingungsfeindlich sind, ihre Wirksamkeit nur von Rechtsbedingungen und objektiven Bedingungen abhängig gemacht werden darf. § 18 Abs. 1 WpÜG definiert nicht, was unter einer zulässigen objektiven Bedingung i.S.d. WpÜG zu verstehen ist, so dass ihr Tatbestand anhand eines Umkehrschlusses zu bestimmen sein wird.

I. Keine ausschließlich eigenständige Herbeiführung des Bedingungseintrittes

Dem Wortlaut des § 18 Abs. 1 WpÜG zufolge sind solche Bedingungen unzulässig, deren jeweiliger Eintritt im alleinigen Ermessen des Bieters liegt, d.h. deren Eintritt einzig und allein durch ein Verhalten des Bieters oder ihm zuzurechnender Personenkreise herbeigeführt werden kann.[588] Im Umkehrschluss dazu sind Bedingungen zulässig, deren jeweiliger Eintritt nicht allein im Belieben des Bieters steht und der folglich entweder mindestens die Mitwirkung einer anderen Person erfordert oder von Geschehnissen herrührt, die vom Verhalten von Personen unabhängig sind.[589] Zu den zulässigen Bedingungen zählen laut Regierungsbegründung[590] insbesondere

---

[585] KASCHE, RIW 2002, 87, 92.
[586] So KASCHE, RIW 2002, 87, 92.
[587] Siehe 4. Teil § 11 C.
[588] Unzulässig sind daher auf jeden Fall Wollensbedingungen, KRAUSE in: Assmann/Pötzsch/Schneider, § 18 Rn. 14; THOMA/STÖCKER in: Baums/Thoma, § 18 Rn. 27; THAETER in: Thaeter/Brandi, Teil 2, Rn. 183. Eine unzulässige subjektive Bedingung würde z.B. die Ausfertigung eines Due Diligence-Berichtes darstellen, nach dem keine wesentlichen rechtlichen Risiken in Bezug auf die Zielgesellschaft bestehen, BREMS/APFELBACHER in: Apfelbacher/Buhl/Barthelmess/von Dryander, § 18 Rn. 7.
[589] BREMS/APFELBACHER in: Apfelbacher/Buhl/Barthelmess/von Dryander, § 18 Rn. 3; THAETER in: Thaeter/Brandi, Teil 2, Rn. 183.
[590] Begr. RegE-WpÜG, BT-Drucks. 14/7034, S. 47 zu § 18 Abs. 1.

kartellrechtliche oder sonstige behördliche Genehmigungen.[591] Derartige bereits nicht unter den Bedingungstatbestand der §§ 158 ff. BGB[592] zu subsumierende Rechtsbedingungen können nicht vom Bieter einseitig herbeigeführt werden. Darüber hinaus sieht der Gesetzgeber das Erreichen einer bestimmten Beteiligungshöhe[593] sowie bestimmte Änderungen bei der Zielgesellschaft wie etwa die Veräußerung von für den Bieter interessanten Unternehmensbestandteilen als zulässige Bedingungsinhalte an.[594] Um vom Bieter nicht beeinflussbare zulässige Bedingungen handelt es sich ebenso bei der nach § 24 WpÜG zulässigen Beschränkung für Ausländer bei grenzüberschreitenden Angeboten wie auch bei den in § 2 Nr. 4 WpÜG-AngVO vorausgesetzten Annahmebedingungen.[595]

1. AUSNAHME DES § 25 WPÜG

Eine Ausnahmeregelung enthält § 25 WpÜG. Danach wird zur Wahrung der gesellschaftsinternen Kompetenzverteilung[596] der einer Potestativbedingung nahe kommende Zustimmungsvorbehalt[597] der Gesellschafterversammlung des Bieters für zulässig erachtet, obwohl die Zustimmung aufgrund der Organstellung der Gesellschafterversammlung gegenüber außerhalb der Gesellschaft stehenden Dritten eine Handlung der Gesellschaft selbst darstellt[598]: „*Diese Möglichkeit muß dem Bieter eröffnet werden, da er nach § 10 Abs. 1 Satz 2 grundsätzlich verpflichtet ist, die Entscheidung zur Abgabe eines Angebots auch bereits dann zu veröffentlichen, wenn ein Beschluss der Gesellschafterversammlung noch nicht vorliegt. Sieht das Angebot eine solche Bedingung vor, ist der Bieter allerdings nach § 25 WpÜG verpflichtet, einen entsprechenden Beschluss seiner Gesellschafterver-*

[591] Die Zulässigkeit ergibt sich bereits aus § 11 Abs. 4 Nr. 1 WpÜG i.V.m. § 2 Nr. 8 WpÜG-AngVO, vgl. FLEISCHER, NZG 2002, 545, 550, wonach die Angebotsunterlage Angaben zum Erfordernis und Stand behördlicher Genehmigungen und Verfahren im Zusammenhang mit dem Erwerb der Wertpapiere der Zielgesellschaft enthalten muss. Mit Blick auf die ratio legis des § 18 Abs. 1 WpÜG muss die Fusionskontrollanmeldung bei Veröffentlichung der Angebotsunterlage bei der zuständigen Kartellbehörde eingereicht worden sein, KRAUSE in: Assmann/Pötzsch/Schneider, § 18 Rn. 44 ff.; THOMA/STÖCKER in: Baums/Thoma, § 18 Rn. 62. Siehe ausführlich zu dem Problem der eingeschränkten Freigabe, KRAUSE in: Assmann/Pötzsch/Schneider, § 18 Rn. 47 f.; THOMA/STÖCKER in: Baums/Thoma, § 18 Rn. 69 ff.

[592] Siehe dazu oben 1. Teil § 3 B. I. Nach THOMA/STÖCKER in: Baums/Thoma, § 18 Rn. 23, fallen Rechtsbedingungen nicht unter den Begriff der Bedingung im Sinne von § 18 Abs. 1 WpÜG; sie seien per se nicht unzulässig, da sie lediglich geltendes Recht wiedergeben. Dies spricht aber nicht gegen eine Subsumtion unter § 18 Abs. 1 WpÜG, da eine Einflussnahme auf den Bedingungseintritt durchaus möglich ist.

[593] Die Zulässigkeit ergibt sich bereits indirekt aus § 21 Abs. 1 Nr. 3 WpÜG. So auch MUELLER-THUNS in: Rödder/Hötzel/Mueller-Thuns, § 2 Rn. 42.

[594] Begr. RegE-WpÜG, BT-Drucks. 14/7034, S. 47 f. zu § 18 Abs. 1.

[595] HOLZBORN in: Zschocke/Schuster, C Rn. 113.

[596] THOMA/STÖCKER in: Baums/Thoma, § 18 Rn. 46.

[597] Dies gilt insbesondere, wenn der Bieter von einem Mehrheitsgesellschafter beherrscht wird, siehe BUSCH, AG 2002, 145, 148.

[598] STEINMEYER/HÄGER, § 18 Rn. 7; THOMA/STÖCKER in: Baums/Thoma, § 18 Rn. 29. Siehe dazu auch oben 3. Teil, § 8 A. I.

sammlung noch innerhalb der Annahmefrist herbeizuführen, um Klarheit über den Eintritt oder Ausfall der Bedingung zu schaffen."[599]

Der Wortlaut des § 25 WpÜG beschränkt sich nicht auf gesetzlich vorgesehene Gesellschafterversammlungen.[600] Aus dem systematischen Zusammenhang mit § 10 Abs. 1 S. 2 WpÜG ist jedoch zu folgern, dass der Vorbehalt der Zustimmung der Gesellschafterversammlung des Bieters nur dann in die Angebotsunterlage aufgenommen werden darf, wenn eine solche gesellschaftsintern zweilfelslos oder rechtlich erforderlich ist.[601] Nach § 10 Abs. 1 S. 2 WpÜG hat der Bieter seine Absicht auch dann zu veröffentlichen, wenn ein Beschluss *erforderlich* ist. Für den Fall der freiwilligen Beteiligung der Gesellschafterversammlung wäre die Regelung des § 10 Abs. 1 WpÜG überflüssig gewesen, da die Verwaltung des Bieters aufgrund des Beschleunigungsgrundsatzes des § 3 Abs. 4 S. 1 WpÜG nicht befugt ist, den Zeitpunkt der Angebotsveröffentlichung durch gesetzlich nicht gebotene Maßnahmen hinauszuzögern.[602] Die §§ 18 Abs. 1, 25 WpÜG stellen insofern einen Kompromiss zwischen der Eilbedürftigkeit der Vorankündigung sowie der Bindungswirkung des Übernahmeangebotes dar. Als Ausnahme vom Verbot der Potestativbedingung ist der Zustimmungsvorbehalt der Gesellschafterversammlung des Bieters nur gerechtfertigt, wenn er auf rechtlich zwingende Zustimmungserfordernisse beschränkt wird.[603] Entsprechend der engen Zwecksetzung der Ausnahmeregelung ist ihr Anwendungsbereich daher teleologisch zu reduzieren.[604]

Ist der Bieter eine AG, käme mangels ausdrücklicher Zuständigkeit der Hauptversammlung nach § 119 Abs. 1 AktG allein eine ungeschriebene Kompetenz nach

---

[599] Begr. RegE-WpÜG, BT-Drucks. 14/7034, S. 48 zu § 18 Abs. 1. Das Risiko von Anfechtungsklagen gegen Beschlüsse hat der Gesetzgeber für akzeptabel gehalten, KRAUSE in: Assmann/Pötzsch/Schneider, § 18 Rn. 59. Zu den Rechtsfolgen einer nicht rechtzeitig herbeigeführten Beschlussfassung WACKERBARTH in: MüKo-AktG, § 25 Rn. 5.

[600] Zum Missbrauch, wenn das Leitungsorgan des Bieters über seine Stimmenmacht die Kontrolle über die Gesellschafterversammlung besitzt, 5. Teil § 13 C. Zum Rechtsmissbrauch, wenn eine Suspendierung der Angebotsveröffentlichung durch Suspendierung nach § 10 Abs. 1 Satz 3 WpÜG hätte erfolgen können, THOMA/STÖCKER in: Baums/Thoma, § 10 Rn. 92 f., § 18 Rn. 49 ff.

[601] So THOMA/STÖCKER in: Baums/Thoma, § 10 Rn. 95, § 18 Rn. 52, unter Verweis darauf, dass in den übrigen Fällen die gesellschaftsinterne Kompetenzverteilung nicht berührt ist. Strenger wohl OECHSLER in: Ehricke/Ekkenga/Oechsler, § 10 Rn. 7: Zustimmung muss rechtlich zwingend sein.

[602] OECHSLER in: Ehricke/Ekkenga/Oechsler, § 10 Rn. 7. Siehe dazu bereits oben 3. Teil, § 8 A. I.

[603] OECHSLER in: Ehricke/Ekkenga/Oechsler, § 10 Rn. 7. Zu eng WACKERBARTH in: MüKo-AktG, § 18 Rn. 30 ff.: Bedingung ist nur zulässig, wenn keine Gesellschaftergruppe über mindestens 30 % der Stimmrechte verfügt.

[604] Ebenso GEIBEL in: Geibel/Süßmann, § 10 Rn. 22; KK-WpÜG/HASSELBACH, § 18 Rn. 55; OECHSLER in: Ehricke/Ekkenga/Oechsler, § 18 Rn. 11. A.A. wegen möglicher Umgehungsstrategien LAND/HASSELBACH, DB 2000, 1747, 1751, denen aber mittels des Verbotes der Bedingungsvereitelung nach § 162 BGB begegnet werden kann, vgl. Begr. RegE-WpÜG, BT-Drucks. 14/7034, S. 48 zu § 18 Abs. 1.

den Grundsätzen der *Holzmüller*-Entscheidung in Betracht. Dies erscheint insofern nicht abwegig, als bei Übernahmeangeboten Betriebsvermögen aus der Muttergesellschaft in die Zielgesellschaft transferiert wird und der Vorstand die die Zielgesellschaft betreffenden Gesellschafterrechte allein ausübt.[605] Teilweise wird vertreten, dass jedes Angebot unter den Vorbehalt der Zustimmung der Gesellschafterversammlung gestellt werden kann. Da die Voraussetzungen einer *Holzmüller*-Konstellation zumeist nicht hinreichend klar erkennbar seien[606] bzw. streitig sei, ob ein solcher überhaupt vorliege, würde die Unwirksamkeit einer vorsichtshalber in das Angebot aufgenommenen Bedingung nach § 18 Abs. 1 WpÜG riskiert. Die Aktionäre seien über das gesetzliche Erfordernis geschützt, dass die Zustimmung vor Ablauf der Angebotsfrist einzuholen ist.[607]
Die Aktionärsinteressen werden jedoch im Rahmen der einzelnen Vorbereitungsmaßnahmen und der gesetzlichen Schutzmechanismen in ausreichendem Maße berücksichtigt. Im Rahmen von Umtauschangeboten greifen die §§ 71 Abs. 1 Nr. 8 S. 1 und 5, 186 Abs. 3, 192 Abs. 1 Nr. 1, 221 Abs. 1 S. 1 AktG ein.[608] Im Falle von eigenkapitalfinanzierten Barangeboten werden die Aktionärsinteressen bereits über die im Rahmen einer Kapitalerhöhung erforderliche Mitwirkung der Hauptversammlung gewahrt. Die Aufnahme eines Zustimmungsvorbehaltes der Gesellschafterversammlung bei Unsicherheiten des Vorstandes über das Vorliegen einer *Holzmüller*-Konstellation ist daher entbehrlich. Die Auflösung freier Reserven sowie die Darlehensaufnahme stellen keine grundlegenden Entscheidungen im Sinne der neueren BGH-Rechtsprechung dar.[609] Danach sind *„ungeschriebene Mitwirkungsbefugnisse der Hauptversammlung ... nur ausnahmsweise und in engen Grenzen anzuerkennen ..., wenn eine vom Vorstand in Aussicht genommene Umstrukturierung der Gesellschaft an die Kernkompetenz der Hauptversammlung, über die Verfassung der Aktiengesellschaft zu bestim-*

---

[605] So KNOLL, S. 157; KUHR, S. 187 ff.; LUTTER in: FS Stimpel, S. 825, 850. Eine grundlegende Entscheidung liegt auf jeden Fall nicht vor, wenn der Vorstand zur Angebotsfinanzierung freie Reserven auflöst oder ein Darlehen aufnimmt, vgl. OECHSLER in: Ehricke/Ekkenga/Oechsler, § 18 Rn. 11.

[606] KRAUSE in: Assmann/Pötzsch/Schneider, § 18 Rn. 60. Nach BUSCH, AG 2002, 145, 148 m.w.N., bedarf es bei einem Unternehmenserwerb eines zustimmenden Hauptversammlungsbeschlusses nach den Holzmüller-Grundsätzen allenfalls dann, wenn die Übernahme eine faktische Änderung des Unternehmensgegenstandes bewirkt.

[607] Insofern KK-WpÜG/HIRTE, § 10 Rn. 39; THAETER in: THAETER/BRANDI, Teil 2, Rn. 191 unter Auseinandersetzung mit der Ansicht GEIBELS in: GEIBEL/SÜßMANN, § 18 Rn. 19, der in der freiwilligen Herbeiführung einer Zustimmung der Gesellschafterversammlung ein missbräuchliches Verhalten sieht. Siehe auch KRAUSE in: Assmann/Pötzsch/Schneider, § 18 Rn. 60, der einen Missbrauch nur bejaht, wenn die Zustimmung der Gesellschafterversammlung zweifelsfrei nicht erforderlich ist; vgl. auch THOMA/STÖCKER in: Baums/Thoma, § 18 Rn. 52.

[608] ASSMANN/BOZENHARDT in: Assmann/Basaldua/Bozenhardt/Peltzer, S. 64; BUSCH, AG 2002, 145, 148; GROSS, AG 1994, 266, 271 ff.; KK-AktG/MERTENS, § 76 Rn. 51; OECHSLER in: Ehricke/Ekkenga/Oechsler, § 18 Rn. 11; TIMM, ZIP 1993, 114, 117.

[609] ASSMANN/BOZENHARDT in: Assmann/Basaldua/Bozenhardt/Peltzer, S. 64; OECHSLER in: Ehricke/Ekkenga/Oechsler, § 25 Rn. 4.

men, rührt, weil sie Veränderungen nach sich zieht, die denjenigen zumindest nahe kommen, welche allein durch eine Satzungsänderung herbeigeführt werden können".[610] Eine wesentliche Beeinträchtigung der Mitwirkungsbefugnisse soll aber auch in diesen Fällen erst vorliegen, wenn die wirtschaftliche Bedeutung in etwa die Ausmaße wie im Holzmüller-Urteil erreicht.[611] § 25 WpÜG ist daher nur anwendbar, wenn die Gesellschafterversammlung Kapitalmaßnahmen zu beschließen hat, gemäß § 71 Abs. 1 Nr. 8 S. 1 AktG zur Durchführung von Tauschangeboten ermächtigen muss oder es einer Zustimmung nach ausländischem Recht bedarf.[612]

2. PROBLEM DER EINFLUSSNAHME AUF DEN (NICHT-)EINTRITT DER BEDINGUNG

Nach dem Wortlaut des § 18 Abs. 1 WpÜG kommt es für die Unzulässigkeit einer Bedingung allein darauf an, dass der Bieter oder ihm zuzurechnende Personen den Bedingungseintritt ausschließlich selbst *herbeiführen* können.[613] Ein Beitrag zur Herbeiführung ist danach unbeachtlich; es kommt auf die Ausschließlichkeit an. Dennoch erscheint die Zulässigkeit solcher Bedingungen problematisch, die im weiteren Sinne dem Einflussbereich des Bieters zuzurechnen sind, deren Eintritt er nicht ausschließlich selbst, aber im Zusammenspiel mit Dritten herbeiführen kann, er insofern einen Teilbeitrag leisten kann bzw. muss. Ausschließlich den Wortlaut des § 18 Abs. 1 WpÜG betrachtend müssten derartige Bedingungen solange für zulässig erachtet werden, als die Dritten nicht zu dem genannten Personenkreis gehören.[614] Bei der Auslegung der einzelnen Bedingungen sind allerdings der Minderheitenschutz sowie das Gleichbehandlungs- und Transparenzgebot des WpÜG zu beachten. Im Hinblick auf den Gesetzeszweck erscheint eine Ausdehnung der Unzulässigkeit auf diejenigen Konstellationen gerechtfertigt, in denen der Bedingungseintritt formal von einer dritten Person abhängt, der Bieter jedoch den Bedingungseintritt vollständig kontrollieren kann.[615] Einschränkend wiederum sind jedoch Be-

---

[610] Siehe die „*Gelatine*"-Entscheidung des BGH vom 26.04.2004, NJW 2004, 1860 ff.; dazu FLEISCHER, NJW 2004, 2335 m.w.N.

[611] Dort ging es um die Ausgliederung eines Teilbetriebes, der ca. 80 % des Gesellschaftsvermögens ausmachte.

[612] OECHSLER in: Ehricke/Ekkenga/Oechsler, § 18 Rn. 11; vgl. KK-WpÜG/HASSELBACH, § 18 Rn. 58.

[613] HOLZBORN in: Zschocke/Schuster, C Rn. 110, der als unzulässige Bedingung die Verknüpfung des Übernahmeangebotes mit einer Optionsausübung einer gemeinsam handelnden Gesellschaft oder mit dem Abschluss eines Vertrages mit einer Tochtergesellschaft anführt. Siehe zum erweiterten Prüfungsmaßstab 5. Teil § 12 C. I.

[614] So GEIBEL in: GEIBEL/SÜßMANN, § 18 Rn. 15 f.

[615] KK-WpÜG/HASSELBACH, § 18 Rn. 17, unter Anführung der Abhängigkeit der Entscheidung des Dritten von einem entsprechenden Antrag des Bieters oder einer anderen, allein von ihm abhängenden Handlung. Als zu weitgehend ablehnend KRAUSE in: Assmann/Pötzsch/Schneider, § 18 Rn. 25; siehe aber ders. für eine analoge Anwendung, ebenda, § 18 Rn. 30. Ähnlich THOMA/STÖCKER in: Baums/Thoma, § 18 Rn. 38: analoge Anwendung von § 18 Abs. 1 WpÜG, wenn der Bieter den Bedingungseintritt ausschließlich selbst verhindern kann.

dingungen zulässig, wenn eine Beeinflussung der Geschehnisse im Sinne einer Kontrollausübung wegen eines bestehenden Beurteilungs- oder Gestaltungsspielraumes bzw. zweideutiger Rechtslage nicht festzustellen ist.[616]
Neben den Fällen einer potenziellen Einflussnahme des Bieters auf den Bedingungseintritt sind auch diejenigen Fälle problematisch, in denen der Bieter den Bedingungseintritt einseitig *verhindern* kann. Bedarf es der Durchführung bestimmter Genehmigungsverfahren, kann er den Bedingungseintritt negativ beeinflussen, indem er Aufklärungs-, Informations-, Auskunfts- oder sonstigen Mitwirkungspflichten nicht, nicht rechtzeitig oder nicht vollständig nachkommt. Derartige Obliegenheitsverletzungen können dazu führen, dass Prüfungsfristen nicht in Gang gesetzt werden und hiermit Verfahrensverzögerungen verbunden sind oder dem Bieter sogar die Genehmigung verweigert wird.[617] Die Entscheidung der Genehmigungsbehörde als einer vom Bieter unabhängigen „*Person*" ist daher – wenn auch nur mittelbar – maßgebend, d.h. bis hin zur Untersagung der Genehmigung, vom Bieter beeinflussbar.[618] Eine einseitige Verhinderung des Bedingungseintrittes ist ferner in Bezug auf eine im Übernahmeangebot festgesetzte Mindestannahmeschwelle denkbar, wenn für deren Erreichen diejenigen Anteile einzurechnen sind, die der Bieter im Wege eines Paketkaufvertrages mit dem Mehrheitsaktionär der Zielgesellschaft zu erwerben beabsichtigt. Denn dessen (Nicht-)Abschluss hängt entscheidend vom Willen der Vertragsparteien und damit auch des Bieters ab. Auch die Zustimmung der Gesellschafterversammlung zur Angebotsabgabe kann mittelbar mittels einer engen Kooperation mit einem Großaktionär verhindert werden.[619]
Die genannten Beispiele sind allesamt vom Wortlaut des § 18 Abs. 1 WpÜG nicht umfasst. Dieser stellt allein auf die eigenständige Herbeiführung des *Eintrittes* einer Bedingung i.S.e. positiv-gestaltenden Einflussnahme ab, nicht aber auf dessen (einseitige) Verhinderung, so dass nach dem Wortlaut des § 18 Abs. 1 WpÜG derartige Bedingungen zulässig sind.[620] Aufgrund der aufgezeigten Risiken und Missbrauchs-

---

[616] KK-WpÜG/HASSELBACH, § 18 Rn. 18. Da eine allgemeingültige Aussage schwerlich getroffen werden kann, wird auf die Beeinflussbarkeit des Bedingungseintrittes im Einzelnen im Rahmen der einzelnen Bedingungen unter 5. Teil § 13 eingegangen.

[617] Vgl. BOSCH/KOBBELT in: Thaeter/Brandi, Teil 4, Rn. 121 f. Aufgrund dessen plädiert HOLZBORN in: Zschocke/Schuster, C Rn. 113, für eine Klarstellung, dass nur eine behördliche Erlaubnis ohne einschränkende Nebenbestimmung oder Auflage zum Bedingungseintritt führt. Ein Bedingungsausfall läge dann aber auch vor, wenn die Auflage oder Nebenbestimmung nicht auf pflichtwidrige Verhaltensweisen des Bieters zurückzuführen wäre; hierzu auch BUSCH, AG 2002, 145 f.; THAETER in: Thaeter/Brandi, Teil 2, Rn. 198.

[618] Unter Nennung kartell- oder aufsichtsrechtlicher Genehmigungsverfahren BUSCH, AG 2002, 145 f.; GEIBEL in: Geibel/Süßmann, § 18 Rn. 23, 25.

[619] ADOLFF/MEISTER/RANDELL/STEPHAN, S. 154.

[620] STEINMEYER/HÄGER, § 18 Rn. 11. Nach KK-WpÜG/HASSELBACH, § 18 Rn. 16 umfasst § 18 Abs. 1 WpÜG auch die Nicht-Herbeiführung des Bedingungseintrittes, da sonst die vom Gesetz vorausgesetzte Angebotsbindung unterlaufen würde. Dagegen spricht, dass der Bieter dann sein Übernahmeangebot z.B. nicht von einer kartellrechtlichen Genehmigung abhängig machen könnte; die Nichterteilung kann etwa auf der Rücknahme des Genehmigungsantrages basieren.

potenziale sind aber auch jene Bedingungen dem Einflussbereich des Bieters zu entziehen. Um den Bedingungseintritt nicht in das Ermessen des Bieters zu stellen und zu vermeiden bzw. das Risiko zu minimieren, dass der Bieter trotz seiner Einflussmöglichkeiten willkürlich von der Durchführung des Übernahmeverfahrens absieht, ist auf die allgemeinen zivilrechtlichen Vorschriften zurückzugreifen.[621] Mangels spezialgesetzlicher Regelung im WpÜG ist ein Rückgriff möglich; der Gesetzgeber vertraut darauf, dass die BaFin jene Fälle des Handelns wider Treu und Glauben im Rahmen der ihr nach § 4 Abs. 1 S. 2 WpÜG übertragenen Missbrauchsaufsicht bekämpft.[622] Dass die annehmenden Angebotsadressaten als Vertragspartner des Bieters die für sie günstigen Voraussetzungen des § 162 BGB beweisen müssen und sie daher schlechter stehen als bei einer analogen Anwendung des § 18 Abs. 1 WpÜG, die von vornherein zur Unzulässigkeit derartiger Bedingungen führt, bedeutet nicht gleichzeitig, dass die Regelungslücke planwidrig ist.[623] Der den Bedingungseintritt fingierende § 162 Abs. 1 BGB enthält den allgemeinen Rechtsgedanken, dass niemand aus seinem treuwidrigen Verhalten Vorteile ziehen darf.[624] Bei Rechtsbedingungen – wie auch bei Potestativbedingungen[625] –, auf die § 162 Abs. 1 BGB keine Anwendung findet[626], muss auf § 242 BGB zurückgegriffen werden. Im Rahmen eines behördlichen Genehmigungsverfahrens besteht folglich eine dahingehende Mitwirkungs- und Förderungspflicht, alles zu tun, um die Genehmigung herbeizuführen und alles zu unterlassen, was die Genehmigungser-

[621] ADOLFF/MEISTER/RANDELL/STEPHAN, S. 155; BREMS/APFELBACHER in: Apfelbacher/Barthelmess/Buhl/von Dryander, § 18 Rn. 29; BURGARD, WM 2002, 611 f.; BUSCH, AG 2002, 145 f.; FLEISCHER/KALSS, § 3 III. 5. b) bb), S. 93; GEIBEL in: Geibel/Süßmann, § 18 Rn. 16; STEINMEYER/HÄGER, § 18 Rn. 11.

[622] Begr. RegE-WpÜG, BT-Drucks. 14/7034, S. 48 zu § 18 Abs. 1. Vgl. HENGELER MUELLER (26.02.2003), www.internationallawoffice.com/ld.cfm?Newsletters_Ref=6238&print=1, S. 1 (28. 02.2005). Zur Anwendung der §§ 4 Abs. 1 S. 3 WpÜG, 162 BGB, wenn bei Angebotsabgabe ersichtlich ist, dass mit einer bedingungs- und auflagenfreien Genehmigung nicht zu rechnen, die Bedingung mithin unerfüllbar ist, KK-WpÜG/HASSELBACH, § 18 Rn. 27.

[623] So aber THOMA/STÖCKER in: Baums/Thoma, § 18 Rn. 42.; KRAUSE in: Assmann/Pötzsch/Schneider, § 18 Rn. 28, 30. Eine Ausnahme gelte mangels planwidriger Regelungslücke aber für Bedingungen, die sich auf behördliche Verfahren beziehen, KRAUSE in: Assmann/Pötzsch/Schneider, § 18 Rn. 29; THOMA/STÖCKER in: Baums/Thoma, § 18 Rn. 42 ff. Siehe auch WACKERBARTH in: MüKo-AktG, § 18 Rn. 12 f..; vgl. KK-WpÜG/HASSELBACH, § 18 Rn. 18.

[624] Sog. Vorwirkung des Bedingungseintrittes, siehe MüKo-WESTERMANN, § 158 BGB Rn. 39.

[625] BGH NJW 1996, 3338, 3340; OLG München NJW-RR 1988, 58 f.; RING, JUS 1991, 634, 638.

[626] Eine aufsichtsrechtliche Genehmigung kann nicht durch bloßes Nichtstun fingiert werden; § 162 BGB gilt nur für im Rahmen der Privatautonomie stipulierte Bedingungen, RGZ 129, 357, 376; BGH NJW 1996, 3338, 2240; Staudinger/BORK, § 162 Rn. 13 f.; FLUME, Bd. 2, § 40 Rn. 1g; MüKo-WESTERMANN, § 162 Rn. 4; Soergel/WOLF, § 162 Rn. 5. Für Zwecke etwaiger Sekundäransprüche hält KRAUSE in: Assmann/Pötzsch/Schneider, § 18 Rn. 26, eine Fiktion durchaus für möglich. Vgl. dazu BUSCH, AG 2002, 145 f., nach dem sich *„die Kartellfreigabe, die Entstehung der Aktienrechte durch die Registereintragung und auch die Börsenzulassung ... auf diese Weise nicht einfach herbeizaubern [lassen]"*.

teilung gefährden oder vereiteln könnte.[627] Auch wenn die Verletzung dieser selbständigen Nebenpflicht nicht zur Erteilung der erforderlichen Genehmigung und zum Wegfall eines bestehenden Vollzugsverbotes führt, so verpflichtet sie den Bieter aber zur Angebotsdurchführung in wettbewerbsrechtlich zulässigem Umfang.[628] Zudem sind Schadensersatzansprüche der Aktionäre der Zielgesellschaft gegen den Bieter gemäß §§ 311 Abs. 2, 241 Abs. 2 BGB i.V.m. §§ 280 Abs. 1, 249 S. 1 BGB denkbar. Im Falle einer Pflichtverletzung des Bieters, die zur Nichtdurchführung des Übernahmeangebotes führt, könnten die Aktionäre denjenigen Schaden ersetzt verlangen, der ihnen durch den unterbliebenen Vollzug der durch Angebotsannahme geschlossenen Kauf- oder Tauschverträge entstanden ist.[629] Als Anspruchsgläubiger tragen die Aktionäre hierbei jedoch die Darlegungs- und Beweislast.

II. Erfasster Personenkreis

Geht es darum, ob der Bieter die Bedingung ausschließlich selbst herbeiführen kann, werden ihm dem Wortlaut des § 18 Abs. 1 WpÜG zufolge bestimmte Personen zugerechnet, um etwaige Umgehungsversuche des Bieters zu verhindern; die Entscheidung über die Wirksamkeit des Angebotes kann nicht auf Personen übertragen werden, die seinem Lager oder dem Lager ihm zuzurechnender Personen zugehörig sind.[630] Im Umkehrschluss dazu handelt es sich um eine zulässige objektive Bedingung, wenn ihr Eintritt auch durch nicht in § 18 Abs. 1 WpÜG genannte Personen herbeigeführt werden kann.

Zuzurechnen sind dem Bieter insbesondere mit ihm gemeinsam handelnde Personen sowie Tochterunternehmen i.S.v. § 2 Abs. 5 und 6 WpÜG. Gemeinsam mit dem Bieter handelnde Person ist auch die Zielgesellschaft, wenn die Unterbreitung eines Angebotes vertraglich vereinbart wurde oder der Bieter die Zielgesellschaft im Zeitpunkt der Angebotsabgabe bereits beherrscht. Entsprechendes kann gelten, wenn er bereits mit dem Hauptaktionär der Zielgesellschaft einen Veräußerungsvertrag abgeschlossen hat.[631] Dem Lager des Bieters zuzurechnen sind darüber hinaus dessen Überwachungsorgan – der Aufsichtsrat – und seine einzelnen Mitglie-

---

[627] BGHZ 67, 34 f.; Palandt-HEINRICHS, § 242 BGB Rn. 33. Nach BUSCH, AG 2002, 145 f., greift § 162 BGB aber bezüglich des schuldrechtlichen Vertrages; vgl. GEIBEL in: Geibel/Süßmann, § 18 Rn. 16; SCHWEIZERISCHE ÜBERNAHMEKOMMISSION (16.04.2003), http://www.takeover.ch/95.html?&cHash=aa806c4566&tx_bumadvice_pi1[uid]=81&tx_bumadvice_pi1[view]=detail, Ziff. 5 (30.06.2006).

[628] Vgl. KK-WpÜG/HASSELBACH, § 18 Rn. 27.

[629] BUSCH, AG 2002, 145 f.; GEIBEL in: Geibel/Süßmann, § 18 Rn. 16; THAETER in: Thaeter/Brandi, Teil 2, Rn. 185. Allgemein zur haftungsrechtlichen Folge bei schuldhafter Verletzung der Pflicht, auf die Genehmigungserteilung hinzuwirken, KROPPENBERG, WM 2001, 844, 846 ff. Zum Pflichtangebot KK-WpÜG/VON BÜLOW, § 39 Rn. 63.

[630] So auch THOMA/STÖCKER in: Baums/Thoma, § 18 Rn. 30.

[631] Damit kann – je nach den Umständen – ein Beschluss der Hauptversammlung der Zielgesellschaft als vom Bieter ausschließlich beeinflussbar angesehen werden.

der[632] sowie Berater, die „*aufgrund entsprechender schuldvertraglicher Abreden für den Bieter oder den ihm zuzurechnenden Personenkreis Dienstleistungen in Form von Beratungsleistungen erbringen*".[633] Ihre Einbeziehung soll eine mittelbare Einflussnahme des Bieters auf den Bedingungseintritt im Wege der Beeinflussung der Berater verhindern. Die Beratungsleistung muss allerdings im zeitlichen und sachlichen Zusammenhang mit dem konkret abgegebenen Angebot stehen. Eine allgemeine Beratung über Voraussetzungen und Folgen eines Angebotes i.S.d. WpÜG oder bei Transaktionen im Vorfeld des Angebotes genügt ebenso wenig wie eine ausschließliche Mitwirkung der Berater in Form der technischen Abwicklung des Angebotes oder die alleinige Ausstellung der Finanzierungsbestätigung.[634]

Zudem sind, wenn auch der Wortlaut des § 18 Abs. 1 WpÜG diesbezüglich nicht eindeutig ist, auch solche Bedingungen unzulässig, deren Eintritt ausschließlich der Bieter und die ihm zuzurechnenden Personen gemeinsam herbeiführen können.[635] Ein kumulatives Handeln der genannten Personenkreise ändert nichts daran, dass weiterhin ausschließlich Personen den Bedingungseintritt herbeiführen können, die im Lager des Bieters stehen, ihm mithin zugerechnet werden. Eine Interessendivergenz ist auch in diesen Fällen nicht festzustellen. Das Risiko einer fehlenden Neutralität und die damit verbundene Gefahr einer ausschließlichen Beeinflussung durch den Bieter bestehen fort.

III. Keine gesetzliche Differenzierung zwischen aufschiebender und auflösender Bedingung[636]

Dem WpÜG ist keine Bestimmung zu entnehmen, nach der die Rechtswirkungen des Angebotes nicht nachträglich wieder entfallen dürfen.[637] Die fehlende Regelung

---

[632] GEIBEL in: Geibel/Süßmann, § 18 Rn. 11; KRAUSE in: Assmann/Pötzsch/Schneider, § 18 Rn. 17 (auch Geschäftsführungsorgan und nachgeordnete Personen, die zur Vertretung des Bieters berechtigt sind).

[633] GEIBEL in: Geibel/Süßmann, § 18 Rn. 13. Siehe auch KRAUSE in: Assmann/Pötzsch/Schneider, § 18 Rn. 21; THOMA/STÖCKER in: Baums/Thoma, § 18 Rn. 34; zu pauschal WACKERBARTH in: MüKo-AktG, § 18 Rn. 10. Eine Aufzählung erfasster Berater enthält BREMS/APFELBACHER in: Apfelbacher/Barthelmess/Buhl/von Dryander, § 18 Rn. 7. Gegen eine extensive Auslegung des Personenkreises und enger i.d.S., dass eine vertragliche Grundlage irrelevant ist, KK-WpÜG/HASSELBACH, § 18 Rn. 16; THAETER in: Thaeter/Brandi, Teil 2, Rn. 178 ff.

[634] GEIBEL in: Geibel/Süßmann, § 18 Rn. 14; KRAUSE in: Assmann/Pötzsch/Schneider, § 18 Rn. 23; THOMA/STÖCKER in: Baums/Thoma, § 18 Rn. 35. Nach THAETER in: Thaeter/Brandi, Teil 2, Rn. 178 f., ist die Einschränkung des Beraterbegriffes hinsichtlich der Zwecksetzung zu eng; ders. in: Thaeter/Brandi, Teil 2, Rn. 180 f., für eine weite Auslegung.

[635] Nach STEINMEYER/HÄGER, § 18 Rn. 5, ist das Wort „oder" als kumulatives Oder zu lesen. Ebenso KRAUSE in: Assmann/Pötzsch/Schneider, § 18 Rn. 27; THOMA/STÖCKER in: Baums/Thoma, § 18 Rn. 39.

[636] Nach WACKERBARTH in: MüKo-AktG, § 18 Rn. 7, dürfte auch § 163 BGB gelten, so dass § 18 WpÜG auch Zeitbestimmungen mitumfasse.

[637] Vgl. den Verweis bei FLEISCHER/KALSS, § 3 III. 5. b) bb), S. 93, auf Art. 13 Abs. 2 und 4 UEV-UEK; vgl. § 8 ÜbG (siehe oben 4. Teil § 12 A. I. und II.).

spricht dafür, dass eine objektive Bedingung sowohl aufschiebend als auch auflösend i.S.v. § 158 Abs. 1 und 2 BGB ausgestaltet werden kann.[638] Indirekt ergibt sich die Zulässigkeit auflösender Bedingungen bereits aus der Gesetzesbegründung. Die Wirksamkeit des Angebotes darf davon abhängig gemacht werden, dass während des Verfahrens bestimmte Änderungen bei der Zielgesellschaft herbeigeführt werden, z.B. die für den Bieter interessanten Unternehmensbestandteile veräußert werden.[639] Für derartige Fälle kann der Bieter bestimmen, dass die mit seinem Angebot verbundenen Rechtswirkungen entfallen und das Übernahmeverfahren nicht weiter durchgeführt wird. Auch dem Gesetzeswortlaut des § 11 Abs. 2 S. 2 Nr. 5 WpÜG, wonach die Angebotsunterlage diejenigen Bedingungen anzugeben hat, von deren *Wirksamkeit* das Angebot abhängt, kann eine Beschränkung auf aufschiebende Bedingungen nicht entnommen werden.[640] Die Wirksamkeit des Angebotes kann erst im Verlauf des Übernahmeverfahrens feststehen, wie sie auch bereits mit Angebotsveröffentlichung – wenn auch auflösend bedingt – eintreten kann. Bestätigung erfährt die Zulässigkeit auflösender Bedingungen durch die Praxis der BaFin. Sie hat Angebotsunterlagen nicht beanstandet, in denen die Wirksamkeit des Übernahmeangebotes vom Nichteintritt auflösender Bedingungen abhing.[641]

Der Wortlaut des § 18 Abs. 1 WpÜG umfasst dennoch allein aufschiebende Bedingungen, da die Wirksamkeit eines Angebotes nicht vom Eintritt einer auflösenden Bedingung abhängig sein kann; mit dessen Eintritt besteht der Kauf- und/oder Tauschvertrag gerade nicht fort. Auflösende Bedingungen wären demnach uneingeschränkt zulässig; der Fortbestand des Übernahmeangebotes könnte an Bedingungen geknüpft werden, deren Eintritt der Bieter ausschließlich selbst kontrollieren kann.[642]
Problematisch erscheint hieran allerdings, dass sich auflösende Bedingungen, auf deren Eintritt verzichtet werden kann, einem Rücktrittsvorbehalt annähern[643] und ihnen daher die Gefahr einer Umgehung des diesbezüglich in § 18 Abs. 2 WpÜG

[638] I.d.S. ohne nähere Begründung GEIBEL in: Geibel/Süßmann, § 18 Rn. 7; SOHBI in: AnwK-AktienR, § 18 Rn. 2; STEINMEYER/HÄGER, § 18 Rn. 2; THOMA/STÖCKER in: Baums/Thoma, § 18 Rn. 22. A.A. KRAUSE in: Assmann/Pötzsch/Schneider, § 18 Rn. 119, der § 18 Abs. 2 WpÜG auf solche auflösenden Bedingungen anwendet, die auch noch nach Abwicklung des Angebotes eintreten und dessen Rückabwicklung zu Folge haben können. Insofern wird aber die Frage der generellen Zulässigkeit einer auflösenden Bedingung mit der Frage des Zeitpunktes des Bedingungseintritts vermischt.

[639] Begr. RegE-WpÜG, BT-Drucks. 14/7034, S. 47 f. zu § 18 Abs. 1.

[640] So aber THAETER in: Thaeter/Brandi, Teil 2, Rn. 174.

[641] Siehe Übernahmeangebote AGILISYS/INFOR (Ziff. 9.2), ONTARIO/IXOS und ONTARIO/GAUSS (beide Ziff. 9. b)).

[642] So THAETER in: Thaeter/Brandi, Teil 2, Rn. 174.

[643] Vgl. Soergel/WOLF, vor § 158 BGB Rn. 17.

normierten Verbotes immanent ist.[644] Zudem könnten Aktionäre nur bei aufschiebenden Bedingungen deren Eintritt abwarten, bevor sie das Angebot annehmen.[645] § 18 Abs. 1 WpÜG ist daher im Interesse der Rechtssicherheit i.d.S. teleologisch zu ergänzen, dass auch auflösende Bedingungen unzulässig sind, deren Eintritt ausschließlich der Bieter oder ihm zuzurechnende Personen kontrollieren können und der Fortbestand des Angebotes von deren Nichteintritt abhängt.[646] HASSELBACH befürwortet einen Vorrang aufschiebender Bedingungen. Auflösende Bedingungen seien nur zulässig, wenn die in einer Bedingung geregelte Ungewissheit nicht oder nicht ausreichend mit einer aufschiebenden Bedingung abgedeckt werden könne.[647] Da dies jedoch von einer auch subjektiven Beurteilung des Bieters abhängt, ist es vorzuziehen, auf § 18 Abs. 1 WpÜG abzustellen.[648]

IV. Zeitpunkt des Bedingungseintrittes

Die Zulässigkeit aufschiebender und auflösender Bedingungen sagt nichts darüber aus, bis zu welchem Zeitpunkt ein als Bedingung ausgestaltetes Ereignis spätestens eingetreten bzw. ausgefallen sein muss.[649] Gerade für den Bieter ist es bedeutsam, bis zu welchem Zeitpunkt er etwa das Risiko eines MAC abwenden kann. Ob und in welchem Umfang eine zeitliche Einschränkung geboten ist, ist mangels gesetzlicher Regelung anhand der Grundsätze des WpÜG und der verschiedenen Interessenlagen zu beurteilen.

1. ERFORDERNIS EINER ZEITLICHEN EINSCHRÄNKUNG

Einerseits sind Bedingungen, die noch nach Ablauf der Annahmefrist eintreten können, weder generell noch spezialgesetzlich im WpÜG verboten.[650] Andererseits sprechen §§ 3 Abs. 4, 25 WpÜG dafür, dass die Bedingung vor Ablauf der An-

[644] Zur Vermischung von Bedingungen und Widerrufsgründen im Übernahmeangebot VODAFONE/MANNESMANN BURGARD, WM 2000, 611, 613.

[645] KK-WpÜG/HASSELBACH, § 18 Rn. 21.

[646] So THAETER in: Thaeter/Brandi, Teil 2, Rn. 175; vgl. BUSCH, AG 2002, 145 Fn. 2.

[647] KK-WpÜG/HASSELBACH, § 18 Rn. 21, der als Beispiel einer auflösenden Bedingung die MAC-Klausel anführt.

[648] A.A. THOMA/STÖCKER in: Baums/Thoma, § 18 Fn. 25, wonach der Vorrang praktisch kaum weiterführe, da derselbe Umstand je nach Formulierung zur aufschiebenden oder auflösenden Bedingung erhoben werden könne.

[649] Soll oder muss sich der Bedingungseintritt innerhalb einer konkreten Frist realisieren, handelt es sich um befristete Bedingungen, REUTTER, S. 124. Tritt die Bedingung bis zu der gesetzten Frist nicht ein, gilt sie als ausgefallen, es sei denn der Bieter hat auf sie verzichtet und verhindert so die Unwirksamkeit der Verträge, REUTTER, S. 127.

[650] HOLZBORN in: Zschocke/Schuster, C Rn. 117; KRAUSE in: Assmann/Pötzsch/Schneider, § 18 Rn. 108. Die Terminologie der Bedingung in §§ 11 Abs. 2 S. 2 Nr. 5, 18 Abs. 1 WpÜG entspricht mangels anderweitiger Anhaltspunkte derjenigen des BGB. Siehe zur abweichenden Differenzierung im schweizerischen Übernahmerecht anhand des Zeitpunktes des Bedingungseintrittes REUTTER, S. 99 ff.; für deren Auflösung ders., S. 163 ff.

nahmefrist eintreten muss.[651] Für eine Zulässigkeit des Bedingungseintrittes nach Ablauf der Annahmefrist wird angeführt, dass die Abgabe eines Übernahmeangebotes, das einer behördlichen oder gerichtlichen Zustimmung bedarf, ansonsten daran scheitert, dass deren Einholung innerhalb der Annahmefrist aufgrund des einzuhaltenden Verfahrens praktisch unmöglich ist.[652] Da es sich bei der Bedingung einer Genehmigung um eine Rechtsbedingung handelt, kann dies jedoch kein Argument bei rechtsgeschäftlichen Bedingungen sein. Überdies ist zu berücksichtigen, dass die Genehmigungserteilung im Risikobereich des Bieters liegt, den annehmenden Aktionären der Zielgesellschaft ein unbegrenztes Abwarten aus diesem Grund nicht zumutbar ist.

Ein zeitlich unbeschränktes Abwarten des (Nicht-)Eintrittes der Bedingung ist allerdings mit Blick auf die Interessen der Aktionäre und die Funktionsfähigkeit des Kapitalmarktes nicht möglich. Für eine zeitliche Grenze des Bedingungseintrittes spricht insbesondere, dass den Minderheitsaktionären möglichst zeitnah Klarheit über den (erfolgreichen) Abschluss des Übernahmeangebotes zu verschaffen ist. Ein unverhältnismäßig langes Aufrechterhalten der Unsicherheit des Angebotsvollzuges widerspricht zudem dem Gebot der Verfahrensbeschleunigung (§ 3 Abs. 4 WpÜG); sie ist im Interesse der Zielgesellschaft und deren Aktionären sowie im Interesse des Kapitalmarktes zu verhindern.[653] Die Rechtssicherheit gebietet, dass dem Wirksamwerden eines Übernahmeangebotes und der darauf basierenden Verträge eine zeitliche Grenze gesetzt wird.[654]

Einen gesetzlichen Anhaltspunkt für die gebotene zeitliche Einschränkung enthält neben § 25 WpÜG auch § 31 Abs. 7 WpÜG i.V.m. § 2 Nr. 4 WpÜG-AngVO. Die Angabe des Abwicklungszeitpunktes ist nur möglich, wenn bis zu einem bestimmten Zeitpunkt Gewissheit über die Durchführung der Übernahme besteht.[655] Nach § 11 Abs. 4 Nr. 2 WpÜG i.V.m. § 2 Nr. 4 WpÜG-AngVO hat die Angebotsunterlage auch Angaben über den Zeitpunkt der Erbringung der Gegenleistung zu erhalten. Die Aktionäre der Zielgesellschaft sollen Klarheit über den Zeitpunkt der Vertragsabwicklung erhalten.[656] Diese erfolgt nicht zwangsläufig mit dem Ablauf der Annahmefrist; infolge bestehender Vollzugsverbote ist vielfach die Erteilung einer

---

[651] So grundsätzlich BERGER/FILGUT, WM 2005, 253, 257 f., die sich zusätzlich auf eine rechtsvergleichende Auslegung stützen; STRUNK/LINKE in: Veil/Drinkuth; THOMA/STÖCKER in: Baums/Thoma, § 18 Rn. 56, 135, die als Ausnahme Bedingungen anführen, die sich auf erforderliche behördliche Entscheidungen beziehen. Eine systematische Auslegung der §§ 16 Abs. 2, 21 Abs. 1 Nr. 4, 25, 33 Abs. 1 Satz 1 WpÜG i.V.m. § 23 Abs. 1 Nr. 2 WpÜG heranziehend KRAUSE in: Assmann/Pötzsch/Schneider, § 18 Rn. 108.

[652] So HOLZBORN in: Zschocke/Schuster, C Rn. 117; STEINMEYER/HÄGER, § 18 Rn. 2.

[653] Vgl. Begr. RegE-WpÜG, BT-Drucks. 14/7034, S. 35 zu § 3 Abs. 4. Der Gesetzgeber war sich der Gefahr einer bewussten Behinderung der Zielgesellschaft durch den Bieter zu Wettbewerbszwecken bewusst, HOLBORN/ ISRAEL, BKR 2002, 982, 988.

[654] So geschehen im Übernahmeverfahren RAG/Degussa, Ziff. 11 der Angebotsunterlage.

[655] Vgl. HOLZBORN in: Zschocke/Schuster, C Rn. 117.

[656] HOLZBORN in: Zschocke/Schuster, C Rn. 117.

Genehmigung abzuwarten.[657] Sie darf aber auch nicht unbegrenzt hinausgeschoben werden.

2. BESTIMMUNG EINER ANGEMESSENEN FRIST

Hinsichtlich des Zeitpunktes, bis zu dem das als Bedingung bestimmte Ereignis eingetreten sein muss, um das Angebot wirksam oder wirkungslos zu machen, und der im Hinblick auf eine rasche Verfahrensdurchführung als angemessen anzusehen ist, kann auf den Ablauf der Annahmefrist abgestellt werden. Zu diesem Zeitpunkt soll zugunsten derjenigen Aktionäre, die das Angebot noch nicht angenommen haben, feststehen, ob das Übernahmeangebot erfolgreich war, so dass sie in der verlängerten Annahmefrist des § 16 Abs. 2 WpÜG in Kenntnis der wesentlichen Entscheidungsgrundlagen und des Eintrittes oder Ausfalles der vom Bieter gestellten Bedingungen über die Angebotsannahme befinden können.[658] Ein über die Gewissheit des Kontrollwechsels hinausgehender Zweck i.d.S., dass die Aktionäre in der verlängerten Annahmefrist über die Annahme des Angebotes auch im Bewusstsein seiner Verbindlichkeit im Übrigen entscheiden können sollen, ist der Vorschrift aber nicht zu entnehmen. Ihr Zweck besteht allein in der Befreiung der Aktionäre der Zielgesellschaft aus dem sog. „*Prisoner's Dilemma*"[659]. Dieses besteht darin, dass der einzelne Aktionär – eine Koordination der Aktionäre ist nahezu unmöglich – das Angebot annimmt, um zu verhindern, im Falle der Angebotsannahme durch die Mitaktionäre und der eigenen Nichtannahme in einer Minderheitenposition in der Zielgesellschaft zurückzubleiben: „*Durch die Regelung können insbesondere Belegschaftsaktionäre, die ... ursprünglich an ihrer Aktie festhalten oder zunächst den Verlauf des Verfahrens abwarten wollten, in Kenntnis des nun sicher bevorstehenden Kontrollwechsels bzw. der Entstehung einer Kontrollsituation ihre Anteile dem Bieter verkaufen.*"[660] Wie aus den veröffentlichten Angebotsunterlagen ersichtlich, geht auch die BaFin nicht vom Erfordernis eines Bedingungseintrittes bis zum Ablauf der Annahmefrist aus.[661]

---

[657] Vgl. dazu AHA, AG 2002, 160, 166.

[658] Siehe hierzu oben 3. Teil § 8 A. I. So auch STRUNK/LINKE in: Veil/Drinkurth, S. 29 f.. Vgl. zum schweizerischen Recht REUTTER, S. 163.

[659] Siehe zu diesem aus der Spiel- und Entscheidungstheorie stammenden Theorem BONUS, List Forum 10. Jg. (1979/80), S. 69, 75 ff.; VANBERG, S. 127 ff. Für den vorliegenden Zusammenhang LIEBSCHER, ZIP 2001, 853, 856; WITT, NZG 2000, 809, 811 ff.

[660] Begr. RegE-WpÜG, BT-Drucks. 14/7034, S. 46 zu § 16 Abs. 2.

[661] Siehe Ziff. 12 des Übernahmeangebotes FINBA BAKERY/KAMPS (vier Monate nach Ablauf der Annahmefrist); Ziff. 11 (ii) des Übernahmeangebotes RAG/DEGUSSA (mehr als acht Monate nach Ablauf der Annahmefrist).

Einen Anhaltspunkt könnte Rule 34 Takeover Code[662] bieten, wonach der Bieter sein Angebot innerhalb von 21 Tagen nach Ablauf der ursprünglichen Annahmefrist zurückziehen kann. Eine allgemeingültige Aussage lässt sich der Vorschrift allerdings nicht entnehmen. Denn sie bezieht sich ausschließlich auf das Erreichen der Mindestannahmeschwelle.[663]

Teilweise wird vertreten, dass im Interesse der Rechtssicherheit bis zum Ablauf der (nach § 16 WpÜG verlängerten) Annahmefrist Klarheit über einen etwaigen Bedingungseintritt bestehen soll, es sei denn der (Nicht-)Eintritt ist bis zum Ablauf der Annahmefrist nicht möglich oder nicht hinreichend sicher.[664] Dies sei insbesondere bei ausstehenden staatlichen Genehmigungen der Fall.[665] Als gesetzliche Richtschnur[666] seien die im Verwaltungsverfahren bzw. kartellrechtlichen Genehmigungsverfahren gesetzlich vorgeschriebenen oder gewöhnlichen Fristen heranzuziehen.[667] Da sich letzteres über neun Monate[668] erstrecken kann, wovon bereits das Übernahmeverfahren einen Zeitraum von 22 Wochen umfasst, wäre ein Zeitraum von drei bis vier Monaten nach Ablauf der Annahmefrist angemessen. Bei der Bedingung der Genehmigung handelt es sich jedoch um eine Rechtsbedingung, so dass ein Abstellen auf die Dauer des Genehmigungsverfahrens abzulehnen ist. Die Dauer eines Genehmigungsverfahrens rechtfertigt auch nicht zwangsläufig eine vertiefte Rechtsunsicherheit durch weitere Bedingungen.[669]

Eine einheitliche Aussage lässt sich zudem aufgrund der von einer Bedingung umfassten unterschiedlichen Sachverhalte schwerlich treffen. Entscheidend für die Obergrenze ist letztlich die Art der Bedingung. Es bedarf einer Abwägung im Einzelfall, die sich an den Interessen des Bieters auf der einen Seite und insbesondere denjenigen der Zielgesellschaft und ihrer Aktionäre auf der anderen Seite ausrich-

---

[662] Rule 34 Takeover Code lautet: „*An acceptor must be entitled to withdraw his acceptance from the date which is 21 days after the first closing date of the initial offer, if the offer has not by such date become or been declared unconditional as to acceptances.*"

[663] Für eine Heranziehung GEIBEL in: Geibel/Süßmann, § 18 Rn. 40.

[664] KK-WpÜG/HASSELBACH, § 18 Rn. 68, der ausstehende staatliche Genehmigungen als Ausnahmefälle anführt; zustimmend GEIBEL in: GEIBEL/SÜßMANN, § 18 Rn. 39; STRUNK/LINKE in: Veil/Drinkurth, S. 29 f., unter Hinweis auf die Verwaltungspraxis der BaFin bei dem Übernahmeangebot BOSCH/BUDERUS (Zulassung Bedingungseintritt bis zur Angebotsabwicklung); THOMA/STÖCKER in: Baums/Thoma, § 18 Rn. 135 (sachlicher Grund).

[665] BERGER/FILGUT, WM 2005, 253, 258, die eine Ausnahme nur für kartellrechtliche Genehmigungen annehmen. Siehe aber zum Problem der Rückabwicklung im Falle eines nur eingeschränkten Vollzusgverbotes 4. Teil § 11 D. 2.

[666] Vgl. HOLZBORN/ISRAEL, BKR 2002, 982, 988.

[667] KK-WpÜG/HASSELBACH, § 18 Rn. 68.

[668] Siehe die einzelnen Fristen in § 40 Abs. 1 S. 1, Abs. 2 und 3 GWB; siehe auch Art. 10 Abs. 3 FKVO.

[669] So auch BERGER/FILGUT, WM 2005, 253, 259. A.A. Busch, AG 2002, 145, 151; THOMA/STÖCKER in: Baums/Thoma, § 18 Rn. 138.

tet.[670] Auf jeden Fall sollte der Bedingungseintritt im Interesse der Verfahrensbeschleunigung und des Vollzuges eines erfolgreichen Übernahmeangebotes zeitnah nach Ablauf der Annahmefrist feststehen; er muss absehbar sein.[671] Die Interessenabwägung kann zudem ergeben, dass der Bieter verpflichtet ist, den Aktionären der Zielgesellschaft ein Rücktrittsrecht zu gewähren, sollte das Übernahmeangebot bis zu einem bestimmten Zeitpunkt noch nicht vollzogen worden sein.[672]

Enthält das Übernahmeangebot eine Verlängerungsoption, mittels derer der Bieter die Frist für den (Nicht-)Eintritt der Bedingung hinausschieben kann, darf diese nicht einem nach § 18 Abs. 2 WpÜG unzulässigen Rücktritts- oder Widerrufsvorbehalt gleichkommen. Ferner kommt eine Verlängerung nur insoweit in Betracht, als für die Wirksamkeit des Angebotes auf den Bedingungseintritt innerhalb einer angemessenen Frist nach Ablauf der Annahmefrist abzustellen ist. Wird dieser Zeitraum überschritten, so führt dies allerdings nicht zur Unwirksamkeit des Angebotes; die Bedingung ist vielmehr nach den Grundsätzen des § 139 BGB auf die zulässige Dauer der Schwebezeit zu reduzieren.

C. ENTSCHEIDUNG ÜBER DIE ZULÄSSIGKEIT EINER OBJEKTIVEN BEDINGUNG IM EINZELFALL: ZWECKORIENTIERTE EINSCHRÄNKUNG

Nach den bisherigen Ausführungen sind bedingte Übernahmeangebote insoweit zulässig, als die Bedingung nicht ausschließlich durch den Bieter oder ihm zuzurechnende Personen herbeigeführt werden kann und ihr Eintritt oder Nichteintritt zumindest innerhalb einer angemessenen Frist feststehen muss. Der Prüfungsmaßstab der BaFin beschränkt sich jedoch nicht allein auf die Tatbestandsmerkmale des § 18 Abs. 1 WpÜG. Einzelne Vorschriften des WpÜG und deren jeweiliger Zweck gebieten eine weitere Überprüfung der in die Angebotsunterlage aufgenommenen Bedingungen.

---

[670] So auch KRAUSE in: Assmann/Pötzsch/Schneider, § 18 Rn. 110; THOMA/STÖCKER in: Baums/Thoma, § 18 Rn. 137. Ausführlich zu einer Differenzierung nach der Art der Bedingung WACKERBARTH in: MüKo-AktG, § 18 Rn. 16 ff. Gegen die ebenfalls hinsichtlich des Zeitpunktes des zulässigen Bedingungseintrittes von WACKERBARTH in: MüKo-AktG, § 18 Rn. 23 f., 56, vertretene Differenzierung zwischen aufschiebenden und auflösenden Bedingungen spricht, dass die zeitliche Schranke dann von der zufälligen Ausgestaltung der Bedingung abhinge; so auch BERGER/FILGUT, WM 2005, 253, 257 Fn. 53. Vgl. FLEISCHER/KALSS, § 3 III. 5. b) bb), S. 93; KK-WpÜG/HASSELBACH, § 18 Rn. 68.

[671] GEIBEL in: Geibel/Süßmann, § 18 Rn. 40: zeitliche Obergrenze etwa bei drei Wochen nach Ablauf der eventuell verlängerten Annahmefrist; HOLZBORN in: Zschocke/Schuster, C Rn. 117; LIEBSCHER, ZIP 2001, 853, 862. Eine starre Obergrenze ablehnend KRAUSE in: Assmann/Pötzsch/Schneider, § 18 Rn. 110.

[672] Siehe hierzu Ziff. 12. d) des Übernahmeangebotes FINBA BAKERY/KAMPS. So auch GEIBEL in: Geibel/Süßmann, § 18 Rn. 40; HOLZBORN/ISRAEL, BKR 2002, 982, 988; THOMA/STÖCKER in: Baums/Thoma, § 18 Rn. 137.

I. Prüfungsmaßstab der BaFin: Vereinbarkeit einer Bedingung mit den Regelungen des WpÜG

Für die Zulässigkeit einer Bedingung ist mit entscheidend, dass ihr Inhalt nicht gegen sonstige Vorschriften des WpÜG verstößt und nicht den Schutzgedanken des WpÜG widerspricht. Die Unzulässigkeit einer Bedingung kann sich insbesondere aus einem Verstoß gegen die in § 3 WpÜG enthaltenen Grundsätze ergeben.[673] In Betracht kommt einmal die Unvereinbarkeit einer Bedingung mit dem Gleichbehandlungsgebot des § 3 Abs. 1 WpÜG, so wenn der Bieter sein Übernahmeangebot unter die Bedingung stellt, dass das Angebot von einem bestimmten Wertpapierinhaber angenommen wird.[674] Einen Verstoß würde es gleichfalls darstellen, wenn die Wirksamkeit des Angebotes von der Zustimmung einzelner Wertpapierinhaber zu Paketverkäufen an den Bieter außerhalb des Angebotsverfahrens abhängt.[675] In beiden Fällen hinge es allein von der Entscheidung dieses einzelnen Wertpapierinhabers ab, ob die sich aus der Abgabe eines Übernahmeangebotes ergebende Veräußerungschance der übrigen Anteilsinhaber der Zielgesellschaft realisierbar ist. Eine vergleichbare Konstellation enthält zwar auch die Mindestannahmeschwelle, wenn für deren Erreichen die Angebotsannahme eines einzelnen Paketaktionärs entscheidend ist.[676] Der Unterschied besteht aber darin, dass jener im Falle einer Mindestannahmeschwelle nur das Scheitern des Übernahmeangebotes, nicht jedoch dessen Erfolg alleine herbeiführen kann, auf dessen Herbeiführung es nach dem Wortlaut des 18 Abs. 1 WpÜG aber ankommt; das Angebot muss durch weitere Aktionäre bis zum Erreichen der Mindestannahmeschwelle angenommen werden.

Weiterhin gebietet der Transparenz- bzw. Bestimmtheitsgrundsatz des § 3 Abs. 2 WpÜG[677], dass Bedingungen die Verständlichkeit und Übersichtlichkeit des Angebotes nicht beeinträchtigen. Dies kann bei einer Verknüpfung mehrerer an sich zulässiger Bedingungen im Einzelfall nicht gewährleistet sein; sämtliche Bedingungen wären in diesem Fall unwirksam.[678] Aber selbst ohne die Verknüpfung einzelner Bedingungen ist i.S.v. § 3 Abs. 2 WpÜG dafür zu sorgen, dass sowohl jede einzelne Bedingung als solche als auch ihr Eintritt transparent sind. Im Interesse der Zielge-

---

[673] Zu einem Verstoß gegen § 12 WpÜG sogleich § 12 C. II.

[674] HOLZBORN in: Zschocke/Schuster, C Rn. 111; KRAUSE in: Assmann/Pötzsch/Schneider, § 18 Rn. 35; THOMA/STÖCKER in: Baums/Thoma, § 18 Rn. 79.

[675] STEINMEYER/HÄGER, § 18 Rn. 6.

[676] Siehe hierzu STRUNK/LINKE, S. 27.

[677] STRUNK/LINKE, S. 25 f., die auf eine analoge Anwendung von § 11 Abs. 1 WpÜG verweisen wie auch darauf, dass nicht Gegenstand der Prüfung ist, ob eine Bedingung sachlich gerechtfertigt oder wirtschaftlich sinnvoll ist.

[678] Vgl. KRAUSE in: Assmann/Pötzsch/Krause, § 18 Rn. 32; STEINMEYER/HÄGER, § 18 Rn. 6, die aber nicht auf den konkreten Einzelfall abstellen. Einen Verstoß gegen das Klarheitsgebot annehmend THOMA/STÖCKER in: Baums/Thoma, § 18 Rn. 55, wenn ein durchschnittlicher Wertpapierinhaber ohne Spezialkenntnis die Angebotsunterlage nicht verstehen kann; ablehnend KRAUSE in: Assmann/Pötzsch/Schneider, § 18 Rn. 32, da das Klarheitsgebot eine Frage des „Wie" regele und nur die verständliche Darstellung der Bedingung fordere.

sellschaft und ihrer Aktionäre, aber auch des Kapitalmarktes muss erkennbar und verständlich werden, welche Umstände im Einzelnen von einer Bedingung umfasst sind. Es darf kein Ermessensspielraum des Bieters darüber bestehen, welche Geschehnisse die einzelne Bedingung auslösen, in welchem Zeitpunkt der Bedingungstatbestand als erfüllt anzusehen ist.[679]

Des Weiteren darf es sich bei einer Bedingung nicht um eine verdeckte Rücktrittsklausel handeln. Ihre Ausgestaltung darf nicht dazu führen, dass das Rücktrittsverbot des § 18 Abs. 2 WpÜG umgangen wird. Es muss insofern eine Bedingung sowohl in formellem als auch materiellem Sinn vorliegen. Formell muss die Wirksamkeit des Übernahmeangebotes vom (Nicht-)Eintritt eines ungewissen zukünftigen Ereignisses abhängig sein. Der (Nicht-)Eintritt muss den automatischen Wegfall des Übernahmeangebotes bewirken; dessen Wirksamkeit darf nicht von einer Erklärung des Bieters abhängen. In der Wirkung einer Gestaltungserklärung vergleichbar ist eine Bedingung, deren Tatbestandsmerkmale dem Bieter hinsichtlich der Feststellung des Bedingungseintrittes einen weiten Auslegungs- und Ermessensspielraum gewähren. Diese würden es dem Bieter ermöglichen, unter Berufung auf seinen Beurteilungsspielraum einen Bedingungseintritt zu bejahen oder zu verneinen und von der weiteren Durchführung des Übernahmeangebotes abzusehen.[680] Solche Call-Optionen stehen der Regelung des § 18 Abs. 2 WpÜG entgegen.

II. Finanzierung des Übernahmeangebotes (§ 13 WpÜG) – Gefahr eines MAC beim Bieter

Seitens des Bieters liegt die Überlegung nicht fern, die Durchführung eines Übernahmeangebotes von dessen Finanzierung abhängig zu machen. Er könnte dessen Wirkungslosigkeit für den Fall bestimmen, dass keine Finanzierungsmittel infolge eines seine Gesellschaft betreffenden MAC verfügbar sind. Näher beleuchtet werden muss in diesem Zusammenhang die Vereinbarkeit einer solchen Bestimmung mit § 13 WpÜG. Danach hat der Bieter bereits vor Angebotsveröffentlichung die notwendigen Maßnahmen zu treffen, die die Verfügbarkeit der zur vollständigen Erfüllung des Angebotes notwendigen Mittel zum Zeitpunkt der Fälligkeit sicherstellen. Wie sich auch aus den Regelungen zum notwendigen Inhalt der Angebotsunterlage (§ 11 Abs. 2 S. 2 Nr. 1, S. 3 Nr. 1 WpÜG) und dem unter bestimmten Voraussetzungen bestehenden Erfordernis einer Finanzierungsbestätigung einschließlich der Haftungsgefahr des Ausstellers (§ 13 Abs. 1 S. 2 und Abs. 2 WpÜG) ergibt, misst der Gesetzgeber der Angebotsfinanzierung, der Finanzierbarkeit des

---

[679] So auch KRAUSE in: Assmann/Pötzsch/Schneider, § 18 Rn. 31; STRUNK/LINKE, S. 26; THOMA/STÖCKER in: Baums/Thoma, § 18 Rn. 54; WACKERBARTH in: MüKo-AktG, § 18 Rn. 15. Siehe ausführlich zur Frage der Transparenz der Bedingung und des Bedingungseintrittes im Rahmen der MAC-Klausel unten 6. Teil § 15 B. II. 1., C.

[680] Ob eine Umgehung des Rücktrittsverbotes bejaht werden kann, hängt vom jeweiligen Sachverhalt und von der Ausgestaltung der einzelnen Bedingung ab. Siehe hierzu bei den einzelnen Bedingungstatbeständen, 5. Teil § 13.

Angebotes sowie der Gewährleistung der Angebotserfüllung besonderes Gewicht bei. Es ist „*weder im Interesse der Inhaber von Wertpapieren der Zielgesellschaft noch der Zielgesellschaft selbst .., Beteiligte eines Angebotsverfahrens zu sein, das auf der Seite des Bieters auf keiner vertretbaren wirtschaftlichen Grundlage steht und unter Umständen von Anfang an zum Scheitern verurteilt ist*“[681] und so letztlich „*die ‚gute Ordnung' der Kapitalmärkte belaste[t]*“.[682] Die Aufnahme eines Finanzierungsvorbehaltes ist insofern problematisch.

1. FINANZIERUNGSVORBEHALT IM ÜBERNAHMEANGEBOT

Die Zulässigkeit eines Finanzierungsvorbehaltes hängt sowohl von der Art der Finanzierung des Übernahmeangebotes (Barmittel oder Aktien) als auch davon ab, ob er Inhalt der Angebotsunterlage selbst oder aber der Finanzierungsbestätigung ist.

a) Kein Finanzierungsvorbehalt im Barübernahmeangebot und bei Fremdfinanzierung

Finanzierungsvorbehalte, die Barübernahmeangebote vom Erfolg eines Finanzierungskonzepts des Bieters abhängig machen, sind unzulässig.[683] Bei einer fremdfinanzierten Übernahme fragt sich bereits, ob die finanzierende Bank Nichtdritte i.S.v. § 18 Abs. 1 WpÜG ist und die erfolgreiche Finanzierung damit allein in der Sphäre des Bieters liegt.[684] Auch wenn ein Finanzierungskonzept an der fehlenden Kooperationsbereitschaft eines beteiligten Kreditinstitutes scheitern kann, gilt es zu berücksichtigen, dass die Einzelverantwortlichkeiten im Innenverhältnis zwischen Bieter und Kreditinstitut für die Aktionäre der Zielgesellschaft nicht erkennbar sind und die Gefahr einer einseitigen Einflussnahme des Bieters groß ist.[685]

Auf jeden Fall steht der Zulässigkeit eines Finanzierungsvorbehaltes § 13 Abs. 1 S. 1 WpÜG und die darin dem Bieter zugewiesene Finanzierungsverantwortung des Bieters entgegen.[686] Der Bieter hat die Angebotsfinanzierung soweit vorzubereiten, dass die Finanzierung auch im Verhältnis zum Kreditgeber abgesichert und dessen einseitiger Einflussnahme entzogen ist.[687] Eine Umgehung dieser Finanzierungsverantwortung des Bieters und ihrer Absicherung nach § 13 Abs. 1 S. 2 WpÜG mittels der Aufnahme einer Bedingung ist zu verhindern. Eine solche würde allerdings bei der Aufnahme eines unbeschränkten Vorbehaltes der Angebotsfinanzierung in

---

[681] Begr. RegE-WpÜG, BT-Drucks. 14/7034, S. 41 zu § 11 Abs. 2 S. 3 Nr. 1.

[682] SINGHOF/WEBER, WM 2002, 1158 f.

[683] BUSCH, AG 2002, 145, 147 f.; LAND/HASSELBACH, DB 2000, 1747, 1750.

[684] KK-WpÜG/HASSELBACH, § 18 Rn. 63; OECHSLER in: Ehricke/Ekkenga/Oechsler, § 18 Rn. 3.

[685] So OECHSLER in: Ehricke/Ekkenga/Oechsler, § 18 Rn. 3.

[686] KK-WpÜG/HASSELBACH, § 18 Rn. 63; siehe hierzu auch KRAUSE in: Assmann/Pötzsch/Schneider, § 18 Rn. 67 f.; THAETER/BARTH, NZG 2001, 545, 548; THOMA/STÖCKER in: Baums/Thoma, § 10 Rn. 78, § 18 Rn. 95 f., die zudem § 13 Abs. 2 WpÜG anführen; VOGEL in: Haarmann/Riehmer/Schüppen, § 13 Rn. 64; WACKERBARTH in: MüKo-AktG, § 18 Rn. 35 f.

[687] OECHSLER in: Ehricke/Ekkenga/Oechsler, § 18 Rn. 3. Zur Erfüllung des Tatbestandsmerkmales der Sicherstellung notwendiger Mittel durch die Sicherung von Bankdarlehen siehe unten 5. Teil § 12 C. II. 2.

das Übernahmeangebot vorliegen.[688] Aufgrund des dann gegebenen Widerspruchs zum Sinn und Zweck des § 13 Abs. 1 WpÜG wäre sie seitens der BaFin mit der Untersagung der Veröffentlichung der Angebotsunterlage zu sanktionieren.[689] Insofern kann das Übernahmeangebot auch nicht davon abhängig gemacht werden, dass es bei einer wesentlichen Verschlechterung der wirtschaftlichen Lage des Bieters wirkungslos wird.[690]

In Betracht käme einzig eine auflösende Bedingung für den Fall des nachträglichen Wegfalles der Finanzierungsmöglichkeiten.[691] Macht die kreditfinanzierende Bank wegen nachteiliger Veränderung der gesamtwirtschaftlichen Lage und/oder der Finanz- und Ertragslage des Bieters oder der Zielgesellschaft von ihrem vertraglich oder gesetzlich bestehenden außerordentlichen Kündigungsrecht Gebrauch[692], liegt kein Verstoß gegen § 13 Abs. 1 S. 1 WpÜG vor. Erst nachträglich eingetretene Umstände haben dazu geführt, dass die Angebotsfinanzierung nicht mehr gesichert ist. Eine tatsächliche Erfüllung der finanziellen Verpflichtungen zum Zeitpunkt der Fälligkeit ist vom Bieter nicht sicherzustellen. Für die Einhaltung des § 13 Abs. 1 S. 1 WpÜG reicht es aus, wenn bei normalem Verlauf mit dem Vorhandensein der Mittel bei Fälligkeit mit an Sicherheit grenzender Wahrscheinlichkeit zu rechnen und eine Kündigung vor vollständiger Angebotserfüllung nicht zu befürchten ist.[693] Es ist allerdings darauf zu achten, dass der Bieter die Umstände, die zur Kündigung und damit zum Bedingungseintritt geführt haben, nicht ausschließlich selbst herbeigeführt oder beeinflusst hat, er seine Finanzierungsverantwortung nicht umgeht. Kann dies verneint werden, liegt die auflösende Bedingung nicht im ausschließlichen Einflussbereich des Bieters. Zur Wahrung des Transparenzgebotes und des Informationsrechtes der Aktionäre sind die wesentlichen Kündigungsrechte des Kreditgebers in der Angebotsunterlage darzustellen.[694]

---

[688] OECHSLER in: Ehricke/Ekkenga/Oechsler, § 18 Rn. 3.

[689] BUSCH, AG 2002, 145, 147; THAETER in: Thaeter/Brandi, § 18 Rn. 204.

[690] Ebenso KK-WpÜG/HASSELBACH, § 18 Rn. 64.

[691] So KRAUSE in: Assmann/Pötzsch/Schneider, § 18 Rn. 68, der den Bieter für nicht verpflichtet hält, die Geltung des § 490 BGB abzubedingen; THAETER in: Thaeter/Brandi, Teil 2, Rn. 205. A.A. KK-WpÜG/HASSELBACH, § 18 Rn. 64; THOMA/STÖCKER in: Baums/Thoma, § 18 Rn. 100.

[692] Siehe dazu im 5. Teil unter § 12 C. II. 2.

[693] SINGHOF/WEBER, WM 2002, 1158, 1163; VOGEL, ZIP 2002, 1421, 1428.

[694] Vgl. AHA, AG 2002, 160, 165 Fn. 51; unter Berufung auf einen ansonsten ungerechtfertigten Eingriff in die wirtschaftliche Freiheit des Bieters BERRAR, ZBB 2002, 174, 177; THAETER in: Thaeter/Brandi, Teil 2, Rn. 205.

b) Erfordernis eines Kapitalerhöhungsbeschlusses der Gesellschafterversammlung bei Tauschangeboten

Vor dem Hintergrund des § 13 Abs. 1 WpÜG, der auch im Rahmen von Tauschangeboten Geltung beansprucht[695], erscheint zweifelhaft, ob ein Finanzierungsvorbehalt in einem Tauschangebot zulässig ist, wonach die Wirksamkeit des Übernahmeangebotes von der Zustimmung der Gesellschafterversammlung zur Kapitalerhöhung abhängt.[696] Dies wird zumindest teilweise für grundsätzlich zulässig erachtet.[697] Der Bieter habe allerdings die Kapitalmaßnahmen und Registereintragungen sorgfältig vorzubereiten und mit Hauptaktionären im Voraus im Rahmen des insiderrechtlich Zulässigen abzustimmen, um eine weitestgehende Sicherung der Finanzierung zu gewährleisten.[698]

Gegen einen Finanzierungsvorbehalt bei Tauschangeboten spricht indes der Wortlaut des § 13 Abs. 1 S. 1 WpÜG. Der Bieter hat die Finanzierung *sicherzustellen*.[699] Dies ist bei Tauschangeboten jedoch nur zu bejahen, wenn den Aktionären der Zielgesellschaft die hinreichend sichere Möglichkeit eingeräumt wird, die zum Tausch angebotenen Aktien des Bieters zu zeichnen: Der Bieter muss vor oder bei Veröffentlichung der Angebotsunterlage alle erforderlichen Schritte zur Durchführung der Kapitalerhöhung unternommen haben.[700] Es würde das mit § 13 WpÜG verfolgte Regelungsziel konterkarieren, läge nicht einmal die Zustimmung der Gesellschafterversammlung des Bieters zur Kapitalerhöhung vor.

Auch der Gesetzgeber setzt die Existenz eines erforderlichen Kapitalerhöhungsbeschlusses vor Veröffentlichung der Angebotsunterlage voraus und sieht ihn nicht als von § 18 Abs. 1 WpÜG i.V.m. § 25 WpÜG umfasst an; der in § 25 WpÜG angesprochene Beschluss der Gesellschafterversammlung darf sich nur auf das Ange-

---

[695] Begr. RegE, BT-Drucks. 14/7034, S. 44 zu § 13 Abs.1; OECHSLER in: Ehricke/Ekkenga/Oechsler, § 13 Rn. 2: Umkehrschluss aus § 13 Abs. 1 S. 2 WpÜG; ebenso BUSCH, AG 2002, 145, 147; SÜßMANN in: Geibel/Süßmann, § 13 Rn. 3, unter Verweis auf § 31 WpÜG. Ohne nähere Begründung KK-WpÜG/MÖLLERS, § 13 Rn. 39; STEINMEYER/HÄGER, § 13 Rn. 3; VOGEL in: Haarmann/Riehmer/Schüppen, § 13 Rn. 64.

[696] Zur Abgrenzung von Barangeboten, für die die erforderlichen Barmittel im Wege der Barkapitalerhöhung beschafft werden und bei denen der Kapitalerhöhungsbeschluss wegen § 13 Abs. 1 S. 1 WpÜG bereits vor Angebotsbeginn zu fassen ist, KK-WpÜG/MÖLLERS, § 13 Rn. 51; VOGEL, ZIP 2002, 1421, 1427; VOGEL in: Haarmann/Riehmer/Schüppen, § 13 Rn. 70.

[697] KK-WpÜG/HASSELBACH, § 18 Rn. 65; OECHSLER in: Ehricke/Ekkenga/Oechsler, § 13 Rn. 3, § 18 Rn. 10; tendenziell auch BUSCH, AG 2002, 145, 147 f.

[698] KK-WpÜG/HASSELBACH, § 18 Rn. 65.

[699] VOGEL in: Haarmann/Riehmer/Schüppen, § 13 Rn. 70, 75; GEIBEL in: Geibel/Süßmann, § 18 Rn. 36; LAND/HASSELBACH, DB 2000, 1747, 1751; KK-WpÜG/MÖLLERS, § 13 Rn. 57; OECHSLER, NZG 2001, 817, 821; PELTZER in: Assmann/Basaldua/Bozenhardt/Peltzer, S. 203: alternatives Barangebot erforderlich; STEINMEYER/HÄGER, § 13 Rn. 4; SÜßMANN in: Geibel/Süßmann, § 13 Rn. 5; VOGEL, ZIP 2002, 1421, 1427: Minimalvoraussetzung. Zur Zulässigkeit der Bedingungen der Eintragung der Durchführung der Sachkapitalerhöhung in das Handelsregister und des Börsenzulassungsbeschlusses unten 5. Teil § 13 E.

[700] So VOGEL in: Haarmann/Riehmer/Schüppen, § 13 Rn. 75.

bot als solches beziehen, nicht aber auf dessen Finanzierung[701]. Nach § 14 Abs. 1 S. 3 WpÜG kann bei der BaFin beantragt werden, die Frist für die Veröffentlichung der Angebotsunterlage um bis zu vier Wochen zu verlängern, sollte der Beschluss nicht innerhalb der Regelfrist des § 14 Abs. 1 S. 1 WpÜG herbeigeführt werden können.[702] Der Gesetzgeber verweist diesbezüglich darauf, dass der Bieter eine längere Frist benötigen kann, um den für die Aktienausgabe erforderlichen Kapitalerhöhungsbeschluss herbeizuführen.[703] Dass er die im Gesetzgebungsverfahren geäußerte Kritik[704] unberücksichtigt gelassen hat und bewusst von den engeren Vorgaben des Art. 3 Abs. 1 e) des EU-Richtlinienentwurfes von 2001 abgewichen ist, ist unbeachtlich.[705] Denn § 14 Abs. 1 S. 3 WpÜG gewährleistet, dass die Zustimmung der Gesellschafterversammlung zur Kapitalerhöhung zumindest vor der Veröffentlichung der *Angebotsunterlage* vorliegt. Dass ihr Vorliegen vor der *Angebotsankündigung* bei einer Publikumsgesellschaft wie der AG nicht *geboten* ist – nach § 10 Abs. 1 S. 2 WpÜG besteht die Veröffentlichungspflicht trotz fehlenden Beschlusses der Gesellschafterversammlung –, beruht auf der gebotenen Verhinderung von Marktverzerrungen und der Minimierung des Risikos von Insidergeschäften.

c) Bedingungen in der Finanzierungsbestätigung

Weiterhin wäre es denkbar, einen Finanzierungsvorbehalt in die nach § 13 Abs. 1 S. 2 WpÜG bei einem Barübernahmeangebot von einem unabhängigen Wertpapierdienstleistungsunternehmen[706] zu leistende Finanzierungsbestätigung aufzunehmen. Zum Teil wird vertreten, dass etwaige Vorbehalte oder Einschränkungen aufgrund der Korrespondenz des materiellen Aussagegehaltes der Finanzierungsbestätigung mit den Anforderungen des § 13 Abs. 1 S. 1 WpÜG regelmäßig als Verweigerung des Testates zu verstehen sind.[707] Die notwendige Vorbehaltlosigkeit

[701] Siehe hierzu THOMA/STÖCKER in: Baums/Thoma, § 18 Rn. 98.

[702] Vgl. DAV-HANDELSRECHTSAUSSCHUSS, NZG 2001, 1003 f. Auf diese Finanzierungsverantwortung des Bieters vor Veröffentlichung der Angebotsunterlage abstellend THOMA/STÖCKER in: Baums/Thoma, § 18 Rn. 97, 99.

[703] Begr. RegE, BT-Drucks. 14/7034, S. 67 zu § 14.

[704] Zum Diskussionsentwurf (NZG 2000, 844 ff.) LAND/HASSELBACH, DB 2000, 1747, 1751.

[705] So aber KK-WpÜG/HASSELBACH, § 18 Fn. 84. Art. 3 Abs. 1 e) lautete: „*Ein Bieter hat vor der Ankündigung eines Angebots ... alle gebotenen Maßnahmen zu treffen, um die Erbringung aller sonstigen Arten von Gegenleistungen zu garantieren.*"

[706] Hierfür ist auf die Legaldefinition des § 2 Abs. 4 WpHG zurückzugreifen, Begr. RegE-WpÜG, BT-Drucks. 14/ 7034, S. 44 zu § 13 Abs. 1.

[707] VOGEL, ZIP 2002, 1421, 1426; VOGEL in: Haarmann/Riehmer/Schüppen, § 13 Rn. 84. Vgl. SINGHOF/WEBER, WM 2002, 1158, 1162: zulässig sind nur Erläuterungen im Einzelfall zur besonderen Finanzierungsstruktur und zu im Einzelnen getroffenen Maßnahmen. Vgl. ders., ebenda, mit Verweis auf DAV-HANDELSRECHTSAUSSCHUSS, NZG 2001, 1003 f., der eine Wiederaufnahme des in der Begründung zum Referentenentwurf enthaltenen Satzes forderte, wonach den Charakter einer Einschränkung der Bestätigung besitzende Zusätze unzulässig sind. Es seien Fehlschlüsse zu vermeiden, dass Vorbehalte nunmehr zulässig sind; vgl. THAETER/ BARTH, NZG 2001, 545, 548. Ohne Begründung SÜßMANN in: Geibel/Süßmann, § 13 Rn. 16.

ergebe sich auch aus dem Umstand, dass die Bestätigung nur erteilt werden dürfe, wenn die Finanzierung als *sicher* anzusehen ist.[708] Ein typisiertes Vertrauen könne ansonsten nicht entstehen, da die Haftung nach § 13 Abs. 2 WpÜG aufgrund der Kenntnis des Anspruchsgegners von der Beschränkung i.S.v. § 13 Abs. 3 WpÜG i.V.m. § 12 Abs. 3 Nr. 2 WpÜG entfallen würde.[709]

Die Verpflichtung des Bieters, zum Zeitpunkt des Angebotes alle Schritte unternommen zu haben, um die aus dem Angebot resultierenden Pflichten zum Zeitpunkt der Fälligkeit erfüllen zu können, steht Beschränkungen in der Finanzierungsbestätigung aber nicht generell entgegen. Um jedoch eine Umgehung des § 18 Abs. 1 WpÜG zu verhindern, dürfen allein solche Bedingungen zulässig sein, die auch im Übernahmeangebot selbst nach § 18 Abs. 1 WpÜG zulässig sind.[710] Demnach darf das testierende Wertpapierdienstleistungsunternehmen als Berater die Bedingung insbesondere nicht ausschließlich selbst herbeiführen können. Hat der Bieter keine Bedingung gesetzt oder waren diese unzulässig, muss allerdings auch die Finanzierungsbestätigung vorbehaltlos sein.[711]

Nach BERRAR[712] ist die Aufnahme von Vorbehalten in der Finanzierungsbestätigung entbehrlich, wenn der Bieter sicherstellt, dass das Übernahmeangebot selbst bedingt ausgestaltet wird. Tritt eine Bedingung ein, werden der Anspruch auf die Gegenleistung und damit auch ein etwaiger Haftungsanspruch gegen den Aussteller der Finanzierungsbestätigung endgültig nicht fällig. Verzichtet der Bieter jedoch auf eine Bedingung, tritt das Problem auf, dass die Erfüllbarkeit der Gegenleistung gefährdet ist, so beispielsweise wenn der Bieter auf eine MAC-Bedingung verzichtet und infolgedessen Assets bei der Zielgesellschaft, die die Finanzierungsgrundlage bildeten, nicht mehr verfügbar sind.[713] Eine Rücknahme der Finanzierungsbestätigung scheidet wegen der ansonsten gegebenen Haftungsumgehung aus. Ihre Berichtigung gem. § 13 Abs. 3 i.V.m. § 12 Abs. 3 Nr. 3 WpÜG würde zu einer nachträglichen Angebotsuntersagung führen.[714] Die Haftungsgefahr kann auch nicht vollständig dadurch ausgeschlossen werden, dass die Bank darauf Wert legt, dass ein Bedingungsverzicht mit ihr abgesprochen wird.[715] Die Aufnahme objektiver Bedingungen ist aus diesem Grunde zuzulassen.[716]

---

[708] So STEINMEYER/HÄGER, § 13 Rn. 5.

[709] KK-WpÜG/MÖLLERS, § 13 Rn. 81.

[710] BUSCH, AG 2002, 145, 147; i.d.S. auch OECHSLER in: Ehricke/Ekkenga/Oechsler, § 13 Rn. 7; VOGEL, ZIP 2002, 1421, 1428; tendenziell auch BERRAR, ZBB 2002, 174, 178.

[711] BERRAR, ZBB 2002, 174, 178; OECHSLER in: Ehricke/Ekkenga/Oechsler, § 13 Rn. 7.

[712] BERRAR, ZBB 2002, 174, 178. Zustimmend KRAUSE in: Assmann/Pötzsch/Schneider, § 13 Rn. 103.

[713] Auf dieses Problem hinweisend BERRAR, ZBB 2002, 174, 178.

[714] BERRAR, ZBB 2002, 174, 178.

[715] So BUSCH, AG 2002, 145, 147.

[716] Vgl. OECHSLER in: Ehricke/Ekkenga/Oechsler, § 13 Rn. 7, der im Hinblick auf den möglichen Wegfall der Geschäftsgrundlage (§ 313 BGB) Rechtsbedingungen unschädlich hält, die nur die Rechtslage wiederholen.

2. BEDINGUNGEN IN FINANZIERUNGSVERTRÄGEN

Im Rahmen der Angebotsfinanzierung ist zuletzt zu untersuchen, ob § 13 Abs. 1 S. 1 WpÜG eine bedingte Ausgestaltung des dem Übernahmeangebot zugrunde liegenden Finanzierungsvertrages zulässt.

a) *Darlehensvertrag als ausreichende Finanzierungsgrundlage*

Zunächst ist klarzustellen, dass der Bieter eines fremdfinanzierten Übernahmeangebotes mit dem Abschluss eines Darlehensvertrages die Finanzierung des Übernahmeangebotes sichergestellt hat, selbst wenn er seitens des Kreditinstitutes aus wichtigem Grund gekündigt werden kann oder eine MAC-Klausel beinhaltet.[717] Die Mittel müssen zudem erst zum Zeitpunkt der Fälligkeit zur Verfügung stehen, wobei eine hinreichend sichere Verfügbarkeit vertraglich gewährleistet sein muss.[718] Müssten die Mittel bei Angebotsabgabe verfügbar sein, so bedürfte es überhaupt keiner Finanzierungsbestätigung.[719]

Dem Gesetzeswortlaut lässt sich nicht entnehmen, dass zum Zeitpunkt der Veröffentlichung der Angebotsunterlage eine unwiderrufliche Zahlungsgarantie vorliegen muss oder liquide Mittel auf einem Sperrkonto eingezahlt sein müssen.[720] Für eine Zahlungsgarantie bezüglich der Verbindlichkeiten des Bieters bedürfte es eines Vertragsschlusses des Garanten mit den einzelnen Aktionären der Zielgesellschaft als Gläubiger des Bieters.[721] Davon, dass die Finanzierungsbestätigung gleichzeitig eine Zahlungszusage beinhaltet, die im Wege einer „*öffentlichen Erklärung*“[722] die Wirkung einer Garantie besitzt[723], ist der Gesetzgeber ersichtlich nicht ausgegangen. Denn wäre eine weitergehende Sicherung der Gegenleistung beabsichtigt gewesen, hätte er eine § 327 b Abs. 3 AktG entsprechende Regelung getroffen.[724] Würde die Finanzierungsbestätigung zugleich eine Garantieerklärung beinhalten, wäre zudem die Normierung eines verschuldensabhängigen Schadensersatzanspruchs entbehr-

---

717 A.A. unter Berufung auf das drohende Haftungspotenzial GEIBEL/SÜßMANN, BKR 2002, 52, 55; SÜßMANN in: Geibel/Süßmann, § 13 Rn. 18; restriktiv auch VOGEL in: Haarmann/Riehmer/Schüppen, § 13 Rn. 73, nach dem die vorzeitige Kündigungsmöglichkeit des Kreditgebers, „*wenn nicht gar die ordentliche Kündigung überhaupt*“ ausgeschlossen sein muss.

718 VOGEL, ZIP 2002, 1421, 1426. Siehe ausführlich BERRAR, ZBB 2002, 174, 177, 179, mit dem Hinweis, dass eine Finanzierung ansonsten nicht zu bekommen sei und der Bedingungseintritt nicht den Regelfall darstelle.

719 THAETER in: Thaeter/Brandi, Teil 2, Rn. 377.

720 So aber GEIBEL/SÜßMANN, BKR 2002, 52, 55; SÜßMANN in: Geibel/Süßmann, § 13 Rn. 18 ff. Wie hier BERRAR, ZBB 2002, 174, 177; OECHSLER in: Ehricke/Ekkenga/Oechsler, § 13 Rn. 3; VOGEL, ZIP 2002, 1421, 1426 f.

721 BÜLOW, Rn. 1550 f.; MüKo-WELTER, HGB, ZahlungsV, Rn. J 1 ff.

722 SINGHOF/WEBER, WM 2002, 1158, 1163.

723 So GEIBEL/SÜßMANN, BKR 2002, 52, 57.

724 Dazu VOGEL, ZIP 2002, 1421, 1426 f.; SINGHOF/WEBER WM 2002, 1158, 1163. Nach KK-WpÜG/MÖLLERS, § 13 Rn. 56, genügt ein Darlehensvertrag, der allein für das Scheitern der Übernahme ein Rücktrittsrecht vorsieht.

lich gewesen; eine Exkulpationsmöglichkeit bestünde nicht.[725] Das bestätigende Finanzinstitut würde ferner das Insolvenzrisiko des Bieters tragen, was gerade durch die Verschuldenshaftung ausgeschlossen werden soll.[726]

b) Inhaltliche Anforderungen an Finanzierungsverträge

Problematisch ist jedoch, welchen inhaltlichen Anforderungen Finanzierungsverträge im Einzelnen unterliegen, um ein Haftungsrisiko des bestätigenden Finanzinstitutes auszuschließen, wenn die Gegenleistung entgegen der Finanzierungsbestätigung im Fälligkeitszeitpunkt nicht ausgezahlt wird.

Darlehensverträge enthalten regelmäßig Auszahlungsvorbehalte, Auflagen und Kündigungsmöglichkeiten, die auf die finanziellen Verhältnisse des Darlehensnehmers und/oder das allgemeine Marktrisiko abstellen.[727] Die Finanzierungsbestätigung, dass der Bieter alle notwendigen Maßnahmen zur Sicherstellung der Finanzierung getroffen hat, impliziert, dass bei normalem Verlauf mit dem Vorhandensein der zur Erfüllung der Gegenleistung erforderlichen Mittel zu rechnen ist. Hiervon ist nicht auszugehen, wenn im Zeitpunkt der Bestätigung aufgrund von Auszahlungsvorbehalten eine Darlehensausreichung ungewiss ist. Das bestätigende Finanzierungsinstitut kann sich dann kaum damit exkulpieren, dass die unsichere Finanzierung trotz Anwendung der gebotenen Sorgfalt nicht erkennbar war. Mit Blick auf § 13 Abs. 1 S. 1 WpÜG darf vielmehr nicht zu befürchten sein, dass vor vollständiger Angebotserfüllung eine Kündigung der Finanzierung nach Maßgabe der jeweiligen Finanzierungsbedingungen erfolgt.[728] Die ordentliche Kündigung (vgl. §§ 488 Abs. 3, 489 BGB) ist daher auszuschließen. Ein Ausschluss des außerordentlichen Kündigungsrechtes nach § 490 Abs. 1 BGB ist dagegen wegen § 314 BGB sowie des Prinzips der Einheit der Rechtsordnung nicht möglich.[729]

Inwiefern eine auf das allgemeine Marktrisiko abstellende MAC-Klausel im Finanzierungsvertrag ein Haftungsrisiko i.S.v. § 13 Abs. 2 WpÜG für das bestätigende Finanzinstitut darstellt, ist fraglich. Eine sichere Basis bietet auf jeden Fall § 490 Abs. 1 BGB.[730] Davon unabhängig hätte ein unbedingtes Festhalten am Darlehensvertrag zur Konsequenz, dass das bestätigende Finanzinstitut das Insolvenzrisiko des Bieters tragen müsste. Dies wurde bereits im Gesetzgebungsverfahren zugunsten einer verschuldensabhängigen Haftung (§ 13 Abs. 3 i.V.m. § 12 Abs. 2 WpÜG)

---

[725] So SINGHOF/WEBER WM 2002, 1158, 1163; VOGEL, ZIP 2002, 1421, 1426.

[726] SINGHOF/WEBER WM 2002, 1158, 1163. Siehe dazu auch nachfolgend 5. Teil § 12 C. II. 2. b).

[727] BAUMS/VOGEL in: Lutter/Scheffler/Schneider, § 9 Rn. 9.25 ff.; HEEMANN in: Semler/Volhard, Bd. 1, § 15 Rn. 51 ff., 73.

[728] VOGEL, ZIP 2002, 1421, 1428.

[729] SINGHOF/WEBER, WM 2002, 1158, 1164; VOGEL, ZIP 2002, 1421, 1428. OECHSLER in: Ehricke/Ekkenga/Oechsler, § 13 Rn. 3: Kündigungsrechte aus wichtigem Grund unschädlich; ders., ebenda, Rn. 7: Rücktrittsrechte oder Bedingungen sind irrelevant.

[730] SINGHOF/WEBER, WM 2002, 1158, 1164. Da der Kreditgeber nach §§ 490, 314 BGB zur außerordentlichen Kündigung berechtigt ist, wird neuerdings wegen des potenziellen Haftungsrisikos teilweise auf die Aufnahme von MAC-Klauseln in Finanzierungsverträge verzichtet.

abgelehnt.[731] Nach dem Wortlaut des § 13 Abs. 2 WpÜG kommt es überdies auf die Kausalität zwischen dem Nichtzurverfügungstellen und dem Nichtvorhandensein der Mittel an; das bestätigende Finanzierungsinstitut trägt folglich nicht das komplette Ausfallrisiko.[732] Nach Ansicht von SINGHOF/WEBER[733] besteht ein Haftungsrisiko daher nur, *„wenn die sachlichen Grundlagen, die nach Abgabe der Bestätigung zur Kreditgefährdung und außerordentlichen Kündigung geführt haben, im Zeitpunkt der Ausstellung der Bestätigung nicht unvorhersehbar waren, sondern bei der Anwendung der gebotenen Sorgfalt für das bestätigende Institut entsprechende Indizien erkennbar waren, und es daher die Wahrscheinlichkeit späterer Änderungen hätte bedenken und antizipieren können"*.[734] Sind MAC-Klauseln in Übernahmeangeboten zulässig[735], spricht demnach nichts gegen einen inhaltlichen Transfer in dem im Rahmen von § 18 Abs. 1 WpÜG als zulässig erachteten Umfang. Ausnahmsweise können daher Auszahlungsvorbehalte vereinbart werden, die den nach § 18 Abs. 1 WpÜG zulässigen Bedingungen entsprechen.[736]

D. NACHTRÄGLICHE ÄNDERUNG VON BEDINGUNGEN

Der Gesetzgeber hat nicht nur der anfänglichen Aufnahme einer Bedingung in die Angebotsunterlage, sondern auch der nachträglichen einseitigen inhaltlichen Änderung von Bedingungen Schranken gesetzt. § 21 WpÜG enthält – abweichend vom Grundsatz der Verbindlichkeit des Angebotes nach Veröffentlichung[737] der Angebotsunterlage – einen mangels Generalklausel abschließenden Katalog[738] über zulässige Angebotsänderungen, die sich nur zugunsten der Wertpapierinhaber der Zielgesellschaft auswirken dürfen.[739] Hierbei ist irrelevant, ob sich die Änderung im

[731] Vgl. DAV-HANDELSRECHTSAUSSCHUSS, NZG 2001, 420, 424; Möller/Pötzsch, ZIP 2001, 1256, 1258.

[732] Der in der Begr. RegE-WpÜG, BT-Drucks. 14/7034, S. 44, zum Ausdruck kommende gesetzgeberische Wille einer umfassenden Garantie der Bank hat im Wortlaut keinen Niederschlag gefunden; vgl. zur zweckorientierten Haftungserweiterung auf Fälle der Erfüllungsverweigerung THAETER in: THAETER/BRANDI, Teil 2, Rn. 383 f.

[733] SINGHOF/WEBER, WM 2002, 1158, 1164.

[734] Vgl. VOGEL, ZIP 2002, 1421, 1428; KK-WpÜG/MÖLLERS, § 13 Rn. 63 f.; ablehnend SÜßMANN, in: Geibel/Süßmann, § 13 Rn. 17.

[735] BERRAR, ZBB 2002, 174, 178 f.; SINGHOF/WEBER, WM 2002, 1158, 1164.

[736] So BUSCH, AG 2002, 145, 147; KK-WpÜG/MÖLLERS, § 13 Rn. 56; KRAUSE, NZG 2000, 905, 908 THOMA/STÖCKER in: Baums/Thoma, § 18 Rn. 100; in Bezug auf das Erfordernis eines bindenden Darlehensvertrages SINGHOF/WEBER, WM 2002, 1158, 1164.

[737] Zur Zulässigkeit von Änderungen vor der Veröffentlichung und während des Prüfungsverfahrens KK-WpÜG/HASSELBACH, § 21 Rn. 10 f.

[738] KK-WpÜG/HASSELBACH, § 21 Rn. 4, 19; SCHRÖDER in: Haarmann/Riehmer/Schüppen, § 21 Rn. 9; THUN in: Geibel/Süßmann, § 21 Rn. 21.

[739] Die Vertragsfreiheit ist auch insoweit eingeschränkt, THAETER in: THAETER/BRANDI, Teil 2, Rn. 287. Zulässig sind Berichtigungen ohne inhaltliche Veränderungen des Angebotes, resultierend aus dem nach § 11 Abs. 1 S. 2 und 3 WpÜG bestehenden Gebot der richtigen und vollständigen Information in der Angebotsunterlage, vgl. KK-WpÜG/HASSELBACH, § 21 Rn. 28 ff.; SCHRÖDER in: Haarmann/Riehmer/Schüppen, § 21 Rn. 11.

Einzelfall aus subjektiver und/oder objektiver Sicht zum Nachteil der Aktionäre der Zielgesellschaft auswirkt oder inhaltlich neutral ist.[740] Im Gegensatz zu § 145 BGB kann der Bieter aber eine Änderung auch vornehmen, wenn er sich diese nicht ausdrücklich vorbehalten hat.[741] Bedingungen lassen sich lediglich insoweit abändern, als der Bieter die Mindestannahmeschwelle verringert oder auf Bedingungen verzichtet, § 21 Abs. 1 S. 1 Nr. 3 und 4 WpÜG.[742]

I. Herabsetzung der Mindestannahmeschwelle und Bedingungsverzicht

Mangels gesetzlicher Bestimmung steht es im Belieben des Bieters, in welchem Umfang er die Mindestannahmeschwelle herabsetzt, so dass es auch keine Rolle spielt, ob sie bereits überschritten ist.[743] Rechtstechnisch handelt es sich um einen teilweisen Bedingungsverzicht.[744] Wird sie dagegen in dem Umfang gesenkt, dass der neue Annahmewert bereits erreicht ist, liegt ein von § 21 Abs. 1 Nr. 4 WpÜG umfasster vollständiger Bedingungsverzicht vor.[745] Die Schwelle lässt sich auch auf unter 30 % herabsetzen, soweit sich das Angebot weiterhin an alle Wertpapierinhaber der Zielgesellschaft richtet.[746]

Eine uneingeschränkt mögliche Herabsetzung der Mindestannahmeschwelle beschwört allerdings ein faktisches Rücktrittsrecht herauf. So kann der Bieter die Akzeptanzschwelle zunächst so hoch ansetzen, dass deren Erreichen sehr unwahrscheinlich ist und erst im weiteren Verfahrensverlauf auf das erreichbare Maß herabsetzen.[747] Dieser Gefahr[748] wird allerdings – wenn auch nicht explizit in § 21 WpÜG – dadurch entgegengewirkt, dass auch eine Änderung dem Transparenzge-

---

740 KK-WpÜG/HASSELBACH, § 21 Rn. 3. Nach THUN in: Geibel/Süßmann, § 21 Rn. 22, umfasst die Angebotsverbesserung auch die Aufhebung einer seitens des Bieters erklärten Verbesserungssperre.

741 KK-WpÜG/HASSELBACH, § 21 Rn. 2.

742 § 21 Abs. 1 S. 1 Nr. 3 und 4 WpÜG ist bei Pflichtangeboten trotz des fehlenden Ausschlusses in § 39 WpÜG nicht anwendbar, da weder Mindestakzeptanzschwellen zulässig sind noch auf zulässige Kartellbedingungen in der Praxis verzichtet wird, vgl. DAV-HANDELSRECHTSAUSSCHUSS, NZG 2001, 420, 425.

743 SCHRÖDER in: Haarmann/Riehmer/Schüppen, § 21 Rn. 18; zustimmend KK-WpÜG/HASSELBACH, § 21 Rn. 26; THAETER in: Thaeter/Brandi, Teil 2, Rn. 283.

744 SCHRÖDER in: Haarmann/Riehmer/Schüppen, § 21 Rn. 17; STEINMEYER/HÄGER, § 21 Rn. 16; THOMA/STÖCKER in: Baums/Thoma, § 18 Rn. 140. Anders THAETER in: Thaeter/Brandi, Teil 2, Rn. 283, nach dem es sich dabei um eine Änderung des Vertragsangebotes handelt.

745 THUN in: Geibel/Süßmann, § 21 Rn. 9, 11; zustimmend KK-WpÜG/HASSELBACH, § 21 Rn. 26.

746 KK-WpÜG/HASSELBACH, § 21 Rn. 26; insoweit unzutreffend STEINMEYER/HÄGER, § 21 Rn. 15.

747 Vgl. KK-WpÜG/HASSELBACH, § 21 Rn. 26; THAETER in: Thaeter/Brandi, Teil 2, Rn. 284.

748 THUN in: Geibel/Süßmann, § 21 Rn. 12, spricht insofern von einer Hinnahme der Gefahr durch den Gesetzgeber.

bot unterliegt und Gründe für eine etwaige Absenkung der Mindestannahmeschwelle offenzulegen sind.[749]

Der nach § 21 Abs. 1 Nr. 4 WpÜG zulässige umfängliche Bedingungsverzicht bewirkt eine nachträgliche Angebots- bzw. Vertragsänderung und stellt das inverse Korrelat zum Ausfall einer Bedingung dar: Während letzterer den Vertrag bzw. das Übernahmeangebot aufhebt, „*bewirkt der Verzicht auf die Bedingung die volle Wirksamkeit (Unbedingtheit) des zwischen den Angebotsadressaten und dem Bieter allenfalls schon abgeschlossenen Veräußerungsvertrages*".[750] Der Verzicht auf den Bedingungseintritt wird demnach dem Bedingungseintritt gleichgestellt.[751] Er kommt insbesondere im Falle der Aufnahme eines Kartellvorbehaltes in Betracht, wenn die kartellrechtlichen Auflagen und Bedingungen für den Bieter akzeptabel sind.[752]
Dem Bieter steht ausnahmsweise[753] eine vom Erfordernis eines Änderungsvertrages unabhängige Möglichkeit zum Verzicht i.S.v. § 397 BGB[754] und damit eine einseitige Angebotsänderungsbefugnis zu.[755] Die Angebotsadressaten erfahren dadurch einen ausreichenden Schutz, dass das WpÜG ohnehin nur die Aufnahme solcher Bedingungen zulässt, die vom Bieter nicht kontrollierbar sind[756], und § 21 Abs. 4 WpÜG ein gesetzliches Rücktrittsrecht einräumt. Ein solcher Verzicht ist infolge der Beseitigung bestehender Schwebezustände und der Unsicherheit über die Erfüllung der abgeschlossenen Kauf- oder Tauschverträge „*im Interesse der Wertpapierinhaber, denen gegenüber das Angebot abgegeben wird*".[757] Die Bindung des Bieters an sein Angebot bleibt bestehen, jedoch im Rahmen der geänderten Konditionen.[758]
Der Verzicht kann allerdings nur so lange erklärt werden, wie die Bedingung noch nicht eingetreten bzw. endgültig ausgefallen ist. Mit Bedingungseintritt bzw. -ausfall ist das zugrunde liegende Rechtsgeschäft endgültig wirksam bzw. hat seine Wirkung

---

[749] Siehe DAV-HANDELSRECHTSAUSSCHUSS, NZG 2001, 420, 425, der für eine Offenlegung der Voraussetzungen für eine Absenkung auf eine bestimmte Mindestschwelle bereits im Angebot plädiert oder dafür, dass eine Absenkung nicht bis zum letzten Werktag vor Ablauf der Annahmefrist möglich ist; THAETER in: Thaeter/Brandi, Teil 2, Rn. 284, mit Verweis auf die repressive Missstandsaufsicht des § 4 Abs. 1 S. 2 und 3 WpÜG.

[750] REUTTER, S. 139 f.

[751] THAETER in: Thaeter/Brandi, Teil 2, Rn. 285.

[752] Um Zweifel über den tatsächlichen Bedingungseintritt zu vermeiden, ist in der Angebotsunterlage klarzustellen, dass lediglich eine uneingeschränkte Freigabe zum Bedingungseintritt führt, siehe BUSCH, AG 2002, 145 f.

[753] Zum einseitigen Verzicht MüKo-WESTERMANN, § 158 BGB Rn. 44; Palandt-HEINRICHS, § 158 BGB Rn. 3.

[754] OECHSLER in: Ehricke/Ekkenga/Oechsler, § 21 Rn. 8; ders, ebenda, zur Zulässigkeit eines Teilverzichtes.

[755] Zum Verzichtsvorbehalt in der Angebotsunterlage WACKERBARTH in: MüKo-AktG, § 18 Rn. 26.

[756] THUN in: Geibel/Süßmann, § 21 Rn. 13.

[757] Begr. RegE-WpÜG, BT-Drucks. 14/7034, S. 49 zu § 21 Abs. 1.

[758] Vgl. REUTTER, S. 141.

verloren; ein Schwebezustand existiert nicht mehr. Es gelten insofern die allgemeinen zivilrechtlichen Regelungen.[759] Dass § 21 Abs. 1 WpÜG dem Bieter eine Verzichtsmöglichkeit bis zu einem Werktag vor Ablauf der Annahmefrist einräumt, steht dem nicht entgegen.[760] Die Frist stellt einzig sicher, dass die Angebotsadressaten vor Ablauf der Annahmefrist verbindliche Kenntnis der Angebotskonditionen haben, die die Entscheidungsgrundlage für die Angebotsannahme bilden. Solange eine Bedingung nicht eingetreten bzw. ausgefallen ist, kann auf ihren Eintritt bzw. Ausfall bis zum Fristablauf verzichtet werden. Ein Wille des Gesetzgebers i.d.S., dass ein Angebot wieder Rechtswirkungen entfaltet, die es bereits aufgrund des Bedingungseintrittes bzw. -ausfalles verloren hatte, lässt sich der Frist nicht entnehmen. Dass sie zum Zeitpunkt des Eintrittes der auflösenden Bedingung bezüglich einer aufschiebenden Bedingung noch läuft, ist unschädlich; das Angebot bleibt wirkungslos.

II. Rechtsfolge einer Änderung

Hat der Bieter eine Bedingung abgeändert, so ist diese Änderung gem. § 21 Abs. 1 und Abs. 2 S. 1 WpÜG bis zu einem Werktag vor Ablauf der Annahmefrist zu veröffentlichen.[761] Die Veröffentlichung der Bedingungsänderung hat zur Folge, dass die Angebotsänderung kraft Gesetzes für und gegen alle Wertpapierinhaber der Zielgesellschaft wirkt, ohne dass es ihrer Zustimmung bedurfte.[762]

Unmittelbare Rechtsfolge der Angebotsänderung ist insbesondere auch die Änderung bereits abgeschlossener Verträge. Hierfür ist es nicht erforderlich, dass die Aktionäre, die das ursprüngliche Angebot bereits angenommen hatten, vom abgeschlossenen Vertrag zurücktreten müssen, um das geänderte Angebot annehmen zu können. Dies könnte zwar daraus gefolgert werden, dass nach der Gesetzesbegründung allen Aktionären die Annahme des geänderten Angebotes ermöglicht werden soll und § 21 Abs. 4 WpÜG den Aktionären, die das Angebot bereits angenommen haben, „***daher** ein gesetzliches Rücktrittsrecht ... ein[räumt]*“.[763] Gegen eine derartige

---

[759] Vgl. THAETER in: Thaeter/Brandi, Teil 2, Rn. 286; THUN in: Geibel/Süßmann, § 21 Rn. 16. A.A. KRAUSE in: Assmann/Pötzsch/Schneider, § 18 Rn. 113; THOMA/STÖCKER in: Baums/Thoma, § 18 Rn. 141.

[760] So aber KK-WpÜG/HASSELBACH, § 21 Rn. 27: die Unsicherheitsphase nehme der Gesetzgeber hin, wenn er auflösende Bedingungen und den Verzicht zulasse; der faktische Rücktrittsvorbehalt infolge der Abhängigkeit des Bedingungseintrittes von einer Entscheidung des Bieters sei *de lege lata* zu akzeptieren.

[761] Zur Frist für den Bedingungsverzicht ausführlich BUSCH, ZIP 2003, 102 ff.

[762] Begr. RegE-WpÜG, BT-Drucks. 14/7034, S. 49 zu § 21 Abs. 1; KK-WpÜG/HASSELBACH, § 21 Rn. 16; im Ergebnis zutreffend auch STEINMEYER/HÄGER, § 21 Rn. 18.

[763] Begr. RegE-WpÜG, BT-Drucks. 14/7034, S. 49 zu § 21 Abs. 4 (Hervorhebung nicht im Original). So auch SCHRÖDER in: Haarmann/Riehmer/Schüppen, § 21 Rn. 34, 36 ff.; THAETER in: Thaeter/Brandi, Teil 2, Rn. 292 ff.; THUN in: Geibel/Süßmann, § 21 Rn. 45.

Auslegung spricht insbesondere[764], dass eine Gleichbehandlung der Aktionäre gerade nur gegeben ist, wenn gegenüber allen Wertpapierinhabern der Zielgesellschaft dasselbe Angebot Geltung erlangt, d.h. auch bereits abgeschlossene Verträge entsprechend dem aktuellen Angebot modifiziert werden.[765] Ansonsten läge eine Gleichbehandlung nur vor, wenn die Aktionäre nach Ausübung ihres Rücktrittsrechtes das geänderte Angebot annehmen. Zudem würde eine Herabsetzung der Mindestannahmeschwelle dazu führen, dass die bereits abgeschlossenen Verträge unwirksam wären, wenn die ursprüngliche Schwelle nicht erreicht wird. Auch zukünftige Annahmeerklärungen wären lediglich wirksam, wenn sie für sich betrachtet die Schwelle erreichen. Der Erfolg des Angebotes würde dann von entsprechenden Rücktritts- und Annahmeerklärungen abhängen.[766] Zuletzt würde sich der Angebotserfolg im Falle eines Bedingungsverzichtes nicht mehr auf abgeschlossene Verträge auswirken mit der Folge, dass deren Wirksamkeit mangels möglichen Bedingungseintrittes nicht mehr erreicht werden kann.[767] Die Wertpapierinhaber müssten wiederum ihr Rücktrittsrecht ausüben, um nachfolgend das unbedingte Angebot annehmen zu können. Die Annahme des geänderten Angebotes erfolgt demnach automatisch im Wege der direkten Vertragsänderung. Das Rücktrittsrecht ermöglicht es den Aktionären, sich nicht an ein geändertes Angebot festhalten lassen zu müssen; üben sie das Rücktrittsrecht nicht aus, bleiben sie an das geänderte Angebot zu den geänderten Konditionen gebunden.[768]

E. RECHTSFOLGEN

Werden Bedingungen in die Angebotsunterlage aufgenommen, so ist – nicht nur bei Angebotsänderungen – nach ihren Rechtsfolgen zu fragen, wobei zwischen denjenigen einer unzulässigen Bedingung und denjenigen zu differenzieren ist, die sich aus dem (Nicht-)Eintritt einer zulässigen Bedingung ergeben.

I. Unzulässige Bedingung

Nach § 15 Abs. 1 Nr. 2 WpÜG untersagt die BaFin das Angebot, wenn die in der Angebotsunterlage enthaltenen Angaben offensichtlich gegen Vorschriften dieses Gesetzes oder einer aufgrund dieses Gesetzes erlassenen Rechtsverordnung verstoßen. Nach der Gesetzesbegründung zu § 14 Abs. 2 WpÜG liegt ein solcher offensichtlicher Gesetzesverstoß vor, „*wenn der Bieter sein Angebot von Bedingungen abhängig*

[764] Bei Betrachtung der für eine automatische Vertragsmodifizierung sprechenden Gesichtspunkte handelt es sich entgegen THAETER in: Thaeter/Brandi, Teil 2, Rn. 294 f., nicht nur um Effizienzgründe.
[765] Vgl. STEINMEYER/HÄGER, § 21 Rn. 7.
[766] Vgl. STEINMEYER/HÄGER, § 21 Rn. 9.
[767] Vgl. STEINMEYER/HÄGER, § 21 Rn. 10.
[768] So auch KK-WpÜG/HASSELBACH, § 21 Rn. 16 f., 40, 45.

macht, die offensichtlich nach § 18 WpÜG unzulässig sind".[769] Mit der Angebotsuntersagung wird ein darauf basierendes Rechtsgeschäft nichtig, § 15 Abs. 3 S. 2 WpÜG i.V.m. § 134 BGB, und ist nach §§ 812 ff. BGB rückabzuwickeln. Dadurch wird verhindert, dass der Bieter Wertpapiere der Zielgesellschaft unter Umgehung eines ordnungsgemäßen Verfahrens rechtswirksam erwirbt.[770] Kann ein offensichtlicher Gesetzesverstoß nicht festgestellt werden, bleibt es der BaFin vorbehalten, die Veröffentlichung der Angebotsunterlage im Rahmen ihrer Missbrauchsaufsicht nach § 4 Abs. 1 S. 2 und 3 WpÜG zu untersagen oder dem Bieter die Berufung auf die Bedingung zu verbieten.[771]

Selbst wenn das Angebot nicht untersagt wird und die auf dessen Grundlage abgeschlossenen Verträge wirksam sind, ist eine in unzulässiger Weise aufgenommene Bedingung nichtig. Ob die Nichtigkeit der Bedingung eine Teilnichtigkeit oder aber die Gesamtnichtigkeit des Vertrags zur Folge hat, ist grundsätzlich nach § 139 BGB zu bestimmen.[772] Dabei ist jedoch mit Blick auf den hinter den §§ 17 f. WpÜG stehenden Rechtsgedanken zu berücksichtigen, dass die Gesamtnichtigkeit des Angebotes und der bereits abgeschlossenen Verträge dem Bieter eine ungerechtfertigte Ausstiegsmöglichkeit eröffnen würde.[773]

II. Eintritt und Ausfall der Bedingung

Enthält die Angebotsunterlage demgegenüber eine zulässige Bedingung, beseitigt ihr Eintritt und Ausfall den durch sie hervorgerufenen Schwebezustand. Im Übrigen ist zu differenzieren. Während beim Eintritt aufschiebender Bedingungen das Rechtsgeschäft *ipso iure*[774] wirksam wird, tritt bei auflösenden Bedingungen der frühere Rechtszustand wieder ein.[775]

Ist eine *aufschiebende* Bedingung eingetreten, so hat dies weder Auswirkungen auf abgeschlossene Verträge noch auf die Annahmefähigkeit des Angebotes innerhalb der Annahmefrist; mit Eingang einer Annahmeerklärung innerhalb der Annahme-

---

[769] Begr. RegE-WpÜG, BT-Drucks. 14/7034, S. 45 zu § 14 Abs. 2. Siehe dazu GEIBEL in: Geibel/Süßmann, § 14 Rn. 24; STEINMEYER/HÄGER, § 15 Rn. 4 f. Zur Frage, ob unter den Begriff der Offensichtlichkeit auch eindeutige Beurteilungen fallen, die schwierige rechtliche Überlegungen erfordern, KK-WpÜG/HASSELBACH, § 15 Rn. 33 f.

[770] Begr. RegE-WpÜG, BT-Drucks. 14/7034, S. 46 zu § 14 Abs. 3.

[771] KK-WpÜG/HASSELBACH, § 18 Rn. 71.

[772] Für eine generelle Teilnichtigkeit KK-WpÜG/HASSELBACH, § 18 Rn. 71. So auch nach entsprechender Auslegung unter Berücksichtigung des Bieterinteresses an einer erfolgreichen Durchführung des Übernahmeangebotes STEINMEYER/HÄGER, § 18 Rn. 17. Nach REUTTER, S. 253, kann eine zu hohe Mindestannahmeschwelle ausnahmsweise durch eine niedrigere Mindestschwelle ersetzt werden, da ansonsten trotz verfehlter Kontrolle ein Vollzugszwang bestünde, der einem der Interessenlage nicht entsprechenden Pflichtangebot gleichkäme. A.A. KRAUSE in: Assmann/Pötzsch/Schneider, § 18 Rn. 115 (im Zweifel Nichtigkeit des Angebotes); THOMA/STÖCKER in: Baums/Thoma, § 18 Rn. 145.

[773] Vgl. REUTTER, S. 252; WACKERBARTH in: MüKo-AktG, § 18 Rn. 57.

[774] MüKo-WESTERMANN, § 158 BGB Rn. 38, 44.

[775] Vgl. Palandt-HEINRICHS, § 158 BGB Rn. 2.

frist kommt sowohl vor als auch nach Bedingungseintritt ein Vertrag zustande.[776] Bedingt ist während der Annahmefrist allein die Wirkung des Angebotes bzw. die intendierte Umgestaltung der Rechtslage durch den tatbestandlich vollendeten und voll gültigen Vertrag, dessen Hauptleistungen mangels Eintrittes eines ungewissen Ereignisses von den Vertragsparteien noch nicht gefordert werden können.[777] Nach Ablauf der Annahmefrist sind die vertraglich geschuldeten Leistungen, die Übertragung der veräußerten Beteiligungspapiere gegen Gutschrift des Kaufpreises bzw. Übertragung der zum Tausch angebotenen Wertpapiere bei Fälligkeit durchsetzbar. Dagegen hat der Eintritt *auflösender* Bedingungen keine Auswirkungen, wenn mangels Annahmeerklärung noch kein Vertragsverhältnis zustande gekommen ist. Ein solches kommt auch dann nicht zustande, wenn die Annahme nach ihrem Eintritt erklärt wird. Ein Rechtsbindungswille der Vertragspartner ist in diesen Fällen zu verneinen, da ein Vertragsvollzug nicht mehr stattfindet. Bereits abgeschlossene Verträge sind rückabzuwickeln. Wurden die von den Wertpapierinhabern der Zielgesellschaft eingereichten Wertpapiere bereits vor Abschluss des Übernahmeverfahrens in eine gesonderte Wertpapierkennnummer umgebucht, muss der Bieter unverzüglich deren Rückbuchung in die ursprüngliche Wertpapierkennnummer veranlassen. Ist sogar bereits das Eigentum an den Wertpapieren Zug-um-Zug gegen Zahlung des Kaufpreises übertragen worden, so bedarf es der jeweiligen Rückgewährung gemäß § 812 Abs. 1 S. 2 BGB.[778]

Steht fest, dass eine Bedingung nicht mehr eintreten kann, oder dass der Zeitraum verstrichen ist, innerhalb dessen der Bedingungseintritt zu erwarten war[779], wird das aufschiebend bedingte Rechtsgeschäft endgültig unwirksam, das auflösend bedingte Rechtsgeschäft bleibt dauernd wirksam.[780] Demzufolge werden mit dem Ausfall aufschiebender Bedingungen innerhalb der Annahmefrist bereits abgeschlossene Verträge unwirksam; sie sind nach § 812 Abs. 1 S. 2 BGB rückabzuwickeln. Fällt die Bedingung schon während der Annahmefrist aus, so ist das Angebot theoretisch zwar noch bis zu deren Ablauf annahmefähig. Es entfaltet jedoch keinerlei Rechtswirkungen mehr, da es den Parteien bzw. dem Bieter am erforderlichen Rechtsbindungswillen fehlt. Das Angebot wird endgültig unwirksam, so dass die jeweiligen Erklärungen ohnehin keinen Vertrag mehr zustande bringen.[781] Die Rechtslage wird vielmehr im *status quo ante* belassen, d.h. gegenseitige vertragliche Rechte und Pflichten entstehen nicht. Wurde gar keine Annahme erklärt, entfaltet der Ausfall

---

[776] REUTTER, S. 122.

[777] Palandt-HEINRICHS, Einf v § 158 BGB Rn. 8.

[778] Vgl. zur diesbezüglichen Angebotsgestaltung z.B. Ziff. 8.1, 8.2, 8.6 des Übernahmeangebotes AGILISYS/INFOR.

[779] Vgl. BGH VersR 74, 1167 f.; BGH NJW 1985, 1556 f., BayObLG DNotZ 99, 1011, 1012 f. Zu Verzögerungen bei behördlichen Genehmigungsverfahren Palandt-HEINRICHS, § 275 BGB Rn. 35 ff.

[780] Palandt-HEINRICHS, § 158 BGB Rn. 3.

[781] REUTTER, S. 128.

bereits mangels Vertragsschlusses keinerlei Rechtswirkung.[782] Hinsichtlich des Ausfalles auflösender Bedingungen kann auf die Ausführungen über die Rechtslage bei Eintritt aufschiebender Bedingungen verwiesen werden. Das Übernahmeangebot ist in beiden Fällen wirksam. Eine Vertragsdurchführung ist möglich.

Die kapitalmarktrechtliche Überlagerung der zivilrechtlichen Systematik wirkt sich insofern spiegelbildlich aus, als der Bedingungseintritt oder -ausfall – durch Schließung der Gesetzeslücke im Wege einer Analogie zu den sonstigen Informations- und Veröffentlichungspflichten des WpÜG[783] – analog § 14 Abs. 3 S. 1 und 2 WpÜG zu veröffentlichen ist.[784] Der Bieter hat die Aktionäre der Zielgesellschaft nach dem allgemeinen Transparenzgrundsatz gemäß § 3 Abs. 2 WpÜG[785] über den Stand und die Entwicklung des Angebotsverfahrens und damit auch über die eingetretene Wirkungslosigkeit des Übernahmeangebotes zu informieren. Dieselbe Informationspflicht folgt aus § 21 Abs. 2 WpÜG und der darin bestimmten Veröffentlichungspflicht von Angebotsänderungen. Zudem kann auf § 2 Nr. 8 WpÜG-AngVO und die darin enthaltene Verpflichtung des Bieters verwiesen werden, in der Angebotsunterlage Angaben zum Stand behördlicher Genehmigungen und Verfahren zu machen.[786] Zuletzt werden bei Veröffentlichung etwaige Schadensersatzansprüche der Angebotsadressaten § 311 Abs. 2 i.V.m. § 280 Abs. 1 BGB vermieden.[787]
Darüber hinaus trifft den Bieter eine Mitteilungspflicht gegenüber dem Vorstand der Zielgesellschaft analog § 14 Abs. 4 S. 1 WpÜG, der mit Eintritt einer auflösenden und Ausfall einer aufschiebenden Bedingung und infolgedessen automatischer Beendigung des Übernahmeverfahrens nicht mehr den besonderen Verhaltenspflichten des § 33 Abs. 1 S. 1 WpÜG unterliegt. Ein Zustimmungsvorbehalt der BaFin entsprechend § 14 Abs. 1 S. 1 und Abs. 2 WpÜG besteht demgegenüber nicht.

---

[782] Etwas anderes muss bei Pflichtangeboten gelten. Da die Aktionäre in diesem Fall nicht die Möglichkeit besitzen, ihre Anteile im Hinblick auf den Kontrollerwerb zu veräußern, hat der Kontrollerwerber in Anlehnung an den Rechtsgedanken der §§ 2 b Abs. 2 KWG, 104 Abs. 2 VAG seinen Stimmrechtsanteil an der Zielgesellschaft unverzüglich unter die Kontrollschwelle von 30 % der Stimmrechte abzusenken, KK-WpÜG/VON BÜLOW, § 39 Rn 62.

[783] KK-WpÜG/HASSELBACH, § 18 Rn. 70.

[784] GEIBEL in: Geibel/Süßmann, § 18 Rn. 41; KK-WpÜG/HASSELBACH, § 18 Rn. 70; THOMA/STÖCKER in: Baums/Thoma, § 18 Rn. 139 (Gesamtanalogie §§ 10 Abs. 3 Satz 1, 14 Abs. 3 S. 1, 16 Abs. 3 S. 3, 21 Abs. 2 S. 1, 23 Abs. 1 S. 1); WACKERBARTH in: MüKo-AktG, § 18 Rn. 27. BREMS/APFELBACHER in: Apfelbacher/Barthelmess/Buhl/von Dryander, § 18 Rn. 28, verweisen lediglich auf eine mögliche Ad-hoc-Pflicht nach § 15 WpHG a.F.

[785] Auf diesen auch abstellend GEIBEL in: Geibel/Süßmann, § 18 Rn. 41; KRAUSE in: Assmann/Pötzsch/Schneider, § 18 Rn. 112.

[786] KK-WpÜG/HASSELBACH, § 18 Rn. 70.

[787] OECHSLER, ZIP 2003, 1330, 1333; KK-WpÜG/SEYDEL, § 14 Rn. 79.

F. ZUSAMMENFASSUNG

Die gesetzgeberische Intention der Bindungswirkung eines Übernahmeangebotes schlägt sich in § 18 Abs. 1 WpÜG nieder. Die Abhängigkeit eines Angebotes von Umständen und Geschehnissen, die der Bieter ausschließlich selbst herbeiführen kann, ist unzulässig. Über den Wortlaut hinaus gebietet es der mit dem WpÜG bezweckte Minderheiten- und Beteiligtenschutz, die Zulässigkeit einer Bedingung daran zu messen, dass sie weder gegen den Gleichbehandlungs- oder Transparenzgrundsatz noch gegen sonstige Vorschriften des WpÜG verstößt. Darüber hinaus muss bei gemischten Bedingungen die Förderungs- und Mitwirkungspflicht des Bieters beachtet werden.

§ 13 AUSGEWÄHLTE BESONDERE FORMEN UND DEREN ZULÄSSIGKEIT

Vor dem Hintergrund der zuvor erörterten und an die Bedingungsaufnahme zu stellenden rechtlichen Anforderungen und der bisherigen Rechtspraxis sollen nachfolgend einzelne ausgewählte Bedingungstatbestände auf ihre Zulässigkeit untersucht werden. Hierbei gilt es zu berücksichtigen, dass mit einer Bedingungsaufnahme immer auch eine Risikozuweisung verbunden ist.

A. MINDESTAKZEPTANZSCHWELLE

Die Wirksamkeit eines Übernahmeangebotes und der in dessen Zuge abgeschlossenen Einzelverträge mit den Wertpapierinhabern der Zielgesellschaft kann vom Erreichen eines bestimmten Stimmrechtsanteiles abhängig gemacht werden, es sei denn sie ist allein dadurch erreichbar, dass auch der dem Bieter zuzurechnende Mehrheitsgesellschafter das Angebot annimmt.[788]

I. Höhe der Annahmeschwelle

Die Annahmeschwelle kann zwischen 30 % und 95 % liegen.[789] Ein Schwellenwert von unter 30 % der Stimmrechte an der Zielgesellschaft in einem Übernahmeangebot scheidet bereits deshalb aus, weil sich dieses nach § 29 Abs. 2 WpÜG dadurch auszeichnet, dass es gerade auf den Erwerb einer Beteiligungshöhe von mindestens 30 % der Stimmrechte gerichtet ist. Nach oben ist die Mindestannahmeschwelle auf 95 % des Stimmrechtsanteiles der Zielgesellschaft zu begrenzen. Ein darüber

---

788 So auch KRAUSE in: Assmann/Pötzsch/Schneider, § 18 Rn. 35; vgl. THOMA/STÖCKER in: Baums/Thoma, § 18 Rn. 28, 78. Die Abhängigkeit des Übernahmeangebotes von einer Höchstmenge scheidet im Gegensatz dazu gemäß § 32 WpÜG aus; bei ihr handelt sich um eine nicht von § 18 Abs. 1 WpÜG umfasste Vertragsbedingung, vgl. GEIBEL in: Geibel/Süßmann, § 18 Rn. 8, 22. Siehe zum Teilangebot bereits oben 1. Teil § 3 A. II. 2. b).

789 BUSCH, AG 2002, 145 f.; THAETER in: Thaeter/Brandi, Teil 2, Rn. 193; THOMA/STÖCKER in: Baums/Thoma, § 18 Rn. 77, 82.

hinausgehender Schwellenwert falle unter das Verbot des „*venire contra factum proprium*“[790] und begründet ein faktisches Rücktrittsrecht des Bieters. Dass ein derart hoher Schwellenwert erreicht wird, ist insbesondere dann sehr unwahrscheinlich, wenn bei der Zielgesellschaft ein hoher Streuungsgrad des Aktienbesitzes besteht oder das Übernahmeangebot nicht mit den Hauptaktionären der Zielgesellschaft abgestimmt wurde.[791] Die niedrige Erfolgsaussicht in diesen Fällen stünde in keinem Verhältnis zu der Beeinträchtigung der Zielgesellschaft in ihrer Geschäftstätigkeit. Überdies würden die Möglichkeiten eines Bedingungsverzichtes und der Verringerung der Annahmeschwelle die Bindungswirkung des Übernahmeangebotes aufweichen, was dem den §§ 17 f. WpÜG zugrunde liegenden Zweck widerspräche.[792] Ein nennenswerter zusätzlicher Nutzen für den Bieter ist bei einer Beteiligungshöhe von mehr als 95 % des Grundkapitals der Zielgesellschaft nicht zu erkennen.[793] Kann der Bieter daher keine sachlichen Gründe für die Notwendigkeit einer solchen Bedingung anführen, ist sie unzulässig.[794]

Eine unzulässige Bedingung stellt es darüber hinaus dar, wenn der Bieter in der Angebotsunterlage eine Mindestannahmeschwelle sowie gleichzeitig eine Annahmehöchstgrenze festsetzt. Neben der sich daraus ergebenden Konsequenz, dass das zu erreichende Ziel im Falle einer minimalen Spannbreite zwischen den beiden Schwellenwerten einer „*unkalkulierbaren Wette*“[795] gleichkäme, läge ein unzulässiges Teilangebot vor, da eine Erwerbsabsicht in Bezug auf sämtliche von den Aktionären der Zielgesellschaft gehaltenen Wertpapiere nicht bestünde.[796]

II. Keine obligatorische Mindestannahmeschwelle

Zum Teil wird aus Gründen der Aktionärsdemokratie sogar eine Pflicht des Bieters angenommen, eine Mindestannahmeschwelle von 50 % der Stimmrechte in seiner

[790] So HOLZBORN in: Zschocke/Schuster, C Rn. 111.

[791] BUSCH, AG 2002, 145, 147; NÖRR/STIEFENHOFER, S. 3; STRUNK/LINKE, S. 26; THAETER in: Thaeter/Brandi, Teil 2, Rn. 195, der sich für eine Lösung über die allgemeine Missstandsaufsicht der BaFin nach § 4 Abs. 1 S. 2 WpÜG ausspricht.

[792] BREMS/APFELBACHER in: Apfelbacher/Barthelmess/Buhl/von Dryander, § 18 Rn. 13; BUSCH, AG 2002, 145, 147. Vgl. SCHWEIZERISCHE ÜBERNAHMEKOMMISSION (16.04.2003), http://www.takeover.ch/95.html?&cHash=aa806c4566&tx_bumadvice_pi1[uid]=81&tx_bumadvice_pi1[view]=detail, Ziff. 5 (30.06.2006). A.A. WACKERBARTH in: MüKo-AktG, § 18 Rn. 40; so wohl auch GEIBEL in: Geibel/ Süßmann, § 18 Rn. 21.

[793] So THOMA/STÖCKER in: Baums/Thoma, § 18 Rn. 82.

[794] Für diese Beweislastumkehr THOMA/STÖCKER in: Baums/Thoma, § 18 Rn. 82. Für eine Einzelfallprüfung KRAUSE in: Assmann/Pötzsch/Schneider, § 18 Rn. 36.

[795] So HOLZBORN in: Zschocke/Schuster, C Rn. 111.

[796] Siehe HOLZBORN in: Zschocke/Schuster, C Rn. 111, der darin ein unzulässiges *venire contra factum proprium* sieht, das zu einem faktischen Totalausschluss führen könne, wenn bereits ein Aktionär mit seiner Angebotsannahme die gesetzte Höchstschwelle überschreitet.

Angebotsunterlage festzusetzen.[797] Rule 10 Takeover Code sieht eine derartige Verpflichtung vor.[798] Sie ist jedoch abzulehnen. Ein Übernahmeangebot hängt gerade nicht von einer Zustimmung der Hauptversammlung der Zielgesellschaft ab, so dass Aktionärsdemokratie dort nicht eingefordert werden kann, wo der einzelne Aktionär individuell und nicht kollektiv entscheiden soll.[799] Ein solcher Schwellenwert würde zudem absolut betrachtet im Hinblick auf die Hauptversammlungspräsenzen eine höhere Akzeptanz voraussetzen, als bei einer Abstimmung tatsächlich erforderlich wäre.[800] Diese Tatsache wird bereits in § 29 Abs. 2 WpÜG berücksichtigt, so dass eine Schwelle von 30 % der Stimmrechte – inklusive der vom Bieter oder ihm zuzurechnender Personen gehaltenen Anteile – angemessen wäre, zumal es dem Bieter unbenommen bleibt, eine höhere Schwelle anzusetzen.[801]
Zum Teil wird daher die Aufnahme einer Mindestannahmeschwelle in Höhe der Kontrollschwelle des § 29 Abs. 2 WpÜG als ausreichend[802], aber obligatorisch erachtet. Mangels expliziter Regelung im WpÜG folge dies aus dem Transparenzgebot des § 3 Abs. 2 WpÜG; der Katalog des § 11 WpÜG i.V.m. § 2 WpÜG-AngVO sei insoweit nicht abschließend[803].[804] Dem Schweigen des Gesetzgebers ließe sich kein Wille gegen eine obligatorische Annahmeschwelle entnehmen, zumal die EU-Übernahmerichtlinie, die mit dem WpÜG umgesetzt werden sollte, keine diesbezügliche Regelung enthält.[805] Die Gebotenheit einer obligatorischen Mindestannahmeschwelle ergebe sich zudem aus den §§ 16 Abs. 2 S. 2, 23 Abs. 1 S. 1 Nr. 2 und 3, 26 Abs. 1 S. 2 WpÜG.[806] So sei eine verlängerte Annahmefrist – auch mangels Zwischenberichtspflicht während der weiteren Annahmefrist[807] – nur im Falle eines erfolgreichen Übernahmeangebotes sinnvoll, da nur dann eine Entscheidung der verbliebenen Aktionäre der Zielgesellschaft ohne Entscheidungsdruck erforderlich

[797] SCHNEIDER, AG 2002, 125 f., unter Berufung darauf, dass der Bieter regelmäßig beabsichtigt, die Zielgesellschaft zu konzernieren oder zu zerschlagen. *De lege lata* kommt er aber zu dem Ergebnis, dass eine Verpflichtung nicht besteht, bedauert jedoch das gesetzgeberische Versäumnis.
[798] Rule 10 Takeover Code lautet: „*It must be a condition of any offer for voting equity share which, if accepted in full, would result in the oferror holding shares carrying over 50 % of the voting rights of the offeree company that the offer will not become or be declared unconditional as to acceptances unless the offeror has aquired or agreed to acquire ... shares carrying over 50 % of the voting rights at-tributable to: (a) the equity share capital alone; and (b) the equity share capital and the non-equity share capital combined.*"
[799] SANTELMANN, AG 2002, 497, 501.
[800] SANTELMANN, AG 2002, 497, 501.
[801] So STEINMEYER/HÄGER, § 29 Rn. 17 ff.
[802] STEINMEYER/HÄGER, § 18 Rn. 10, § 29 Rn. 17 ff.; zustimmend SANTELMANN, AG 2002, 497, 501.
[803] SANTELMANN, AG 2002, 497, 500 f.; STEINMEYER/HÄGER, § 11 Rn. 12, 21.
[804] SANTELMANN, AG 2002, 497, 500 f., der ferner auf § 11 Abs. 1 S. 2, Abs. 2 S. 3 Nr. 2 WpÜG abstellt und zu dem Ergebnis kommt, dass nur eine Mindestannahmeschwelle die notwendige Klarheit hinsichtlich des Angebotscharakters schaffe; STEINMEYER/HÄGER, § 29 Rn. 13.
[805] SANTELMANN, AG 2002, 497 f.
[806] SANTELMANN, AG 2002, 497 f.; ebenso STEINMEYER/HÄGER, § 29 Rn. 14.
[807] Siehe STEINMEYER/HÄGER, § 29 Rn. 14.

sei.[808] Das Sperrjahr des § 26 Abs. 1 S. 2 WpÜG müsse im Hinblick auf die wirtschaftliche und finanzielle Belastung der Zielgesellschaft auch in den Fällen laufen, in denen das Übernahmeangebot unbedingt abgegeben wurde, die Annahmequote aber so gering war, dass die Kontrolle nicht erzielt wurde. Insofern bestünde kein Unterschied zwischen einem mangels ausreichender Akzeptanz erfolglosen unbedingten Übernahmeangebot und einem hinsichtlich des Erreichens eines Mindestanteiles bedingten Übernahmeangebotes.[809]

Aber auch gegen eine *obligatorische* Mindestannahmeschwelle von 30 % der Stimmrechte sprechen mehrere Gründe. So verlangt die Legaldefinition in § 29 Abs. 1 WpÜG einzig, dass der Bieter den Erwerb der Kontrolle beabsichtigt. Eine objektive Komponente, d.h. der tatsächliche Erwerb von 30 % der Stimmrechte, wird gerade nicht vorausgesetzt.[810] Vielmehr kann der Bieter auf die Bedingung verzichten *„und ein größeres Aktienpaket erwerben, obwohl die Kontrolle nicht erreicht wurde, ohne dass sich die Wertpapierinhaber dagegen wehren können"*.[811] Der durch den Bedingungsverzicht nach § 21 Abs. 1 Nr. 4 WpÜG fingierte Bedingungseintritt würde die Verpflichtung zur Aufnahme einer Mindestannahmeschwelle von 30 % ohnehin obsolet machen; eine Einschränkung der Verzichtsmöglichkeit sieht das Gesetz nicht vor. Dem Bieter ist es daher auch im Falle des Verfehlens der Kontrollmehrheit über die Zielgesellschaft möglich, im Wege eines letztendlich erfolglosen Übernahmeangebotes eine nicht-kontrollierende Beteiligung an der Zielgesellschaft zu erwerben. Die im Rahmen des Übernahmeverfahrens entwickelten Tätigkeiten und aufgebrachten Aufwendungen werden dadurch nicht völlig nutzlos.[812]

Nichts anderes ergibt sich aus den §§ 16 Abs. 2 S. 1, 23 Abs. 1 S. 1 Nr. 2 und 3, 26 Abs. 1 S. 2 WpÜG. Nach HASSELBACH gewährt die verlängerte Annahmefrist des § 16 Abs. 2 S. 1 WpÜG den Aktionären der Zielgesellschaft eine weitere Entscheidungsmöglichkeit, *„die ihnen nicht gegen den klaren Wortlaut des Abs. 2 Satz 1 genommen werden darf"*.[813] Vorzugswürdig ist eine teleologische Reduktion der Vorschrift, d.h. ihre Nichtanwendung auf zum Zeitpunkt des Ablaufes der Annahmefrist erfolglose Übernahmeangebote. Denn § 16 Abs. 2 WpÜG ermöglicht noch die Angebotsannahme,

> *„sofern das Angebot* **erfolgreich** *ist. Durch diese Regelung können insbesondere Belegschaftsaktionäre ... in Kenntnis des nun* **sicher bevorstehenden Kontrollwechsels** *bzw. der* ***Entstehung einer Kontrollsituation*** *ihre Anteile dem Bieter verkaufen. ... Die weitere Annahmefrist ist* **nicht** *für den Fall vorgesehen, dass der Bieter von vornherein die Wirksam-*

[808] SANTELMANN, AG 2002, 497, 499; STEINMEYER/HÄGER, § 16 Rn. 5, § 29 Rn. 14.

[809] SANTELMANN, AG 2002, 497, 499; ebenso STEINMEYER/HÄGER, § 29 Rn. 14.

[810] So auch HOMMELHOFF/WITT in: Haarmann/Riehmer/Schüppen, § 35 Rn. 56; STEINMEYER/HÄGER, § 29 Rn. 12; SÜßMANN in: Geibel/Süßmann, § 29 Rn. 5; WACKERBARTH in: MüKo-AktG, § 18 Rn. 41.

[811] THAETER in: Thaeter/Brandi, Teil 2, Rn. 410.

[812] Vgl. KK-WpÜG/HASSELBACH, § 18 Rn. 24.

[813] KK-WpÜG/HASSELBACH, § 16 Rn. 33 f.: *de lege lata* muss das Gesetz seinem Wortlaut nach angewendet werden.

keit seines Angebotes vom Erwerb eines bestimmten Mindestanteils der Aktien der Zielgesellschaft abhängig gemacht hat und bei Ablauf der ursprünglichen Annahmefrist dieser ***Mindestanteil nicht erreicht wurde****. Da in diesem Fall kein Kontrollwechsel stattgefunden hat, ist es nicht angezeigt, den Aktionären hier eine über das ursprüngliche Angebot hinausgehende Annahmemöglichkeit zu gewähren*".[814]

Eine Zwischenberichtspflicht entsprechend § 23 Abs. 1 Nr. 1 WpÜG ist aus diesem Grund entbehrlich. Die durch die teleologische Reduktion bedingte Nichtanwendbarkeit des § 16 Abs. 2 S. 1 WpÜG muss sich auch bei § 23 Abs. 1 Nr. 3 WpÜG niederschlagen. Da eine weitere Annahmefrist nicht existiert, besteht auch keine Mitteilungs- und Veröffentlichungspflicht i.S.v. § 23 Abs. 1 WpÜG.[815] Ähnliches muss für die Sperrfrist des § 26 Abs. 1 WpÜG gelten. Bei einem erfolglosen Übernahmeangebot überwiegt das Interesse der Zielgesellschaft an einer ungestörten Fortführung ihrer Geschäftstätigkeit dasjenige eines Bieters, kurze Zeit später erneut ein Angebotsverfahren durchzuführen.[816] Die Zielgesellschaft würde ansonsten aufgrund der aus dem Übernahmeverfahren resultierenden Pflichten der §§ 27, 33 WpÜG unverhältnismäßig in ihrer gewöhnlichen Unternehmensführung beeinträchtigt. Die Sperrfrist ist demgemäß über den Wortlaut hinaus teleologisch auf erfolglose Übernahmeangebote auszudehnen.

Gegen eine obligatorische Mindestakzeptanzschwelle spricht zudem der Wortlaut der §§ 16 Abs. 2 S. 2, 26 Abs. 1 S. 2 WpÜG, deren Regelungen sich darauf beziehen, dass „*der Bieter das Angebot von dem Erwerb eines Mindestanteils abhängig gemacht hat*". Würde das Übernahmeangebot zwingend von einer Mindestannahmeschwelle abhängen, hätte es dieses Satzteiles nicht bedurft; es hätte ausgereicht, die Nichtgeltung des Satzes 1 (und 2) auf das Nichterreichen der Annahmeschwelle zu beziehen. Ein derartiger gesetzgeberischer Wille ist jedoch – auch mangels Aufnahme in den Katalog der erforderlichen Angaben des § 11 Abs. 2 WpÜG – nicht ersichtlich. Dass der Katalog bezüglich bestimmter Absichten des Bieters nicht abschließend ist, spielt keine Rolle, da § 11 WpÜG gesetzliche Verpflichtungen präzisiert, eine solche in Bezug auf eine verpflichtende Mindestannahmeschwelle aber nicht besteht. Die hier vertretene Sichtweise erfährt zuletzt durch die Praxis Bestätigung; nicht jedes Angebot enthält eine Mindestannahmeschwelle.[817]

---

[814] Begr. RegE-WpÜG, BT-Drucks. 14/7034, S. 46 zu § 16 Abs. 2 (Hervorhebung nicht im Original).

[815] Vgl. hinsichtlich der Abhängigkeit des Übernahmeangebotes vom Erwerb eines Mindestanteiles der Aktien und dessen Verfehlens Begr. RegE-WpÜG, BT-Drucks. 14/7034, S. 50 zu § 23 Abs. 1. Eine derartige teleologische Reduktion ebenso befürwortend GEIBEL in: Geibel/Süßmann, § 16 Rn. 33.

[816] So die Begr. RegE-WpÜG, BT-Drucks. 14/7034, S. 51 zu § 26 Abs. 1.

[817] Nach BUSCH, AG 2002, 145, 147, ist die Aufnahme einer Mindestannahmeschwelle empfehlenswert, da hierdurch der Annahmedruck für die Aktionäre der Zielgesellschaft mangels Geltung des § 16 Abs. 2 S. 2 WpÜG erhöht würde. Das Risiko eines erfolglosen Übernahmeangebotes infolge Verfehlens der Annahmeschwelle und der dann nach § 26 WpÜG eingreifenden Sperrfrist könne durch einen Bedingungsverzicht nach § 21 Abs. 1 S. 1 Nr. 4 WpÜG abgemildert werden; vgl. HOLZBORN in: Zschocke/Schuster, C Rn. 114.

B. VERÄNDERUNGEN BEI DER ZIELGESELLSCHAFT – SPEZIALFÄLLE DER MAC-KLAUSEL

Für den Bieter vorteilhaft erweisen sich auch solche Bedingungen, durch die das Übernahmeangebot vom Ausbleiben bestimmter bei der Zielgesellschaft eintretender Veränderungen abhängig gemacht wird, die damit Spezialfälle der allgemeinen MAC-Klausel behandeln.

I. Keine Eröffnung/Beantragung des Insolvenzverfahrens

Eine erste inhaltliche Präzisierung der MAC-Klausel bezieht sich auf die Nichteröffnung oder Nichtbeantragung eines Insolvenzverfahrens.[818] Der Bieter beabsichtigt mit der Abgabe eines Übernahmeangebotes den Kontrollerwerb über die Zielgesellschaft, der jedoch tatsächlich nicht erreicht werden kann bzw. erschwert wird, wenn die Leitung der Zielgesellschaft mit der Eröffnung des Insolvenzverfahrens nach §§ 22, 80 InsO auf den Insolvenzverwalter übergeht.[819]
Jeder Gläubiger der Zielgesellschaft ist berechtigt, einen Insolvenzantrag zu stellen, §§ 13 f. InsO. Stellt die Bedingung auf den Antrag des Bieters oder ihm zuzurechnender Personen ab, handelt es sich um eine nach § 18 Abs. 1 WpÜG unzulässige Bedingung.[820] Im Übrigen ist sie, weil der Regelungsgehalt des § 18 Abs. 1 WpÜG keine sachliche Rechtfertigungskomponente enthält, als zulässig zu erachten. Dies gilt dabei nicht nur dann, wenn der Bieter die Sanierung eines sanierungsbedürftigen Unternehmens beabsichtigt und bei Veröffentlichung des Angebotes nicht abzusehen ist, ob die wirtschaftliche Lage der Zielgesellschaft bis zum Ablauf der Annahmefrist die Eröffnung eines Insolvenzverfahrens erforderlich macht.[821] Insofern ist es auch hinzunehmen, dass selbst wenn die Aktionäre ihre Abtretungserklärungen über ihre Anteile bereits abgegeben haben, die Gefahr i.S.v. § 446 Abs. 1 BGB demnach eigentlich auf den Bieter übergegangen ist, sie bis zum Ablauf der Annahmefrist das Insolvenzrisiko ihrer Gesellschaft tragen; als ausschließlich in der Sphäre der Zielgesellschaft liegendes und generelles Risiko ist es von jedem Aktionär zu tragen.[822] Zum Schutz der Aktionäre und ihres Interesses an der Veräußerung ihrer Beteiligungspapiere wird es für notwendig erachtet, in den an eine Insol-

---

[818] KK-WpÜG/HASSELBACH, § 18 Rn. 43, 45.

[819] Das gleiche gilt, wenn ein vorläufiger Insolvenzverwalter nach Insolvenzantragstellung eingesetzt wird oder ein derartiger Leitungsübergang droht; in diese Richtung ansatzweise auch KK-WpÜG/HASSELBACH, § 18 Rn. 43.

[820] GEIBEL in: GEIBEL/SÜßMANN, § 18 Rn. 33; KK-WpÜG/HASSELBACH, § 18 Rn. 43; KRAUSE in: Assmann/Pötzsch/Schneider, § 18 Rn 96; THOMA/STÖCKER in: Baums/Thoma, § 18 Rn. 122; WACKERBARTH in: MüKo-AktG, § 18 Rn. 47.

[821] So aber GEIBEL in: Geibel/Süßmann, § 18 Rn. 33. Anders KK-WpÜG/HASSELBACH, § 18 Rn. 43, der die Übernahme eines sanierungsbedürftigen Unternehmens lediglich als Anwendungsfall der Bedingung nennt; ebenso KRAUSE in: Assmann/Pötzsch/Schneider, § 18 Rn. 95; THOMA/STÖCKER in: Baums/Thoma, § 18 Rn. 121 ff.; RIEHMER in: Haarmann/Riehmer/Schüppen, § 18 Rn. 15 h).

[822] So BREMS/APFELBACHER in: Apfelbacher/Barthelmess/Buhl/von Dryander, § 18 Rn. 18.

venzantragstellung anknüpfenden Bedingungstatbestand das Erfordernis eines Insolvenzgrundes i.S.v. §§ 16 ff. InsO mit einzubeziehen.[823] Mangels *de lege lata* vorzunehmender Interessenabwägung erscheint es sachgerechter, auf einen zulässigen Insolvenzantrag abzustellen, der zudem gemäß § 14 InsO das Vorliegen eines Eröffnungsgrundes voraussetzt. Die Bedingung entfaltet zudem gegenüber allen Aktionären der Zielgesellschaft Rechtswirkung, sollten sie auch schon teilweise das Angebot angenommen haben.[824] Denn ansonsten würden sie unter einen nicht gerechtfertigten Entscheidungs- und Annahmedruck sowie -zwang gesetzt, der dadurch hervorgerufen wird, dass bis zur Annahme zu einem späterem Zeitpunkt die Einleitung eines Insolvenzverfahrens latent droht und das Risiko einer Insolvenz der Zielgesellschaft von ihnen allein zu tragen wäre. Eine derartige Differenzierung würde überdies gegen den Gleichbehandlungsgrundsatz des § 3 Abs. 1 WpÜG verstoßen.
Hinsichtlich der Bedingung, dass die Eröffnung eines Insolvenzverfahrens unterbleibt, würde diese einen versteckten Rücktrittsvorbehalt darstellen, wenn die Eröffnung des Insolvenzverfahrens bei Veröffentlichung der Angebotsunterlage praktisch sicher und absehbar ist.[825]

II. Fortbestehende Zusammensetzung von Vorstand und Aufsichtsrat der Zielgesellschaft

Eine Bedingung kann auch an den Fortbestand der Zusammensetzung von Vorstand und Aufsichtsrat der Zielgesellschaft oder den Abschluss neuer, den inhaltlichen Vorgaben des Bieters entsprechenden Anstellungsverträgen mit relativ langer Laufzeit oder aber von Aufhebungsverträgen der Zielgesellschaft mit den Vorstandsmitgliedern bis zum Ablauf der Annahmefrist anknüpfen.[826]
Derartige Bedingungen stellen allerdings vor allem dann eine Umgehung des § 18 Abs. 1 WpÜG dar, wenn der Bieter selbst oder ihm zuzurechnende Personen Mitglieder des Kontroll- und/oder Leitungsgremiums sind und sie insofern ihr Ausscheiden durch eine eigenständige Erklärung selbst herbeiführen können; sie sind von der Bedingung auszunehmen. Die Zusammensetzung der Organe ist bereits durch bloße Amtsniederlegung gefährdet, die auch ohne wichtigen Grund erfolgen

---

[823] So KK-WpÜG/HASSELBACH, § 18 Rn. 43. A.A. mangels gesetzlicher Stütze in § 18 Abs. 1 WpÜG KRAUSE in: Assmann/Pötzsch/Schneider, § 18 Rn 96; THOMA/STÖCKER in: Baums/Thoma, § 18 Rn. 122.

[824] Insoweit restriktiver in Bezug auf § 313 BGB OECHSLER, NZG 2001, 817, 822: Abstandnahme nur gegenüber den Aktionären der Zielgesellschaft, die das Angebot noch nicht angenommen haben; ders. in: Ehricke/Ekkenga/Oechsler, § 11 Rn. 55, § 18 Rn. 7: ein nachträgliches Entfallen des Kaufvertrages widerspricht dem Gerechtigkeitsgehalt des § 446 Abs. 1 BGB und ist mit § 307 BGB unvereinbar.

[825] So KRAUSE in: Assmann/Pötzsch/Schneider, § 18 Rn 97; ohne Begründung THOMA/STÖCKER in: Baums/Thoma, § 18 Rn. 123.

[826] KK-WpÜG/HASSELBACH, § 18 Rn. 45.

kann.[827] Entsprechendes gilt, wenn das Übernahmeangebot bedingt ist durch den Abschluss neuer Anstellungs- oder Aufhebungsverträge, da ein Beeinflussungspotenzial in diesen Fällen bereits durch den bloßen Nichtabschluss der entsprechenden Verträge besteht. Selbst wenn der Bieter oder ihm zurechenbare Personen nicht in den Verwaltungsorganen sitzen, muss davon abgesehen werden, dass der Vertragsschluss nach den inhaltlichen Vorgaben des Bieters erfolgt. Denn diese könnten vom Bieter so hoch angesetzt werden bzw. derart ungünstige Konditionen für die Organmitglieder beinhalten, dass eine vertragliche Einigung nicht zu erwarten ist, die Durchführung des Übernahmeangebotes lediglich nach einem Bedingungsverzicht des Bieters erfolgt und die Bedingung dem Bieter aus diesem Grund ein verstecktes Rücktrittsrecht gewährt.

III. „*Change-of-control*“-Fälle

Veränderungen bei der Zielgesellschaft umfassen des Weiteren sog. „*Change-of-control*“-Klauseln in zwischen der Zielgesellschaft und Dritten bestehenden Verträgen, die dem jeweiligen Vertragspartner ein sofortiges oder kurzfristiges Kündigungsrecht für den Fall eines Kontrollwechsels bei der Zielgesellschaft einräumen.[828] Bei entsprechender Vereinbarung kann ein Kontrollwechsel auch zum automatischen Wegfall der Vertragsbeziehungen führen oder aber bewirken, dass eine bereits abgestimmte bzw. turnusmäßige Vertragsverlängerung nicht mehr durchgeführt wird. Die dritte Vertragspartei verschafft sich dadurch indirekt ein Zustimmungserfordernis[829], durch das sie sich insbesondere im Rahmen von stark personalisierten Geschäfts- bzw. Vertragsbeziehungen vor Überfremdung schützt.[830] Eine Auslösung der „*Change-of-control*“-Klauseln kann den Wert der Beteiligungsrechte an der Zielgesellschaft für den Bieter entscheidend mindern, wenn es ihm gerade im Hinblick auf seine mit der Übernahme verbundene Zielsetzung auf den Fortbestand des Vertrages ankommt. Absichern kann er sich durch die Aufnahme einer Bedingung, nach der das Übernahmeangebot lediglich dann endgültige Rechtswirkungen entfalten soll, wenn der Großteil der zwischen der Zielgesellschaft und Dritten bestehenden Vertragsbeziehungen oder einzelne, für den Bieter besonders wichtige Verträge fortbestehen.[831]

---

[827] HÜFFER, § 84 Rn. 36, § 103 Rn. 17, mit Verweis auf BGHZ 121, 257, 261 f.

[828] Zum *Share Deal* HOLZAPFEL/PÖLLATH, Rn. 116, unter Verweis auf OLG Hamm, NJW-RR 1988, 550 f.

[829] Schuldrechtliche Zustimmungserfordernisse i.S.v. §§ 414 f. BGB sind insbesondere beim *Asset Deal* vorzufinden, die beim *Share Deal* eine Entsprechung in der Vereinbarung von Kündigungsmöglichkeiten finden, vgl. dazu HOLZAPFEL/PÖLLATH, Rn. 115 f.

[830] Siehe HOLZBORN in: Zschocke/Schuster, C Rn. 116. Einem Kontrollwechsel tendenziell ablehnend gegenüber stehen Wettbewerber des Bieters oder die öffentliche Hand bei drohender Übernahme durch einen ausländischen Investor, KK-WpÜG/HASSELBACH, § 18 Rn. 41.

[831] So KK-WpÜG/HASSELBACH, § 18 Rn. 41. Die Bedingung ist unzulässig, wenn der Bieter weiß, dass sein erfolgreiches Angebot die Beendigung des Vertrages zur Folge hat, OECHSLER in: Ehricke/Ekkenga/Oechsler, § 18 Rn. 7; THOMA/STÖCKER in: Baums/Thoma, § 18 Rn. 127.

Eine Abhängigkeit des Übernahmeangebotes vom Fortbestand von Drittverträgen scheidet aber aus, wenn Dritter etwa ein Tochterunternehmen des Bieters i.S.v. § 2 Abs. 6 WpÜG ist oder der Bieter mit dem Dritten sein Verhalten in Bezug auf die Zielgesellschaft aufgrund einer Vereinbarung oder in sonstiger Weise abstimmt (§ 2 Abs. 5 WpÜG). Um eine willkürliche Abstandnahme zu verhindern und der Gefahr zu entgehen, dass der Bieter eine verdeckte, nach § 18 Abs. 2 WpÜG unzulässige Rücktrittsmöglichkeit ausnutzt, ist die Bedingung zu konkretisieren. Es sind explizit diejenigen vertraglichen Beziehungen der Zielgesellschaft mit Dritten transparent zu machen, auf deren Fortbestand es dem Bieter ankommt.[832] Infolge der indisponiblen Angebotshöchstdauer (§ 16 Abs. 1 und 2 WpÜG) scheidet zudem eine Ausdehnung des Entscheidungszeitraumes aus; nach § 3 Abs. 4 S. 2 WpÜG darf die Zielgesellschaft nicht über den Höchstrahmen der gesetzlichen Verfahrensdauer hinaus im Ungewissen bleiben.[833]

IV. Status-quo-Bedingung

Eine Bedingung kann ferner daran anknüpfen, dass sich der *Status-quo* der Gesellschaft, wie ihn der Bieter bei Erstellung der Angebotsunterlage vorgefunden hat[834], während des Angebotsverfahrens nicht infolge von Handlungen ihrer Leitungsorgane verändert.[835] Sie bezweckt, Abwehrmaßnahmen seitens der Zielgesellschaft bei gleichzeitiger Bindung an das Übernahmeangebot auszuschließen, die die seitens des Bieters dem Übernahmeangebot zugrunde gelegten Tatsachen nachteilig verändern und die hinter einem Übernahmeangebot stehenden wirtschaftlichen Überlegungen zunichte machen.[836] Der wirtschaftliche Sinn kann selbst dann vereitelt werden, wenn der Bieter mangels erfolgreicher Abwehrmaßnahmen die Kontrolle über die Zielgesellschaft erlangt.[837] Ihm ist es unzumutbar, „*eine aufgrund solcher Abwehrmaßnahmen völlig veränderte Gesellschaft zu übernehmen bzw. bei der Ausgabe weiterer Aktien oder anderer Wertpapiere durch die Zielgesellschaft deutlich mehr Mittel aufwenden zu müssen, als ursprünglich absehbar*“.[838] Der Gesetzgeber nimmt dadurch hin, dass die

---

[832] KRAUSE in: Assmann/Pötzsch/Schneider, § 18 Rn 101; OECHSLER in: Ehricke/Ekkenga/Oechsler, § 18 Rn. 7; THOMA/STÖCKER in: Baums/Thoma, § 18 Rn. 126.

[833] OECHSLER in: Ehricke/Ekkenga/Oechsler, § 18 Rn. 7.

[834] Zum Due Diligence-Vorbehalt THOMA/STÖCKER in: Baums/Thoma, § 18 Rn. 128 ff.

[835] Nicht ausgeschlossen ist auch die Abhängigkeit des Übernahmeangebotes von bei der Zielgesellschaft eintretenden Veränderungen, etwa der Eintragung einer Aufspaltung oder Verschmelzung der Zielgesellschaft mit einer dritten Gesellschaft in das Handelsregister, der Zustimmung der Aktionäre der Zielgesellschaft zum Erwerb bestimmter Assets, der Dividendenausschüttung oder das Ausscheiden bestimmter Aktionäre. Siehe Beispiele unter Geltung des Übernahmekodex BREMS/APFELBACHER in: Apfelbacher/Barthelmess/Buhl/von Dryander, § 1 Rn. 17.

[836] Siehe STEINMEYER/HÄGER, § 18 Rn. 9.

[837] NÖRR/STIEFENHOFER, S. 32; THAETER in: Thaeter/Brandi, Teil 2, Rn. 207.

[838] BUSCH, AG 2002, 145, 149. Vgl. auch zu den durch die Aufnahme einer entsprechenden Bedingung hervorgerufenen wirtschaftlichen Risiken beim Übernahme- und Pflichtangebot GEIBEL in: Geibel/Süßmann, § 18 Rn. 26 ff.

Leitungsorgane der Zielgesellschaft einen erheblichen Einfluss auf die Angebotsdurchführung haben und damit auf die Möglichkeit ihrer Aktionäre, das Angebot annehmen zu können.[839]
Der Gesetzgeber hat es ausdrücklich anerkannt, die Wirksamkeit des Übernahmeangebotes von der Nichtveräußerung der für den Bieter interessanten Unternehmensbestandteile („*crown jewels*") während der Angebotsfrist abhängig zu machen.[840] Als Abwehrmaßnahmen sind daneben Aktienrückkäufe, bedeutende Unternehmenserwerbe zur Erschwernis der kartellrechtlichen Freigabe, Mehrheitserfordernisse nach oben ändernde Satzungsänderungen (sofern der Bieter nur die einfache Mehrheit anstrebt) sowie alle Maßnahmen zu nennen, die das Aktienkapital der Zielgesellschaft wesentlich verändern.[841] Dazu gehören auch außergewöhnliche Dividendenausschüttungen und die Aufnahme von Rechtsstreitigkeiten.[842]

Insbesondere im Hinblick auf eine unangemessene Verteuerung des Angebotes und eine Gefährdung der Angebotsfinanzierung ist dem Bieter daran gelegen, dass Kapitalerhöhungen der Zielgesellschaft nach Bekanntgabe der Entscheidung zur Abgabe des Angebotes nach § 10 Abs. 1 und 3 WpÜG unterbleiben.[843] Die Angebotsfinanzierung erscheint vor allem wegen des Verbotes eines Teilangebotes gefährdet, aufgrund dessen der Bieter verpflichtet wäre, alle neu erworbenen Aktien bei entsprechender Abgabebereitschaft der Aktienzeichner zu erwerben. Eine dahingehende teleologische Reduktion des § 32 WpÜG, dass das Übernahmeangebot nicht gegenüber denjenigen Aktionären abgegeben wird, die aufgrund einer Kapitalerhöhung geschaffene neue Aktien in Ansehung eines vom Bieter abgegebenen Angebotes zeichnen, ist abzulehnen.[844] § 32 WpÜG lässt von dem Grundsatz des

---

[839] Siehe KK-WpÜG/HASSELBACH, § 18 Rn. 48.

[840] Begr. RegE-WpÜG, BT-Drucks. 14/7034, S. 48 zu § 18 Abs. 1 WpÜG. Ein Ausschluss einer derartigen Bedingung durch das WpÜG, durch die Abwehrmaßnahmen der Zielgesellschaft zur Wirkungslosigkeit des Übernahmeangebotes führen, besteht demnach nicht, vgl. MAIER-REIMER, ZHR 165 (2001), 258, 269.

[841] So BUSCH, AG 2002, 145, 149 Fn. 37. Zur erforderlichen Spezifizierung der Abwehrmaßnahmen in der Angebotsunterlage zur Wahrung des Bestimmtheitsgebotes STRUNK/LINKE in: Veil/Drinkurth, S. 28 f.; THOMA/STÖCKER in: Baums/Thoma, § 18 Rn. 85.

[842] Vgl. für englische Übernahmeangebote ZINSER, S. 117.

[843] So auch KRAUSE in: Assmann/Pötzsch/Schneider, § 18 Rn. 83. Zur Frage, ob durch eine Kapitalerhöhung der Angebotserfolg verhindert werden soll, sie daher eine Abwehrmaßnahme darstellt, oder das Angebot lediglich verteuert werden soll, GEIBEL in: Geibel/Süßmann, § 18 Rn. 29.

[844] So aber mit dem Grundsatz „*volenti non fit iniuria*" begründend GEIBEL in: Geibel/Süßmann, § 18 Rn. 30; vgl. auch THOMA/STÖCKER in: Baums/Thoma, § 18 Rn. 87 ff., die eine Beschränkung von Übernahmeangeboten auf die bei Veröffentlichung der Angebotsunterlage ausgegebenen Aktien für zulässig erachten, wenn der Rechtsgrund für den Erwerb nicht bereits vor Veröffentlichung der Angebotsunterlage gelegt wurde.

Vollangebotes keine Ausnahmen zu.[845] Sein Regelungszweck besteht in der Stärkung des Konzerneingangsschutzes, der auf „*prinzipiellen Erwägungen des Gesetzgebers zum Minderheitenschutz im Falle des Kontrollwechsels bei börsennotierten Gesellschaft beruht und von deren Anwendung deshalb grundsätzlich keine Ausnahmen zugelassen sind*".[846] Jeder Aktionär soll sich während der Annahmefrist von seinen Aktien lösen können.[847] Zudem wäre ansonsten die Möglichkeit einer Kapitalerhöhung als im Rahmen des § 33 WpÜG zulässige Abwehrmaßnahme hinfällig.[848] § 32 WpÜG gilt damit auch für Aktien, die erst während der laufenden Annahmefrist des § 16 Abs. 1 WpÜG aus einer Kapitalerhöhung entstehen.[849] Da die Kapitalerhöhung eine nicht ausschließlich vom Bieter herbeizuführende Maßnahme darstellt, ist eine auf ihr Unterbleiben abstellende Bedingung zulässig.[850]

In Situationen aber, in denen der Bieter Kenntnis von bestehenden Vorratsbeschlüssen oder der Existenz eines genehmigten Kapitals besitzt, mit einer entsprechenden Abwehrmaßnahme mithin zu rechnen ist, käme eine uneingeschränkte Bedingung einem unzulässigen Rücktrittsvorbehalt gleich. Eine Umgehung des § 18 Abs. 2 WpÜG würde es demnach darstellen, wenn offensichtlich ist, dass sich die Zielgesellschaft gegen das Angebot verteidigen wird und die Angebotsdurchführung daher von einem Bedingungsverzicht des Bieters abhängt.[851] Um dem Transparenz- und Bestimmtheitsgebot Rechnung zu tragen und Auslegungsschwierigkeiten hinsichtlich des Bedingungseintrittes im Interesse der Rechtssicherheit zu vermeiden, hat der Bieter in der Angebotsunterlage die einzelnen Verteidigungsmaßnahmen konkret und objektiv feststellbar zu bezeichnen; ein Ermessensspielraum

---

[845] Allein die aus § 35 Abs. 2 S. 2 WpÜG abzuleitende fehlende Schutzbedürftigkeit eigener Aktien der Zielgesellschaft oder gleichgestellter Aktien ist auf § 32 WpÜG zu übertragen, vgl. Begr. RegE-WpÜG, BT-Drucks. 14/7034, S. 60 zu § 35 Abs. 2; dazu KK-WpÜG/HASSELBACH, § 32 Rn. 8, 13; MÜLBERT, ZIP 2001, 1221, 1223; STEINMEYER/HÄGER, § 32 Rn. 4 f.; THUN in: Geibel/Süßmann, § 32 Rn. 5 ff.

[846] KK-WpÜG/HASSELBACH, § 32 Rn. 12.

[847] Vgl. Begr. RegE-WpÜG, BT-Drucks. 14/7034, S. 30 zu Ziff. II. 5. Allgemeiner Teil.

[848] So EKKENGA in: Ehricke/Ekkenga/Oechsler, § 32 Rn. 15.

[849] EKKENGA in: Ehricke/Ekkenga/Oechsler, § 32 Rn. 14 f.; KK-WpÜG/HASSELBACH, § 32 Rn. 5; THUN in: Geibel/Süßmann, § 32 Rn. 13 f.; VOGEL in: Haarmann/Riehmer/Schüppen, § 2 Rn. 9.

[850] BREMS/APFELBACHER in: Apfelbacher/Barthelmess/Buhl/von Dryander, § 18 Rn. 20; STEINMEYER/HÄGER, § 18 Rn. 9.Wird eine sachliche Rechtfertigung für eine Bedingung gefordert, ist fraglich, ob die Verteuerung der Transaktion ausreicht. Die Zulassung der Bedingung wäre hinsichtlich der vom Übernahmeverfahren betroffenen Interessen darauf zu beschränken, dass dem Bieter die Finanzierung der Gegenleistung unmöglich geworden ist.

[851] KK-WpÜG/HASSELBACH, § 18 Rn. 48; vgl. GEIBEL in: Geibel/Süßmann, § 18 Rn. 27.

zugunsten des Bieters darf nicht bestehen.[852] Es bietet sich beispielsweise an, Schwellenwerte bezüglich der Veräußerung von Aktiva oder Aufnahme von Passiva aufzunehmen, die so hoch sind, dass ihr Erreichen nicht im normalen Geschäftsverlauf zu erwarten ist.

V. Veränderung des Börsenkurses

Eine wesentliche nachteilige Veränderung und eine damit einhergehende Störung des Äquivalenzverhältnisses zwischen Leistung und Gegenleistung kann ferner aus der Veränderung des Börsenkurses der Zielgesellschaft oder des Bieters resultieren. Insbesondere bei Umtauschangeboten läuft der Bieter Gefahr, dass er im Falle eines bis zum Ablauf der Annahmefrist steigenden eigenen Börsenkurses eine – nach Maßgabe der Börsenkurse – erhöhte Gegenleistung erbringen muss.[853] Denn das Umtauschverhältnis bestimmt sich gem. § 31 Abs. 7 WpÜG i.V.m. § 7 WpÜG-AngVO i.V.m. § 5 Abs. 1 WpÜG-AngVO als Mindestpreis (Zielgesellschaft) bzw. Maximalwert (Bieter)[854] nach dem gewichteten Durchschnittskurs der Aktie des Bieters und der Zielgesellschaft während der letzten drei Monate vor Veröffentlichung der Entscheidung über die Abgabe eines Übernahmeangebotes.[855] Die Festsetzung einer Höchstgrenze der Wertverschiebung als Bedingung erscheint mithin sowohl bei Bar- als auch bei Umtauschangeboten sinnvoll.[856]
Da ein Rückgang des Börsenkurses wegen Verschlechterung der wirtschaftlichen Lage allerdings grundsätzlich als Teil des Spekulations- und allgemeinen Geschäftsrisikos in den Risikobereich des Bieters fällt[857], könne – so wird argumentiert – eine Absicherung des Bieters mittels Bedingung nur eingeschränkt erfolgen: Nur ein Tauschangebot könne davon abhängig gemacht werden, dass „*nicht nachträglich Umstände eintreten, die eine Erbringung der in der Angebotsunterlage versprochenen Gegenleistung*

[852] BRÖCKER/WEISNER, Rn. 90; Busch, AG 2002, 145, 149 f.; HOLZBORN in: Zschocke/Schuster, C Rn. 116; OECHSLER in: Ehricke/Ekkenga/Oechsler, § 18 Rn. 8; RIEHMER in: Haarmann/Riehmer/Schüppen, § 18 Rn. 15 e); RIEHMER/SCHRÖDER, BB 2001, Beil 5, 1, 6; STEINMEYER/HÄGER, § 18 Rn. 9. A.A. KK-WpÜG/HASSELBACH, § 18 Rn. 48, der eine genaue Bezeichnung der Abwehrmaßnahmen lediglich als vorzugswürdig erachtet, was jedoch mit § 3 Abs. 2 WpÜG unvereinbar ist.
[853] BUSCH, AG 2002, 145, 151, spricht insofern von Überzahlung.
[854] KK-WpÜG/KREMER/OESTERHAUS, Anh. § 31 Rn. 7.
[855] Die Fixierung eines Wertverhältnisses ist entgegen NÖRR/STIEFENHOFER, S. 32, mit § 7 i.V.m. § 5 WpÜG-AngVO unvereinbar; alle Rechtsfolgen orientieren sich an absoluten Werten. Siehe insofern BUSCH, AG 2002, 145, 152; HAARMANN in: Haarmann/Riehmer/Schüppen, § 31 Rn. 64.
[856] So auch RIEHMER in: Haarmann/Riehmer/Schüppen, § 18 Rn. 15 i).
[857] So im Hinblick auf eine Störung der Geschäftsgrundlage OECHSLER, NZG 2001, 817, 822, nach dem bei Barangeboten daher allein eine schwere Äquivalenzstörung ein Lösungsrecht rechtfertigt; das Verhältnis von Leistung und Gegenleistung muss aufgrund unvorhersehbarer Ereignisse fundamental verändert worden sein.

(aktien-)rechtlich unzulässig machen".[858] Im Übrigen sei sie als objektiv willkürlich anzusehen und folglich unzulässig.[859]

Ein Bedürfnis für die Bedingungsaufnahme, eine sachliche Rechtfertigung ist *de lege lata* gerade nicht erforderlich. Da kein Verstoß gegen § 18 Abs. 1 WpÜG vorliegt, kann eine Veränderung des Börsenkurses des Bieters oder der Zielgesellschaft bei Barangeboten Bedingungsgegenstand sein.[860]

Aber auch bei Umtauschangeboten ist eine derartige Bedingung zulässig. Nach BUSCH ist ein Verstoß gegen den auch bei Kapitalerhöhungen gegen Sacheinlagen zu beachtenden Verwässerungsschutz analog § 255 Abs. 2 AktG zu verneinen. Für die Wertrelation sei „*das Datum der Festsetzung des Umtauschverhältnisses .. maßgeblich …, sofern, wie bei Übernahmeangeboten der Fall, der Zeitraum möglicher Wertverschiebungen bis zum Zeitpunkt des Ausnutzungsbeschlusses begrenzt*" [861] ist. Wird ein Umtauschangebot als verschmelzungsähnlicher Vorgang betrachtet[862], kann die Zulässigkeit der Bedingungsaufnahme zudem vor dem Hintergrund ihrer Zulässigkeit in Verschmelzungsverträgen bejaht werden. Der Gefahr einer Veränderung des Wertes des übertragenden Rechtsträgers im Zeitraum zwischen dem Beschluss der Hauptversammlung der übertragenden Gesellschaft und der Eintragung des Verschmelzungsvertrages im Handelsregister[863] kann mit der Aufnahme einer Bedingung in den Verschmelzungsvertrag begegnet werden.[864]

---

[858] KK-WpÜG/HASSELBACH, § 18 Rn. 46, mit unzutreffendem Verweis auf BUSCH, AG 2002, 145, 151 f., der die Aufnahme einer Bedingung unabhängig von der aktienrechtlichen (Un-)Zulässigkeit zur Vermeidung von Ungerechtigkeiten als zulässig erachtet. Siehe auch THOMA/STÖCKER in: Baums/Thoma, § 18 Rn. 133.

[859] KK-WpÜG/HASSELBACH, § 18 Rn. 46.

[860] Für die Zulässigkeit der Bedingung, sofern die Grenzen des § 3 Abs. 5 WpÜG eingehalten werden, OECHSLER in: Ehricke/Ekkenga/Oechsler, § 18 Rn. 7; RIEHMER in: Haarmann/Riehmer/Schüppen, § 18 Rn. 15 i). Ebenso unter Hinweis darauf, dass von einer ausschließlichen Beeinflussung des Börsenkurses durch den Bieter wohl kaum auszugehen ist, KRAUSE in: Assmann/Pötzsch/Schneider, § 18 Rn. 76; THOMA/STÖCKER in: Baums/Thoma, § 18 Rn. 134. Zu Anforderungen *de lege ferenda* siehe unten 7. Teil § 17 A. II. und III.

[861] BUSCH, AG 2002, 145, 151; KK-WpÜG/KREMER/OESTERHAUS, Anh. § 31 Rn. 8 ff. Zur ähnlichen Problematik bei der Verschmelzung BORK in: Lutter, UmwG, § 15 Rn. 3, und der Ausnutzung des *Greenshoes* bei Aktienemissionen aus genehmigtem Kapital HOFFMANN-BECKING in: FS Lieberknecht, S. 25, 42 f.

[862] So BUSCH, AG 2002, 145, 151.

[863] Zum Wertverhältnis am Tag der Hauptversammlung der übertragenden Gesellschaft als Bewertungsstichtag für die Ermittlung des Umtauschverhältnisses analog §§ 305 Abs. 2 S. 2 AktG, 30 Abs. 1 S. 1 UmwG HOFFMANN-BECKING, FS Fleck, S. 105, 116; ders. in: MünchVertragshdb., X.1, Anm. 7, 10 m.w.N.

[864] § 7 UmwG setzt die Zulässigkeit einer Bedingung ausdrücklich voraus, vgl. dazu LUTTER in: Lutter, UmwG, § 7 Rn. 2, § 5 Rn. 21, § 4 Rn. 21. Vgl. auch HOFFMANN-BECKING in: FS Fleck, S. 105, 117 ff.

C. GREMIENVORBEHALTE

Sind Gremienvorbehalte Bedingungsgegenstand, ist zwischen den einzelnen Gremien der Zielgesellschaft und des Bieters zu differenzieren. Während ein Vorbehalt der Zustimmung des Vorstandes des Bieters schon ausscheidet[865], weil § 10 Abs. 1 S. 1 WpÜG eine Entscheidung des Bieters und damit des Vorstandes als Leitungsorgan zur Abgabe eines Übernahmeangebotes voraussetzt und er im Übrigen den Bedingungseintritt ausschließlich selbst herbeiführen könnte, rechtfertigt § 10 Abs. 1 S. 2 i.V.m. §§ 18, 25 WpÜG ausdrücklich die Abhängigkeit eines Übernahmeangebotes von der Zustimmung der Gesellschafterversammlung.[866] Dies gilt insbesondere, wenn der Bieter eine GmbH, Personengesellschaft oder ausländische Gesellschaft ist, bei denen Geschäftsführungsmaßnahmen dem Zustimmungsvorbehalt der Gesellschafterversammlung unterliegen.[867] Eine zweckorientierte Auslegung von § 18 Abs. 1 WpÜG gewährleistet, dass etwaige Umgehungen bereits vom Gesetzeswortlaut gedeckt sind, da der Bieter die Zustimmung in Gestalt seiner Geschäftsführung letztlich ausschließlich selbst herbeiführen könnte. Die Abgabe eines Übernahmeangebotes durch eine 100%-ige Tochtergesellschaft, die Verweigerung der Zustimmung in der Hauptversammlung durch die Muttergesellschaft als eigentliche Interessentin, die Verhaltensabstimmung im Vorfeld einer Gesellschafterversammlung mit einem Mehrheitsgesellschafter oder die Kontrolle der Gesellschafterversammlung durch den Vorstand aufgrund seiner Stimmenmacht werden daher verhindert.[868] Einer Heranziehung des § 162 BGB sowie der allgemeinen Missbrauchsaufsicht der BaFin nach § 4 Abs. 1 S. 1 WpÜG bedarf es danach nicht.[869] Bei der Abgabe des Übernahmeangebotes durch eine 100%-ige Tochtergesellschaft ist die Muttergesellschaft bereits als Bieterin gemäß § 2 Abs. 4 WpÜG anzusehen, so dass das Angebot von der Zustimmung der Gesellschafterversammlung der Tochtergesellschaft als stets gemeinsam handelnder Person i.S.v. § 2 Abs. 5

---

[865] THAETER in: Thaeter/Brandi, Teil 2, Rn. 201.

[866] Siehe dazu bereits oben 3. Teil § 8 A. I.; 5. Teil § 12 B. I. 1., C. II. 1. b). Der DAV-HANDELSRECHTSAUSSCHUSS, NZG 2001, 420, 425, schlägt im Hinblick auf ein etwaiges faktisches Rücktrittsrecht vor, die Bedingung nur mit Zustimmung der BaFin zuzulassen. Dies ergibt sich aber bereits aus dem Prüfungsmaßstab; es muss sich bei der Bedingung um eine solche in formeller als auch materieller Hinsicht handeln, 5. Teil § 12 C. I. Zur Zulässigkeit eines Zustimmungsvorbehalts der Muttergesellschaft des Bieters KRAUSE in: Assmann/Pötzsch/Schneider, § 18 Rn. 66; vgl. THOMA/STÖCKER in: Baums/Thoma, § 18 Rn. 47.

[867] BUSCH, AG 2002, 145, 148. Vgl. zu außergewöhnlichen Geschäften i.S.v. §§ 116 Abs. 2, 161 Abs. 2 HGB SCHMIDT, Gesellschaftsrecht, § 47 V. 1. c); ders. ebenda zur Zustimmung der Gesellschafterversammlung einer GmbH bei Grundlagengeschäften, § 36 I. 2.

[868] Vgl. THOMA/STÖCKER in: Baums/Thoma, § 18 Rn. 53 m.w.N.

[869] GEIBEL in: Geibel/Süßmann, § 18 Rn. 18, mit Verweis auf die Gesetzesbegründung, nach der die Sachverhalte von der allgemeinen Missstandsaufsicht aufzugreifen sind; THAETER in: Thaeter/Brandi, Teil 2, Rn. 192.

S. 2 WpÜG abhängt.[870] Es ist jedoch immer für den jeweiligen Einzelfall zu entscheiden, ob die Zustimmung bloße Formsache ist und die Bedingung daher ein verstecktes Rücktrittsrecht beinhaltet. Erfolgt eine Abstimmung des Bieters mit dem Mehrheitsgesellschafter nicht bereits vor Veröffentlichung des Angebotes, sondern erst im Laufe des Übernahmeverfahrens, ist auf § 162 BGB zurückzugreifen.[871]

Da § 25 WpÜG eine Ausnahme vom Grundsatz der Unzulässigkeit subjektiver Bedingungen enthält, liegt die Schlussfolgerung nahe, dass mangels expliziter Nennung des Aufsichtsrates des Bieters ein auf ihn bezogener Zustimmungsvorbehalt unzulässig ist.[872] So wird argumentiert, dass Vorstand und Aufsichtsrat derart nahe in einem Lager stünden, dass eine klare Unterscheidung von Beschlüssen beider Organe schlechthin unmöglich sei.[873] Zumindest seien die Beschlüsse des Überwachungsgremiums dem Bieter zuzurechnen, wenn seine Entscheidung zur Angebotsabgabe von der Zustimmung des Aufsichtsrates[874] abhängig sei; eine Zurechnung der Gesellschafterversammlung scheide demgegenüber aus, da die Entscheidungsfreiheit der Gesellschafter, wie sich aus § 25 WpÜG und mittelbar aus § 10 Abs. 1 S. 2 WpÜG ergebe, durch das Gesetz in keiner Weise eingeschränkt sei.[875] In der Praxis wird sich die Frage einer entsprechenden Bedingung ohnehin nicht stellen, wenn die Zustimmung des Aufsichtsrates durch Satzung oder Geschäftsordnung vorgeschrieben ist und der Vorstand die Beschränkungen seiner Geschäftsführungsbefugnis beachtet. Ohne diese Zustimmung darf der Vorstand als Vertretungsorgan des Bieters die nach § 10 Abs. 1 S. 1 WpÜG zu veröffentlichende Entscheidung über die Abgabe eines Übernahmeangebotes nicht getroffen haben; ein Vorbehalt im Angebot ist in diesem Fall gar nicht mehr erforderlich.[876] Im Übrigen ist Bieter in S. 1 der Vorstand als Vertretungsorgan. Auf interne Zustimmungserfordernisse will das Gesetz aus Gründen der Rechtssicherheit nicht Rücksicht nehmen. Eine Veröffentlichungspflicht unabhängig vom Vorliegen einer Zustimmung besteht nach § 10 Abs. 1 S. 2 WpÜG zudem nur in Bezug auf die Gesellschafterversammlung des Bieters. Über den Sonderfall der Zustimmung der Gesellschafterversammlung des Bieters hinausgehende Gremienvorbehalte sind folglich

---

[870] STEINMEYER/HÄGER, § 18 Rn. 8. Zur Angebotsabgabe durch eine Zweckgesellschaft THOMA/STÖCKER in: Baums/Thoma, § 10 Rn. 96, § 18 Rn. 32, 47.

[871] Vgl. Begr. RegE-WpÜG, BT-Drucks. 14/7034, S. 48 zu § 18 Abs. 1. Auf § 162 BGB und § 4 Abs. 1 S. 3 WpÜG abstellend KK-WpÜG/HASSELBACH, § 18 Rn. 54; OECHSLER in: Ehricke/Ekkenga/Oechsler, § 18 Rn. 10; RIEHMER in: Haarmann/Riehmer/Schüppen, § 18 Rn. 15 g). Hierzu auch KRAUSE in: Assmann/Pötzsch/Schneider, § 18 Rn. 61 ff.; THOMA/STÖCKER in: Baums/Thoma, § 18 Rn. 53.

[872] OECHSLER in: Ehricke/Ekkenga/Oechsler, § 18 Rn. 4

[873] So THAETER in: Thaeter/Brandi, Teil 2, Rn. 202.

[874] Hierzu siehe oben 3. Teil, § 8 A. I.

[875] Geibel in GEIBEL/SÜßMANN, § 18 Rn. 11.

[876] THAETER in: Thaeter/Brandi, Teil 2, Rn. 201.

unzulässig. Das Übernahmeangebot kann demnach auch nicht von der Zustimmung des Beirates des Bieters abhängig gemacht werden.[877]

Die Abhängigkeit des Angebotes von einem Beschluss der Hauptversammlung der Zielgesellschaft kommt in Betracht, wenn Beschlussgegenstand die Bestellung und/oder Abberufung von Aufsichtsratsmitgliedern, die Änderung von Satzungsregelungen oder ein im Interesse des Bieters liegendes Geschäft wie die Veräußerung einer wesentlichen Beteiligung der Zielgesellschaft ist, die für eine kartellrechtliche Genehmigung der Übernahme erforderlich ist.[878] Im Hinblick auf die Sicherstellung eines geordneten Verfahrens muss allerdings zwischen dem Übernahmeangebot und der Hauptversammlung ein zeitlicher Zusammenhang bestehen; ein entsprechender Antrag muss auf einer absehbaren Hauptversammlung verhandelt werden.[879] Bei der Bestimmung des zeitlichen Rahmens kann auf § 25 WpÜG zurückgegriffen werden.

Sieht eine Bedingung die positive Stellungnahme des Vorstandes der Zielgesellschaft nach § 27 WpÜG vor, stellt sie eine positive Wendung der als zulässig anerkannten Bedingung dar, dass die Zielgesellschaft keine Abwehrmaßnahmen vornimmt. Dem Bieter, der ansonsten von vornherein von der Angebotsabgabe absehen würde[880], muss es daher – entgegen der Auffassung der BaFin[881] – wie im Fall des § 33 WpÜG möglich sein, sein Übernahmeangebot mit einer solchen Bedingung zu versehen.[882] Auch kann kein Verstoß gegen § 33 WpÜG festgestellt werden[883], da diese Vorschrift gerade den in § 3 Abs. 2 WpÜG niedergelegten Grundsatz konkretisiert, dass Vorstand und Aufsichtsrat im Interesse der Zielgesellschaft handeln müssen. Insofern ist die Entscheidungsfreiheit der Aktionäre ausreichend gewahrt. Sind allerdings Bieter und Leitungsorgan wie bei einem *Management Buy-out* identisch, scheidet die Bedingung wegen § 18 Abs. 1 WpÜG aus.[884] Entsprechendes muss gelten, wenn das Übernahmeangebot von der positiven Stellungnahme des Aufsichtsrates abhängig gemacht wird. Nach § 33 Abs. 1 S. 2 3. Fall WpÜG kann der Vorstand der Zielgesellschaft Abwehrmaßnahmen vornehmen, denen der Aufsichtsrat der Zielgesellschaft zugestimmt hat. Die Bedingung scheidet ferner aus, wenn die Verwaltung der Zielgesellschaft dem Bieter gegenüber bereits im Vorfeld

[877] Zum Gremien- und Gesellschaftervorbehalt KK-WpÜG/HASSELBACH, § 18 Rn. 57, 66.
[878] So KK-WpÜG/HASSELBACH, § 18 Rn. 60; vgl. HOLZBORN in: Zschocke/Schuster, C Rn. 115.
[879] HOLZBORN in: Zschocke/Schuster, C Rn. 115.
[880] So THOMA/STÖCKER in: Baums/Thoma, § 18 Rn. 110.
[881] STRUNK/LINKE in: Veil/Drinkuth, S. 29.
[882] KK-WpÜG/HASSELBACH, § 18 Rn. 51; KRAUSE in: Assmann/Pötzsch/Schneider, § 18 Rn. 77 f.; THOMA/STÖCKER in: Baums/Thoma, § 18 Rn. 108, 110.
[883] So aber KRAUSE in: Assmann/Pötzsch/Schneider, § 18 Rn. 80.
[884] OECHSLER in: Ehricke/Ekkenga/Oechsler, § 18 Rn. 8; THOMA/STÖCKER in: Baums/Thoma, § 18 Rn. 110.

der Veröffentlichung der Angebotsunterlage erklärt hat, einem konkret vorgeschlagenen Angebot werde sie in dieser Form nicht zustimmen.[885]

D. KONKURRIERENDES ANGEBOT

Macht der Bieter sein Angebot nicht davon abhängig, dass während der Angebotslaufzeit keine konkurrierenden Angebote durch dritte Bieter abgegeben werden[886], müsste er, auch wenn er die Kontrollschwelle infolge des Konkurrenzangebotes nicht erreicht, die Wertpapiere derjenigen Anteilsinhaber übernehmen, die das Angebot vor Abgabe des konkurrierenden Angebotes angenommen haben und nicht nach § 22 Abs. 3 WpÜG zurückgetreten sind.[887] Findet ein Kontrollwechsel überhaupt nicht statt oder verfehlt er die angestrebte Beteiligungshöhe, ist es ihm mangels ausreichender Stimmrechtsmehrheit nicht möglich, die mit dem Übernahmeangebot verbundenen Ziele zu erreichen.[888]

Die Bedingung widerspricht nicht dem Zweck des § 22 WpÜG, der Ermöglichung eines Auktionsverfahrens. Die Interessen der Aktionäre der Zielgesellschaft werden nicht unzumutbar beeinträchtigt, da das Konkurrenzangebot zumeist eine höhere Gegenleistung als das Erstangebot beinhaltet; letzteres hat seine Funktion erfüllt, Anlass zu einem Auktionsverfahren zu geben.[889] Es ist allerdings zu überprüfen, inwiefern der Bieter die Abgabe eines Konkurrenzangebotes beeinflussen kann. Die Bedingung ähnelt einem Rücktrittsvorbehalt, wenn der Bieter etwa ein Tochterunternehmen zur Angebotsabgabe veranlasst, wodurch das eigene Übernahmeangebot infolge der Bedingung zunichte gemacht würde. In diesem Fall muss dem Bieter zumindest eine Berufung auf die Bedingung nach § 162 Abs. 1 BGB untersagt sein.

---

[885] THOMA/STÖCKER in: Baums/Thoma, § 18 Rn. 111. Dies., ebenda, Rn. 111, zur Unzulässigkeit der Bedingung eines Angebotes durch eine uneingeschränkt unterstützende Stellungnahme der Verwaltung der Zielgesellschaft.

[886] So GEIBEL in: Geibel/Süßmann, § 18 Rn. 35; KK-WpÜG/HASSELBACH, § 18 Rn. 52; LAND/HASSELBACH, DB 2000, 1747, 1751; RIEHMER in: Haarmann/Riehmer/Schüppen, § 18 Rn. 15 g).

[887] KRAUSE in: Assmann/Pötzsch/Schneider, § 18 Rn. 106 f.; THOMA/STÖCKER in: Baums/Thoma, § 18 Rn. 91. Im Falle der Bedingungsaufnahme bleibt es dem Bieter verwehrt, durch eine Verbesserung seines Übernahmeangebotes auf ein konkurrierendes Angebot zu reagieren; der Bieter kann sich die Angebotswirksamkeit mit Ausnahme eines Bedingungsverzichtes und gleichzeitiger Erhöhung der Gegenleistung nicht vorbehalten, GEIBEL in: Geibel/Süßmann, § 18 Rn. 20, 35.

[888] Zu § 313 BGB OECHSLER, NZG 2001, 817, 822: Beeinflussung der Kalkulationsgrundlage des Erstbieters durch das konkurrierende Angebot. Zu § 18 Abs. 1 WpÜG und dem Erfordernis eines entsprechenden Nachweises ders. in: Ehricke/Ekkenga/Oechsler, § 18 Rn. 6. Siehe dazu *de lege ferenda* 7. Teil § 17 A. I. 3.

[889] OECHSLER in: Ehricke/Ekkenga/Oechsler, § 18 Rn. 6. Etwas anderes soll nur gelten, wenn der Zweitbieter lediglich ein Teilangebot nach § 19 WpÜG abgibt, da insoweit das Rücktrittsrecht des § 22 Abs. 3 WpÜG leerläuft.

E. BEDINGUNG IN BEZUG AUF DIE GEGENLEISTUNG BEI TAUSCHANGEBOTEN

Eine zulässige objektive Bedingung stellt es zudem dar, wenn ein Tauschangebot von der Eintragung des Kapitalerhöhungsbeschlusses bzw. der Durchführung der Sachkapitalerhöhung im Handelsregister (§ 189 AktG)[890] sowie der Zulassung der als Gegenleistung angebotenen Wertpapiere zum Börsenhandel (Börsenzulassungsbeschluss, §§ 30 ff. BörsG, §§ 48 ff. BörsZulV) abhängig gemacht wird. Wäre die rechtliche Existenz der neuen Aktien im Vorhinein erforderlich, wäre einer AG als Bieterin die Abgabe eines Tauschangebotes mit Blick auf die § 188 Abs. 2 S. 1 AktG i.V.m. § 36 a Abs. 2, 189 AktG rechtlich unmöglich.[891]
Einer Bedingung der Börsenzulassung steht insbesondere nicht § 31 Abs. 2 S. 1 WpÜG entgegen. Die Zulassung der Aktien zum Handel an einem organisierten Markt muss spätestens zum Zeitpunkt der Übereignung an die Adressaten erfolgt sein.[892] Dass der Bieter es in der Hand habe, die tatsächlichen Voraussetzungen der Behördenentscheidung herbeizuführen, spricht nicht gegen die grundsätzliche Rechtmäßigkeit der Bedingung.[893] Mit Blick auf § 162 BGB muss der Bieter die Zulassung allerdings sorgfältig vorbereiten und alle Maßnahmen treffen, damit das Zulassungsverfahren zügig und ordnungsgemäß durchgeführt wird und die Börsenzulassung zum Zeitpunkt der Fälligkeit der angebotenen Wertpapiere mit hinreichender Wahrscheinlichkeit sichergestellt ist.[894]

F. VOLLZUG VON (AKTIENKAUF-)VERTRÄGEN

Schließlich kann das Übernahmeangebot davon abhängig gemacht werden, dass bestimmte Verträge vollzogen werden, z.B. Aktienkaufverträge des Bieters mit Aktionären der Zielgesellschaft oder Verträge des Bieters über einen Beteiligungsverkauf.[895] Die Aufnahme einer derartigen Bedingung scheidet allerdings in den Fällen aus, in denen der Vertrag wiederum selbst Bedingungen unterliegt, die ausschließlich durch den Bieter herbeigeführt werden können, wodurch nicht nur der Ver-

---

[890] Einschränkend KRAUSE in: Assmann/Pötzsch/Schneider, § 18 Rn. 71: Bedingung zulässig, wenn der Bieter die Voraussetzungen dafür geschaffen hat, dass die Eintragung der Durchführung der Kapitalerhöhung mit hinreichender Wahrscheinlichkeit erfolgen wird.

[891] GEIBEL in: Geibel/Süßmann, § 18 Rn. 37; KRAUSE in: Assmann/Pötzsch/Schneider, § 18 Rn. 73; RIEHMER in: Haarmann/Riehmer/Schüppen, § 18 Rn. 15 c).

[892] So Begr. RegE-WpÜG, BT-Drucks. 14/7034, S. 55 zu § 31 Abs. 2. Vgl. ausführlich BUSCH, AG 2002, 145, 148.

[893] So aber unter dem Aspekt des § 313 BGB OECHSLER, NZG 2001, 817, 822, nach dessen Ansicht der Eintritt dieses Umstandes zu sehr in der Einfluss- und Risikosphäre des Bieters liegt. Kritisch auch PELTZER in: Assmann/Basaldua/Bozenhardt/Peltzer, S. 179, 203 f.: alternatives Barangebot erforderlich.

[894] KK-WpÜG/HASSELBACH, § 18 Rn. 61; KRAUSE in: Assmann/Pötzsch/Schneider, § 18 Rn. 74; OECHSLER in: Ehricke/Ekkenga/Oechsler, § 18 Rn. 6; THOMA/STÖCKER in: Baums/Thoma, § 18 Rn. 102 f., 105. VOGEL in: Haarmann/Riehmer/Schüppen, § 13 Rn. 75.

[895] Siehe Ziff. 11. (c) des Übernahmeangebotes RAG/DEGUSSA.

tragsvollzug unmittelbar, sondern auch das Übernahmeangebot mittelbar subjektiv bedingt ist; der Bieter könnte bei unterbleibendem Vollzug vom Übernahmeangebot Abstand nehmen, was faktisch einem unzulässigen Rücktrittsrecht gleichkommt. Demnach muss es für die Wirksamkeit des Übernahmeangebotes ohne Belang sein, wenn der Vollzug der Aktienkaufverträge daran scheitert, dass der Bieter den Kaufpreis nicht bezahlt. Das Transparenzgebot des § 3 Abs. 2 WpÜG gebietet, dass der Bieter sämtliche Bedingungen, von denen der Vollzug der jeweiligen Verträge abhängt, im Übernahmeangebot selbst aufführt.

Es wurde bisher gezeigt, dass der Bieter die Wirksamkeit seines Übernahmeangebotes vom Ausbleiben einzelner spezifischer Veränderungen bei der Zielgesellschaft abhängig machen kann. Sein Interesse kann darüber hinaus darauf gerichtet sein, dass es seine Wirkung verliert, wenn in der Finanz- und Vermögenslage oder der Geschäftstätigkeit der Zielgesellschaft eine wesentliche nachteilige Veränderung eintritt, die aus seiner Sicht die wirtschaftliche Grundlage des Angebotes entfallen lässt.[896] Inwiefern solche generalklauselartigen MAC-Klauseln mit dem WpÜG vereinbar sind und welchen inhaltlichen Anforderungen sie unterliegen, ist Schwerpunkt des folgenden sechsten Teiles der Arbeit. Hierbei werden zunächst mangels nationaler Rechtspraxis diejenigen Anforderungen analysiert, denen MAC-Klauseln in der amerikanischen und britischen Rechtspraxis genügen müssen (§ 14). In einem weiteren Schritt wird der Frage ihrer generellen Zulässigkeit nachgegangen und erörtert, welche Regelungsinhalte MAC-Klauseln in nach dem WpÜG zu beurteilenden Übernahmeangeboten enthalten dürfen (§ 15).

§ 14 MAC-KLAUSEL IM AMERIKANISCHEN UND ENGLISCHEN RECHTSSYSTEM

Auch wenn die beiden im Folgenden dargestellten Entscheidungen der angloamerikanischen Judikatur über das Eingreifen von MAC-Klauseln die rechtliche Behandlung im deutschen Recht nicht unmittelbar beeinflussen, vermitteln sie dennoch einen ersten Eindruck, welche Anforderungen für ihr Eingreifen erfüllt sein müssen. Inwiefern sich Unterschiede infolge andersartiger gesetzlicher Anforderungen ergeben, bleibt einer späteren Erörterung (§ 15 B. II.) vorbehalten.

A. AMERIKANISCHES RECHT: IBP, INC. V. TYSON FOODS, INC. AND LASSO ACQUISITION CORPORATION – MAC-KLAUSEL IN EINEM MERGER AGREEMENT

Die jüngste und bedeutendste Entscheidung in den USA erging am 15.06.2001 im Rahmen der IBP-Aktionärs-Sammelklage vor dem CHANCERY COURT OF THE STATE OF DELAWARE IN AND FOR NEW CASTLE COUNTY[897] gegen u.a. IBP, INC. (nachfolgend: IBP) sowie TYSON FOODS, INC. (nachfolgend: TYSON) und deren Tochtergesellschaft LASSO ACQUISITION CORPORATION.[898] IBP – führende Rindfleischvertreiberin und Nummer 2 im Schweinefleischvertrieb – begehrte die Durchfüh-

[896] KK-WpÜG/HASSELBACH, § 18 Rn. 42.

[897] *Court of Chancery* als ausschließliche Rechtsprechungsgewalt über alle Angelegenheiten des Billigkeitsrechtes, dem sog. „*equity-law*", siehe O.V. (2004), http://courts.state.de.us/courts/(30.06.2006).

[898] IBP, INC. v. TYSON FOODS, INC., Consolidated Civil Action No. 18373 (15.06.2001), http://webman.widener.edu/documents/opinions/18373-507.pdf (30.06.2006).

rung des mit TYSON – Nr. 1 im Geflügelvertrieb – abgeschlossenen Merger Agreement.

I. Sachverhalt

Am 04.12.2000 gab TYSON (zusammen mit LASSO ACQUISITION CORPORATION) im Rahmen eines Auktionsverfahrens ein zweistufiges Übernahmeangebot über $26 pro Aktie ab, das auf erster Stufe – vorbehaltlich einer Due Diligence und eines vollziehbaren Merger Agreement – ein Barangebot für 50,1 % der außenstehenden Aktien sowie auf zweiter Stufe den Umtausch der restlichen Aktien von IBP vorsah. Vorausgegangen waren Verhandlungen mit IBP, in denen es den Parteien mehr um zukünftige Synergieeffekte als um dessen aktuelle finanzielle Lage ging.
Bereits am 16.10.2000 gab IBP Probleme mit der Ordnungsmäßigkeit der Geschäftsbücher der Tochtergesellschaft DFG FOODS, INC. (nachfolgend: DFG), insbesondere eine Überbewertung des Warenbestandes, bekannt und reduzierte in der Folge am 07.11.2000 den Gewinn vor Steuern für das dritte Quartal des Finanzjahres 2000 um $9 Mio. Am 28.11.2000 wurden die sog. „*Rawhide Projections*" – eine 5-Jahres-Prognose – veröffentlicht, die auf Veranlassung potenzieller Investoren eines Leverage-Buy-Out[899] von IBP erstellt worden waren. Sie wiesen darauf hin, dass die Pläne bereits im August 2000 erstellt wurden und daher im Lichte der aktuellen finanziellen Erklärungen zu lesen seien, sie keine Garantien beinhalten sowie die dem Geschäft der Fleischverarbeitung inhärenten konjunkturellen und saisonalen Schwankungen einen Risikofaktor darstellen, aufgrund dessen zuvor höchstens 2- oder 3-Jahres-Pläne gefertigt wurden. Die zu diesem Zeitpunkt veröffentlichten Zahlen für das 3. Quartal 2000 ließen zudem vermuten, dass die in den 5-Jahres-Prognosen enthaltenen Gewinnziele für das Finanzjahr 2000 verfehlt würden. Bereits während des im Dezember 2000 zwischen TYSON und SMITHFIELD FOODS stattfindenden Auktionsprozesses und der Due Diligence wurde eine aktualisierte Prognose erstellt, die den erwarteten Gewinn vor Steuern um $70 Mio. reduzierte. Aufgrund des bei DFG aufgetretenen Buchführungsbetruges wies IBP TYSON auf eine Überbewertung bzw. erwartete Gewinnreduzierung von $30-35 Mio. hin wie auch auf die konjunkturellen Viehzyklen und die nachteiligen Folgen des harten Winters für den Viehvorrat. TYSON verlangte jedoch weder aktualisierte Gewinn- und Verlustrechnungen für das Jahr 2000 noch Zusagen über die Einhaltung der prognostizierten zukünftigen Gewinne.
Trotz Kenntnis von der Gewinnreduzierung und Wertberichtigung erhöhte TYSON sein Bar- und Umtauschangebot auf zuletzt $30 und erhielt den Zuschlag vor

[899] Der am 1.10.2000 abgeschlossene Unternehmenskaufvertrag mit der Investorengruppe sah den Kauf von IBP-Aktien für jeweils $22,25 sowie eine Auflösungsstrafe von $59 Mio. vor. Gegen ihn richtete sich die ursprüngliche Aktionärs-Sammelklage. Darin wurde dem Management vorgeworfen, ihre eigenen Interessen verfolgt und ihre Treue- bzw. treuhänderischen Pflichten gegenüber den Aktionären zur Steigerung des Unternehmenswertes und Maximierung des Shareholder Value vernachlässigt zu haben.

SMITHFIELD. Jeweils vorbehaltlich der Erfüllung der Vollzugsbedingungen sollte das Barangebot bis zum 28.02.2001 gültig sein, anderenfalls bis zum 15.03.2001 ein „*Cash Election Merger*" stattfinden. Das am 01.01.2001 abgeschlossene Merger Agreement sicherte in § 5.10 das Fehlen bestimmter Veränderungen zu:

> „*Section 5.10. Absence of Certain Changes. Except as set forth in ..., since the Balance Sheet Date (25.12. 1999), the Company and the Subsidiaries have conducted their business in the ordinary course consistent with the past practice and there has not been:*
> *(a) any event, occurrence, or development of a set of circumstances or facts which has had or reasonably could be ex-pected to have a Material Adverse Effect ... on the condition (financial or otherwise), business, assets, liabilities, or results of opinions of [IBP] and [its] Subsidiaries taken as a whole.*"

Der die Viehlieferung nachteilig beeinflussende strenge Winter führte dazu, dass die operativen Gewinne von IBP im 1. Quartal 2001 um 64 % und der Gewinn pro Aktie bei TYSON um 50 % im Vergleich zum Vorjahr zurückgingen. Am 22.02.2001 teilte IBP TYSON mit, dass sie ihre finanziellen Erklärungen u.a. wegen einer zusätzlichen Belastung von $32,9 Mio. betreffend DFG berichtigen und eine Gewinnminderung bis zu $108 Mio. als Folge der dortigen Vorkommnisse verzeichnen werde. Nachdem eine Neuverhandlung des Preises gescheitert war, trat TYSON – nicht jedoch wegen des Eintrittes eines MAC – am 29.03.2001 vom Vertrag zurück und erhob Klage gegen IBP auf Entschädigung wegen betrügerischer Veranlassung zum Vertragsschluss sowie Verletzung der vertraglichen Garantien und Zusicherungen. IBP erhob im Rahmen des laufenden Aktionärs-Sammelklageverfahrens am 30.03.2001 Widerklage, gerichtet auf Vertragserfüllung und Fusionsvollziehung sowie Feststellung der Vertragswirksamkeit.

II. HAUPTARGUMENTE DER PARTEIEN[900]

IBP vertrat die Auffassung, dass TYSON mangels Eintrittes eines MAC nicht zum Rücktritt berechtigt sei. Ein MAC könne schon deshalb nicht vorliegen, weil die in den finanziellen Erklärungen enthaltenen Warnungen die Geschäftsrisiken von IBP unterstreichen würden und sie sich als stillschweigende Ausnahmetatbestände auswirken. Aber auch unabhängig davon sei ein MAC nicht eingetreten, da eine nachteilige Veränderung für einen vernünftigen Käufer nicht nachteilig sei, wenn die Veränderung von einem Risiko herrühre, das dem Geschäft bzw. Unternehmen innewohne.[901] Die im 1. Quartal 2001 zu verzeichnenden und hinter dem Ergebnis

[900] Im Folgenden werden ausschließlich die Argumente in Bezug auf den (Nicht-)Eintritt eines MAC wiedergegeben.

[901] Pretrial brief of cross-claim plaintiff IBP, Inc. (14.05.2001), http://webman.widener.edu/documents/briefs/18373-305.pdf, S. 46 (30.06.2006) unter Berufung u.a. auf BEAR STEARNS COS. v. JARDINE STRATEGIC HOLDINGS, N.Y. Supr., No.31371/87, slip op. (June 17,1988), aff d mem., N.Y. App.Div., 533 N.Y.S.2d. 167 (1988): Unwesentlichkeit eines durch die Ereignisse des 19.10.1987 (schwarzer Montag) verursachten signifikanten Verlustes bei Kenntnis des den Wertpapiergeschäften inhärenten Risikos (Volatilität und Risikogeschäft).

des Jahres 2000 zurückbleibenden Gewinne seien solche dem Geschäft von IBP inhärenten Veränderungen und daher nicht nachteilig im Sinne der MAC-Klausel. Zudem sei TYSON aus der Due Diligence bekannt gewesen, dass IBP aufgrund der konjunkturellen Schwankungen mit dünnen Gewinnmargen operiert, die Volatilität der Fleischpreise eine verlässliche Vorhersage zukünftiger Gewinne erschwert sowie die konjunkturelle und saisonale Natur des Geschäftes dessen Profitabilität mindert. Die in den *Rawhide Projections* prognostizierten Jahresgewinne würden zudem für 2001 einen EBIT-Rückgang um 17,7 % im Vergleich zum Jahr 2000 aufzeigen.[902] Zu berücksichtigen sei ferner, dass die für 2001 verfügbaren operationalen Jahresergebnisse aufgrund eines in den zwei Wochen vor der Gerichtsverhandlung zu verzeichnenden Leistungsanstieges mit denen im gleichen Zeitraum 2000 ungefähr übereinstimmen. Zuletzt stelle auch die Belastung in Höhe von $60,4 Mio. eine normale Jahresendberichtigung und kein außergewöhnliches Ereignis dar.
Demgegenüber war TYSON der Ansicht, zum Rücktritt vom Vertrag berechtigt zu sein. Ein Rücktrittsrecht ergebe sich daraus, dass die – infolge der bei DFG aufgetretenen außergewöhnlichen Belastungen und Wertberichtigungen – bei IBP zu verzeichnende Gewinnreduzierung als auch die gesunkenen Verkaufsleistungen im 4. Quartal 2000 und 1. Quartal 2001 eine wesentliche Verschlechterung im Sinne der vertraglich vereinbarten MAC-Klausel darstellen würden. Wie IBP selbst gegenüber der SEC erklärt habe, sei von Industrieexperten lediglich ein Rückgang um 6 % vorhergesagt worden.[903] Die DFG-Belastung sei durch einen unvorhersehbaren und steilen Verkaufsrückgang im letzten Quartal 2000 ausgelöst worden, der nicht als gewöhnliche Neubewertung oder Abschreibung zum Ende eines Jahres angesehen werden könne.[904] MAC-Klauseln dienten zudem insbesondere dem Schutz vor dem Geschäft innewohnenden Risiken.[905] Da die Klausel sehr weit gefasst sei und keine der sonst üblichen Ausnahmeregelungen wie die allgemeine Wirtschaftslage oder industrielle Rückgänge enthalte, könne dies allein bedeuten, dass eine MAC-Garantie auch derartige Geschehnisse umfasst.[906]

III. ENTSCHEIDUNGSGRÜNDE – KRITERIEN FÜR DIE BEURTEILUNG DER WESENTLICHKEIT EINER NACHTEILIGEN VERÄNDERUNG

Das Gericht ist in seiner „*Post-Trial Opinion*“ der Argumentation von TYSON i.S.d. Eintrittes eines MAC mit der Folge einer Verletzung der Garantiebestimmung des

[902] Pretrial brief of cross-claim plaintiff IBP, INC. (Fn. 901), S. 48.
[903] Post-trial answering brief of TYSON FOODS, INC. and LASSO ACQUISITION CORPORATION (03. 06.2001), http://webman.widener.edu/documents/briefs/18373-471.pdf, S. 25 (30.06.2006).
[904] Post-trial answering brief of TYSON FOODS, INC. and LASSO ACQUISITION CORPORATION (Fn. 903), S. 26 f.
[905] Post-trial answering brief of TYSON FOODS, INC. and LASSO ACQUISITION CORPORATION (Fn. 903), S. 28.
[906] Post-trial answering brief of TYSON FOODS, INC. and LASSO ACQUISITION CORPORATION (Fn. 903), S. 28 f.

§ 5.10 und der daraus resultierenden Berechtigung zur Vertragsbeendigung nicht gefolgt: IBP habe keinen MAE i.S.d. Vertrages erlitten, der den unterlassenen Vertragsvollzug rechtfertige.[907] Bei der Beurteilung dürfe nicht außer Acht gelassen werden, dass sich TYSON auf den Eintritt eines MAC nicht im Rahmen der öffentlichen Darlegung der Vertragsbeendigung, sondern erst nachträglich berief. Dies verdeutliche, dass ein kurzfristiger Leistungsrückgang nicht als Auslöser eines MAC angesehen worden sei. Da zudem den Geschehnissen bei DFG im Rahmen der Vertragsverhandlungen kein großes Gewicht beigemessen wurde, verurteilte das Gericht TYSON zur Erfüllung des Fusionsvertrages.[908]

Im Rahmen der Auslegung des für die Frage des Eintrittes eines nach § 5.10 relevanten MAE kam das Gericht zu dem Schluss, dass es sich um eine allumfassende Klausel handele, die mangels ausdrücklicher Ausnahmetatbestände jedwedes Ereignis einer – wesentlichen – nachteiligen Veränderung umfasse. Obwohl viele Verträge spezifische Ausnahmetatbestände enthielten, die gesamtwirtschaftliche oder industrielle Verluste, nachteilige Wetter- oder Marktbedingungen abdecken, fehle eine solche Regelung in § 5.10.[909] Eine indirekte Ausschlussklausel sei ferner nicht in den auf die Schwankungsrisiken bezüglich des Viehbestandes hinweisenden finanziellen Erklärungen enthalten. Diese seien zu allgemein, um die ansonsten einen MAC konstituierenden industrieweiten oder gesamtwirtschaftlichen Faktoren auszuschließen. Hätte IBP einen Ausnahmetatbestand gewollt, hätte es einen solchen verhandeln können bzw. müssen.

Obwohl Rückgänge in der Gesamtwirtschaft bzw. im Industriesektor oder nachteilige Wetter- oder Marktbedingungen von der MAC-Klausel nicht ausgeschlossen worden seien, sei ein konjunktureller und zyklischer Verlust dennoch nicht als MAE einzustufen. Bereits die einleitenden Ausführungen des Gerichtes verdeutlichen, dass eine weit gefasste MAC-Klausel dem Käufer keinen Schutz vor jeglichen unvorhergesehenen Ereignissen bietet. Der Käufer müsse hohen Anforderungen gerecht werden, um sich durch die Berufung auf eine MAC-Klausel vom Vertrag lösen zu können. Entscheidende Bedeutung erlangte das Kriterium der Wesentlichkeit einer nachteiligen Veränderung. Zu seiner Beurteilung wurden vom Gericht im Wesentlichen zwei Aspekte herangezogen: die Unkenntnis der sich auf die Klausel berufenden Vertragspartei von der eingetretenen nachteiligen Veränderung sowie deren Langfristigkeit:

> „*The provision is best read as a backstop protecting the acquiror from the occurence of* **unknown events** *that* **substantially threaten** *the overall earnings potential of the target in a* **durationally-significant** *manner.*“[910]

---

[907] Im Rahmen einer *stipulation of settlement* (27.06.2001), http://webman.widener.edu/documents/settlements/18373-517.pdf, S. 8 ff. (28.02.2005) kamen die Parteien darin überein, mit dem Bar- und Umtauschangebot fortzufahren. Die Fusion wurde am 28.09.2001 endgültig vollzogen.

[908] Zur Klage auf Vertragserfüllung im *common law* siehe Lundmark, RIW 2001, 187 f.

[909] IBP, INC. v. TYSON FOODS, INC. (Fn. 898), S. 105.

[910] IBP, INC. v. TYSON FOODS, INC. (Fn. 898), S. 111 (Hervorhebung nicht im Original).

1. LÄNGERFRISTIGE BEEINFLUSSUNG DES GEWINNPOTENZIALS – SICHTWEISE DES STRATEGISCHEN KÄUFERS

Damit eine nachteilige Veränderung als wesentlich angesehen werden kann, muss das Gewinnpotenzial eines Unternehmens aus Sicht eines strategischen Käufers langfristig negativ beeinflusst sein:

> *„These negotiating realities bear on the interpretation of § 5.10 and suggest that the contractual language must be read in the larger context in which the parties were transacting. To a short-term speculator, the failure of a company to meet analysts' projected earnings for a quarter could be highly material. Such a failure is less important to an acquiror who seeks to purchase the company as a part* ***of a long-term strategy****. To such a company, the important thing is whether the company has suffered a Material Adverse Effect in its business or the results of operations that is consequential to the company's earnings power over a* ***commercially reasonable period****, which one would think would be measured in years rather than months. It is odd to think that a* ***strategic buyer*** *would view a short-term blip in earnings as material, so long as the target's earnings-generating potential is not materially affected by that blip or the blip's cause.*"[911]

Nach den Ausführungen des Gerichtes löst eine kurzfristige Bedrohung des Gewinnpotenzials eine MAC-Klausel nur aus, wenn sie explizit auch kurzfristige nachteilige Veränderungen umfasst. Aufgrund der intensiven Verhandlungen über den Vertragsinhalt sowie der Regelung spezifischer Risiken könne die Nichtexistenz einer kurzfristige Verluste umfassenden spezifischen Klausel nur soviel bedeuten, dass die allgemeine MAC-Klausel lediglich bei Eintritt solcher fundamentalen Ereignisse zur Anwendung gelangt, die den Unternehmenswert wesentlich beeinflussen.[912] Wurden kurzfristige Verluste nicht ausdrücklich geregelt, so trage der Käufer das Risiko des Eintrittes derartiger kurzfristiger Veränderungen. Erforderlich sei „*a strong showing to invoke a Material Adverse Effect exception to its obligation to close*".[913]
TYSON hat nach Ansicht des Gerichtes keinen Beweis erbracht, dass die nach Vertragsschluss eingetretenen Veränderungen den Unternehmenswert von IBP oder dessen langfristige Gewinne nachhaltig verringern. Vielmehr sei mit einem Aufschwung des ohnehin zyklischen Schwankungen unterliegenden Geschäftes von IBP und demzufolge auch mit einer Steigerung des Unternehmenswertes zu rechnen gewesen. Zu berücksichtigen sei insofern, dass Analysten Ende April eine Gewinnsteigerung für 2002 prognostizierten und diese Finanzkennzahlen wie auch die Gewinne im Mai 2001 mit früheren Leistungen in entsprechenden Zyklus-Stadien vergleichbar seien.[914] Zudem seien bereits in den beiden Wochen vor der Rücktrittserklärung starke Gewinne zu verzeichnen gewesen, die auf eine Erholung im

---

[911] IBP, INC. v. TYSON FOODS, INC. (Fn. 898), S. 109 f. (Hervorhebung nicht im Original).

[912] IBP, INC. v. TYSON FOODS, INC. (Fn. 898), S. 111.

[913] IBP, INC. v. TYSON FOODS, INC. (Fn. 898), S. 111.

[914] Der durchschnittliche Gewinn vor Steuern (EBIT) betrug in den Jahren 1995-1999 ca. $386 Millionen und der durchschnittliche Nettogewinn pro Aktie $2,38, siehe Tabelle auf S. 139. Im Mai 2001 wurden Gewinne zwischen $1,50 und $1,74 sowie für 2002 einen Gewinn von $2,33 bis $2,42 prognostiziert.

folgenden Quartal hindeuten konnten. Selbst die Investmentbank von TYSON habe mit Blick auf den großen Langzeitwert der Fusion einen Kaufpreis von $30 pro Aktie für angemessen gehalten.
Auch bei den DFG betreffenden Vorkommnissen handele es sich nicht um eine langfristige Verschlechterung der Unternehmensleistung. Die Abschreibung stelle vielmehr eine einmalige Belastung bei einem Tochterunternehmen dar, das weniger als 1 % des Gesamtertrages bzw. des Absatzes und weniger als 2 % des Gewinnes vor Steuern der IBP ausmacht. Wesentliche Auswirkungen auf die zukünftigen Ergebnisse einer Kombination IBP/TYSON seien daher nicht zu erwarten. Zuletzt würde die Wesentlichkeit der Abschreibung dadurch entkräftet, dass eine potenzielle über die bekannten Belastungen hinausgehende Haftung für DFG nicht in die von IBP abgegebenen finanziellen Garantien einbezogen wurde.

2. UNKENNTNIS

Das zweite für die Beurteilung der Wesentlichkeit entscheidende Kriterium bezieht sich auf die Unkenntnis der sich auf die MAC-Klausel berufenden Vertragspartei vom Eintritt einer nachteiligen Veränderung. Hat eine Partei Kenntnis von den die andere Partei negativ beeinflussenden Tatsachen oder musste sie diese kennen, liege keine wesentliche Veränderung vor. Zur Feststellung der Kenntnis seien sämtliche der sich auf den Eintritt einer wesentlichen Verschlechterung berufenden Partei zugänglichen Informationen einzubeziehen, und zwar einschließlich derjenigen, die aus der Due Diligence und den Vertragsdokumenten bekannt waren. Die im Vergleich zu früheren Jahresergebnissen schlechteren Unternehmenszahlen von IBP seien einem vernünftigen Erwerber bei entsprechender Analyse erkennbar gewesen, wobei keine Anzeichen dafür existierten, dass sich die Verluste als langfristig erweisen würden. So legte z.B. die veröffentlichte Erklärung IBP 10-K für 1999 folgende Fünf-Jahres-Zahlen offen[915]:

	1999	1998	1997	1996	1995
Earnings from Operations $ (in thousands)	528,473	373,735	226,716	322,908	480,096
Net Earnings per share $	3,39	2,21	1,26	2,10	2,96

Diese Kenndaten ließen auf ein konstant profitables Unternehmen schließen, das hinsichtlich des jährlichen Gewinnes vor Steuern und Nettogewinnes pro Aktie infolge des saisonalen Geschäftes starken konjunkturellen Schwankungen unterworfen war. Auch die finanziellen Erklärungen für das Finanzjahr 2000 würden die Schwankungen als immanenten Teil der Unternehmensaktivitäten unterstreichen; der Jahresgewinn vor Steuern betrug bis zum Ende des 3. Quartals 2000 $462 Mio. gegenüber $528 Mio. für das gesamte Jahr 1999. Nichts anderes ergebe sich aus den *Rawhide Projections*, nach deren Prognosen aufgrund der für 2001-2003 erwarteten

[915] IBP, INC. v. TYSON FOODS, INC. (Fn. 898), S. 107.

Krise im Viehzyklus ein profitables Geschäft erst wieder für 2004 erwartet wurde.[916] Schließlich hätte TYSON bereits vor Vertragsschluss aufgrund der Wertberichtigungen bei DFG wachsam werden müssen. Das Potenzial einer weitergehenden Haftung oder weiterer Verluste sei zudem im Vertrag und den dazugehörigen Anlagen offen gelegt worden. TYSON hätte daher die infolge der Wertberichtigungen vorzunehmenden Abschreibungen kennen müssen.[917]

IV. Folgerungen und Konsequenzen aus der Rechtsprechung

Nicht jeder Ergebnisrückgang einer Gesellschaft führt folglich zwangsläufig einen MAE herbei, der es erlaubt, von einem abgeschlossenen Vertrag Abstand zu nehmen. Gesellschaften werden in unterschiedlicher Art und Weise von einer Vielzahl wirtschaftlicher und nicht-wirtschaftlicher Faktoren beeinflusst wie auch jede Transaktion ihre Besonderheiten aufweist. Bei der Beurteilung, ob ein bestimmtes Ereignis eine MAC-Klausel ausgelöst hat, sind daher die Besonderheiten des jeweiligen Einzelfalles anhand des geltenden Vertragsrechtes und der jeweiligen Tatsachen und Umstände der speziellen Transaktion zu berücksichtigen. Hierbei trifft die sich auf eine MAC-Klausel berufende Vertragspartei eine hohe Beweislast. So muss sie aufzuzeigen, dass eine bedeutsame nachteilige Entwicklung eingetreten ist, von der sie zum Zeitpunkt des Vertragsschlusses keine Kenntnis besaß und die den Gesamtwert des Zielunternehmens langfristig beeinflusst.

1. BEDEUTUNG DER LANGZEITPERSPEKTIVE

Eine MAC-Klausel soll lediglich vor solchen bedeutenden nachteiligen Ereignissen und Entwicklungen schützen, die die potenziellen langfristigen Gewinne eines Unternehmens substanziell bedrohen. Durch diese Hervorhebung des Wesentlichkeitsaspektes als entscheidendes Beurteilungskriterium für die Bejahung eines MAC wird die langfristige Natur von Akquisitionen und Unternehmenstransaktionen im Allgemeinen unterstrichen, so dass die Langzeitperspektive eine besondere Bedeutung erlangt. Die Beteiligten können nicht darauf vertrauen, dass eine auf die Zukunft bezogene Wortwahl jeden nachteiligen Effekt hinsichtlich zukünftiger Unternehmensleistungen abdeckt. Es kommt entscheidend darauf an, welche Ereignisse aus Sicht eines vernünftigen *Erwerbers*, der die langfristige Entwicklung eines Unternehmens betrachtet und primär hiernach seine Kaufentscheidung trifft, Veränderungen darstellen, die für die weitere Unternehmenstätigkeit und -entwicklung von entscheidender Bedeutung sind. Die Überlegungen eines vernünftigen *Investors*, der infolge einer kurzfristigen Ausrichtung seiner Tätigkeiten einen Unternehmensanteil schon bei aufgetretenen geringen Fehlbeträgen veräußert, obwohl die lang-

---

[916] IBP, INC. v. TYSON FOODS, INC. (Fn. 898), S. 108.
[917] Siehe diesbezüglich IBP, INC. v. TYSON FOODS, INC. (Fn. 898), S. 79 ff.

fristigen Geschäftsaussichten nicht negativ beeinflusst werden, sind demzufolge unbeachtlich.[918]

Um sich erfolgreich auf eine MAC-Klausel berufen zu können, ist es erforderlich, eine fundamentale und nicht nur vorübergehende Veränderung aufzuzeigen, die auf Ereignissen oder Umständen beruht, die sich über einen kaufmännisch vertretbaren Zeitraum auf die potenziellen Gewinne des Zielunternehmens auswirken. Auch ein Ereignis, das innerhalb eines kurzen Zeitraumes zwischen Vertragsunterzeichnung und -vollzug eintritt, kann in seinen Wertauswirkungen auf ein Unternehmen dauerhaft bedeutend sein. Selbst wenn derartige gegenwärtige Ergebnisse wesentliche nachteilige Veränderungen auslösen, so ist immer darzulegen und zu beweisen, dass sie mehr als einen „*short-term hiccup*" darstellen. Der Zeitraum, auf den sich Veränderungen auswirken, muss sich auf mehrere Jahre und nicht nur mehrere Monate erstrecken. Hierbei können Prognosen von Analysten herangezogen werden, solange sie die Grundfakten und -entwicklungen des Unternehmens widerspiegeln.

2. DIFFERENZIERUNG ZWISCHEN EINEM UNBEKANNTEN PROBLEM UND UNBEKANNTEN FOLGEN EINES BEKANNTEN PROBLEMS

Über die Bedeutung der Langzeitperspektive hinaus zeigt die Entscheidung auf, dass MAC-Klauseln nicht vor Folgen aus bereits bekannten Problemen schützten. Es wird vermutet, dass der Käufer Kenntnis von den vernünftigerweise vorhersehbaren Konsequenzen eines bekannten Problems hatte bzw. hätte haben können oder sogar müssen. Eine wesentliche Veränderung wird ausschließlich dann bejaht werden können, wenn einer Partei nicht nur die Folgen, sondern auch das Problem als solches unbekannt sind.

Hinsichtlich der Kenntnis von einer wesentlichen nachteiligen Veränderung ist mithin zwischen einem nicht bekannten Problem und unbekannten Folgen eines bekannten Problems zu unterscheiden.[919] Die diesbezügliche Darlegungslast liegt bei der sich auf die MAC-Klausel berufenden Partei. Diese muss ihr Unwissen hinsichtlich der die Klausel auslösenden Tatsachen darlegen.[920] Zur Feststellung, ob ausschließlich die Folgen eines bekannten Problems unbekannt waren, ist danach zu fragen, welche Informationen der Vertrag einschließlich der Anlagen enthält, welche Erkenntnisse aus der Due Diligence gezogen werden konnten und ob zum Zeitpunkt der Vertragsunterzeichnung anders gehandelt worden wäre, selbst wenn im Kontext aller zugänglichen Informationen bekannt war, dass vertragliche Zusicherungen oder Garantien unvollständig waren. In die Auswertung, ob ein Ereignis

---

[918] Eine Übertragung der Langzeitperspektive auf Private-Equity-Transaktionen tendenziell ablehnend KING (14.05.2003), http://www.altassets.com/knowledgebank/learningcurve/2003/nz3480.php, S. 3 (30.06.2006).

[919] Vgl. BIRKETT, Global Counsel, Februar 2002, 45, 47.

[920] Vgl. GLOBAL COUNSEL (19.02.2002), http://www.practicallaw.com/7-107-4242, S. 1 (30.06.2006).

eine MAC-Klausel auslöst, sind mithin sämtliche dem Erwerber vor Vertragsschluss zugänglichen Informationen einzubeziehen, insbesondere diejenigen aus den Vertragsverhandlungen und den währenddessen ausgetauschten Schriftstücken und Dokumenten. Unterstrichen wird besonders die Bedeutung der Due Diligence für auf dem Eintritt eines MAC beruhende Rücktrittsrechte.[921] Problematisch ist daher das Vertrauen auf erstellte Leistungsprognosen und deren tatsächliche Einhaltung, wenn sie nicht durch vertragliche Garantien abgedeckt wurden.
Aufgrund der Offenbarung der wesentlichen finanziellen Informationen lag es im Verantwortungsbereich von TYSON, negative Entwicklungen und damit auch potenzielle Risiken mit Auswirkungen auf die wirtschaftliche Situation von IBP zu erkennen und sich dagegen abzusichern.[922] Der seitens TYSON unternommene Versuch, allein aufgrund der inzwischen bereuten Kaufentscheidung unter Berufung auf die MAC-Klausel vom Vertrag zurückzutreten, schlägt insofern fehl.

3. FOLGERUNGEN FÜR DIE REGELUNGSTIEFE DER MAC-KLAUSEL

Die Entscheidung hätte einen anderen Ausgang erfahren können, wenn die MAC-Klausel spezifische Sachverhalte, z.B. die Berichtigung finanzieller Erklärungen, das Verfehlen finanzieller Leistungsziele und/oder ein Absinken des EBIT unter einen bestimmten Schwellenwert, skizziert hätte, bei deren Eintritt und subjektiver Unvorhersehbarkeit ein MAC vorliegen und eine Vertragsbeendigung möglich sein soll. Durch die Aufnahme spezifischer Ereignisse hätte dargelegt werden können, dass diese als wesentliche Veränderungen ansehen werden und zur Abstandnahme berechtigen sollen, ohne dass sie einen wesentlichen nachteiligen Langzeiteffekt auf das Geschäft oder die Leistung einer Vertragspartei hätten haben müssen.
Daraus kann die Konsequenz gezogen werden, die sprachliche Gestaltung der MAC-Klausel zu präzisieren und den Tatbestand des MAC zu spezifizieren, um eine bestimmte Regelungstiefe zu erzielen und die richterrechtlichen Anforderungen an eine allgemeine MAC-Klausel zu umgehen. Einer Spezifizierung ist allerdings die Gefahr immanent, dass den Parteien übernahmerechtlich nicht zugestanden wird, sich über die explizit aufgelisteten Ereignisse hinaus auf den Eintritt eines MAC berufen zu dürfen.[923] Eine extrem detaillierte MAC-Klausel verliert zu-

---

921 Vgl. OSTERLAND (01.08.2001), www.stockskill.net/NPNTQ/Court-ruling-in-Tyson-Foods-IBP-merger.html, S. 1: „*There is no substitute for due diligence in corporate mergers.*“ (30.06.2006)

922 Aus Sicht von IBP wurde richtig gehandelt. Sämtliche Informationen wurden offengelegt, eine generelle MAC-Klausel vereinbart sowie das Gericht ausreichend darüber informiert, dass kein Ereignis unerwartet eingetreten ist.

923 REASON (November 2003), http://www.cfoasia.com/archives/200311-04.htm, S. 2 (30.06.2006): „ ‚*You can lose the forest for the trees*‘.“ Zu beachten ist die Bemerkung des Gerichtes (Fn. 898), S. 111 Fn. 155, weite MAC-Klauseln einzuschränken, da „*a contrary rule will encourage the negotiation of extremely detailed 'WAC"[sic!] clauses with numerous carve-outs or qualifiers. An approach that reads broad clauses as addressing fundamental events that would materially affect the value of a target to a reasonable acquiror eliminates the need for drafting of that sort.*“ Dazu TORRES (06.02.2002), http://www.ffhsj.com/winter_symposium_02/McGuiness_present.pdf, S. 5 (30.06.2006).

dem ihre Wirkungskraft, wenn sie gleichzeitig beinhaltet, dass sie neben den explizit genannten Ereignissen weiterhin auch unbekannte, die potenziellen Gesamtgewinne des Vertragspartners substanziell und in signifikanter Weise bedrohende Ereignisse umfasst. Überdies ist nicht außer Acht zu lassen, dass jede Vertragspartei im Rahmen der Vertragsverhandlungen versucht, ihre eigenen Interessen durchzusetzen, sich dadurch der Verhandlungs- und Transaktionsprozess verlangsamt und der Vertragsschluss möglicherweise sogar scheitert.[924] Dennoch ist der spezifischen Wortwahl sowie den Zeitformen der Verben eine gewisse Aufmerksamkeit zu widmen. Vertraut ein Erwerber auf spezifische Informationen wie Prognosen, so muss dies in den Transaktionsdokumenten zum Ausdruck kommen.[925]

B. ENGLISCHES RECHT: WPP GROUP PLC V. TEMPUS GROUP PLC – MAC-KLAUSEL IN EINEM ÜBERNAHMEANGEBOT

Besondere Beachtung – nicht nur in Großbritannien – fand die Entscheidung des für die Regelung und Überwachung des Übernahmeverfahrens zuständigen Takeover Panel im Verfahren WPP GROUP PLC (nachfolgend: WPP) v. TEMPUS GROUP PLC (nachfolgend: TEMPUS), in dem erstmals eine in einem Übernahmeangebot enthaltene spezifische MAC-Klausel Untersuchungsgegenstand war.

I. Sachverhalt

Am 20.08.2001 veröffentlichte die Werbeholding WPP ein Barübernahmeangebot an die Aktionäre der Media-Agentur TEMPUS.[926] Dem vorausgegangen war ein freundliches Barübernahmeangebot der französischen Werbegruppe HAVAS ADVERTISING[927], das jedoch wegen Verfehlens der festgesetzten 90 %-Akzeptanzschwelle wirkungslos wurde; aufgrund zunehmend schlechter Bedingungen für den Werbemarkt sowie des Terroranschlages vom 11.09.2001 wurde auf eine Verlängerung der Annahmefrist verzichtet[928]. WPP verschickte sein Übernahmeangebot am 10.09.2001 an die TEMPUS-Aktionäre[929], so dass die 21-tägige Annahmefrist am 01.10.2001 ablief. Bereits am 22.07.2001 erhielt WPP Zugriff auf die von TEMPUS

[924] OSTERLAND (01.08.2001), www.stockskill.net/NPNTQ/Court-ruling-in-Tyson-Foods-IBP-merger.html, S. 3 (30.06.2006).

[925] Siehe auch BLOCK/HOFF (23.08.2001), www.cadwalader.com/assets/article/MaterialAdverse ChangeProvisionsinMergerAgreements.pdf, S. 1 f. (30.06.2006).

[926] UK-Wire Financial News (20.08.2001), http://www.uk-wire.com/cgi-bin/articles/20010820 0729457189I.html (Part 1) und http://www.uk-wire.com/cgi-bin/articles/20010820072949718 8I.html (Part 2) (28.02.2005).

[927] UK-Wire Financial News (19.07.2001), http://www.uk-wire.com/cgi-bin/articles/20010719 0822121598H. html (28.02.2005).

[928] Siehe UK-Wire Financial News (21.09.2001), http://www.uk-wire.com/cgi-bin/articles/2001 0921114751411 4K.html (28.02.2005).

[929] UK-Wire Financial News (10.09.2001), http://www.uk-wire.com/cgi-bin/articles/2001091015 09357421J.html (28.02.2005).

erstellten Finanzkenndaten einschließlich einer Prognose für 2001 und den darüber hinausgehenden Zeitraum. Am 07.09.2001 erhielt es den Entwurf der vorläufigen Ergebnisse für das 1. Halbjahr 2001 – die Veröffentlichung der Zwischenergebnisse erfolgte am 25.09.2001 – und eine weitere Prognose bis zum Jahresende. Am 17.09.2001 erwarb WPP zu den von ihr bereits gehaltenen 22 % weitere Aktien von ca. 3 % des Aktienkapitals am Markt hinzu. Die Annahmefrist wurde im Hinblick auf die Angebotsbedingungen mit Ausnahme der Annahmequote verlängert.[930]
Am 10.10.2001 gab WPP bekannt[931], dass sie bei der Panel Exekutive eine formale Vorlage[932] mit dem Gesuch einer positiven Entscheidung über die Auslösung der im Anhang 1 Teil A des Übernahmeangebotes unter (g) (i) enthaltenen MAC-Bedingung eingereicht hätte, die wie folgt lautet:

> „*(g) since 31 December 2000 and save as disclosed in the accounts for the year then ended and save as publicly announced in accordance with the Listing Rules by Tempus prior to 20 August 2001 and save as disclosed in this announcement or as otherwise fairly disclosed in writing to WPP prior to that date by Tempus:*
> *(i) no material adverse change or deterioration having occurred in the business, assets financial or trading position or profits or prospects of any member of the widener Tempus Group.*"

Die TEMPUS betreffenden Unternehmensaussichten hätten seit der Angebotsverkündung, insbesondere in Folge der Terroranschläge vom 11.09.2001, eine wesentliche nachteilige Veränderung erfahren.[933] Die am 16.10.2001 vorgelegte Prognose für 2001, die gegenüber derjenigen vom 07.09.2001 schwächer ausfiel, unterstreiche den seit September zu verzeichnenden Eintritt einer wesentlichen Verschlechterung.[934]

---

[930] Siehe UK-Wire Financial News (16.10., 23.10., 29.10.2001), http://www.uk-wire.com/cgi-bin/articles/20011016071503652 1L.html, http://www.uk-wire.com/cgi-bin/articles/20011023 0700259810L.html, http://www.uk-wire.com/cgi-bin/articles/20011029165936308 9M.html, (jeweils 28.02.2005).

[931] Siehe UK-Wire Financial News (10.10.2001), http://www.uk-wire.com/cgi-bin/articles/2001 1010115722403 9L.html (28.02.2005).

[932] Siehe zur Vorlage von Fragen hinsichtlich der Anwendung des Takeover Code, der Vereinbarkeit eines bestimmten Verhaltens mit den Regelungen oder der Auslegung einzelner Bestimmungen Ziff. 3 Einleitung Takeover Code.

[933] Siehe UK-Wire Financial News (10.10.2001), http://www.uk-wire.com/cgi-bin/articles/2001 10101157224 039L.html , S. 1 (28.02.2005).

[934] Siehe hierzu Takeover Panel Statement 2001/15 (06.11.2001), http://www.thetakeoverpanel.org.uk/Statements/200115.pdf, S. 7 Ziff. 26 f. (30.06.2006). Es ging um den Zeitraum vom 07.09.2001 (Erhalt der neuesten Finanzkennzahlen vor Versendung des Übernahmedokumentes) und dem 22.10.2001 (21 Tage nach Bedingungslosigkeit des Angebotes bezüglich der Annahmeschwelle).

II. Entscheidungsgründe

Der Takeover Panel hat eine Aufhebung der Entscheidung der Panel Exekutive[935], in der WPP die Berufung auf die MAC-Klausel versagt worden war, abgelehnt.[936] WPP habe keinen ausreichenden Nachweis dafür erbracht, dass wesentliche nachteilige Veränderungen in den Geschäftsaussichten von TEMPUS eingetreten sind, die für WPP im Rahmen des Übernahmeangebotes von wesentlicher Bedeutung waren.

1. GESETZLICHER PRÜFUNGSMAßSTAB UND KRITERIUM DER *LEGAL FRUSTRATION*

Als Prüfungsmaßstab[937] zur Beurteilung des Eintrittes der MAC-Bedingung wurde der Takeover Code, insbesondere § 13 Takeover Code und dessen Anmerkung 2[938] herangezogen. Anmerkung 1 zu § 2.7 Takeover Code[939] schreibt fest, dass generelle Veränderungen der wirtschaftlichen, industriellen oder politischen Umstände einen Abbruch des Übernahmeverfahrens nicht rechtfertigen, es hierfür vielmehr außergewöhnlicher und die Zielgesellschaft spezifisch betreffender Umstände bedarf. Wie sich bereits aus dem Wortlaut der Vorschrift ergibt, ist deren Anwendbarkeit auf den Zeitraum zwischen der Ankündigung der Abgabe eines Übernahmeangebotes und der Versendung der Angebotsdokumente beschränkt. Auch zielte die Norm nach den Ausführungen des Takeover Panel ursprünglich auf Situationen ab, in denen ein Bieter sein angekündigtes Angebot unabhängig von Angebotsbedingungen zurückzuziehen versuchte, so dass eine direkte Anwendung der Regelung auf bereits versandte Angebote ausscheide.[940]

---

[935] Takeover Panel Statement 2001/14 (01.11.2001), http://www.thetakeoverpanel.org.uk/Statements/200114.pdf (30.06.2006). Das Angebot wurde mit der Veröffentlichung der Entscheidungsgründe am 06.11.2001 bedingungslos. Eine weitere Beschwerde zum Appeal Comittee wurde nicht eingereicht.

[936] Aufgrund der konkreten Anrufung des Takeover Panel und der Anhörung der Gegenseite handelt es sich um eine verbindliche Entscheidung *(ruling)* ohne Präjudizienbindung, vgl. KRAUSE, S. 44.

[937] Die Rechtslage hinsichtlich Unternehmensübernahmen wird in Großbritannien von einer freiwilligen Selbstbeschränkung geprägt, wobei der Takeover Code den Rahmen ohne Gesetzeskraft vorgibt und der nicht-staatlich organisierte *Panel on Takeovers and Mergers* dessen Einhaltung beaufsichtigt, Ziff. 1 und 2 Einleitung Takeover Code. Zu seinen Regeln und ihrer Auslegung KRAUSE, S. 46 ff.

[938] Rule 13 lautet: „*An offer must not been subject to conditions which depend solely on subjective judgements by the directors of the offerer or the fulfilment of which is in their hands.*" Anmerkung 2 lautet: „*An offeror should not invoke any condition so as to cause the offer to lapse unless the circumstances which give rise to the right to invoke the condition as of material significance to the offeror in the context of the offer. The acceptance condition, and any condition included pursuant to Rule 12.1(c), are not subject to this provision.*"

[939] Rule 2.7. lautet: „*When there has been an announcement of a firm intention to make an offer, the offeror must, except with the consent of the Panel, proceed with the offer unless the posting of the offer is subject to the prior fulfilment of a specific condition and that condition has not been met.*"

[940] Takeover Panel Statement 2001/15 (Fn. 935), S. 5 Ziff. 16.

Neben dem Prüfungsmaßstab des Takeover Code griff der Panel zur Beurteilung der Wesentlichkeit einer nachträglichen Veränderung auf zwei Statements zurück, die darüber entschieden, ob ein Bieter sein Angebot aus nicht von Bedingungen abgedeckten Gründen zurückziehen konnte. Da sich der Bieter nicht auf eine ausdrückliche Angebotsbedingung berief, seien Veränderungen wirtschaftlicher oder industrieller Gegebenheiten wie auch Gesetzesänderungen von ihm grundsätzlich hinzunehmende Gefahren. Für die Rechtfertigung einer einseitigen Abstandnahme vom Übernahmeangebot bedürfe es solcher Umstände von völlig außergewöhnlicher Natur, die darauf hinauslaufen, den Vertrag zu vereiteln, die mithin den hohen Anforderungen einer „*legal frustration*"[941] genügen. Da der Bieter bei Übernahmeangeboten den Zeitpunkt der Veröffentlichung seiner Absichtserklärung über die Abgabe eines Übernahmeangebotes und der Angebotsversendung an die Aktionäre frei bestimmen könne, sei es gerechtfertigt, dass er auch das Risiko zwischenzeitlicher Veränderungen der Umstände trage.[942] Aufgrund der Tatsache, dass mit einer Angebotsankündigung der Aktienkurs der Zielgesellschaft im Hinblick auf den erhöhten Angebotspreis steige, würde sich dieser mit einer Abstandnahme als falsch herausstellen.[943] Zudem dürften Angebotsankündigungen aufgrund der mit sich bringenden Unsicherheit keine Bedingungen enthalten, die bzw. deren Eintritt von subjektiven Beurteilungen des jeweiligen Vorstandes des Bieters abhängen oder in dessen Einflussbereich liegen. Auch sollten sie keine Bedingungen enthalten, die im Falle der Verschlechterung der wirtschaftlichen Lage den Vorstand zum Rücktritt berechtigen.[944] Ungeachtet des den jeweiligen Entscheidungen zugrunde liegenden Sachverhaltes seien die damaligen Erwägungen bei der Beurteilung der Wesentlichkeit i.S.d. Anmerkung 2 zu § 13 Takeover Code zu berücksichtigen wie auch die dem § 2.7 Takeover Code zugrunde liegenden Gedanken zu übertragen:

> „*Meeting this [materiality] test requires* ***an adverse change of very considerable significance striking at the heart of the purpose of the transaction*** *in question, analogous, as the 1974/2 Panel Statement put it, to something that would* ***justify frustration of a legal contract****. To accept a lower test would allow an offeror to use a material adverse change condition to defeat the object of Rule 2.7 and the 1974 Panel Statements.*"[945]

Um sich auf den Eintritt eines MAC berufen zu können, bedürfe es des Vorliegens besonderer Umstände, die – nach objektiven Maßstäben – einer Vertragsvereitelung gleichkämen.[946] Eine Veränderung sei nur wesentlich, wenn sie ein ganz besonderes

---

941 Siehe dazu oben 1. Teil, § 5 A. I.

942 Takeover Panel Statement 1974/2 v. 15.01.1974 nach Panel Statement 2001/15 (Fn. 935), S. 4 Ziff. 13.

943 Takeover Panel Statement 1974/2 v. 15.01.1974 nach Panel Statement 2001/15 (Fn. 935), S. 4 Ziff. 13.

944 Takeover Panel Statement 1974/7 v. 13.03.1974 nach Panel Statement 2001/15 (Fn. 935), S. 4 Ziff. 14.

945 Takeover Panel Statement 2001/15 (Fn. 935), S. 5 Ziff. 16 (Hervorhebung nicht im Original).

946 Takeover Panel Statement 2001/15 (Fn. 935), S. 6 Ziff. 20.

Gewicht habe und den mit der Transaktion verfolgten Zweck grundsätzlich in Frage stelle. Dies gelte auch für Veränderungen genereller wirtschaftlicher Umstände.

2. VERSCHLECHTERUNG ALS FOLGE EINES UNVORHERSEHBAREN EREIGNISSES

Damit sich der Bieter aber überhaupt auf den Eintritt eines MAC berufen kann, muss – ähnlich der Rechtsprechungspraxis im Fall IBP/TYSON – die Verschlechterung auf Umständen beruhen, die bei der Abgabe des Übernahmeangebotes vernünftigerweise nicht vorhersehbar waren. Beruhen nachteilige Entwicklungen ausschließlich auf schon vorherrschenden Umständen oder waren bestimmte Geschehnisse und damit – zumindest teilweise – auch die sich daraus ergebenden Folgen vorhersehbar, liegt nach Ansicht des Takeover Panel kein unvorhersehbares Ereignis mit unvorhersehbaren Folgewirkungen vor, das für die zulässige Berufung auf den Eintritt eines MAC erforderlich sei.
Die Ereignisse des 11.09.2001 traten zu einer Zeit ein, in der bereits eine Verschlechterung der wirtschaftlichen Lage im Allgemeinen wie auch speziell im Werbesektor zu verzeichnen war. Da sich diese Entwicklung in den öffentlichen Erklärungen von TEMPUS widerspiegelte, besaß WPP hiervon bereits vor der Angebotsankündigung Kenntnis, so dass sich WPP allein auf die unstreitig unvorhersehbaren und außergewöhnlichen Terroranschläge und deren Auswirkungen auf die wirtschaftlichen Rahmenbedingungen berief.[947] Aufgrund der Unsicherheiten über die Weiterentwicklung und Dauer der Rezession sowie der ungewöhnlichen Volatilität des Handels in der Zeit während und nach der Ankündigung des Übernahmeangebotes war es Aufgabe von WPP, zwischen den ursächlichen Folgen, die sich aus der allgemeinen Entwicklung der wirtschaftlichen Rahmenbedingungen ergeben haben, und denjenigen zu unterscheiden, die auf das außergewöhnliche Ereignis zurückzuführen waren. WPP hatte aufzuzeigen, worin die Folgen des 11.09.2001 und dessen Nachwirkungen auf die Unternehmensaussichten von TEMPUS bestanden. Diese waren klar abzugrenzen von jenen Folgen, die sich aus der bereits vor diesem Zeitpunkt bestehenden und bekannten generellen und sektoralen Verschlechterung der Marktgegebenheiten ergaben.

3. WESENTLICHE VERSCHLECHTERUNG VON LANGFRISTIGER NATUR

Zur Beurteilung, ob die auf die Terroranschläge zurückzuführende Verschlechterung der wirtschaftlichen Situation als wesentlich einzustufen ist, griff der Takeover Panel auf Anmerkung 2 zu § 13 Takeover Code zurück. Zur Erfüllung des Wesentlichkeitskriteriums bedürfe es besonderer Umstände, die ihrer Art und ihrem Wesen nach spezifisch und außergewöhnlich sind, zum Zeitpunkt der Ankündigung des Übernahmeangebotes unvorhersehbar waren und sich nicht nur auf die kurzfristige Ertragskraft, sondern auf die langfristigen Geschäftsaussichten der Zielgesellschaft auswirken:

[947] Takeover Panel Statement 2001/15 (Fn. 935), S. 5 Ziff. 19.

> *„For an offeror to invoke a material adverse change condition and so withdraw its offer requires … the offeror to demonstrate to the Panel that* ***exceptional circumstances*** *have arisen affecting the offeree company which* ***could not have reasonably been foreseen*** *at the time of the announcement of the offer. The effect of the circumstances in point must be sufficiently adverse to meet the high test of materiality ... and judged, at least in the present type of case, not in terms of short term profitability but on their* ***effect on the longer term prospects of the offeree company.***"[948]

Allgemeine, industrielle oder politische Umstände lösen demnach keinen MAC aus. Auch eine zeitweilige Auswirkung bestimmter Ereignisse auf die Profitabilität eines Unternehmens als solche wird nicht für ausreichend erachtet. Es müssen vielmehr Veränderungen in den langfristigen Unternehmensaussichten festgestellt werden können, und zwar über das laufende Finanzjahr hinaus:

> *„The adverse change had to be long lasting since a purchaser of 100 percent of a company for strategic reasons was clearly investing for the long term and therefore something of significance to such an offeror 'in the context of the offer' had to be long term.*"[949]

Eine solche, auf einem unvorhersehbaren Ereignis beruhende wesentliche und langfristige Veränderung hat WPP aus Sicht des Takeover Panel nicht ausreichend nachweisen können. Insbesondere sei das Verhalten während des Übernahmeverfahrens zu berücksichtigen gewesen. So sei WPP noch am 10.10.2001 von den strategischen Vorzügen einer Kombination der Unternehmen überzeugt gewesen. Von Bedeutung sei auch der am 17.09.2001 unternommene Aktienerwerb. Während WPP die Aufstockung der Beteiligung mit taktischen Erwägungen im Hinblick auf das Erreichen der Sperrminorität begründete, signalisierte WPP nach Ansicht des Takeover Panel damit, dass es sich ungeachtet der Ereignisse des 11.09.2001 nicht auf die MAC-Bedingung berufen werde, sondern mit dem Übernahmeverfahren fortfahre und weiter an der Übernahme von TEMPUS interessiert gewesen sei. Dieser Eindruck sei erst später korrigiert worden.[950]

III. Schlussfolgerung und Konsequenzen

Die Abstandnahme von einem Übernahmeangebot soll nach den Regeln des Takeover Code nur möglich sein, wenn unvorhergesehene Umstände aufgetreten sind, die den Wert der Zielgesellschaft als Übernahmegegenstand langfristig und drastisch verringern. Insbesondere lösen grundsätzlich nur unternehmensspezifische Entwicklungen MAC-Klauseln aus; ein genereller negativer Branchentrend genügt nicht.

---

[948] Takeover Panel Statement 2001/15 (Fn. 935), S. 9 Ziff. 35 (Hervorhebung nicht im Original). Offen bleibt, ob die Restriktion nur bei auf allgemeine wirtschaftliche Umstände abstellende Bedingungen gelten, dazu BIRKETT, Global Counsel, Februar 2002, 45, 50.

[949] Takeover Panel Statement 2001/15 (Fn. 935), S. 8, Ziff. 31.

[950] Takeover Panel Statement 2001/15 (Fn. 935), S. 8 f., Ziff. 34.

1. FRAGE DER NOTWENDIGKEIT EINER „*FRUSTRATION OF A LEGAL CONTRACT*"

Es ist jedoch fragwürdig, ob es nach den Regelungen des Takeover Code der Anforderungen einer „*Frustration of a legal contract*" bedarf. Insofern ist zu bedenken, dass die als Prüfungsmaßstab herangezogenen Entscheidungen 1974 ergingen und die Anmerkungen zu § 13 Takeover Code erst in der Folgezeit – wegen der zu beobachtenden Zunahme von Bedingungen in Übernahmeangeboten – aufgenommen wurden. Eine „*Frustration of a legal contract*" wird darin nicht gefordert; das in Ziff. 2 enthaltene Kriterium der wesentlichen Bedeutung der eingetretenen Umstände ist daher als abschließend zu betrachten.

Würde dennoch an der Einhaltung der strengeren und hohen Anforderungen einer „*Frustration of a legal contract*" festgehalten, so wäre zweifelhaft, ob die typischerweise durch den Wortlaut der MAC-Bedingung abgedeckten Umstände und Ereignisse die dargestellten Kriterien erfüllen.[951] Fraglich wäre, ob jemals Umstände eintreten könnten, die eine Berufung auf die MAC-Bedingung ermöglichen, zumal nicht die subjektive Sicht des Bieters, sondern die objektive Einhaltung der geforderten Kriterien ausschlaggebend ist.[952] Eine vertragliche Verpflichtung darf aufgrund von Umständen nicht vollzogen werden können, die die Leistung zu einer Sache machen würde, die radikal von der vertraglich übernommenen abweichen würde. Während dies für die Zerstörung des Haupt-Vertragsgegenstandes oder der für die Pflichterfüllung erforderlichen wesentlichen Gegenstände bejaht werden kann, reichen finanzielle Verluste als solche nicht aus, da diese dem Vertrag inhärente und von den Parteien übernommene kommerzielle Risiken darstellen.[953] Zuletzt erweist sich die ausdrückliche Aufnahme der MAC-Bedingung in die Angebotsunterlage bei entsprechender Anwendung der zuvor genannten Grundsätze als überflüssig, um die von ihr umfassten Sachverhaltskonstellationen abzudecken. Durch die Annahme des Übernahmeangebotes erfolgt ein Vertragsschluss zwischen dem Bieter und jedem einzelnen annehmenden Aktionär. Erfordert nun die Einschlägigkeit einer MAC-Bedingung eine Veränderung analog einer solchen, die eine Vertragserfüllung vereiteln würde, wird auch ein mit Annahme des bedingten Übernahmeangebotes zustande kommender bedingter Vertrag nur bei denjenigen Ereignissen wirkungslos, die eine Vertragserfüllung vereiteln. Ist der Prüfungsmaßstab für die Auslösung einer MAC-Klausel demnach derselbe, ist die ausdrückliche Aufnahme einer MAC-Bedingung entbehrlich.[954] Inzwischen hat auch der Takeover Panel ausdrücklich klargestellt, dass die wesentlich nachteilige Veränderung die Vorausset-

---

[951] ALLEN & OVERY (November 2001), http://www.allenovery.com/asp/pdf/Material%20Adverse%20Change%20Conditions%20in%20Public%20Takeover%20Offers%20Post%20WPP-Tempus%20%20Nov%202001pdf, S. 2 (09.04.2003).

[952] Vgl. GEARING, Global Counsel, Februar 2002, 52 f.

[953] Siehe dazu oben 1. Teil § 5 A. I.

[954] Vgl. BIRKETT, Global Counsel, Februar 2002, 45, 50 f.

zungen des Rechtsinstitutes der „*Frustration of a legal contract*“ nicht erreichen muss.[955]

2. DARLEGUNGS- UND BEWEISLAST

Für den Bieter besteht die Schwierigkeit, den anhand strenger Kriterien zu beurteilenden Eintritt eines MAC nachzuweisen, der die Wirkungslosigkeit seines Übernahmeangebotes rechtfertigt. Beruft er sich auf nachteilige industrieweite bzw. allgemein-wirtschaftliche Entwicklungen, muss er darlegen, dass sich diese wesentlich auf die Zielgesellschaft ausgewirkt haben. Nicht ausreichend ist es, dass die negativen industriellen Entwicklungen allein betrachtet von außergewöhnlicher Natur sind.[956] Zudem kann er sich nicht auf eine im Vorfeld eines Angebotes bekannte oder vorhersehbare Verschlechterung der allgemeinen und/oder sektoralen Wirtschaftslage berufen; insofern muss er strikt zwischen den vorhersehbaren und nicht vorhersehbaren Folgen einer Entwicklung unterscheiden.[957]

Daneben unterliegt die Feststellung der vom Panel geforderten Langzeitwirkung einer nachteiligen Veränderung der Schwierigkeit, dass die für diese Beurteilung relevanten Tatsachen zumeist mehreren Interpretationen zugänglich und langfristige Auswirkungen daher nicht mit voller Sicherheit vorhergesagt werden können. Dennoch ist der Bieter dazu gezwungen, die Langfristigkeit einer nachteiligen Veränderung darzulegen. Die Zielgesellschaft kann diese bestreiten, ohne einen eigenen direkten Gegenbeweis erbringen zu müssen.[958] Es besteht weder ein Recht des Bieters auf Informationsverschaffung gegenüber der Zielgesellschaft, das ihm den Nachweis eines MAE erleichtern würde, noch ein formaler Ermittlungsprozess. Der Bieter ist somit von den begrenzten Informationen abhängig, die die Zielgesellschaft freiwillig weitergibt oder die sie aufgrund bestehender (z.B. Börsen-)Vorschriften herauszugeben verpflichtet ist.[959]

---

[955] Takeover Panel (28.04.2004), abrufbar unter http://www.thetakeoverpanel.org.uk (30.06.2006).

[956] So auch Freshfields Bruckhaus Deringer (November 2001), http://www.freshfields.com/practice/corporate/publications/newsletters/new-issues/2044.pdf S. 2 (28.02.2005).

[957] Da alle dem Bieter zugänglich gemachten Informationen eine Berufung auf die MAC-Klausel ausschließen, könnten sich die Beteiligten zu diesem Zweck im Rahmen eines freundlichen Übernahmeverfahrens auf eine detaillierte Liste mit allen zur Verfügung gestellten Informationen verständigen.

[958] Siehe Panel Statement 2001/15 (Fn.906), S. 15, Ziff. 30: „*Tempus did not accept WPP's figures … stating that they significantly understated the position, but did not put forward a revised projection of its own and there was no obligation upon them to do so.*“

[959] Siehe Panel Statement 2001/15 (Fn. 935), S. 6, Ziff. 21 f. Im Rahmen einer freundlichen Übernahme kann eine Nebenvereinbarung getroffen werden, in der der Zielgesellschaft auferlegt wird, dem Bieter unverzüglich relevante Informationen zu verschaffen, will dieser sein Angebot bedingungslos erklären.

3. KONSEQUENZEN DER ENGEN AUSLEGUNG

Die Entscheidung hat letztendlich aufgezeigt, dass unspezifische MAC-Klauseln strengen Kriterien unterliegen, so dass Zweifel angebracht sind, inwiefern allgemeine MAC-Klauseln, die lediglich auf generelle wirtschaftliche oder industrielle Ereignisse abstellen, tatsächlich Schutz vor unerwarteten wesentlichen nachteiligen Veränderungen leisten können. Um größtmöglichen Schutz zu erzielen, bietet es sich daher aus Sicht des Bieters an, in der MAC-Klausel – zumindest zusätzlich – besondere Aspekte anzuführen, z.B. einen Kurseinbruch in einem bestimmten Markt oder eine Handelsaussetzung des größten Aktienmarktes für einen bestimmten Zeitraum, die von Terroristenattacken oder Kriegshandlungen herrühren, und die die Wirkungslosigkeit des Übernahmeangebotes rechtfertigen sollen. Neben allgemeinen Risiken können auch individuelle Risiken, z.B. der Verlust eines bestimmten Kunden, das Verfehlen bestimmter, auf den Gewinn oder Verlust bezogener finanzieller Schwellenwerte oder das Unterschreiten öffentlicher Marktdaten wie Aktienkursindizes, explizit in der Bedingung als MAC festgeschrieben werden. So ist die Rechtspraxis als Reaktion auf die Ereignisse des 11.09.2001 und die erörterte Rechtsprechung dazu übergegangen, ausdrücklich Kriegsereignisse oder Börsenschließungen als die MAC-Klausel auslösende wesentliche Veränderungen zu nennen.[960] Auf der anderen Seite wurden aber auch die Beendigungsmöglichkeiten des Bieters bei allgemeinen Ereignissen eingeschränkt. So kann eine MAC-Klausel vorsehen, dass eine Transaktion nicht aufgrund von Terroristenattacken und als Reaktion darauf folgenden Militäraktionen jedweder Art beendet werden kann, es sei denn, dass sie infolge ihrer Bedeutung und dauernden Wirkung auf die USA und/oder ihre Wirtschaft den Vollzug des Angebotes undurchführbar machen.[961]

Selbst wenn durch die Auflistung spezifischer Ereignisse diesbezüglich ein höherer Grad an Sicherheit hinsichtlich des Eingreifens einer MAC-Bedingung erreicht wird, bleibt das Problem ihrer Auslösung bei Eintritt nicht explizit genannter Ereignisse. Im Hinblick auf Anm. 2 zu § 13 Takeover Code muss der Bieter die wesentliche Bedeutung einer Veränderung für sein Angebot aufzeigen. Zur Erleichterung dieser Darstellung in einem späteren Prozess sollte der Bieter bei der Angebotsankündigung ausdrücklich darlegen, welche Umstände für ihn bei seiner Ent-

---

[960] Hierzu KAUFMAN/HONG (November 2001), www.wrhambrecht.com/comp/ma/news/pdf/20011130_kmz.pdf, S. 1 f. (30.06.2006). Bereits nach dem Börsencrash 1987 wurde die *Dow Jones-Klausel* eingeführt, die zur Abstandnahme berechtigte, wenn der Aktienkurs um eine bestimmte Höhe gefallen ist, THE ECONOMIST (06.12.2001), http://www.stockskill.net/NPNTQ/material-adverse-change-clause.html, S. 1 (30.06.2006).

[961] Ca. zwei Wochen nach den Terroristenattacken vereinbarten RELIANT RESOURCES, INC. und ORION POWER HOLDINGS, INC., dass Veränderungen u.a. im Strommarkt, oder in der Wirtschaft allgemein nicht zu einem MAE führen, außer wenn diese Veränderungen verursacht werden würden „*by a material worsening of current conditions caused by acts of terrorism or war (whether or not declared) occuring after the date of (the) Agreement*", siehe KAUFMAN/HONG (November 2001), www.wrhambrecht.com/comp/ma/news/pdf/20011130_kmz.pdf, S. 1 f. (30.06.2006); DOOLEY (2001), http://www. akingump.com/docs/publication/69.pdf, S. 2 (30.06.2006).

scheidung zur Abgabe eines Übernahmeangebotes von besonderer Relevanz waren.[962] Möglich ist ferner eine Bindung der Zielgesellschaft dergestalt, dass sie bei Eintritt bestimmter Umstände einer Beendigung des Übernahmeverfahrens zustimmt. Der Panel könnte in diesem Fall eine Abstandnahme auch bei Nichterreichen der Wesentlichkeitsschwelle gestatten.[963]

§ 15 INHALTLICHE ANFORDERUNGEN AN EINE MAC-KLAUSEL IN NACH DEM WPÜG ZU BEURTEILENDEN ÜBERNAHMEANGEBOTEN

In der angloamerikanischen Rechtspraxis kommt dem Kriterium der Wesentlichkeit einer nachteiligen Veränderung und dessen Anforderungen im Rahmen der Verwendung generalklauselartiger MAC-Klauseln besondere Bedeutung zu. Im Folgenden wird daher untersucht, ob und inwiefern allgemeine MAC-Klauseln in nach dem WpÜG zu beurteilenden Übernahmeangeboten zulässig sind. Es wird vor allem danach zu fragen sein, inwiefern der im angloamerikanischen Rechtsraum verbreiteten engen Auslegung von MAC-Klauseln von der deutschen Jurisdiktion gefolgt werden sollte.[964]

A. ZULÄSSIGKEIT EINER MAC-KLAUSEL ALS OBJEKTIVE BEDINGUNG

Bevor auf die inhaltliche Ausgestaltung im Einzelnen eingegangen wird, ist die Frage der Zulässigkeit einer MAC-Klausel nach dem WpÜG zu beantworten. Wie sich aus den aufgezeigten Regelungen des WpÜG ergibt, kann sie lediglich als Bedingung ausgestaltet werden. Die Zulässigkeit einer als Bedingungstatbestand ausgestalteten MAC-Klausel bemisst sich vorrangig nach § 18 Abs. 1 WpÜG. Danach wäre sie zulässig, solange die von ihr umfassten Ereignisse nicht ausschließlich durch den Bieter oder ihm zuzurechnende Personen herbeigeführt werden können.[965] Nach der Gesetzesbegründung sind Bedingungen zulässig, die die Wirksam-

[962] WPP beabsichtigte laut seinen Angebotsunterlagen die Übernahme aus strategischen und langfristigen Gründen, was es erschwerte aufzuzeigen, dass auch ein kurzfristiger Profitabilitätsrückgang die MAC-Klausel auslösen sollte.

[963] So FRESHFIELDS BRUCKHAUS DERINGER (auch zu weiteren Möglichkeiten des Bieters) (Februar 2002), http://www.freshfields.com/practice/corporate/publications/newsletters/new-issues/200202.pdf, S. 4 (28.05.2005). Siehe auch GLOBAL COUNSEL (19.02.2002), http://www.practicallaw.com/5-107-4243 (19.02.2002), S. 2 (30.06.2006).

[964] Nach HENGELER MUELLER (29.05.2002), http://www.internationallawoffice.com/ld.cfm?Newsletters_Ref=511 6&print=1, S. 1 (28.02.2005), sei es aufgrund der zwischen dem Takeover Code und dem WpÜG bestehenden Unterschiede wie auch aus anderen Gründen wahrscheinlich, dass eine Schwelle unterhalb derjenigen der *Legal Frustration* anerkannt würde.

[965] BRÖCKER/WEISNER, Rn. 91; BUSCH, AG 2002, 145, 150; FLEISCHER/KALSS, § 3 III. 5. b) bb), S. 92; HOLZBORN in: Zschocke/Schuster, C Rn. 114; KRAUSE in: Assmann/Pötzsch/Schneider, § 18 Rn. 89; RIEHMER in: Haarmann/Riehmer/Schüppen, § 18 Rn. 15 i); THOMA/STÖCKER in: Baums/Thoma, § 18 Rn. 114.

keit des Angebotes davon abhängig machen, *„dass während des Verfahrens [nicht] bestimmte Änderungen bei der Zielgesellschaft herbeigeführt werden“*[966], die sich vor allem auf interne Ereignisse, insbesondere Strukturveränderungen wie Kapitalmaßnahmen, eine Insolvenz der Zielgesellschaft oder eine unterbliebene Zustimmung der Zielgesellschaft (§ 68 Abs. 2 AktG), beziehen.[967] Daneben können Veränderungen bei der Zielgesellschaft aber auch durch externe Ereignisse ausgelöst werden.[968]

Die Zulässigkeit einer MAC-Klausel als Bedingung des Übernahmeangebotes ist unabhängig von einer möglichen Abstandnahme vom Übernahmeangebot über § 313 BGB. Denn die Frage nach der Zulässigkeit einer MAC-Klausel im Übernahmeangebot bezieht sich auf die Zulässigkeit einer vertraglichen Regelung hinsichtlich des Fehlens, der Veränderung oder des Wegfalles bestimmter Umstände und der Folgen für das Vertragsverhältnis. Es geht darum, bis zu welchem Zeitpunkt der Bieter das Zufallsrisiko einer Verschlechterung mittels vertraglicher Regelungen von sich abwenden kann.[969] Im Gegensatz dazu ist für § 313 BGB und dessen Regelungsgehalt gerade kennzeichnend, dass die eine Veränderung herbeiführenden Umstände nicht Inhalt der Angebotsunterlage sind, d.h. eine vertragliche Vereinbarung seitens der Parteien gerade nicht getroffen wurde.[970] Während § 313 BGB ein Rücktrittsrecht von Gesetzes wegen vorsieht, wird mittels einer MAC-Bedingung die Wirkungslosigkeit des Übernahmeangebotes vertraglich vereinbart.[971]

Schließlich ist es auch unschädlich, dass eine als Bedingung ausgestaltete MAC-Klausel verschiedenen inhaltlichen Anforderungen genügen muss. Dass das Ereignis in der Angebotsunterlage hinreichend konkretisiert, d.h. transparent sein muss, und die Feststellung der Ereignisse nicht in das Ermessen des Bieters gestellt werden darf, macht die MAC-Bedingung als solche nicht insgesamt zulässig.[972] Denn die Frage nach der Zulässigkeit einer als Bedingung ausgestalteten MAC-Klausel ist von der nach entsprechender Bejahung aufkommenden Folgefrage zu unterschei-

---

[966] Begr. RegE-WpÜG, BT-Drucks. 14/7034, S. 47 zu § 18 Abs. 1.

[967] Siehe GEIBEL in: Geibel/Süßmann, § 18 Rn. 26 ff.

[968] Siehe oben 3. Teil § 8 A. II.

[969] BUSCH, AG 2002, 145, 150. Störungen der Geschäftsgrundlage können nicht nur als Bedingungssachverhalte geregelt werden (so RIEHMER in: Haarmann/Riehmer/Schüppen, § 18 Rn. 15 i)), sondern MAC-Bedingungen stellen ausdrücklich geregelte Fälle der Störung der Geschäftsgrundlage dar. Insofern vertritt auch GEIBEL in: Geibel/Süßmann, § 18 Rn. 47, nicht eine Einschränkung des Rücktrittsvorbehaltes, sondern bejaht vielmehr ein Rücktrittsrecht bei Erwerbs- und Übernahmeangeboten, wenn Umstände, die nicht Inhalt der Angebotsunterlage geworden sind, zu einer Störung der Geschäftsgrundlage geführt haben.

[970] Auf § 313 BGB ohne Erörterung vertraglicher Regelungsmöglichkeiten abstellend OECHSLER, NZG 2001, 817, 822.

[971] Siehe zur dogmatischen Grundlage der MAC-Klausel oben 1. Teil § 5. Soweit sich die Umstände einer nachhaltigen Veränderung auf den Tatbestand des § 313 Abs. 1 BGB beziehen, beinhalten sie nach OECHSLER in: Ehricke/Ekkenga/Oechsler, § 18 Rn. 6, letztlich nur Rechtsbedingungen.

[972] So aber STEINMEYER/HÄGER, § 18 Rn. 9.

den, welchen inhaltlichen Anforderungen sie im Hinblick auf die gesetzgeberische Intention im Einzelnen genügen muss.[973]

B. INHALTLICHE AUSGESTALTUNG DER MAC-BEDINGUNG

I. Inhaltliche Gestaltungsmöglichkeiten der MAC-Klausel im Allgemeinen

Die unabhängig von den gesetzlichen Anforderungen des WpÜG bestehenden inhaltlichen Gestaltungs- und Formulierungsmöglichkeiten einer MAC-Klausel sind vielfältig und orientieren sich vor allem an der angloamerikanischen Rechtsprechung und Rechtspraxis sowie der nationalen Praxis in Unternehmenskaufverträgen.[974] Auf sie wird daher im Nachfolgenden besonders Bezug zu nehmen sein.

1. MATERIAL ADVERSE CHANGE

Hat der Bieter den Entschluss gefasst, eine MAC-Bedingung in die von ihm zu erstellende Angebotsunterlage aufzunehmen, so muss er darin bestimmen, was unter einem Material Adverse Change zu verstehen ist. Die Definition des MAC und seine inhaltliche Ausgestaltung sind verschiedenen Varianten und Formulierungen zugänglich. Eine allgemeine MAC-Bedingung macht die Wirksamkeit des Übernahmeangebotes davon abhängig, dass keine wesentliche, bei Abgabe des Angebotes nicht vorhersehbare Verschlechterung der Zielgesellschaft eintritt. Aufgrund ihres generalklauselartigen Charakters schließt sie alle potenziellen zukünftigen Ereignisse ein, die die Zielgesellschaft in irgendeiner Weise negativ beeinflussen. Ein MAC wird gewöhnlich definiert als

➢ Veränderung/Vorfall im Geschäft des Unternehmens *oder*
Veränderung der allgemeinen wirtschaftlichen Entwicklung *(Risikoanknüpfung)*,

welche(r) allein oder zusammen mit einem anderen Ereignis, Vorfall oder einer anderen Veränderung

➢ eine wesentliche nachteilige Veränderung/einen wesentlichen nachteiligen Effekt auf die Finanzen, das Geschäft, das Vermögen, den Gewinn oder die operativen Betriebsergebnisse *(Auswirkung) oder* auf die Geschäftsaussichten *(zeitliche Ausdehnung)*
oder
einen zahlungswirksamen Aufwand *(Konzept eines konkreten Schaden)*

---

[973] Diese Differenzierung auch hervorhebend FLEISCHER/KALSS, § 3 III. 5. b) bb), S. 92. Vgl. auch BUSCH, AG 2002, 145, 150 f.; KK-WpÜG/HASSELBACH, § 18 Rn. 42; KRAUSE in: Assmann/Pötzsch/Schneider, § 18 Rn. 90; RIEHMER in: Haarmann/Riehmer/Schüppen, § 18 Rn. 15 i).

[974] Siehe Beispiele aus der angloamerikanischen Rechtspraxis bei HALLORAN (01.03.1999), http://library.findlaw.com/1999/Sep/1/129885.html (30.06.2006). Welche dieser Regelungsinhalte im Einzelnen den Anforderungen des WpÜG genügen, wird in einem weiteren Schritt untersucht, siehe dazu 6. Teil § 15 B. III.

- der Gesellschaft und seiner Tochtergesellschaft(en) als Gesamtheit bzw. des Konzerns
  oder
  einzelner Geschäftsbereiche des Unternehmens bzw. einzelner Gesellschaften des Konzerns *(Auswirkungsobjekt/ Wesentlichkeitsschwelle)*
- (zur Folge) hat,
  haben würde,
  ziemlich wahrscheinlich ... hat,
  vernünftigerweise erwarten lässt ... zu haben *oder*
  vernünftigerweise erwarten lassen würde ... zu haben *(Kausalität)*.[975]

Die verschiedenen Varianten lassen bereits erkennen, dass dem jeweiligen Wortlaut der Bedingung bei einer Überprüfung des Eintrittes eines MAE besondere Bedeutung zukommt. In Unternehmenskaufverträgen werden MAC-Klauseln nicht isoliert vom sonstigen vertraglichen Inhalt allein anhand der Wortwahl der Klausel ausgelegt; sie werden vielmehr zur Feststellung der Intention der Vertragsparteien zum Wortlaut der übrigen Vertragsbestimmungen in Bezug gesetzt. Der Vertrag wird als Gesamtheit betrachtet, so dass die Einbeziehung oder Auslassung bestimmter Umstände, Geschehnisse oder Ereignisse in anderen vertraglichen Regelungen die Interpretation der MAC-Klausel beeinflussen kann.[976] Selbst bei einer expliziten Definition, was von den Parteien als wesentlich angesehen wird, ist eine den Eintritt eines MAE ablehnende Entscheidung dort nicht auszuschließen, wo eine Doppeldeutigkeit der MAC-Klausel in Bezug zu anderen Regelungen festzustellen ist. Damit eine generalklauselartige MAC-Klausel einschlägig ist, muss unzweideutig feststehen, dass sie nach der Intention der Parteien ein bestimmtes Ereignis umfassen soll. So kann eine fehlende konkrete Zusicherung indizieren, dass der Veränderung keine entscheidende Bedeutung beigemessen wurde und damit auch nicht vom Tatbestand einer allgemeinen MAC-Klausel umfasst sein soll.[977] Enthält ein Vertrag hinsichtlich desselben Gegenstandes sowohl allgemeine als auch besondere Vorschriften, schränkt die spezifische Regelung die allgemeine Bestimmung ein.[978]

Aus Gründen der Rechtssicherheit und Transparenz sowie zur Minimierung von Auslegungsschwierigkeiten haben die Vertragsparteien zumeist ein Interesse, genaue Vorstellungen darüber zu besitzen, welche konkreten Vorkommnisse einen MAC darstellen. Unabhängig von der Allgemeinklausel werden daher regelmäßig

---

[975] Vgl. PICOT/DUGGAL, DB 2003, 2635, 2638 f.; siehe auch ADAMS (Winter 2004), http://adamsdrafting.com/system/?page_id=11, S. 15 ff. (30.06.2006).

[976] Vgl. zur US-amerikanischen Rechtsprechungspraxis TORRES (06.02.2002), http://www.ffhsj.com/syposium_Material/winter_symposium_02/mcguiness_present.pdf, S. 3 f. (30.06.2006).

[977] Hierzu ADAMS (Winter 2004), http://adamsdrafting.com/system/?page_id=11, S. 48 ff. (30.06.2006); GREENBERG/HADDAD (23.04.2001), http://www.kayescholer.com/podium/articles/2001/Greenberg-Haddad-The_Material_Adverse_NYLJ_4-23-01.pdf, S. 2 f. (13.05. 2003).

[978] Vgl. auch ADAMS (Winter 2004), http://adamsdrafting.com/system/?page_id=11, S. 49 (30.06.2006); GREENBERG/HADDAD (23.04.2001), http://www.kayescholer.com/podium/articles/2001/Greenberg-Haddad-The_Material_ Adverse_ NYLJ_4-23-01.pdf, S. 3 (13.05.2003).

spezifische Ereignisse separat aufgelistet, die von den Parteien als wesentlich erachtet werden.[979] Der Gefahr, dass die Klausel restriktiv ausgelegt wird und alle nicht explizit aufgelisteten Geschehnisse seitens eines Gerichtes oder einer Vertragspartei als unwesentlich erachtet werden, wird mittels des Zusatzes begegnet, dass es sich um eine nicht abschließende Aufzählung handelt und die Allgemeinklausel daneben weiterhin Geltung beansprucht.[980]

2. RISIKOANKNÜPFUNG

Ein erstes Kriterium bei der Ausgestaltung der MAC-Klausel betrifft die Risikoanknüpfung, d.h. welche Risiken im Falle ihrer Realisierung einen MAC darstellen. Denn Geschehnisse können Veränderungen der allgemeinen wirtschaftlichen Entwicklungen, d.h. der externen finanziellen Rahmenbedingungen, hervorrufen, wie auch – evtl. neben externen Auswirkungen – das Unternehmen einer Vertragspartei, insbesondere dessen Gewinne und operativen Ergebnisse, beeinflussen. Insofern ist zwischen der „*Business MAC-*“ und der „*Market MAC*“-Klausel zu unterschieden, deren Inhalte aber auch kombinierbar sind.[981]

Die sog. „*Market MAC*“-Klausel umfasst das Risiko nachteiliger allgemeiner wirtschaftlicher oder nicht-wirtschaftlicher Entwicklungen außerhalb des Unternehmens mit (potenziellen) negativen Auswirkungen auf die Zielgesellschaft. Abgedeckt werden Ereignisse wie

- Veränderungen der Aktien- und Kapitalmärkte einschließlich des Aktienkurses/Handelsvolumens der Zielgesellschaft, der Zinsfüße oder der Umrechnungskurse;
- Verteuerung der Rohstoffpreise;
- Veränderungen externer Marktbedingungen, die die globale/europäische/nationale Wirtschaft insgesamt oder den Industriezweig der Zielgesellschaft beeinflussen;
- Änderungen von Gesetzen, Verordnungen oder Buchführungsgrundsätzen bzw. eine Änderung ihrer Interpretation oder
- Veränderungen aufgrund von höherer Gewalt, z.B. Kriegsgeschehnissen, Unruhen oder Terrorakten.[982]

Die sog. „*Business MAC*“-Klausel umfasst alle aus dem Geschäft der Zielgesellschaft unmittelbar herrührenden Risiken, d.h. die geschäftliche Entwicklung des

---

[979] Siehe PICOT/DUGGAL, DB 2003, 2635, 2639.

[980] Siehe zur gerichtlichen Auslegung bei IBP v. Tyson § 15 A. III., S. 160 f.

[981] Zur Unterscheidung zwischen subjektiven und objektiven Umständen PICOT/DUGGAL, DB 2003, 2635, 2638 f., wobei hinsichtlich objektiver Umstände weiter zwischen einem internen, externen wirtschaftlichen und externen nicht-wirtschaftlichen MAC unterschieden wird.

[982] Vgl. FLEISCHER (01.01.2002), http://www.ffhsj.com/cmemos/contract_interpretation.pdf, S. 1 (30.06.2006); KAUFMAN/HONG (November 2001), www.wrhambrecht.com/comp/ma/news/pdf/20011130_kmz.pdf, S. 2 (30.06.2006); PICOT/ DUGGAL, DB 2003, 2635, 2639; REISS/KAUTZ (November 2001), http://www.whitecase.com/publications/List.aspx?Professionals=8117c2ef-d5fe-4f93-9981-4c5968333036&year=2001, S. 1 (30.06.2006); REYNOLDS (18.12.2001), http://www.uslfg.com/oldnews/archive/index.cfm?FuseAction=details&Users_ID=18, S. 1 (30.06.2006).

Unternehmens. Die Veränderung kann entweder in Form einer Generalklausel formuliert werden, die an eine Veränderung der Vermögens-, Finanz- und/ oder Ertragslage anknüpft, oder es werden einzelne, einen MAC auslösende Ereignisse und Umstände in Form eines konkreten Schadens aufgelistet. Folgende Ereignisse können u.a. einen MAC bedeuten:

- Änderungen in den finanziellen Erklärungen der Zielgesellschaft;
- Dispositionen über bestimmte Aktiva entgegen dem gewöhnlichen Geschäftsgang;
- Änderung(en)/Beendigung(en) eines/mehrerer bedeutender Verträge;
- Verlust eines/mehrerer bedeutender Kunden, Händler oder Klienten;
- Beschädigung von Wirtschaftsgütern der Zielgesellschaft, die auf außerhalb der gewöhnlichen Unternehmensaktivitäten liegende Ereignisse zurückzuführen sind;
- Wegfall, Änderung, Widerruf, Rücknahme oder Ersetzung einer Erlaubnis/Genehmigung;
- (un-)mittelbare Betroffenheit der Zielgesellschaft von bedeutenden Gerichtsverfahren; oder
- Auflösung eines/mehrerer besonderer Geschäftszweige der Zielgesellschaft.[983]

Stellt die „*Business MAC*"-Klausel auf innerhalb des Unternehmens der Zielgesellschaft eintretende Auswirkungen ab, so ist ferner zu bestimmen, in welchem Bereich der Zielgesellschaft die genannten Veränderungen eintreten müssen. Anknüpfungspunkt kann entweder die geschäftliche Entwicklung des Unternehmens als Ganzes oder diejenige einzelner Teilbereiche bzw. Geschäftsfelder des Unternehmenskonzerns oder auch einzelner Gesellschaften des Gesamtkonzerns sein.[984]

3. WAHRSCHEINLICHKEIT DES EINTRITTES EINES MAC – KAUSALITÄT

Eine weitere Ausgestaltungsvariante der MAC-Bedingung betrifft die Frage der Wahrscheinlichkeit des Eintrittes eines MAE. Wird formuliert, dass ein Ereignis einen wesentlichen nachteiligen Effekt *hat,* muss der MAE nahezu zeitgleich mit dem die Veränderung auslösenden Ereignis eingetreten sein.[985] Es muss feststehen, dass sich die von einem bestimmten Vorkommnis herrührenden Veränderungen auch tatsächlich nachteilig auf die Zielgesellschaft ausgewirkt haben und durch Umstände verursacht wurden, die vom MAE abgedeckt sind.[986] Während beispielsweise die Zerstörung der einzigen Fabrik eines Unternehmens unmittelbar

---

[983] Vgl. BARTELS/TOMES (Oktober 2002), http://practicallaw:kdi8ue98@www.acca.com/protected/pubs/docket/on02/mac2.php, S. 3 f. (28.02.2005); GREENBERG/HADDAD (23.04.2001), http://www.kayescholer.com/podium/articles/2001/Greenberg-Haddad-The_Material_Adverse_NYLJ_4-23-01.pdf, S. 5 (13.05.2003); KING (14.05.2003), http://www.altassets.com/knowledgebank/learningcurve/2003/nz3480.php, S. 1 (30.06.2006).

[984] ADAMS (Winter 2004), http://adamsdrafting.com/system/?page_id=11, S. 34, 40 f. (30.06.2006).

[985] FLEISCHER (01.01.2002), http://www.ffhsj.com/cmemos/contract_interpretation.pdf, S. 3 (30.06.2006).

[986] Vgl. CHRISTENFELD/MELZER (03.10.2002), http://www.cliffordchance.com/uk/pdf/Material_Adverse_Change_Clauses_The_Big_MAC.pdf, S. 2 (28.02.2005).

eine wesentliche nachteilige Veränderung, nämlich die Verringerung des unternehmerischen Anlagevermögens und infolgedessen auch des Unternehmensgewinnes zur Folge hat, löst der Verlust eines Hauptkunden bei der Zielgesellschaft nicht zwangsläufig zeitgleich einen MAC aus.[987]
Der Eintritt einer nachteiligen Veränderung muss nicht sicher feststehen, wenn es nach der Formulierung der MAC-Klausel lediglich darauf ankommt, dass ein Ereignis *ziemlich wahrscheinlich* einen MAC zur Folge hat oder einen solchen *vernünftigerweise erwarten lässt*. In diesen Fällen muss nur ein gewisser Grad der Wahrscheinlichkeit für die Folgewirkung erreicht werden; der potenzielle Verlust eines Hauptkunden als MAE wäre von einer derartigen Formulierung umfasst.[988] Die bloße Möglichkeit einer nachteiligen Veränderung reicht wiederum nicht aus. Die Hilfsfunktion *könnte* stellt eine Alternative zu *kann* dar, jedoch mit dem Unterschied, dass ein geringerer Grad der Gewissheit über die Möglichkeit des Eintrittes eines MAC vorliegen muss.[989] Mit dem Gebrauch von *würde* als Hilfsfunktion wird die Wahrscheinlichkeit des Eintrittes eines zukünftigen Ereignisses vom Blickwinkel der Vergangenheit aus betrachtet.[990]

4. ZEITLICHE AUSDEHNUNG

Die MAC-Klausel kann darüber hinaus in zeitlicher Hinsicht eine inhaltliche Ausdehnung erfahren. So können Veränderungen die zum Zeitpunkt des Eintrittes des MAC gegebenen finanziellen Kenndaten eines Unternehmens betreffen. Bezieht sich der MAC ausschließlich auf die gegenwärtige Lage, wird die MAC-Klausel ausgelöst, wenn mit dem Ereignis gleichzeitig eine Verminderung des Unternehmenswertes von bestimmter Höhe verbunden ist. Neben der gegenwärtigen Lage können aber auch – wie durch die Formulierung „*vernünftigerweise erwarten lässt*" – zukünftige Entwicklungen einbezogen werden, indem vor allem auch auf Veränderungen der zukünftigen Vermögens-, Finanz- und Ertragslage des Unternehmens abgestellt wird.[991]
In diesem Zusammenhang sind auch etwaige von der Zielgesellschaft prognostizierte Unternehmens- bzw. Geschäftsaussichten zu nennen. Ihre Einbeziehung in eine MAC-Klausel ist insofern vorteilhaft, als unter-nehmensinterne Kenntnisse über das Verfehlen zukünftiger Gewinnerwartungen die operativen Ergebnisse

---

[987] FLEISCHER (01.01.2002), http://www.ffhsj.com/cmemos/contract_interpretation.pdf, S. 3 (30.06.2006).

[988] FLEISCHER (01.01.2002), http://www.ffhsj.com/cmemos/contract_interpretation.pdf, S. 3 (30.06.2006).

[989] Vgl. ADAMS (Winter 2004), http://adamsdrafting.com/system/?page_id=11, S. 15 ff. (30.06. 2006); FLEISCHER (01.01.2002), http://www.ffhsj.com/cmemos/contract_interpretation.pdf, S. 3 (30.06.2006).

[990] Vgl. FLEISCHER (01.01.2002), http://www.ffhsj.com/cmemos/contract_interpretation.pdf, S. 3 (30.06.2006).

[991] Siehe TORRES (06.02.2002), http://www.ffhsj.com/winter_symposium_02/McGuiness_present.pdf, S. 2 (30.06.2006).

nicht beeinflussen, sondern vielmehr allein dessen Aussichten und Entwicklungspotenzial betreffen. Geschäftsaussichten können einen wesentlichen nachteiligen Effekt erleiden, wenn die in ihnen enthaltenen Prognosen aufgrund zu verzeichnender Ereignisse nicht mehr haltbar sind. Wurde das Tatbestandsmerkmal der *Aussichten* in die MAC-Klausel aufgenommen, können sie sich auf bereits existierende oder noch zu erstellende konkrete Projektionen beziehen, wie auch Vorstellungen hinsichtlich der zukünftigen Entwicklung des Unternehmens im Allgemeinen umfasst sein können.[992] Werden sie nicht explizit von der MAC-Klausel erfasst, kann ihre Funktion zumindest teilweise durch den Gebrauch verschiedener Verbzeiten („*würde haben*", „*ziemlich wahrscheinlich haben*") oder die Erweiterung des Kataloges der Veränderungen auf *gegenwärtige oder voraussichtliche* finanzielle Veränderungen kompensiert werden.[993]

5. WESENTLICHKEIT

Dem MAC immanent ist die Wesentlichkeit einer bei der Zielgesellschaft eintretenden nachteiligen Veränderung. Aufgrund der Vielgestaltigkeit der einzelnen Sachverhalte und der unterschiedlichen Unternehmensgrößen und -strukturen lässt sich keine allgemeingültige Aussage darüber treffen, ob ein bestimmtes Ereignis zu einer *wesentlichen* nachteiligen Veränderung geführt hat. Die Bestimmung der Wesentlichkeit als primäre Tatsachenfrage ist vielmehr vom Einzelfall abhängig.[994] Wurde der Begriff der Wesentlichkeit nicht näher ausgestaltet und konnten die beteiligten Parteien keine Einigung erzielen, ist es letztendlich Sache des jeweiligen Gerichtes zu entscheiden, ob sich eine nachteilige Veränderung als wesentlich erweist.[995] Insbesondere der US-amerikanischen Rechtsprechungspraxis zum Unternehmenskauf lässt sich entnehmen, dass anhand eines objektiven Standards und demnach aus

[992] PICOT/DUGGAL, DB 2003, 2635, 2639. Zur Einbeziehung der „*prospects*" in Finanzierungsverträge siehe CHRISTENFELD/MELZER (28.02.2005), http://www.cliffordchance.com/uk/pdf/Material_Adverse_Change_Clauses_The_Big_MAC.pdf, S. 3 (28.02.2005). Vgl. auch ADAMS (Winter 2004), http://adamsdrafting.com/system/?page_id=11, S. 35 ff. (30.06.2006).

[993] Ansonsten wäre ihre Aufnahme bedeutungslos; vgl. die Rechtsprechungsnachweise zur generellen Ablehnung, zukünftige Entwicklungen in eine MAC-Klausel ohne darin enthaltene ausdrückliche Einbeziehung hinein zu lesen, bei GREENBERG/HADDAD (23.04.2001), http://www.kayescholer.com/podium/articles/2001/Greenberg-Haddad-The_Material_Adverse_NYLJ_4-23-01.pdf, S. 3 f. (13.05.2003); FLEISCHER (01.01.2002), http://www.ffhsj.com/cmemos/contract_interpretation.pdf, S. 3 f. (30.06.2006). Siehe auch BLASSBERG/REGNER (Herbst 2001), http://www.debvoise.com/db30/cgi-bin/pubs/Fall2001.pdf, S. 3 (28.02.2005).

[994] Siehe GANINO v. CITIZENS UTILITIES COMPANY, 228 F.3d 154, 162 (2d Cir. 2000): „*Materiality is a mixed question of law and fact – no brightline test and not a single numerical or percentage benchmark. Qualitive factors may cause misstatements of quantitatively small amounts to be material, e.g. a change in earnings or other trends.*"

[995] Zur Vermeidung von Rechtsunsicherheit bietet es sich an, Schwellenwerte festzulegen, durch die gleichzeitig auch etwaigen zyklischen oder saisonbedingten Schwankungen Rechnung getragen wird. Kritisch ADAMS (Winter 2004), http://adamsdrafting.com/system/?page_id=11, S. 28 f. (30.06.2006), SCHMITTNER, M&A Review 2005 322, 325.

Sicht eines vernünftigen Käufers beurteilt werden muss, was für ihn unter Berücksichtigung aller ihm verfügbaren Informationen von entscheidender Bedeutung ist. Eine subjektive Feststellung der Wesentlichkeit aus Sicht des einzelnen Käufers würde letzterem bei der Beurteilung der Wesentlichkeit einen zu großen Spielraum gewähren.[996]

6. AUSNAHMETATBESTÄNDE

Bislang unberücksichtigt geblieben sind vertraglich vereinbarte Ausnahmetatbestände, bei deren Eingreifen trotz der an sich vorliegenden wesentlichen nachteiligen Veränderung die MAC-Klausel nicht ausgelöst wird. Sie sind insbesondere bei freundlichen Übernahmen Verhandlungsgegenstand und schließen dort grundsätzliche Erwägungen mit ein, nämlich welche Umstände dem Käufer eine Lösung vom Angebot ermöglichen sollen. Im Rahmen eines Umtauschangebotes können beispielsweise Veränderungen des Aktienkurses des Bieters ausgenommen werden, so dass das Angebot nicht allein aufgrund des sinkenden Aktienkurses wirkungslos wird, vor allem wenn die gesamte *Peergroup* des Erwerbers betroffen ist. Auf unternehmensexterne Ereignisse bezogene Ausnahmetatbestände können wiederum bezüglich Veränderungen, die sich auf ein Unternehmen unverhältnismäßig ausgewirkt haben, eingeschränkt werden. Folgende Ausnahmetatbestände und Einschränkungen kommen u.a. in Betracht:

- Umstände, die die nationale/globale Wirtschaft verändern, es sei denn der Industriezweig, in dem das Zielunternehmen operiert, wurde im Vergleich zu anderen Industriezweigen unverhältnismäßig betroffen (z.B. Fluggesellschaften nach dem 11.09.2001);
- Veränderungen der regionalen Wirtschaft, in der das Unternehmen operiert;
- Veränderungen der industriellen/sektoralen Bedingungen, es sei denn die Parteien sind derselben Industrie zugehörig und die Veränderungen wirken sich nur auf eine Vertragspartei unverhältnismäßig aus;
- regulatorische, richterrechtliche oder politische Entwicklungen, außer wenn sie sich spezifisch auf das Zielunternehmen auswirken;
- Veränderungen auf dem gesamten Wertpapiermarkt oder des Handelsvolumens der Aktien der Zielgesellschaft;
- Veränderungen infolge von Kriegen/Terrorhandlungen;
- Veränderungen aufgrund von Handlungen, die auf Verlangen des Bieters vorgenommen wurden oder vertraglich zulässig/beabsichtigt sind;
- Veränderungen/Ereignisse, die allein aus der Ankündigung der Transaktion resultieren (z.B. Arbeitnehmerweggang, Verschlechterung von Lieferbeziehungen, Kundenverlust) oder
- Veränderungen aufgrund von mit der Transaktion zusammenhängenden Gerichtsverfahren (z.B. Klage gegen den Vorstand der Zielgesellschaft wegen Verletzung ihrer Treue-

[996] Vgl. ADAMS (Winter 2004), http://adamsdrafting.com/system/?page_id=11, S. 23 ff. (30. 06.2006).

pflichten) oder aufgrund von transaktionsbedingten Kosten (z.B. Gebühren für Rechtsanwälte und Investmentbanken).[997]

Bei der Auflistung von Ausnahmetatbeständen ist jedoch zu beachten, dass sie gleichzeitig Stufen für die Beurteilung der Wesentlichkeit vorgegeben. Nicht im Katalog enthaltene Tatbestände könnten als unwesentlich angesehen werden. Insofern bietet sich ein Zusatz an, wonach der Katalog nicht abschließend ist.

II. Gesetzliche Anforderungen an eine MAC-Bedingung nach dem WpÜG

Ob und inwieweit die vielfältigen Gestaltungsmöglichkeiten einer MAC-Klausel im Rahmen eines nach dem WpÜG zu beurteilenden Übernahmeangebotes in Betracht kommen, bemisst sich nach den sich aus den Regelungen und Zielsetzungen des WpÜG ergebenden Anforderungen. Die bisher in die Angebotsunterlagen aufgenommenen und von der BaFin für zulässig erachteten MAC-Klauseln bieten hierbei einen ersten Anhaltspunkt.

1. BESTIMMTHEIT DER MAC-KLAUSEL – TRANSPARENZ DER BEDINGUNG ALS SOLCHE

Bei der Überprüfung der Zulässigkeit einer MAC-Klausel werden von der BaFin hauptsächlich zwei Normen als Prüfungsmaßstab herangezogen. Überprüft wird die Konformität der Klausel mit § 18 Abs. 1 WpÜG sowie dem Transparenzgrundsatz des § 3 Abs. 2 WpÜG.[998] Die Klausel muss derart präzise ausgestaltet werden, dass nachträglicher Streit über deren einzelne Voraussetzungen und damit den Bedingungseintritt möglichst vermieden wird.[999] Auch um den Anforderungen des § 18 Abs. 1 WpÜG gerecht zu werden und die Zielgesellschaft (§ 3 Abs. 4 S. 1 WpÜG), die veräußernden Aktionäre und den Kapitalmarkt vor Manipulationen (§ 3 Abs. 5 WpÜG) zu schützen, müssen die Tatbestände einer MAC-Bedingung durch die Präzisierung ihrer jeweiligen Merkmale sicherstellen, dass dem Bieter kein Freiraum für Eigenmacht verbleibt.[1000] Sie müssen nachvollziehbar formuliert werden und dürfen keinen übermäßigen Auslegungsspielraum bieten, wodurch die MAC-Bedingung in die Nähe einer Potestativbedingung gerückt würde.[1001] Die

[997] BARTELS/TOMES (Oktober 2002), http://practicallaw:kdi8ue98@www.acca.com/protected/pubs/docket/on02/mac2.php, S. 4 f. (28.02.2005). Vgl. BLASSBERG/REGNER (Herbst 2001), http://www.debvoise.com/db30/cgi-bin/pubs/Fall2001.pdf, S. 3 (28.02.2005); REISS/KAUTZ (November 2001), http://www.whitecase.com/publications/List.aspx?Professionals=8117c2ef-d5fe-4f93-9981-4c5968333036&year=2001, S. 1 f. (30.06.2006).

[998] Siehe zum Prüfungsmaßstab allgemein oben 5. Teil § 12 C. I. Mangels Interessenabwägung de lege lata ist der Ansatz von BERGER/FILGUT, WM 2005, 253, 255 f., abzulehnen, die sprachlichen Schranken einer MAC-Klausel anhand einer solchen zu bestimmen.

[999] Vgl. OECHSLER in: Ehricke/Ekkenga/Oechsler, § 18 Rn. 6, nach dem es beispielsweise nicht zu beanstanden ist, wenn auf einen Umsatz- oder Ertragsrückgang von mehr als 10 % abgestellt wird.

[1000] So OECHSLER in: Ehricke/Ekkenga/Oechsler, § 18 Rn. 6.

[1001] KK-WpÜG/HASSELBACH, § 18 Rn. 42; FLEISCHER/KALSS, § 3 III. 5. b) bb), S. 92.

Formulierung „*wesentliche, bei Abgabe des Angebotes nicht vorhersehbare Verschlechterung der wirtschaftlichen Lage der Zielgesellschaft*" genügt demnach nicht, auch wenn sie vom Wortlaut des § 18 Abs. 1 WpÜG nicht ausgeschlossen wird.[1002]

a) *Einschränkung der mittelbaren Aufnahme einer MAC-Klausel*

Wurde noch kurz nach Inkrafttreten des WpÜG die mittelbare Aufnahme einer MAC-Klausel nicht beanstandet[1003], ist eine derartige Ausgestaltung heute nicht mehr zulässig. Enthält ein Kaufvertrag eine unbestimmte MAC-Klausel, die dem Erwerber eine nahezu beliebige Abstandnahme ermöglicht, kann er allein durch Auslösung der Klausel im Aktienkaufvertrag auch das Übernahmeangebot zum Scheitern bringen.

Schon aus Gründen der Transparenz ist eine derart weite Fassung der MAC-Klausel mit dem Bestimmtheitsgebot des § 3 Abs. 2 WpÜG unvereinbar. Denn bei Eintritt welcher Ereignisse oder Umstände im Einzelnen eine wesentliche nachteilige Veränderung vorliegen soll, wird nicht näher bestimmt. Die Ungewissheit, bei Eintritt welcher Ereignisse der Vollzug der Aktienkaufverträge ausbleibt, würde insofern auf das Übernahmeangebot ausgebreitet. Eine infolge der Unklarheit über die Auslösung der MAC-Klausel in Aktienkaufverträgen herrschende Rechtsunsicherheit für alle Aktionäre der Zielgesellschaft als Angebotsadressaten ist nicht zu leugnen. Überdies ist nicht auszuschließen, dass der Erfolg des Übernahmeangebotes daran scheitert, dass infolge des Nichtvollzuges abgeschlossener Aktienkaufverträge eine festgesetzte Annahmeschwelle nicht erreicht wird. Der Eintritt der MAC-Bedingung des Aktienkaufvertrages würde dann gleichzeitig das Scheitern des Übernahmeangebotes bedeuten.

Aus diesem Grund gebietet das Bestimmtheits- und Transparenzgebot, dass die MAC-Klausel nicht nur in den Paketkaufverträgen, sondern auch ausdrücklich im Übernahmeangebot selbst als eigenständige Bedingung des Übernahmeangebotes enthalten ist.[1004] Zumindest muss die im Kaufvertrag enthaltene MAC-Klausel inhaltlich vollständig in der Angebotsunterlage wiedergegeben werden. Nur so wird gewährleistet, dass die Aktionäre der Zielgesellschaft umfassend Kenntnis von den dem Angebot zugrunde liegenden Informationen besitzen, und Klarheit besteht, in welchen Fällen einer bei der Zielgesellschaft eintretenden wesentlichen Veränderung das Übernahmeangebot seine Wirkung verliert. Die MAC-Bedingung muss

---

[1002] Die Zulässigkeit einer derart allgemeinen Formulierung anzweifelnd auch KK-WpÜG/HASSELBACH, § 18 Rn. 42. Vgl. auch BERGER/FILGUT, WM 2005, 253, 255 f., die erst im Rahmen einer Interessenabwägung zur Unzulässigkeit kommen; STRUNK/LINKE in: Veil/Drinkurth, S. 27 f.; STRUNK/BEHNKE in: Behnke et. al., S. 83. Differenzierend nach der Vorhersehbarkeit der Umstände WACKERBARTH in: MüKo-AktG, § 18 Rn. 51. Für eine sorgfältige Prüfung der Vereinbarkeit mit dem Schutzweck des § 18 Abs. 1 WpÜG, KRAUSE in: Assmann/Pötzsch/Krause, § 18 Rn. 31. Vgl. zur entsprechenden Praxis der schweizerischen Übernahmekommission REUTTER, S. 197 f.

[1003] Siehe im Einzelnen oben 2. Teil § 6 B. III.

[1004] So nun auch THOMA/STÖCKER in: Baums/Thoma, § 18 Rn. 117.

für die Aktionäre der Zielgesellschaft transparent sein, damit diese auf einer umfassenden Informationsbasis eine Entscheidung über die Annahme des Übernahmeangebotes treffen können. Wird die Aufnahme einer MAC Klausel in die Angebotsunterlage nicht gefordert oder die bloße Wiedergabe in der Angebotsunterlage als ausreichend angesehen, ist der Gefahr einer Umgehung des Transparenzerfordernisses zumindest dadurch zu begegnen, dass die MAC-Klausel im Kaufvertrag denselben sich aus dem WpÜG ergebenden inhaltlichen Anforderungen unterliegen muss wie die MAC-Bedingung im Übernahmeangebot selbst.[1005]

b) Anknüpfung an die Veröffentlichung ad-hoc-pflichtiger Insiderinformationen gemäß § 15 WpHG

Wird die unmittelbare Aufnahme einer MAC-Bedingung in das Übernahmeangebot für erforderlich gehalten, muss das Ereignis, bei dessen Eintritt das Angebot unwirksam sein soll, wegen des sonst vorliegenden Verstoßes gegen das Bestimmtheitserfordernis in der Angebotsunterlage hinreichend konkretisiert sein. Um eine Vereinbarkeit mit § 3 Abs. 2 WpÜG zu erzielen, knüpfen die bisherigen in den Übernahmeangeboten enthaltenen MAC-Bedingungen an die Veröffentlichung ad-hoc-pflichtiger Insiderinformationen i.S.v. § 15 WpHG an.[1006] Mittels dieser Anknüpfung wird ein Kriterium vorgegeben, das dem Transparenzerfordernis des § 3 Abs. 2 WpÜG auf den ersten Blick zu genügen scheint.[1007] Eine Orientierungshilfe[1008] bieten die nicht abschließenden Beispiele der BaFin[1009], nach der u.a. folgende Ereignisse zu den ad-hoc-pflichtigen Insiderinformationen, erhebliches Preisbeeinflussungspotenzial unterstellt, zählen:

1. Veränderungen der Vermögens- und/oder Finanzlage:
   - Veräußerung satzungsmäßiger Kernbereiche;
   - Verschmelzungsverträge, Ein-, Ausgliederungen, Umwandlungen, Spaltungen sowie andere wesentliche Strukturmaßnahmen;
   - Beherrschungs- und oder Gewinnabführungsverträge;
   - Erwerb oder Veräußerung von wesentlichen Beteiligungen, Übernahme und Abfindungs-/ Kaufangebote;
   - Kapitalmaßnahmen (einschließlich Kapitalberichtigung);

[1005] THOMA/STÖCKER in: Baums/Thoma, § 18 Rn. 118.

[1006] Siehe bezogen auf § 15 WpHG a.F. z.B. die Übernahmeangebote ONTARIO/GAUSS (Ziff. 9. b)), ONTARIO/W.E.T. (Ziff. 4.3 (c) (i)) und BOSCH/BUDERUS (Ziff. 9. (c)) sowie ANLAGE 2.

[1007] Siehe zu den sich aus der Anknüpfung an §§ 13, 15 WpHG ergebenden praktischen Schwierigkeiten unten Ziff. 2. b) und c). Entgegen STEINMEYER/HÄGER, § 18 Rn. 9, ist es sehr wohl möglich, auch wirtschaftliche Einbrüche zu präzisieren, sei es über einen Umsatz- oder Ertragsrückgang in bestimmter Höhe oder über eine Anknüpfung an § 15 Abs. 1 S. 1 WpHG, so dass auch Force-Majeure-Klauseln zulässig sind; siehe auch RIEHMER in: Haarmann/Riehmer/ Schüppen, § 18 Rn. 15 i).

[1008] So (zu 15 WpHG a.F.) BRAUN in: Möllers/Rotter, § 7 Rn. 20 f.

[1009] Siehe BAFIN (15.07.2005), http://www.bafin.de/schreiben/89_2005/emittentenleitfaden.pdf, S. 43 f. Vgl. Liste BAWE/DEUTSCHE BÖRSE AG, S. 50 f.

- wesentliche Änderung der Ergebnisse der Jahresabschlüsse oder Zwischenberichte gegenüber früheren Ergebnissen oder Marktprognosen;
- bevorstehende Zahlungseinstellung/Überschuldung, Verlust nach § 92 AktG/kurzfristige Kündigung wesentlicher Kreditlinien und
- erhebliche außerordentliche Aufwendungen/Erträge.

2. Veränderungen im allgemeinen Geschäftsverlauf:
   - Rückzug aus oder Aufnahme von neuen Kerngeschäftsfeldern;
   - Abschluss, Änderung oder Kündigung besonders bedeutender Vertragsverhältnisse (einschließlich Kooperationsabkommen);
   - maßgebliche Produkthaftungs- oder Umweltschadensfälle;
   - Rechtsstreitigkeiten und Kartellverfahren von besonderer Bedeutung und
   - Veränderungen in Schlüsselpositionen des Unternehmens.

Anhand der in § 15 Abs. 1 S. 1 WpHG i.V.m. § 13 WpHG vorgegebenen Tatbestandsmerkmale kann grundsätzlich bestimmt werden, ob ein eingetretenes Ereignis einen MAC darstellt, wobei es zur Auslösung der MAC-Bedingung der Veröffentlichung der konkreten Insiderinformation bedarf.

Eine Insiderinformation ist nach § 13 Abs. 1 S. 1 WpHG eine konkrete Information über nicht öffentlich bekannte Umstände, die sich auf einen oder mehrere Emittenten von Insiderpapieren oder auf die Insiderpapiere selbst beziehen und geeignet sind, bei ihrem öffentlichen Bekanntwerden den Börsen- oder Marktpreis der Insiderpapiere erheblich zu beeinflussen. Damit fallen neben Tatsachen[1010] auch Werturteile, Meinungsäußerungen, Einschätzungen, Prognosen unter den Begriff der Insiderinformation.[1011] Damit jedoch nicht jede Äußerung als Umstand angesehen wird, muss es sich um solche handeln, die bereits existieren oder bei denen mit hinreichender Wahrscheinlichkeit davon ausgegangen werden kann, dass sie in Zukunft existieren.[1012] Auch zukünftige Umstände können Insiderinformationen darstellen, wenn der Eintritt hinreichend wahrscheinlich ist, § 13 Abs. 1 S. 3 WpHG.[1013]

Hinsichtlich des Tatbestandsmerkmales der fehlenden öffentlichen Bekanntheit kommt es darauf an, dass die Insiderinformation einer breiten Öffentlichkeit nicht bekannt bzw. dass einer unbestimmten Anzahl von Personen die Kenntnisnahme

---

[1010] Zum Tatsachenbegriff (unter Geltung des § 15 WpHG a.F.) BRAUN in: Möllers/Rotter, § 8 Rn. 2 ff. m.w. N.

[1011] Vgl. Begr. RegE-AnSVG, BT-Drucks. 15/3174, S. 33; DIEKMANN/SUSTMANN, NZG 2004, 929, 930 f.

[1012] Siehe BAFIN (15.07.2005), http://www.bafin.de/schreiben/89_2005/emittentenleitfaden.pdf, S. 19 (30.06.2006).

[1013] Bereits die Entscheidung des Leitungsorgans eines Emittenten, die noch der Zustimmung des Aufsichtsorgans bedarf, ist grundsätzlich eine publizitätspflichtige Insiderinformation, Begr. RegE-AnSVG, BT-Drucks. 15/3174, S. 33; Diekmann/Sustmann, NZG 2004, 929, 935. Siehe aber die Befreiungsmöglichkeit in § 15 Abs. 3 WpHG.

nicht möglich ist.[1014] Dies ist zu bejahen, wenn aufgrund einer räumlichen Beschränkung lediglich einem begrenzten Personenkreis die Kenntnisnahme ermöglicht wird.
Zu veröffentlichen sind nicht nur solche Insiderinformationen, die im Tätigkeitsbereich des Emittenten eingetreten sind (§ 15 Abs. 1 S. 2 WpHG), sondern auch außerhalb des Unternehmens eintretende allgemeine Marktentwicklungen, soweit sie den Emittenten unmittelbar betreffen.[1015] Eine Eignung zur Beeinflussung des Markt- oder Börsenpreises ist nach § 13 Abs. 1 S. 2 WpHG gegeben, wenn ein verständiger Anleger die Information bei seiner Anlageentscheidung berücksichtigen würde.

c) *Anknüpfung an die pflichtwidrige Unterlassung der Veröffentlichung ad-hoc-pflichtiger Insiderinformationen*

In jüngster Zeit stellen die in Übernahmeangeboten enthaltenen MAC-Klauseln nicht mehr nur auf die Veröffentlichung ad-hoc-pflichtiger Insiderinformationen, sondern alternativ auf die pflichtwidrige Unterlassung ihrer Veröffentlichung ab.[1016] Dem Transparenzgebot wird dadurch nachgekommen, dass sowohl die Einleitung des Verfahrens zur Feststellung des Bedingungseintrittes als auch das Ergebnis der Stellungnahme vom zuständigen unabhängigen Gutachter zu veröffentlichen sind. Die Entscheidung muss darüber hinaus vom Bieter veröffentlicht werden. Da die Bedingung als nicht eingetreten gilt, wenn die Stellungnahme des unabhängigen Gutachters, die deren Nichteintritt bestätigt, nicht spätestens an dem Tag vor der Veröffentlichung des Ergebnisses des Übernahmeangebotes gemäß § 23 Abs. 1 Nr. 2 WpÜG erfolgt ist, wird überdies – scheinbar[1017] – dem Risiko vorgebeugt, dass der Gutachter seiner Pflicht zur Erstellung einer Stellungnahme über den Bedingungseintritt pflichtwidrig nicht nachkommt.

[1014] Siehe BAFIN (15.07.2005), http://www.bafin.de/schreiben/89_2005/emittentenleitfaden.pdf, S. 20 f. (30.06.2006); Braun in: Möllers/Rotter, § 8 Rn. 41 ff. m.w.N. zu § 15 WpHG a.F. Ziff. 9 b) (aa) S. 2 des Übernahmeangebotes ONTARIO/GAUSS ist insoweit überflüssig, als bereits eine Berücksichtigung im Konzernabschluss 2002 oder eine frühere Ad-hoc-Meldung dazu führt, dass eine bekannte Insiderinformation vorliegt; vgl. die entsprechende Formulierung in Ziff. V. 4. (a) (iv) des Übernahmeangebotes BCP/CELANESE.

[1015] Vgl. Begr. RegE-AnSVG, BT-Drucks. 15/3174, S. 35; BAFIN (15.07.2006), http://www.bafin.de/schreiben/89_2005/emittentenleitfaden.pdf, S. 41 ff. (30.06.2006); DIEKMANN/SUSTMANN, NZG 2004, 929, 934.

[1016] Siehe dazu 2. Teil § 7 F. II. und ANLAGE 2. Nach KRAUSE in: Assmann/Pötzsch/Schneider, § 18 Rn. 91, wurde die Anknüpfung an die pflichtwidrige Nichtveröffentlichung in dem Übernahmeangebot ITT/WEDECO vor dem Hintergrund gestattet, dass der Vorstand der Zielgesellschaft ein größeres Aktienpaket hielt und ein Konflikt zwischen seinem Verkaufsinteresse und seiner Verpflichtung zur Veröffentlichung einer Ad hoc-Mitteilung befürchtet wurde.

[1017] Zu praktischen Schwierigkeiten siehe 6. Teil § 15 B. II. 2. c).

d) *Beispielskatalog und Ausnahmetatbestände*

Größere Rechtssicherheit lässt sich dadurch erzielen, dass die MAC-Bedingung einen Beispielskatalog mit vom Bieter als nach § 15 Abs. 1 S. 1 WpHG als ad-hocpflichtig angesehenen Insiderinformationen enthält.[1018] So formuliert das Übernahmeangebot ONTARIO/GAUSS zahlreiche Ereignisse und Umstände als auflösende Bedingungen, deren jeweiliger Eintritt zur Wirkungslosigkeit des Übernahmeangebotes führt.[1019] Werden Ereignisse als Beispiele für kursbeeinflussende Insiderinformationen aufgenommen, müssen diese potenziell geeignet sein, eine Veröffentlichungspflicht nach § 15 Abs. 1 S. 1 WpHG auszulösen. Soll der Katalog nicht abschließend sein, muss darauf entsprechend hingewiesen werden bzw. ist zusätzlich eine auf § 15 WpHG bezogene Allgemeinklausel als Auffangtatbestand aufzunehmen.[1020]

Den Aspekt der Rechtssicherheit und Transparenz betrifft auch die Aufnahme von Ausnahmetatbeständen. Nicht nach § 15 Abs. 1 S. 1 WpHG veröffentlichungspflichtig sind – mangels Erfüllung der Tatbestandsmerkmale – bereits solche Insiderinformationen, die bekannt sind, den Emittenten nicht unmittelbar betreffen oder die nicht geeignet sind, den Börsen- oder Marktpreis der Wertpapiere erheblich zu beeinflussen. Solche Insiderinformationen werden bereits mangels Veröffentlichungspflicht nicht von einer auf § 15 WpHG abstellenden MAC-Bedingung umfasst. Im Übrigen steht es dem Bieter offen, der Ad-hoc-Pflicht unterliegende Geschehnisse von der MAC-Bedingung auszuschließen, um Zweifel über den Eintritt eines von der Bedingung umfassten MAC zu vermeiden. Die Gefahr einer diesbezüglich zufällig bei der Zielgesellschaft eintretenden Verschlechterung hat dann allerdings der Bieter zu tragen, der an das Übernahmeangebot gebunden bleibt. In welchem Umfang er überhaupt derartige Ausnahmetatbestände in seine Angebotsunterlage aufnimmt, liegt in seinem Ermessensbereich; er ist es, der die Angebotsbedingungen einseitig und verbindlich vorgibt.[1021]

2. TRANSPARENZ DES BEDINGUNGSEINTRITTES

Aus § 3 Abs. 2 WpÜG und dem darin enthaltenen Transparenzgebot folgt nicht nur, dass die MAC-Bedingung als solche transparent sein muss, sondern es bezieht

---

[1018] So auch – unabhängig von einer Anknüpfung an § 15 Abs. 1 S. 1 WpHG – im Hinblick auf die *ratio legis* des § 18 Abs. 1 WpÜG KK-WpÜG/HASSELBACH, § 18 Rn. 42. Vgl. THOMA/STÖCKER in: Baums/Thoma, § 18 Rn. 119.

[1019] Siehe Ziff. 9 b) des Übernahmeangebotes.

[1020] Siehe die Allgemeinklausel in Ziff. 9 b) aa) des Übernahmeangebotes ONTARIO/GAUSS.

[1021] Zur Verpflichtung des Bieters zur Aufnahme einzelner Ausnahmetatbestände Ziff. III. 4. Im Rahmen einer freundlichen Übernahme wird der Vorstand der Zielgesellschaft versuchen, einen umfassenden Ausnahmekatalog auszuhandeln. Auch im Rahmen eines feindlichen Übernahmeangebotes muss der Bieter berücksichtigen, dass mit zunehmenden Regelungen zulasten der Aktionäre die Wahrscheinlichkeit einer erfolgreichen Übernahme sinkt.

sich auch auf ihren Eintritt.[1022] Für die vom Übernahmeverfahren betroffenen Interessengruppen muss hinreichend erkennbar werden, wann und bei welchen Geschehnissen eine wesentliche nachteilige Veränderung im Sinne der MAC-Bedingung vorliegt.

a) *Objektive Nachvollziehbarkeit des Bedingungseintrittes: eingeschränkter Ermessens- und Beurteilungsspielraum*

Ein gewisser Ermessensspielraum des Bieters ist nicht zu leugnen, wenn es um die Auslegung generalklauselartiger Begriffe und die Frage geht, ob eine Bedingung eingetreten ist oder nicht. Diesen kann er sich selbst bei der Ausgestaltung der Bedingung einräumen, indem beispielsweise auf die Einleitung von Gerichtsverfahren *von besonderer Bedeutung* abgestellt, die besondere Bedeutung jedoch nicht näher erläutert wird. Die inhaltliche Ausgestaltung der MAC-Bedingung darf nicht dazu führen, dass ein verdecktes Rücktrittsrecht des Bieters entsteht und er unter Berufung hierauf beliebig vom Übernahmeangebot Abstand nehmen kann. Im Sinne der Transparenz des Bedingungseintrittes muss sie derart ausgestaltet sein, dass sie dem Bieter keinen bzw. nur einen geringen Beurteilungs- oder Einschätzungsspielraum belässt.[1023] Unbestimmte Rechtsbegriffe sind zu quantifizieren, um ein Ermessen des Bieters weitestgehend auszuschließen.[1024] Der Eintritt des MAC muss zumindest objektiv nachvollziehbar sein.[1025] Dies erfordert vor allem auch die Tatsache, dass § 15 WpHG u.a. die Verschlechterung zukünftiger Geschäftsentwicklungen umfasst. Denn Prognosen hängen immer von subjektiven Einschätzungen ab, die Rechtsunsicherheit hinsichtlich des Vorliegens eines MAC heraufbeschwören.

b) *Anknüpfung an die Ad-hoc-Veröffentlichung*

Auch zum Zwecke der Transparenz des Bedingungseintrittes wird in der Praxis auf die Veröffentlichung einer ad-hoc-pflichtigen Tatsache i.S.d. § 15 Abs. 1 S. 1 WpHG abgestellt.[1026] Käme es allein auf ihr Vorliegen an, bestünde für den Bieter die Schwierigkeit zu beurteilen, ob und zu welchem Zeitpunkt eine derartige Insiderinformation eingetreten ist, die einen MAC darstellt und die Bedingung auslöst. Gerade im Falle von unmittelbar die Zielgesellschaft betreffenden Gescheh-

---

[1022] Diese Differenzierung nun auch hervorhebend KRAUSE in: Assmann/Pötzsch/Schneider, § 18 Rn. 90.

[1023] Vgl. BRÖCKER/WEISNER, Rn. 91; KRAUSE in: Assmann/Pötzsch/Schneider, § 18 Rn. 89 f.; STRUNK/LINKE in: Veil/Drinkurth, S. 27

[1024] Vgl. zum schweizerischen Recht hinsichtlich der zahlenmäßigen Fixierung der Wesentlichkeit im Rahmen der Be-dingung der Genehmigung ohne *wesentliche* Auflagen REUTTER, S. 224.

[1025] KK-WpÜG/HASSELBACH, § 18 Rn. 42; SCHMITTNER, M&A Review 2005, 322 f., die dieses Erfordenis jedoch – fälschlicherweise – aus § 18 Abs. 1 WpÜG herleitet.; THOMA/STÖCKER in: Baums/Thoma, § 18 Rn. 116.

[1026] So auch STRUNK/BEHNKE in: Behnke et. al., S. 83 f.; STRUNK/LINKE in: Veil/Drinkurth, S. 27.

nissen oder Ereignissen, die sich innerhalb des Unternehmens abspielen, erlangt der Bieter von den wesentlichen nachteiligen Veränderungen keine oder nur verspätet Kenntnis. Selbst im Falle der Kenntniserlangung hat er zumeist nahezu keine Möglichkeiten festzustellen, welche konkreten Auswirkungen sie haben. Kann noch eigenständig nachvollzogen werden, dass die Zerstörung einer Immobilie Veränderungen im Buchwert zur Folge hat, ist eine selbständige Bewertung nicht mehr möglich, sobald weder die Vermögens- noch Finanzlage der Gesellschaft, sondern allein deren allgemeiner Geschäftsverlauf betroffen ist. Während des Übernahmeverfahrens findet – wenn überhaupt – nur eine eingeschränkte Due Diligence statt, so dass der Bieter keine umfassenden Informationen über die wirtschaftliche Situation der Zielgesellschaft erhält. Selbst wenn Ereignisse außerhalb der Zielgesellschaft eintreten, die potenziell nachteilige Auswirkungen auf die Zielgesellschaft haben können, steht damit noch nicht automatisch fest, ob sie auch tatsächlich negative Veränderungen erwarten lassen.

Um Rechtssicherheit in Bezug auf den Bedingungseintritt zu erlangen und den strengen Anforderungen der BaFin[1027] gerecht zu werden, wird daher in der Praxis nicht auf das Vorliegen einer publizitätspflichtigen Tatsache allein, sondern auf deren Veröffentlichung abgestellt, nämlich die Abgabe einer Ad-hoc-Mitteilung und ihrer Veröffentlichung durch den Vorstand der Zielgesellschaft. In dessen Handlungsmacht liegt es demnach, ob eine MAC-Bedingung ausgelöst wird oder nicht. Die Gefahr eines Rechtsmissbrauches sowie einer faktischen Abwehr des Bedingungseintrittes liegt insofern nahe; der Vorstand der Zielgesellschaft kann mit der Veröffentlichung solange zuwarten, bis die Annahmefrist abgelaufen und das Übernahmeangebot mangels Eintrittes der MAC-Bedingung bedingungslos geworden ist.[1028] Gerade bei Eintritt nachteiliger Veränderungen besteht ein starkes Interesse an der Angebotsdurchführung. Zwar muss die Zielgesellschaft als Emittentin die Veröffentlichung grundsätzlich unverzüglich, d.h. ohne schuldhaftes Zögern[1029], vornehmen. Allerdings wird ihr im Falle eines plötzlichen Auftretens der Tatsachen ein gewisser Zeitraum zugebilligt, innerhalb dessen sie die Tatsache auf ihre Richtigkeit untersuchen und das Vorliegen der Voraussetzungen überprüfen kann.[1030] Dieser Zeitraum richtet sich nach der Kompliziertheit und Komplexität des jeweils zu beurteilenden Sachverhaltes.[1031] Auch der Gesetzgeber hat darauf hingewiesen, dass sich der Emittent zur Beurteilung der Kursrelevanz gegebenenfalls Rat vom emissionsbegleitenden Kreditinstitut oder von einer mit den Kapitalverhältnissen

---

[1027] Siehe O.V., FAZ v. 02.06.2004, S. 25: „*'Wir wollen nicht, daß ein Anbieter die Lufthoheit darüber hat, ob er sich auf den Eintritt seiner Bedingung berufen kann.'*"

[1028] Hierauf auch anspielend THOMA/STÖCKER in: Baums/Thoma, § 18 Rn. 119.

[1029] KÜMPEL/ASSMANN in: Assmann/Schneider, § 15 Rn. 217.

[1030] HAPP/SEMLER, ZGR 1998, 116, 129.

[1031] KÜMPEL/ASSMANN in: Assmann/Schneider, § 15 Rn. 217.

vertrauten Person zu holen hat.[1032] Eine gewisse zeitliche Verzögerung zwischen Eintritt der ad-hoc-pflichtigen Tatsache und ihrer Veröffentlichung ist demzufolge vom Bieter hinzunehmen, auch wenn die Überprüfung den Ablauf der Annahmefrist oder den Zeitpunkt, bis zu dem die MAC-Bedingung eingetreten sein muss, überdauert.

Eine tatsächliche Verhinderung des Bedingungseintrittes durch die Verletzung der Publizitätspflicht ist trotz bestehender Sanktionsmöglichkeiten nicht als gering einzuschätzen. Zwar besteht neben der verwaltungsrechtlichen Sanktion der Verhängung eines Ordnungsgeldes (§ 39 WpHG) und einer möglichen strafrechtlichen Verfolgung der unterlassenen oder verspäteten Veröffentlichung (§§ 38 Abs. 1 Nr. 4, 39 Abs. 1 Nr. 1 und 2, 20 a WpHG; §§ 400 Abs. 1 Nr. 1; 264 a, 263 StGB) eine zivilrechtliche Haftungsgefahr nach §§ 15 Abs. 4, 37 b, c WpHG und § 826 BGB. Zudem ist eine potenzielle Rufschädigung sowie eine etwaige gebotene Rechtfertigung der Pflichtverletzung in der Hauptversammlung gegenüber den Aktionären nicht zu unterschätzen. Dennoch kann eine Vereitelung des Bedingungseintrittes nicht mit an hundertprozentiger Sicherheit grenzender Wahrscheinlichkeit ausgeschlossen werden. Der Vorstand einer Zielgesellschaft misst möglicherweise der erfolgreichen Durchführung eines Übernahmeangebotes ein höheres Gewicht bei und nimmt die Verhängung von Sanktionen in Kauf. Die Anknüpfung an die Veröffentlichung wird den Interessen des Bieters daher nicht vollständig gerecht.[1033]

c) *Anknüpfung an die pflichtwidrige Unterlassung der Ad-hoc-Veröffentlichung*

Hat der Bieter daher Kenntnis von einer die Publizitätspflicht auslösenden Tatsache oder erfährt er später von ihrem Eintritt, so muss es für den Bedingungseintritt ausreichen, dass die Tatsache während der Annahmefrist zu veröffentlichen gewesen wäre. MAC-Bedingungen stellen daher neuerdings auf das pflichtwidrige Unterlassen der Veröffentlichung einer ad-hoc-pflichtigen Tatsache ab.[1034] Die Schwierigkeit hierbei besteht aber darin, wie festgestellt werden kann, dass eine neue Tatsache eingetreten ist, die gemäß § 15 Abs. 1 S. 1 WpHG zu veröffentlichen gewesen wäre. Nach der bisherigen Praxis wird ein unabhängiger Gutachter bestellt, der unter Zugrundelegung sorgfältiger kaufmännischer Abwägung den Bedingungs(nicht-)eintritt feststellt. Die Bedingung soll dann nicht eintreten, wenn der Gutachter vor dem letzten Werktag der Annahmefrist veröffentlicht, dass seine Prüfung den Nichteintritt ergeben hat; als eingetreten gilt sie, wenn er am letzten Werktag

[1032] Begr. RegE-2. FFG, BT-Drucks. 12/6679, S. 48.

[1033] Vgl. auch OPPENHOFF, Börsenzeitung v. 10.03.2004, S. 2, der auf noch ungelöste Fragen und Graubereiche bei der Verpflichtung zur Abgabe einer Ad-hoc-Meldung verweist.

[1034] Siehe Ziff. 3.2.3 (ii) des Übernahmeangebotes ITT/WEDECO und Ziff. V. 4 a) (iv) (B) des Übernahmeangebotes BCP/CELANESE (ANLAGE 2).

der Annahmefrist veröffentlicht, dass er eine ad-hoc-pflichtige Tatsache i.S.d. MAC-Bedingung hat feststellen können.[1035]

Für ein solches Verfahren zur Feststellung der pflichtwidrigen Unterlassung der Veröffentlichung einer ad-hoc-pflichtigen Tatsache, das den Anforderungen der BaFin an die Transparenz der Bedingung und des Bedingungseintrittes gerecht wird, spricht einerseits, dass es bereits während der Annahmefrist eingeleitet wird und die Aktionäre der Zielgesellschaft in Kenntnis des vor Ablauf der Annahmefrist veröffentlichten Prüfungsergebnisses eine Entscheidung über die Angebotsannahme treffen können. Es wird ausgeschlossen, dass die einzelnen vollzogenen Verträge rückabzuwickeln sind, wenn das Übernahmeangebot nach Ablauf der Annahmefrist mangels Kenntnis vom Eintritt des MAC vollzogen wird.

Andererseits ist das Verfahren aber einigen Bedenken ausgesetzt. So wird nicht der Fall geregelt, dass der Gutachter seiner Verpflichtung – unerheblich aus welchen Gründen – nicht nachkommt. Stellt sich im Nachhinein heraus, dass doch ein MAC eingetreten ist, muss zudem eine Rückabwicklung erfolgen. Weiter drängt sich die Frage auf, wie unabhängig ein vom Bieter mittelbar benannter Gutachter ist; zweifelhaft ist, ob der Mitarbeiter eines Beraters des Bieters als Gutachter unabhängig ist, zumal er vom Berater selbst bestellt wird. Als überraschend i.S.v. § 305 c Abs. 1 BGB muss es darüber hinaus angesehen werden, wenn die in der Stellungnahme niedergelegte Entscheidung des Gutachters bindend und unanfechtbar für den Bieter und die das Angebot annehmenden Aktionäre sein soll. Es ist zwar durchaus nicht unüblich, dass Vertragsparteien zur Feststellung bestimmter Gegebenheiten die Heranziehung einer dritten Person vereinbaren[1036], doch bestimmt der Bieter in seiner Angebotsunterlage die Verbindlichkeit der Entscheidung des Gutachters einseitig, ohne dass die Zielgesellschaft und deren Aktionäre auf die Bestimmung hätten Einfluss nehmen können.[1037] Insbesondere kann auch eine Anfechtung wegen offenbarer Unrichtigkeit nur durch Individualvereinbarung ausgeschlossen werden.[1038] Können die Vertragsparteien keine Einigung über die Rechtslage erzielen, so muss deren gerichtliche Überprüfung möglich sein.

Entscheidend ist vor allem die Haftungsgefahr für Vermögensdispositionen, der ein Gutachter unterliegt, wenn sich im nachhinein herausstellen sollte, dass ein MAC doch (nicht) eingetreten ist und das Übernahmeangebot aufgrund des Prüfungsergebnisses des Gutachters (nicht) vollzogen wurde. Ob sich vor dem Hintergrund

[1035] Siehe die Übernahmeangebote ITT/WEDECO (Ziff. 3.2.3 (ii)) und BCP/CELANESE (Ziff. V. 4 a) (iv) (B)). Die hierdurch geschaffene Rechtssicherheit hervorhebend BERGER/FILGUT, WM 2005, 253, 257. Diese Anknüpfung für unbedenklich haltend THOMA/STÖCKER in: Baums/ Thoma, § 18 Rn. 119.

[1036] Vgl. §§ 315 ff. BGB.

[1037] Zum Verstoß einer Schiedsgutachtenklausel gegen § 307 BGB Palandt-HEINRICHS, § 307 Rn. 144. Darüber hinaus ist zweifelhaft, ob der Bieter den Aktionären überhaupt eine solche mittels AGB-Bestimung aufzwingen kann.

[1038] BGHZ 101, 317.

überhaupt Gutachter zur Erstellung eines Gutachtens bereit erklären, ist fraglich. Die bisherige Praxis versucht die Haftungsgefahr dadurch abzumildern, dass *„die Haftung für Vermögensdispositionen auf der Grundlage dieser Veröffentlichung wegen Fahrlässigkeit auf eine Höchstsumme von EUR 10 Mio. im einzelnen Schadensfall sowie für die Summe aller etwaigen Schadensfälle begrenzt ist"*.[1039]

3. WESENTLICHKEIT DER NACHTEILIGEN VERÄNDERUNG

Der Tatbestand des Material Adverse Change impliziert, dass die eingetretene nachteilige Veränderung wesentlich sein muss. Insofern und mit Blick auf die Unzulässigkeit eines Rücktrittsvorbehaltes gemäß § 18 Abs. 2 WpÜG nimmt HASSELBACH an, dass eine MAC-Bedingung derart zu formulieren bzw. geltungserhaltend auszulegen ist, dass eine Berufung auf sie nur zulässig sein soll, *„wenn bei der Zielgesellschaft eine sehr gravierende, einem Fall der Störung der Geschäftsgrundlage (§ 313 Abs. 1 BGB) zumindest nahe kommende Verschlechterung der wirtschaftlichen Lage eingetreten ist"*.[1040] In diesem Zusammenhang sei auf die die übernahmerechtliche Praxis prägende Rechtslage in Großbritannien verwiesen, nach der eine Wertminderung der Zielgesellschaft um weniger als 10 % im Regelfall keine tragfähige Grundlage für den Rückgriff auf eine MAC-Klausel darstellt.[1041] Nach BUSCH ist es zumindest erforderlich, dass *„die nachteilige Änderung von wesentlichem Gewicht und längerfristiger Natur"*[1042] ist, um den Abbruch eines Übernahmeverfahrens rechtfertigen zu können. Ob dem britischen Ansatz darin zu folgen ist, dass eine Situation vorliegen muss, die derjenigen eines Wegfalles der Geschäftsgrundlage entspricht, sei indes zweifelhaft.[1043]

a) Erfordernis eines Wesentlichkeitskriteriums

Vor dem Hintergrund, dass allgemeine MAC-Bedingungen in der Praxis auf die Veröffentlichung oder pflichtwidrige Nichtveröffentlichung einer Insiderinformation gemäß § 15 Abs. 1 S. 1 WpHG abstellen, sowie bei Betrachtung der generell von

---

[1039] So ERNST & YOUNG AG, FAZ v. 29.03.2004, S. 18 (ANLAGE 3). Zur Beschränkung der Haftung von Wirtschaftsprüfern in Allgemeinen Geschäftsbedingungen BRANDNER in: Ulmer/Brandner/Hensen, Anh. §§ 9-11 Rn. 954 ff.

[1040] KK-WpÜG/HASSELBACH, § 18 Rn. 44.

[1041] KK-WpÜG/HASSELBACH, § 18 Rn. 44. Vgl. auch SCHWEIZERISCHE ÜBERNAHMEKOMMISSION (16.04.2003), http://www.takeover.ch/95.html?&cHash=aa806c4566&tx_bumadvice_pi1[uid]=81&tx_bumadvice_pi1[view]=detail, Ziff. 5.3 (30.06.2006): Einbuße von mindestens 10 % des Gewinnes bzw. 5 % des Umsatzes; siehe auch SCHWEIZERISCHE ÜBERNAHMEKOMMISSION (16.04.2003), http://www.takeover.ch/95.html?&cHash=6565a28301&tx_bumadvice_pi1[uid]=82&tx_bumadvice_pi1[view]=detail, Ziff. 4.2.1 (30.06.2006): Minderung des Nettovermögens von mindestens 5 %.

[1042] BUSCH, AG 2002, 145, 151. So auch SCHMITTNER, M&A Review 2005, 322 f.; THOMA/STÖCKER in: Baums/Thoma, § 18 Rn. 114, 119.

[1043] BUSCH, AG 2002, 145, 151.

der Publizitätspflicht umfassten Ereignisse erscheint es nicht abwegig, alle publizitätspflichtigen Tatsachen gleichzeitig auch als wesentlich i.S.e. MAC anzusehen. Durch die Anknüpfung an die Ad-hoc-Publizitätspflicht wird jedoch ausschließlich sichergestellt, dass sie dem Transparenzgebot des § 3 Abs. 2 WpÜG gerecht werden. Darüber, ob sich eine Auswirkung auch als wesentlich erweist, sagt die (Nicht-)Veröffentlichung nichts aus. Die Publizitätspflicht setzt zudem lediglich voraus, dass eine Insiderinformation *geeignet* ist, bei ihrem öffentlichen Bekanntwerden den Börsen- oder Marktpreis erheblich zu beeinflussen. Die Beeinflussung kann dabei negativer oder positiver Natur sein. Ob auch tatsächlich eine erhebliche Beeinflussung in der Folgezeit festgestellt werden kann, ist für die Publizitätspflicht unerheblich. Auch die von der Bafin angeführten Ereignisse[1044] führen nicht zwangsläufig zu einer bedeutenden Veränderung des Börsen- oder Marktpreises. Um die Verbindlichkeit des Angebotes nicht aufzuweichen, reicht ein alleiniges Abstellen auf die Publizitätspflicht daher nicht aus.

Unabhängig von der Anknüpfung an die Publizitätspflicht ist es vielmehr erforderlich, dass die MAC-Bedingung eine Wesentlichkeitsschwelle enthält. Zwar sieht auch § 18 Abs. 1 WpÜG ein derartiges Erfordernis nicht vor. Es gilt jedoch zu verhindern, dass jede beliebige nachteilige Auswirkung das Übernahmeangebot wirkungslos werden lässt. Würde jede negative Auswirkung kleinsten Umfanges die Wirkungslosigkeit des Übernahmeangebots herbeiführen, würde die grundsätzliche Bindung des Bieters an sein abgegebenes Übernahmeangebot aufgeweicht. Da Veränderungen infolge eigener Aktivitäten, aber auch umweltbedingter Einflüsse jeder unternehmerischen Tätigkeit immanent sind, käme eine MAC-Bedingung ohne Wesentlichkeitskriterium – auch vor dem Hintergrund eines möglichen Bedingungsverzichtes – einem nach § 18 Abs. 2 WpÜG unzulässigen Rücktrittsvorbehalt gleich. Zudem gebieten die Interessen der Zielgesellschaft und ihrer Aktionäre wie auch des Kapitalmarktes, Missbrauchsgefahren soweit wie möglich entgegenzuwirken und mit Blick auf die §§ 17 f., 21 WpÜG sicherzustellen, dass der Bieter von seinem Entschluss zur Angebotsabgabe nicht aufgrund geringfügig veränderter Gegebenheiten abrücken kann.[1045] Auch die BaFin hält eine über die Publizitätspflicht hinausgehende Bestimmung der Wesentlichkeit für erforderlich. So muss nach Ziff. V. 4. (a) (iv) (1) und (2) des Übernahmeangebotes BCP/CELANESE die ad-hoc-pflichtige Tatsache zu einer Belastung des EBITDA von Euro 100 Mio. bzw. Euro 400 Mio. geführt haben oder eine solche vernünftigerweise erwarten lassen.[1046] Es werden Schwellenwerte festgelegt, die verhindern, dass jede nachteilige Veränderung die Wirkungslosigkeit des Übernahmeangebotes herbeiführt. Sie

[1044] Siehe oben B. II. 1. b).

[1045] So auch KRAUSE in: Assmann/Pötzsch/Schneider, § 18 Rn. 89; THOMA/STÖCKER in: Baums/Thoma, § 18 Rn. 114.

[1046] Siehe etwa auch Übernahmeangebote ONTARIO/GAUSS (Ziff. 9. b) (aa)), AGILISYS/INFOR (Ziff.9.2 a)), ONTARIO/IXOS (Ziff. 9. b) (aa)).

bestimmen, dass die zu veröffentlichende Tatsache zu einer Belastung des Unternehmensergebnisses in bestimmter Höhe führen oder die Tatsache neuer Verbindlichkeiten eine bestimmte Höhe überschreiten muss, damit die MAC-Bedingung ausgelöst wird.[1047]

Das Erfordernis eines Wesentlichkeitskriteriums wird zuletzt vor dem Hintergrund verständlich, dass die MAC-Bedingung einen ausdrücklich geregelten Sachverhalt des Institutes der Störung der Geschäftsgrundlage i.S.v. § 313 BGB darstellt. Die Parteien regeln die gewünschte Risikoverteilung eigenständig, definieren vor allem, welche Risiken als MAC anzusehen sind, und ziehen eine Zumutbarkeitsgrenze.[1048]

b) Bestimmung der Wesentlichkeit

Auf der anderen Seite erfordert die Bejahung der Wesentlichkeit einer nachteiligen Veränderung nicht, dass die Fortführung des Angebotsverfahrens unzumutbar i.S.d. § 313 BGB ist. Sinn der Aufnahme einer MAC-Klausel ist es gerade, die erhebliche Rechtsunsicherheit darüber, wann eine solche Unzumutbarkeit vorliegt, möglichst auszuschließen, um so auch die wegen der grundsätzlichen Verbindlichkeit des Vertrages nur restriktive Bejahung der Unzumutbarkeit durch die Rechtsprechung zu umgehen. Die ausdrückliche Aufnahme einer MAC-Bedingung wäre ansonsten entbehrlich.

Bei der Bestimmung der Wesentlichkeit ist darauf zu achten, dass sie einerseits zugunsten der Angebotsadressaten nicht derart niedrige Anforderungen aufstellt, dass sie einem Rücktrittsvorbehalt gleichkommt, andererseits aber auch eine Berufung des Bieters auf die Bedingung infolge zu strenger Kriterien nicht nahezu ausgeschlossen ist. Mit Blick auf § 18 Abs. 1 WpÜG dürfen die Kriterien der Wesentlichkeit zudem nicht an den *„subjektiv orientierten Begriff der (persönlichen) Zumutbarkeit"*[1049] anknüpfen.

Um die Verbindlichkeit des Übernahmeangebotes nicht aufzuweichen, sind Schwellenwerte festzulegen, die an die Belastung des EBITDA bzw. EBIT anknüpfen, wobei ihre Höhe vom Einzelfall, insbesondere von der jeweiligen Größe der Zielgesellschaft abhängt. Somit dürfte es nicht ausreichen, allein die Einleitung (schieds-)gerichtlicher Streitigkeiten oder jedweder Verwaltungsverfahren als we-

---

[1047] Siehe z.B. Ziff. 9 b) (aa), (bb), (dd) (7) des Übernahmeangebotes ONTARIO/GAUSS. Zu ungenau daher BERGER/ FILGUT, WM 2005, 253, 256, die lediglich von einer Spezifizierung der Tatsachen sprechen.

[1048] Vgl. zum Unternehmenskauf PICOT/DUGGAL, BB 2003, 2635, 2638, 2640. Das § 313 BGB anhaftende Charakteristikum der Einzelfallgerechtigkeit laufe im Rahmen eines Unternehmenskaufes als dem Interesse des Unternehmers an Rechts- und Planungssicherheit zuwider, LIEB in: Münch Komm-HGB, Anhang § 25 Rn. 69 ff.; LIEB in: FS Gernhuber, S. 266 ff.; KNÖFEL, JA 2002, 810, 813; a.A. CANARIS, ZGR 1982, 402 ff.

[1049] PICOT/DUGGAL, BB 2003, 2635, 2640. Vgl. THOMA/STÖCKER in: Baums/Thoma, § 18 Rn. 119.

sentlich zu erachten.[1050] Es muss sich vielmehr um solche von besonderer Bedeutung handeln, die im Hinblick auf die Unternehmensführung, -ausrichtung oder wirtschaftliche Entwicklung geeignet sind, sich in erheblichem Maße wirtschaftlich auszuwirken. Sie werden durch die zu bestimmenden Schwellenwerte konkretisiert. Dem Übernahmeangebot BCP/CELANESE lässt sich zuletzt entnehmen, dass eine wesentliche Auswirkung nicht auf jeden Fall von langfristiger Natur sein muss. Sollen auch kurzfristige negative Auswirkungen bedeutsam sein, so ist durch eine verhältnismäßige Erhöhung des Schwellenwertes sicherzustellen, dass § 18 Abs. 2 WpÜG nicht unterlaufen wird.[1051]

Nach THOMA/STÖCKER kommt eine derartige Bedingung, die nach Auffassung des Vorstands der Zielgesellschaft zu einer Belastung des Konzernergebnisses in bestimmter Höhe wird, jedoch nur dann in Betracht, „*wenn der Bieter mit dem Vorstand der Zielgesellschaft eine Vereinbarung geschlossen hat, da nur in diesem Fall gewährleistet ist, dass der Vorstand in der vorgesehenen Weise mitwirkt und somit bei Ablauf der Annahmefrist Klarheit über die Wirksamkeit des Angebotes besteht.*“[1052] Bei fehlender Verplichtung fehle es an der Erfüllbarkeit der Bedingung, die damit gegen die Grundsätze des § 3 Abs. 4 verstoße und unzulässig sei.[1053] Ebenso sei die Bestimmtheit mangels jeglicher objektiver Vorhersehbarkeit nicht gewahrt, wenn die MAC-Bedingung allein darauf abstellt, dass eine neue ad-hoc-Tatsache voraussichtlich zu einer Belastung des operativen Konzernergebnisses (EBITDA) der Zielgesellschaft in bestimmte Höhe führen wird.[1054]

III. Zulässige inhaltliche Gestaltungsmöglichkeiten

Wie oben unter § 16 B. I. bereits ausgeführt, sind die Ausgestaltungsmöglichkeiten des zentralen Tatbestandsmerkmales einer MAC-Klausel, des *Material Adverse Change*, vielfältiger Natur. Bedingt durch das gesetzliche Erfordernis der Transparenz und Bestimmtheit der Angebotsunterlage, das in der Praxis zur tatbestandlichen Anknüpfung der MAC-Bedingung an die Publizitätspflicht des § 15 WpHG geführt hat, sowie die grundsätzliche Bindung des Bieters an sein Übernahmeangebot,

[1050] So aber Ziff. 9 b) (dd) (10), ähnlich auch Ziff. 9 b) (dd) (8) und (9) des Übernahmeangebotes ONTARIO/GAUSS. Siehe auch SCHWEIZERISCHE ÜBERNAHMEKOMMISSION (19.03.2003), http://www.takeover.ch/95.html?&cHash=170553207e&tx_bumadvice_pi1[uid]=86&tx_bumadvice_pi1[view]=detail, Ziff. 6.2.3 (30.06.2006): keine Prozesse oder Verfahren, die den Streitwert von 10 Mio. CHF. übersteigen; dies. (16.04.2003), http://www.takeover.ch/95.html?&cHash=6565a28301&tx_bumadvice_pi1[uid]=82&tx_bumadvice_pi1[view]=detail (30.06.2006): knapp 5 % des Nettovermögens.

[1051] In dem Übernahmeangebot BCP/Celanese wurde für diesen Fall geforert, dass die Belastung des EBITDA vier Mal höher ist als im Falle einer langfristigen Auswirkung des MAE.

[1052] THOMA/STÖCKER in: Baums/Thoma, § 18 Rn. 119.

[1053] THOMA/STÖCKER in: Baums/Thoma, § 18 Rn. 119. Ders., ebenda, auch fehlende Transparenz und Bestimmtheit anzweifelnd, wenn die Bedingung nicht vorsieht, dass die Prognose des Vorstands zu veröffentlichen ist.

[1054] So THOMA/STÖCKER in: Baums/Thoma, § 18 Rn. 119.

scheint jedoch eine Begrenzung der im Allgemeinen bestehenden inhaltlichen Gestaltungsmöglichkeiten bei Übernahmeangeboten zumindest in Teilbereichen notwendig zu sein.

1. WAHRSCHEINLICHKEIT DES EINTRITTES EINES MAC

Die Frage der Wahrscheinlichkeit des Eintrittes eines MAC betrifft die Kausalität zwischen einem Ereignis und seinen Auswirkungen auf den Börsen- oder Marktpreis der zugelassenen Wertpapiere der Zielgesellschaft. Verschlechterungen können im Allgemeinen sicher oder auch nur wahrscheinlich sein wie sie auch nur potenziell eintreten oder vernünftigerweise zu erwarten sind.[1055] Nach § 13 Abs. 1 S. 1 WpHG besteht die Ad-hoc-Publizitätspflicht, wenn die Insiderinformation erheblich zur Beeinflussung des Börsen oder Marktpreises *geeignet ist.* Es bedarf daher nur eines Kursbeeinflussungspotenzials und nicht einer tatsächlichen Kursbeeinflussung. Es ist jedoch strittig, ob eine Entwicklung ausreicht, die geeignet ist, sich in Zukunft auf die Lage der Gesellschaft auszuwirken bzw. mit deren Vollendung bei normalem Geschehensablauf zu rechnen ist, oder ob feststehen muss, dass sie im Rahmen der Regelpublizität offenzulegen ist.[1056]

Das Übernahmeverfahren, im Rahmen dessen der Bieter die Angebotskonditionen einseitig vorgibt und er mittels einer MAC-Bedingung das Risiko einer bei der Zielgesellschaft während des Angebotsverfahrens eintretenden zufälligen Verschlechterung einseitig und gänzlich auf die Aktionäre der Zielgesellschaft abwälzt, erfordert eine Einschränkung i.S.e. angemessenen Risikoverteilung. Letztere gebietet, dass nicht schon jegliche Insiderinformation, die sich auch nur potenziell auf die wirtschaftliche Situation der Zielgesellschaft auswirken kann, das Übernahmeangebot wirkungslos macht. Dagegen spricht schon die in den §§ 17 f., 21 WpÜG zum Ausdruck kommende gesetzgeberische Intention. Während es im Interesse des Bieters liegt, dass der Eintritt einer Verschlechterung nicht sicher sein muss, sind die Aktionäre der Zielgesellschaft daran interessiert, dass nicht schon jede mögliche Verschlechterung den Wegfall des Übernahmeangebotes bedeutet. Im Sinne einer Kompromisslösung muss die Auswirkung zumindest überwiegend wahrscheinlich, aus objektiver Sicht konkret absehbar sein. Sind bestimmte negative Entwicklungen aufgrund eines Ereignisses sicher voraussehbar, d.h. treten sie mit an Sicherheit grenzender Wahrscheinlichkeit ein, kann das Übernahmeangebot auch noch nach Ablauf der Annahmefrist wirkungslos werden. Dieser Fall ist mit einer bereits eingetretenen gegenwärtigen Veränderung vergleichbar, so dass es gerechtfertigt ist, dass das Risiko einer Verschlechterung von den Aktionären der Zielgesellschaft getragen wird. Im Übrigen ist eine Ausuferung zu vermeiden und eine Bestimmbarkeit der die MAC-Bedingung auslösenden Umstände zu erzielen, indem negative

---

[1055] Siehe dazu oben 6. Teil § 15 B. I. 3.

[1056] Zum Erfordernis der Auswirkungen einer Tatsache auf die Vermögens-, Finanzlage oder den allgemeinen Geschäftsablauf im Rahmen von § 15 WpHG a.F. ausführlich STRUCK, S. 207 ff.

zukünftige Auswirkungen überwiegend wahrscheinlich sein müssen und nicht jegliche mögliche oder vernünftigerweise zu erwartende Veränderung ausreicht.[1057]

2. ZEITLICHE AUSDEHNUNG

Eine weitere mit dem vorherigen Aspekt zusammenhängende Ausgestaltungsvariante des *Material Adverse Change* betrifft die zeitliche Ausdehnung und damit die Frage, ob von ihr ausschließlich Veränderungen der gegenwärtigen Lage (z.B. Ertragslage) oder auch zukünftige Entwicklungen (z.B. Ertragsaussichten) nach Ablauf der Annahmefrist umfasst sein sollen.[1058] Steht der Eintritt einer Verschlechterung fest, so betrifft sie primär die gegenwärtige Lage des Unternehmens; eine nur wahrscheinliche Verschlechterung bezieht sich ausschließlich auf die zukünftige Entwicklung eines Unternehmens. Nach § 13 Abs. 1 S. 1 WpHG muss eine konkrete Information vorliegen, es müssen Umstände bzw. Ereignisse bereits eingetreten sein oder mit hinreichender Wahrscheinlichkeit in Zukunft eintreten. Anders als bislang[1059] werden damit nun auch zukünftige Umstände erfasst. Denn gemäß § 13 Abs. 1 S. 3 WpHG sind auch diese grundsätzlich geeignet, die Anforderungen des S. 1 zu erfüllen, soweit ihr Eintreten hinreichend wahrscheinlich ist.[1060]

Bedingungen sind zwar auch dann zulässig, wenn sie an ein zukünftiges Ereignis anknüpfen, dessen Eintritt erst nach Ablauf der Annahmefrist zu erwarten ist. Eine unverhältnismäßig lange Aufrechterhaltung der Unsicherheit des Angebotsvollzuges ist jedoch im Hinblick auf den Grundsatz der Verfahrensbeschleunigung (§ 3 Abs. 4 WpÜG) zu vermeiden; der Bieter hat – soll eine Bedingung Ereignisse über den Zeitraum der Annahmefrist hinaus umfassen – in der Angebotsunterlage eine Frist zu bestimmen, innerhalb derer der Bedingungseintritt feststehen muss.[1061] Insbesondere gilt es zu berücksichtigen, dass die Übernahme kein Dauerschuldverhältnis ist, sondern einen Chancen- und Risikokauf darstellt. Hat sich ein Bieter dazu entschlossen, ein Zielunternehmen aufgrund dessen Unternehmensdaten zu übernehmen, so sind Veränderungen, die erst nach Ablauf der Annahmefrist eintreten, und damit auch zukünftige Erträge als unternehmerisches Risiko grundsätzlich vom Unternehmensinhaber bzw. den jeweiligen Aktionären zu tragen, nicht jedoch von den früheren Anteilsinhabern, die als Angebotsadressaten keinen Ein-

---

[1057] Anders Ziff. V. 4. (a) (iv) (1) und (2) des Übernahmeangebotes BCP/CELANESE.

[1058] Siehe dazu oben 6. Teil § 14 B. I. 4. Dagegen WACKERBARTH in: MüKo-AktG, § 18 Rn. 52.

[1059] Siehe zur alten Rechtslage FÜRHOFF/WÖLK, WM 1997, 449, 453; KÜMPEL in: Assmann/Schneider, § 15 Rn. 86.

[1060] Bürgers, BKR 2005, 424 f. Gerüchte allein sind jedoch nicht ausreichend, vgl. Begr. RegE-WpHG, BT-Drucks. 15/3174, S. 34 zu § 13 WpHG.

[1061] Für einen Eintritt bis zum Ende der Annahmefrist mittlerweile die Verwaltungspraxis der BaFin, siehe STRUNK/LINKE in: Veil/Drinkuth; zustimmend BERGER/FILGUT, WM 2005, 253, 258 f. Für eine zeitliche Ausdehnung und teleologische Reduktion von § 16 Abs. 2 Satz 1 WpÜG KRAUSE in: Assmann/Pötzsch/Schneider, § 18 Rn. 93, 111, insbesondere, wenn der Angebotsvollzug von einer behördlichen Genehmigung abhängt; vgl. THOMA/STÖCKER in: Baums/Thoma, § 18 Rn. 115, 138. Siehe hierzu auch bereits 5. Teil § 12 B. IV. 2.

fluss auf den Angebotsinhalt hatten. Um das Risiko negativer Veränderungen mittels einer – an sich vom Wortlaut des § 18 Abs. 1 WpÜG gedeckten – Ausdehnung der MAC-Bedingung auf zukünftige Entwicklungen der Zielgesellschaft nicht in unangemessener Weise auf die Aktionäre der Zielgesellschaft zu verlagern, darf nicht jegliche nachteilige Veränderung der Ertragsaussichten ihre Auslösung bedeuten. Insofern ist eine Risikoeingrenzung über die Wesentlichkeitsschwelle zu erzielen.[1062]

3. RISIKOANKNÜPFUNG UND AUSWIRKUNGSOBJEKT

Die Risikoanknüpfung und damit die Differenzierung zwischen einer „*Business MAC*"- und einer „*Market MAC*"-Klausel ist nicht mehr bedeutsam. Denn eine auf die Veröffentlichung ad-hoc-pflichtiger Tatsachen i.S.v. § 15 Abs. 1 S. 1 WpHG abstellende MAC-Klausel umfasst neuerdings auch außerhalb des Unternehmens eintretende, allgemeine wirtschaftliche Entwicklungen, die keine Beziehung zur unternehmerischen Sphäre des Bieters haben. Sind die übrigen Voraussetzungen erfüllt, ist neuerdings jede inner- oder außerhalb der Zielgesellschaft eingetretene Insiderinformation mit Kursbeeinflussungspotenzial ad-hoc-pflichtig. Die Informationen müssen den Emittenten allerdings unmittelbar betreffen. Sollen daher zukünftig auch beispielsweise Rating-Ergebnisse, die den Wert der börsennotierten Finanzinstrumente betreffen, Naturereignisse oder Ölpreisentwicklungen die Wirkungslosigkeit des Übernahmeangebotes herbeiführen, sind solche nur mittelbar den Emittenten betreffende Ereignisse neben der an § 15 WpHG anknüpfenden MAC-Bedingung als selbständige Bedingungen aufzunehmen.

Im Rahmen einer „*Business MAC*"-Klausel wird weiter danach differenziert, in welchem Unternehmensbereich der MAC eintreten muss. Da zum Tätigkeitsbereich des Emittenten i.S.v. § 15 Abs. 1 S. 1 WpHG auch Informationen aus der Sphäre einer Tochtergesellschaft zählen und das WpÜG in dieser Hinsicht keine Einschränkung gebietet, kann auch eine an § 15 WpHG anknüpfende MAC-Bedingung entweder auf die Verschlechterung des gesamten Konzerns oder einzelner Gesellschaften des Konzerns abstellen.

4. AUSNAHMETATBESTÄNDE

Ausnahmetatbestände können sich einmal auf die an sich nach § 15 Abs. 1 S. 1 WpHG publizitätspflichtigen Tatsachen beziehen, die den Unternehmensbereich und damit die Risiken im Geschäft des Unternehmens betreffen. So sollten z.B. Handlungen des Vorstandes der Zielgesellschaft von der MAC-Bedingung ausgenommen werden, wenn es sich bei diesen um Geschäfte im Rahmen der gewöhnlichen Unternehmensführung handelt. Dies ist insofern folgerichtig, als nach § 33 Abs. 1 S. 2 Alt. 1 WpÜG Handlungen erlaubt sind, die auch ein ordentlicher und

---

[1062] Entsprechendes gilt, wenn keine Tatsachen eintreten dürfen, die eine Belastung *vernünftigerweise erwarten lassen*, Ziff. V. 4. (a) (iv) des Übernahmeangebotes BCP/CELANESE.

gewissenhafter Geschäftsleiter einer nicht von einem Übernahmeangebot betroffenen Gesellschaft vorgenommen hätte. Würden derartige Handlungen die MAC-Bedingung auslösen, bestünde einerseits für den Vorstand der Zielgesellschaft eine einfache Möglichkeit, durch deren Vornahme das Übernahmeangebot zum Scheitern zu bringen, eine Übernahme durch den Bieter demnach abzuwehren. Dem Bieter würde sich zudem im Hinblick auf einen möglichen Bedingungsverzicht ein faktisches Rücktrittsrecht eröffnen und das Übernahmeangebot bereits bei gewöhnlichen Geschäftsleitungsmaßnahmen seine Wirkung verlieren. Selbst ein der Übernahme positiv gegenüberstehendes Management wäre dann gehindert, die ihm nach § 33 Abs. 1 S. 2 WpÜG erlaubten alltäglichen Geschäfte der Zielgesellschaft in ihrem Sinne und zu ihren Gunsten fortzuführen, was eine erhebliche Einschränkung der unternehmerischen Tätigkeit bedeuten würde. Ein auf die Steigerung des Unternehmenswertes ausgerichtetes Handeln könnte nicht vorgenommen werden, ohne dass gleichzeitig infolge des Bedingungseintrittes das Übernahmeverfahren automatisch enden würde. Da auch allgemeine Marktdaten von der Publizitätspflicht umfasst sind, erlangen Ausnahmetatbestände eine zunehmende Bedeutung, die gesamtwirtschaftliche Entwicklungen bzw. einzelne allgemeine Marktentwicklungen (*Market MAC*) von der MAC-Bedingung ausnehmen. Werden Ausnahmetatbestände aufgenommen, so muss allerdings auch insofern den Bestimmtheitsanforderungen des WpÜG genüge getan werden.

IV. Zusammenfassung

Die im Allgemeinen bestehenden zahlreichen Konkretisierungsmöglichkeiten eines MAC erfahren im Rahmen eines Übernahmeangebotes eine inhaltliche Einschränkung. Sie ist darauf zurückzuführen, dass infolge der einseitigen Festlegung der Angebotskonditionen durch den Bieter die Interessen der Aktionäre der Zielgesellschaft, aber auch der übrigen vom Übernahmeverfahren betroffenen Interessengruppen einen besonderen Schutz erfahren müssen. Erreicht wird dieser darüber, dass die Aktionäre umfassende Informationen darüber erhalten müssen, bei Eintritt welcher Ereignisse ein MAC vorliegt, der die Bedingung auslöst. Nicht näher spezifizierte MAC-Bedingungen, die allein darauf abstellen, dass keine wesentliche nachteilige Veränderung bei der Zielgesellschaft eintritt, sind wegen Verstoßes gegen das Transparenzgebot des § 3 Abs. 2 WpÜG unzulässig. Das Tatbestandsmerkmal der „*wesentlichen nachteiligen Veränderung*" muss vielmehr entweder tatbestandlich an die Veröffentlichung einer ad-hoc-pflichtigen Tatsache i.S.d. § 15 Abs. 1 S. 1 WpHG anknüpfen, wodurch die eine MAC-Bedingung auslösenden Ereignisse zumindest bestimmbar werden, oder es sind spezielle Ereignisse konkret zu benennen, die den Begriff des MAC inhaltlich ausfüllen.

Hinsichtlich zukünftiger Ereignisse ist zudem im Sinne der Bestimmtheit zu fordern, dass diese überwiegend wahrscheinlich sind. Ferner ist in jedem Einzelfall zu überprüfen, ob die nachteilige Veränderung wesentlich ist, wobei im Interesse der Rechtssicherheit und Transparenz ein Schwellenwert zu bestimmen ist. Da MAC-

Bedingungen aufgrund ihrer Konkretisierung nicht allein darauf abstellen dürfen, dass keine wesentliche nachteilige Veränderung eingetreten ist, bedarf es keines Rückgriffes auf die an eine Berufung auf § 313 BGB zu stellenden inhaltlichen Anforderungen. Aufgrund der Tatsache, dass das Transparenzgebot nicht nur die Bestimmtheit der Bedingung als solcher, sondern auch des Bedingungseintrittes gebietet, muss letzterer objektiv feststellbar sein und darf nicht von einer Beurteilung oder Ermessensausübung des Bieters abhängen. In der Praxis wurde aufgrund dessen dazu übergegangen, an die Veröffentlichung gemäß § 15 Abs. 1 S. 1 WpHG anzuknüpfen. Da die BaFin jedoch nicht Kontrollorgan i.d.S. ist, kann nach derzeitiger Rechtslage lediglich eine gerichtliche Überprüfung ex-post eine Klärung über den Bedingungseintritt herbeiführen.

Die vorangegangenen Untersuchungen haben gezeigt, dass bei der Beurteilung der Zulässigkeit eines bedingten Übernahmeangebotes verschiedene Gesichtspunkte zu berücksichtigen sind. Die Arbeit schließt daher mit einer rechtlichen Gesamtwürdigung der gesetzlichen Regelungen über die Abstandnahme von Übernahmeangeboten (§ 16) einschließlich einer Verdeutlichung der Gebotenheit gesetzgeberischen Eingreifens in materieller und verfahrensrechtlicher Hinsicht (§ 17) ab.

§ 16 RECHTLICHE GESAMTWÜRDIGUNG *DE LEGE LATA* UNTER BERÜCKSICHTIGUNG DER SCHUTZINTENTION DES GESETZGEBERS

Eine dogmatische Einordnung der MAC-Klausel als aus der angloamerikanischen Rechtspraxis transferiertes Rechtsinstitut hat ergeben, dass sie eine bei Vertragsschluss bewusst gewordene Geschäftsgrundlage und damit einen ausdrücklich geregelten Fall der Störung der Geschäftsgrundlage i.S.v. § 313 BGB darstellt, sie aber nicht den gleichen engen Anforderungen unterliegt. Im Rahmen einer rechtstatsächlichen Untersuchung konnte festgestellt werden, dass die MAC-Klausel bei M&A- und Finance-Transaktionen vielfältigen methodischen Erscheinungsformen zugänglich ist, diese sich allerdings bei Übernahmeangeboten auf eine Bedingungsaufnahme reduzieren. Als Hauptbeweggrund für die Aufnahme einer MAC-Bedingung in Übernahmeangebote wurde die der zeitlichen Dauer des Übernahmeverfahrens immanente Gefahr des Eintrittes endogener sowie exogener nachteiliger Veränderungen bei der Zielgesellschaft und die diesbezügliche grundsätzliche Stellung des Bieters als Risikoträger herausgearbeitet. Aufgrund der durch § 21 WpÜG eingeschränkten Änderungsbefugnis der Angebotsunterlage – nur zu Gunsten der Aktionäre der Zielgesellschaft – trägt allein er das Risiko etwaiger Verschlechterungen, obwohl den für die Entscheidungsfindung relevanten Beurteilungskriterien andere Daten zugrunde lagen und leitende Einflussmöglichkeiten auf die Zielgesellschaft nicht bestehen. Trotz der Parallelproblematik beim Unternehmenskauf scheidet eine Übertragung der dortigen Möglichkeiten zur Risikominimierung, die Ausdehnung der Gewährleistungsregeln, Bestimmung von *Covenants* und Regelungen zur Unternehmensführung während des Angebotsverfahrens oder eine Anpassung der Gegenleistung aus. Dies hängt vor allem damit zusammen, dass den einzelnen Aktionären der Zielgesellschaft als Angebotsadressaten mangels Leitungsverantwortlichkeit und -möglichkeit eine Einflussnahme auf die Unternehmensaktivitäten verwehrt ist.

Nimmt der Bieter eine Bedingung in seine Angebotsunterlage auf, die das Risiko unvorhersehbarer Veränderungen auf die Aktionäre der Zielgesellschaft als Vertragspartner abwälzt, indem ihr Eintritt die Wirkungslosigkeit des Übernahmeangebotes herbeiführt und sie dem Bieter insofern eine Möglichkeit zur Abstandnahme vom Angebot eröffnet, so gehen damit Gefahren einher. Mit einer beliebigen Aufnahme und Ausgestaltung von Bedingungen wächst die Missbrauchsgefahr in Gestalt der Verschaffung eines Wettbewerbsvorteils aufgrund der finanziellen und personellen Ressourcenbindung bei der Zielgesellschaft durch das Übernahmeverfahren, der Beeinflussung ihres Börsenpreises bzw. der Herbeiführung (sachlich ungerechtfertiger) Kursschwankungen und der Abwerbung von Anteilseignern der Zielgesellschaft. Zudem berührt die Abstandnahme vom Übernahmeangebot neben den Interessen des Bieters und der Aktionäre der Zielgesellschaft als unmittelbare Angebotsadressaten, denen die Verkaufsprämie und etwaige andere Verkaufschancen genommen werden, vor allem auch die Zielgesellschaft und deren Gläubiger, die Aktionäre des Bieters wie auch den Kapitalmarkt. Für sie ist eine Abstandnahme mit Risiken verbunden. Infolge der Ressourcenbindung muss die gewöhnliche Unternehmensführung nachgeholt werden, was zu einer verspäteten Leistungserbringung gegenüber den Gesellschaftsgläubigern führen kann. Es müssen kostenintensive Maßnahmen zur Kapitalbindung an die Zielgesellschaft getroffen werden. Übernahmekosten lassen sich nicht durch die Vorteile eines Übernahmevollzuges amortisieren. Ein enttäuschtes Vertrauen der Kapitalanleger bewirkt einen verstärkten Kapitalabzug.

Die gesetzlichen Bestimmungen über die Abstandnahme vom Übernahmeangebot haben daher die Aufgabe, die widerstreitenden Interessen der am Übernahmeverfahren beteiligten Interessengruppen in Ausgleich zu bringen, was nur mittels einer Einschränkung der zivilrechtlichen Gestaltungsmöglichkeiten und damit einer Einschränkung der Privatautonomie erreichbar ist. Auch wenn es sich bei öffentlichen Übernahmeangeboten ihrer Rechtsnatur nach um formalisierte, verbindliche und unwiderrufliche bürgerlich-rechtliche Angebote an die Anteilsinhaber der Zielgesellschaft zum Abschluss bürgerlich-rechtlicher Erwerbsverträge i.S.v. §§ 145 ff. BGB handelt, zeichnen sie sich durch bestimmte Charakteristika aus, die den bürgerlich-rechtlichen Angebotsbegriff modifizieren und eine eingeschränkte Geltung der Privatautonomie rechtfertigen. So richtet es sich an eine unbestimmte Zahl von Verkäufern in Person der dem Bieter unbekannten Aktionäre der Zielgesellschaft. Die Erwerbsbedingungen werden vom Bieter einseitig und im Voraus in der Angebotsunterlage abstrakt festlegt. Das Angebot wird gleichzeitig gegenüber mehreren Anteilseignern abgegeben, und die Abgabe einer *invitatio ad offerendum* ist durch § 17 WpÜG ausgeschlossen. Daneben ergeben sich Einschränkungen der Privatautonomie aus der Qualifizierung öffentlicher Übernahmeangebote als Allgemeine Geschäftsbedingungen, die den Anforderungen der §§ 305 ff. BGB unterliegen, sowie dem Gesetzeszweck und den allgemeinen Grundsätzen des WpÜG. Danach ist ein faires und transparentes Übernahmeverfahren sowie eine rasche Verfahrensdurchführung zu gewährleisten und eine unangemessene Behinderung der Zielgesellschaft und Marktverzerrungen zu verhindern.

Mit Blick auf die gesetzlichen Bestimmungen der §§ 17 f., 39 WpÜG hat der Gesetzgeber im Grundsatz einen angemessenen Interessenausgleich erzielt und eine ausgewogene Regelung zwischen dem zivilrechtlichen Grundsatz der Vertragsfreiheit und der Bindungswirkung vertraglicher Regelungen getroffen. Durch die Unzulässigkeit einer *invitatio ad offerendum* wie auch durch das Verbot von subjektiven Bedingungen, Rücktritts- und Widerrufsvorbehalten im Übernahmeangebot wurde das Recht des Bieters zur beliebigen Abstandnahme hiervon für unzulässig erklärt. Infolge der Zulässigkeit objektiver Bedingungen bleiben dem Bieter aber ausreichende Möglichkeiten, die Wirksamkeit seines Übernahmeangebotes von unvorhersehbaren Entwicklungen abhängig zu machen. Die gesetzlichen Regelungen des WpÜG lassen zudem die Anwendbarkeit des § 313 BGB – wenn auch nur restriktiv – unberührt.

Bezüglich der an eine Bedingungsaufnahme geknüpften gesetzlichen Anforderungen des § 18 Abs. 1 WpÜG wird allerdings dem grundgesetzlich geschützten Prinzip der Rechtssicherheit nicht in ausreichendem Maße Rechnung getragen, wie auch kollidierende Grundrechte nicht in gebotener Weise ausgeglichen werden. So lassen die Regelungen des WpÜG offen, ob sich auflösende Bedingungen auch auf nach Ablauf der Annahmefrist eintretende Umstände beziehen können, und, sollte dies der Fall sein, bis zu welchem Zeitpunkt ihr Eintritt möglich sein soll. Darüber hinaus ist mangels Legaldefinition unklar, welche Personen unter den Begriff des *Beraters* fallen und in welchen Fällen jener im Zusammenhang mit dem Angebot beratend tätig wird. In Bezug auf die Zulässigkeit von Bedingungen in Pflichtangeboten ergibt sich aus dem Wortlaut des § 39 i.V.m. § 18 Abs. 1 WpÜG ihre uneingeschränkte Zulässigkeit, die aber unstreitig nicht bezweckt war. Ferner wäre eine Klarstellung wünschenswert gewesen, wonach auch solche Bedingungen unzulässig sind, die gegen die Vorschriften und Grundsätze des WpÜG wie etwa §§ 3, 13 WpÜG verstoßen oder im Ergebnis einem Rücktrittsvorbehalt gleichkommen und insofern eine Umgehung des § 18 Abs. 2 WpÜG darstellen. Rechtsunsicherheit besteht zudem in den Fällen, in denen der Bieter auf den Bedingungseintritt Einfluss nehmen kann, eine Bedingungsaufnahme aber mangels ausschließlich eigenständiger Herbeiführung des Bedingungseintrittes nicht unzulässig ist. Die Beschränkung der Bedingungsfeinlichkeit auf rein objektive Bedingungen ist unzureichend, da sich diese bei einem öffentlichen Übernahmeangebot nur auf eine Absicherung gegen Geschehnisse höherer Gewalt beziehen können. Dagegen ist etwa die Genehmigung eines Zusammenschlussvorhabens, die Mindestannahmeschwelle oder die Zulassung von neuen Beteiligungspapieren an einer Börse vom Bieter in gewissem Maß beeinflussbar, so dass er missbräuchlich auf den (Nicht-)Eintritt der Bedingung Einfluss nehmen kann. Gegen derartiges Einwirkungspotenzial schützt das WpÜG aber nicht. Zuletzt besteht Uneinigkeit darüber, ob mit § 18 Abs. 2 WpÜG nur vertragliche oder auch gesetzliche Rücktrittsrechte ausgeschlossen werden.

Die Überprüfung der Zulässigkeit von MAC-Klauseln hat ergeben, dass als objektive Bedingungen ausgestaltete generalklauselartige MAC-Klauseln in Übernahmeangeboten grundsätzlich zulässig sind. Sie können sowohl endogene als auch exogene Risiken umfassen, die sich auf die Zielgesellschaft als Konzern insgesamt oder auf einzelne Teilbereiche bzw. Gesellschaften des Konzerns auswirken. Aus Transparenzgründen sind sie unmittelbar in die Angebotsunterlage aufzunehmen und knüpfen aufgrund der strengen Anforderungen der BaFin an ihre Bestimmtheit entweder an die Veröffentlichung oder pflichtwidrige Nichtveröffentlichung ad-hoc-pflichtiger Insiderinformationen i.S.v. § 15 Abs. 1 S. 1 WpHG an. Damit die MAC-Bedingung nicht einem nach § 18 Abs. 2 WpÜG unzulässigen Rücktrittsvorbehalt gleichkommt, muss sie zudem eine Wesentlichkeitsschwelle enthalten, deren Höhe nach der Unternehmensgröße und den Bilanzkennzahlen einzelfallbezogen zu bestimmen ist. Die Bestimmbarkeit der die MAC-Bedingung auslösenden Umstände erfordert, dass negative zukünftige Auswirkungen überwiegend wahrscheinlich sein müssen, so dass nicht jede mögliche oder vernünftigerweise zu erwartende Veränderung ausreicht. Um das Risiko negativer zukünftiger Entwicklungen der Zielgesellschaft auch nicht in unangemessener Weise auf die Aktionäre der Zielgesellschaft zu verlagern, darf nicht jegliche nachteilige Veränderung der Ertragsaussichten die MAC-Bedingung auslösen; eine Eingrenzung ist über die Wesentlichkeitsschwelle zu erzielen. Eines Rückgriffes auf diejenigen inhaltlichen Anforderungen, die an eine Berufung auf § 313 BGB gestellt werden, bedarf es aber nicht.

Im Sinne der Transparenz des Bedingungseintrittes ist es zuletzt geboten, unbestimmte Rechtsbegriffe zu quantifizieren, um das Ermessen des Bieters weitestgehend auszuschließen. Der Bedingungseintritt muss objektiv nachvollziehbar sein und ein etwaiger Beurteilungsspielraum des Bieters klein gehalten werden, um ein verdecktes Rücktrittsrecht des Bieters auszuschließen. Diese Gefahr besteht insbesondere bei der Anknüpfung der MAC-Bedingung an die pflichtwidrige Nichtveröffentlichung publizitätspflichtiger Tatsachen, die dadurch versucht wird abzumildern, dass ein Gutachter über den Bedingungs(nicht-)eintritt entscheidet. Neben der Haftungsgefahr ergeben sich jedoch praktische Schwierigkeiten bei der Feststellung des Bedingungseintrittes, wenn dieser seinen Verpflichtungen nicht nachkommt.

Zusammenfassend ist festzuhalten, dass die im Zuge des WpÜG erfolgte verbindliche Regelung über die Abstandnahme von Übernahmeangeboten und die Zulässigkeit von Bedingungen in ihrem Kern aufgrund der in ihr enthaltenen Risikoverteilung sachlich begrüßenswert ist, die regulatorische Umsetzung dieses Regelungsanliegens jedoch Defizite erkennen lässt.[1063] Die mit einer Bedingungsaufnahme po-

---

[1063] Zu vom Bieter bei der Bedingungsaufnahme zu berücksichtigenden praktischen Erwägungen BUSCH, AG 2002, 145 f., 152; THAETER in: THAETER/BRANDI, Teil 2, Rn. 182.

tenziell verbundenen Risiken und das latent vorhandene Missbrauchspotenzial verlangen nach einer weitergehenden rechtlichen Flankierung. Aus Gründen der Rechtssicherheit, zur Missbrauchsabwehr und zur Sicherung der Interessen sowohl der Vertragsparteien als auch der Zielgesellschaft und des Kapitalmarktes sind die gesetzlichen Regelung zu konkretisieren und weitergehende Anforderungen an die Zulässigkeit eines bedingten Übernahmeangebotes zu stellen. Hierbei dürfen aber die Interessen des Bieters nicht unverhältnismäßig vernachlässigt werden. Zusätzlich ist an die Schaffung verfahrensrechtlicher Regelungen zur Feststellung des Bedingungseintrittes und einheitlichen Durchsetzung vertraglicher Ansprüche zu denken. Auch wenn das WpÜG lediglich ein Gesetz mit Mindestvorgaben sein soll, müssen zumindest die getroffenen Mindestvorgaben selbst einen umfassenden Schutz gewähren.

§ 17 EINGREIFEN DES GESETZGEBERS – ZULÄSSIGKEIT EINES BEDINGTEN ÜBERNAHMEANGEBOTES *DE LEGE FERENDA*

A. ANFORDERUNGEN AN EINE UMFASSENDE GESETZLICHE REGELUNG

Weitergehende gesetzliche Regelungen dürfen keinen unverhältnismäßigen Eingriff in die Grundrechte einer der Vertragsparteien bedeuten. Die grundrechtlich geschützten Interessen mehrerer Betroffener und die sich daraus ergebenden Interessendivergenzen sind im Wege der praktischen Konkordanz auszugleichen. Will der Gesetzgeber mit zusätzlichen Regelungen dem Gebot der Rechtssicherheit nachkommen, liegt kein Verstoß gegen das Übermaßverbot vor, da sie den Zweck verfolgen, einen Ausgleich zwischen den betroffenen Interessengruppen zu schaffen und damit auch die Funktionsfähigkeit der Kapitalmärkte sicherzustellen. Damit einhergehende Beeinträchtigungen für den Bieter gehen nicht über das erforderliche Maß hinaus, da allein durch die Ausweitung der gesetzlichen Regelung der einer Bedingungsaufnahme immanenten Gefahr des Missbrauches begegnet werden kann

I. Rechtsklarheit und Rechtssicherheit

1. GESETZLICHE RÜCKTRITTSRECHTE

Aufgrund der uneinheitlichen Beantwortung der Frage, ob das in § 18 Abs. 2 WpÜG enthaltene Verbot eines Rücktritts- und Widerrufsvorbehaltes im Übernahmeangebot auch gesetzliche Rücktrittsrechte umfasst, die Anwendbarkeit des § 313 BGB letztlich aber zu bejahen ist, bietet sich die Aufnahme des folgenden Satzes 2 in § 18 Abs. 2 WpÜG an: „*Gesetzliche Rücktritts- und Widerrufsrechte bleiben hiervon unberührt.*“[1064]

[1064] Vgl. THAETER in: Thaeter/Brandi, Rn. 215.

2. KLARSTELLUNG DER ZULÄSSIGKEIT OBJEKTIVER BEDINGUNGEN IN ÜBERNAHMEANGEBOTEN

Im Sinne des Gebotes der Rechtsklarheit einer Rechtsnorm ist in § 18 Abs. 1 WpÜG klarzustellen, dass objektive Bedingungen, deren Eintritt nicht ausschließlich durch den Bieter herbeigeführt werden kann, zulässig sind. Zwar ergibt sich dies generell schon aus dem Grundsatz der Bedingungsfreundlichkeit von Rechtsgeschäften, wovon § 18 Abs. 1 WpÜG auch ausgeht, da lediglich die Aufnahme subjektiver Bedingungen unzulässig sein soll. Doch macht die Aufnahme eines solchen Zusatzes einen Umkehrschluss aus § 18 Abs. 1 WpÜG zur Begründung ihrer Zulässigkeit entbehrlich.[1065] Zudem würde dann die – gesetzestechnisch missglückte – Regelung des § 39 WpÜG ihrer bisherigen unstreitigen Auslegung i.S.d. generellen Bedingungsfeindlichkeit von Pflichtangeboten[1066] entsprechen.[1067]

3. KEIN VERSTOß GEGEN VORSCHRIFTEN DES WPÜG

Da § 18 Abs. 1 WpÜG ausschließlich die Unzulässigkeit subjektiver Bedingungen festschreibt, wird der Eindruck erweckt, dass Bedingungen im Übrigen ausnahmslos zulässig sind. Ihre Zulässigkeit hängt jedoch auch entscheidend davon ab, dass sie nicht gegen die übrigen Vorschriften des WpÜG verstoßen, insbesondere die Grundsätze des § 3 WpÜG eingehalten werden und der Bieter der Verpflichtung zur Sicherstellung der Angebotsfinanzierung nachkommt. Zudem muss eine Bedingung im formellen und materiellen Sinne vorliegen, um eine Umgehung des Rücktritts- und Widerrufsverbotes des § 18 Abs. 2 WpÜG zu verhindern. Daher ist im Interesse der Rechtssicherheit ein entsprechender Zusatz (als S. 2) in § 18 Abs. 1 WpÜG geboten: „*Kann der Bedingungseintritt nicht ausschließlich vom Bieter oder in Satz 1 genannten Personen herbeigeführt werden, darf ein Angebot nur insoweit von Bedingungen abhängig gemacht werden, als sie nicht gegen die übrigen Vorschriften des WpÜG verstoßen oder deren Regelungsgehalt umgehen.*“[1068]

[1065] Dieser könnte als S. 2 in § 18 Abs. 1 WpÜG eingefügt und wie folgt formuliert werden: „*Die Möglichkeit der bedingten Abgabe eines Übernahmeangebotes bleibt im Übrigen unberührt.*“

[1066] Streng genommen ist nicht § 18 Abs. 1 WpÜG unanwendbar, sondern die im Umkehrschluss folgende grundsätzliche Möglichkeit der bedingten Abgabe eines Übernahmeangebotes besteht bei Pflichtangeboten nicht, HOMMELHOFF/WITT, in: Haarmann/Riehmer/Schüppen, § 39 Rn. 11. Siehe oben 4. Teil § 11 C. II.

[1067] Der DAV-HANDELSRECHTSAUSSCHUSS, NZG 2001, 1003, 1007, schlägt einen neuen Abs. 4 in § 35 WpÜG vor: „*Ein Pflichtangebot darf nicht von Bedingungen abhängig gemacht werden.*“ Hinsichtlich kartellrechtlicher Bedingungen bietet sich eine teleologische Reduktion der Bedingungsfeindlichkeit an, wenn und soweit sie einem behördlichen (externen) Genehmigungsvorbehalt anderer Gesetze widersprechen würde. Eine alternative Regelung könnte lauten: „*Ein Pflichtangebot darf nicht von Bedingungen abhängig gemacht werden, es sei denn zwingende gesetzliche Vorschriften außerhalb des WpÜG erfordern die Aufnahme einer entsprechenden Bedingung.*“ Insofern wäre in § 35 WpÜG ein neuer Abs. 4 einzufügen; § 18 Abs. 1 WpÜG wäre in § 39 WpÜG zu streichen.

[1068] Vgl. LIEBSCHER, ZIP 2001, 853, 862.

4. ZEITPUNKT DES BEDINGUNGSEINTRITTES

Es wurde festgestellt, dass Bedingungen auch an ein zukünftiges Ereignis anknüpfen dürfen, dessen Eintritt erst nach Ablauf der Annahmefrist zu erwarten ist, ein zeitlich unbeschränktes Abwarten des (Nicht-)Eintrittes der Bedingung im Interesse der Aktionäre der Zielgesellschaft und des Kapitalmarktes aber ausscheidet und auch die Rechtssicherheit und der Grundsatz der Verfahrensbeschleunigung eine zeitliche Grenze gebieten.[1069] Da eine einheitliche Grenzziehung aufgrund der unterschiedlichen Sachverhaltskonstellationen schwerlich zu treffen ist, muss die Regelung offen gestaltet werden: „*Die Bedingung muß grundsätzlich bis zum Ablauf der Annahmefrist eingetreten sein, es sei denn der Eintritt ist bis zum Ablauf der Annahmefrist nicht möglich, nicht hinreichend sicher oder dem Bieter nicht zumutbar und die Bundesanstalt hat dem Bieter eine abweichende angemessene*[1070] *Festsetzung des Zeitpunktes des Bedingungseintrittes gestattet. Den annehmenden Aktionären der Zielgesellschaft ist in diesem Fall ein Rücktrittsrecht zu gewähren.*“[1071] Alternativ bietet sich eine Verlängerungsmöglichkeit an: „*Die Bedingung muß grundsätzlich bis zum Ablauf der Annahmefrist eingetreten sein. Die Bundesanstalt kann die Frist auf Antrag verlängern, wenn der Eintritt der Bedingung innerhalb einer angemessenen Zeitspanne erfolgt. Den annehmenden Aktionären der Zielgesellschaft ist in diesem Fall ein Rücktrittsrecht zu gewähren.*“[1072]

5. PERSONENKREIS DES § 18 ABS. 1 WPÜG

Angesichts der übrigen Legaldefinitionen in § 2 WpÜG ist diese dahingehend zu ergänzen, wer Berater und als solcher als im Zusammenhang mit dem Angebot beratend tätige Person anzusehen ist, d.h. im Lager des Bieters steht und ihm daher zuzurechnen ist: „*Im Zusammenhang mit dem Angebot für den Bieter, für mit ihm gemeinsam handelnde Personen oder für deren Tochterunternehmen tätige Berater sind natürliche oder juristische Personen oder Personengesellschaften, die den Bieter im Vorfeld des Angebotes mit Bezug auf das Angebot oder bei der Vorbereitung und Durchführung des Angebotes auf vertraglicher oder nicht-vertraglicher Grundlage beratend unterstützen.*“[1073] Darüber hinaus ist durch eine Ergänzung des § 18 Abs. 1 (S. 1) WpÜG klarzustellen, dass eine unzulässige subjektive Bedingung auch dann vorliegt, wenn der Bieter den Bedingungseintritt im Zusammenspiel mit den genannten Personen herbeiführen kann: „*Ein Angebot darf ...*

[1069] Für eine schärfere Grenzziehung *de lege ferenda* auch FLEISCHER/KALSS, § 3 III. 5. b) bb), S. 93.

[1070] Zu überlegen ist, ob nicht sogar gesetzlich ein Zeitpunkt bestimmt werden sollte, bis zu dem spätestens eine Be-dingung eingetreten sein muss.

[1071] Vgl. KK-WpÜG/HASSELBACH, § 18 Rn. 68. Aus Gründen der Rechtssicherheit ist eine Fristbestimmung bereits in der Angebotsunterlage vorzunehmen und nicht erst im Wege der Vertragsauslegung bzw. -ergänzung.

[1072] Vgl. Praxis der schweizerischen Übernahmekommission, die auf Antrag eine Verlängerung der Abwicklungsfrist gewährt, dazu REUTTER, S. 153 f.; siehe SCHWEIZERISCHE ÜBERNAHMEKOMMISSION (16.04.2003), http://www.takeover.ch/95.html?&cHash=aa806c4566&tx_bumadvice_pi1[uid]=81&tx_bumadvice_pi1[view]=detail, Ziff. 5 (30.06.2006).

[1073] Vgl. GEIBEL in: Geibel/Süßmann, § 18 Rn. 14.

nicht von Bedingungen abhängig gemacht werden, deren Eintritt der Bieter ... allein oder gemeinsam ausschließlich selbst herbeiführen können."[1074]

6. EINFLUSSMÖGLICHKEITEN AUF DEN BEDINGUNGSEINTRITT

Im Rahmen der Arbeit wurde auf die Problematik einer potenziellen Einflussnahme des Bieters auf den Bedingungseintritt sowie der Gefahr dessen einseitiger Verhinderung hingewiesen. Um einen Rückgriff auf §§ 162, 242 BGB entbehrlich zu machen, ist § 18 Abs. 1 WpÜG um eine Verhaltenspflicht zu ergänzen: „*Hat der Bieter einen Beitrag zum Bedingungseintritt zu leisten bzw. kann er den Eintritt maßgeblich beeinflussen, hat er alle ihm zumutbaren Maßnahmen zu ergreifen, damit die Bedingungen eintreten, und alle den Bedingungseintritt möglicherweise vereitelnden Handlungen zu unterlassen.*"[1075] Angesichts der unsicheren Rechtslage im allgemeinen Schuldrecht wäre eine explizite Mitwirkungspflicht im Interesse der Rechtssicherheit zu begrüßen.

7. FESTSTELLUNG DES BEDINGUNGSEINTRITTES UND ERMESSENSSPIELRAUM DES BIETERS

Im Hinblick auf die Problematik der Rechtssicherheit bei der Feststellung des (Nicht-)Eintrittes von Bedingungen sind die zum Eintritt einer auflösenden Bedingung bzw. Nichteintritt einer aufschiebenden Bedingung führenden Maßnahmen möglichst genau und objektiv feststellbar zu spezifizieren. Bedingungen, die die Feststellung in das Ermessen des Bieters stellen, sind – auch wenn es sich bei ihnen nicht um Potestativbedingungen handelt – aufgrund ihrer ähnlichen Auswirkung unzulässig. Im Sinne der Bestimmtheit ist daher § 18 Abs. 1 WpÜG zu ergänzen: „*... ausschließlich selbst herbeiführen können oder deren Feststellung ausschließlich in ihrem Ermessen liegt.*"[1076]

II. Interessenabwägung bei Beeinflussbarkeit des Bedingungseintrittes

Eine gesetzgeberische Interessenabwägung wurde bereits insofern vorgenommen, als die Interessen des Bieters diejenigen der übrigen Beteiligten in Bezug auf die Ungewissheit des Eintrittes objektiver Umstände überwiegen, umgekehrt aber seine Interessen zurücktreten, wenn die Gegebenheiten allein durch ihn herbeigeführt werden können. Einzig hinsichtlich der Zustimmung seiner Gesellschafterversammlung werden zum Schutz des Kapitalmarktes seine Interessen gegenüber denen der Zielgesellschaft und ihrer Aktionäre für vorrangig, eine subjektive Bedingung ausnahmsweise unter Einhaltung der Vorgaben des § 25 WpÜG für zulässig erachtet.[1077] Im Interesse der Rechtssicherheit wurde bereits angeregt, für die nach dem Wortlaut des § 18 Abs. 1 WpÜG an sich zulässigen Bedingungen, die sowohl

[1074] Vgl. GEIBEL in: Geibel/Süßmann, § 18 Rn. 15; STEINMEYER/HÄGER, § 18 Rn. 5.
[1075] Vgl. insofern Art. 13 Abs. 1 S. 2 UEV-UEK.
[1076] So bereits BUSCH, AG 2002, 145, 150 Fn. 38. Vgl. auch WACKERBARTH in: MüKo-AktG, § 18 Rn. 12.
[1077] Siehe dazu oben 5. Teil § 12 B. I. 1.

(maßgeblich) beeinflussbare als auch nicht beeinflussbare Umstände enthalten, eine Verhaltenspflicht zu normieren, nach der der Bieter alle zumutbaren Maßnahmen zu unternehmen hat, um den Eintritt der Bedingung herbeizuführen. Möglich ist es aber auch, insofern früher anzusetzen, als eine gemischte Bedingung nur zulässig ist, wenn eine Interessenabwägung ergibt, dass das Interesse des Bieters an der Bedingungsaufnahme die Interessen der übrigen am Übernahmeverfahren beteiligten Interessengruppen überwiegt oder ihre Aufnahme sogar im Interesse der Aktionäre der Zielgesellschaft liegt.[1078]

1. GRÜNDE FÜR EINE INTERESSENABWÄGUNG

HASSELBACH spricht sich für die Unzulässigkeit auch solcher Bedingungen aus, *„bei denen .. nach den anwendbaren rechtlichen Vorschriften, der allgemeinen Lebenserfahrung und der üblichen Geschäfts- und/oder Verwaltungspraxis davon auszugehen ist, dass die vorgenannten Personen und Unternehmen*[1079] *den Bedingungseintritt vollständig kontrollieren bzw. in der Hand haben*".[1080] Eine derartige Ausweitung der Unzulässigkeit von Bedingungen widerspricht aber dem Prinzip der Rechtssicherheit, da nicht immer zweifelsfrei feststeht, ob der Bieter die Entscheidung eines Dritten tatsächlich im notwendigen Maße beeinflussen kann.[1081]

Für eine Interessenabwägung bei gemischten Bedingungen spricht, dass das Übernahmeverfahren von seiner Interessenpluralität gekennzeichnet ist, deren Schutz in angemessener Weise unter Berücksichtigung der verschiedenen Interessenlagen sicherzustellen ist. Im Interesse der Zielgesellschaft, ihrer Aktionäre und des Kapitalmarktes gilt es zu verhindern, dass sie durch Angebote behindert werden, an die der Bieter nicht gebunden ist, deren Durchführung nicht gesichert ist. Das Interesse des Bieters an der Aufnahme einer Bedingung gründet sich demgegenüber darauf, dass er bei Eintritt unvorhersehbarer Umstände nicht an das Angebot gebunden sein möchte. Daher bietet es sich an, die Aufnahme einer Bedingung im Einzelfall nur zu gestatten, wenn die Interessen des Bieters diejenigen der übrigen Interessengruppen überwiegen.[1082] Für eine Interessenabwägung im Einzelfall als weiteres Zulässigkeitskriterium spricht das einer Bedingung immanente erhebliche Unsicherheits- und Gefahrenpotenzial. Es können Umstände auftreten, die das Angebot nach seiner Abgabe weniger vorteilhaft erscheinen lassen, der Bieter sich aus diesem Grund einen Ausstieg vorbehalten will, welcher sich aber vor allem bei leicht

---

[1078] Z.B. bei der Bedingung der Eintragung des Kapitalerhöhungsbeschlusses im Handelsregister, der Durchführung der Sachkapitalerhöhung und der Zulassung der als Gegenleistung angebotenen Wertpapiere zum Börsenhandel.

[1079] Damit sind die in § 18 Abs. 1 WpÜG aufgezählten Personen angesprochen (Anm. der Verfasserin).

[1080] KK-WpÜG/HASSELBACH, § 18 Rn. 17.

[1081] Einschränkend insoweit auch KK-WpÜG/HASSELBACH, § 18 Rn. 18.

[1082] Für eine Interessenabwägung KK-WpÜG/HASSELBACH, § 18 Rn. 3. In Bezug auf MAC-Klauseln BERGER/FILGUT, WM 2005, 253, 255.

beeinflussbaren Bedingungen einfach gestaltet.[1083] Gerade bei der Aufnahme solcher Bedingungen, deren Eintritt der Bieter zwar nicht ausschließlich selbst, jedoch maßgeblich beeinflussen kann, gilt es, im Einzelfall einen Ausstieg des Bieters zulasten der Angebotsadressaten zu unterbinden. Dadurch werden auch nicht Bedingungen schlechthin verhindert, sondern es soll die Ernsthaftigkeit des Bieters verstärkt und dessen Willkür ausgeschaltet werden. Der aus der Interessenabwägung resultierende kasuistische Ansatz ist einer allgemeingültigen Aussage über die Zulässigkeit gemischter Bedingungen vorzuziehen.
Auch steht die in § 18 Abs. 1 WpÜG aufgestellte gesetzliche Wertung, die Aufnahme objektiver sowie gemischter Bedingungen als uneingeschränkt zulässig zu erachten, einer zusätzlichen Interessenabwägung nicht entgegen. Durch die Regelung des § 18 Abs. 1 WpÜG hat der Gesetzgeber zwar zu erkennen gegeben, dass aus Sicht des Bieters die Notwendigkeit besteht, das Angebot von Bedingungen abhängig zu machen, deren Umstände von ihm nicht oder nur eingeschränkt beeinflussbar sind. Die gesetzgeberische Intention wird durch ein zusätzliches Abwägungskriterium allerdings nicht unterlaufen. Denn die Regelungen des WpÜG sollen gerade sicherstellen, dass der Bieter an ein einmal abgegebenes Angebot gebunden bleibt, was durch die vorzunehmende Interessenabwägung betont werden würde.

2. KASUISTIK

Eine einzelfallorientierte Interessenabwägung kann zum Ergebnis führen, dass das Interesse des Bieters an der Aufnahme eines kartellrechtlichen Genehmigungsvorbehaltes infolge der gesetzlichen Genehmigungspflicht überwiegt. Einem etwaigen pflichtwidrigen Unterlassen von Mitwirkungshandlungen kann über die gesetzliche Mitwirkungspflicht begegnet werden. Entsprechendes gilt für einen Börsenzulassungsbeschluss bei Tauschangeboten; insbesondere liegt es im Interesse der Angebotsadressaten, zugelassene Aktien im Austausch gegen ihre an der Zielgesellschaft gehaltenen und zum Handel an der Börse zugelassenen Anteile zu erhalten.
Das Interesse des Bieters an der Aufnahme eines an sich zulässigen Zustimmungsvorbehaltes muss allerdings zurücktreten, wenn dieser bewusst dazu eingesetzt wird, sich ein faktisches Rücktrittsrecht zu verschaffen. Dies ist der Fall, wenn dem Bieter eine Steuerung des Beschlussfassung möglich ist[1084], der Geschäftsführer oder Vorstand die Gesellschafterversammlung durch seine Stimmenmehrheit kontrollieren kann oder die Verwaltung des Bieters im Einvernehmen mit dem Mehrheitsgesellschafter handelt und aus diesem Grund das Einholen der Zustimmung unter Wahrung der Vertraulichkeit vor Veröffentlichung der Entscheidung über die

---

[1083] Vgl. REUTTER hinsichtlich der Unzulässigkeit maßgeblich beeinflussbarer Bedingungen nach Art. 13 Abs. 1 UEV-UEK.
[1084] LIEBSCHER, ZIP 2001, 853, 862.

Abgabe eines Übernahmeangebotes möglich ist.[1085] Die Bedingung einer Zustimmung der Gesellschafterversammlung des Bieters zur Kapitalerhöhung ist demgegenüber zulässig, da neben dem legitimen Interesse des Bieters dieser zumeist zur Angebotsfinanzierung bzw. Durchführung von Tauschangeboten unerlässlich ist.[1086] Wird das Angebot davon abhängig gemacht, dass der Vorstand der Zielgesellschaft dem Bieter gesellschaftsinterne Informationen zugänglich macht, dürfte tendenziell die Missbrauchsgefahr überwiegen, es sei denn eine Erhöhung der Gegenleistung hängt von der Einsichtnahme in gesellschaftsinterne Daten ab.[1087] Das gleiche gilt grundsätzlich hinsichtlich einer positiven Stellungnahme des Vorstandes. Konnte sich der Bieter diese nicht in seiner Angebotsunterlage sichern, muss er von dessen feindlicher Haltung ausgehen.[1088]

Eine Interessenabwägung ergibt zudem, dass die Zulassung der Wirkungslosigkeit des Übernahmeangebotes bei einer Veränderung des Börsenkurses des Bieters und/oder der Zielgesellschaft nicht jede beliebige Ausgestaltung rechtfertigt. Insbesondere wird das Angebot nicht hinfällig, sofern der Kurs des Bieters eine beliebige Grenze überschritten hat.[1089] Durch die Ermittlung der Gegenleistung des Bieters nach dem gewichtigen Durchschnittskurs soll verhindert werden, dass der Bieter den eigenen Kurs bzw. die Bewertung seiner Aktien, etwa durch den Erwerb eigener Aktien zu erhöhten Preisen, künstlich beeinflusst und infolgedessen das Übernahmeangebot wirkungslos macht. Es wird auch nicht die Angemessenheit des Umtauschverhältnisses über den gesamten Referenzzeitraum vorausgesetzt.[1090] Diese gesetzgeberische Wertung darf nicht durch die Aufnahme einer Bedingung umgangen werden, die das Übernahmeangebot bei jedweder Veränderung des Börsenkurses wirkungslos werden lässt. Darüber hinaus kommt es aus Sicht der Anteilsinhaber der übernehmenden Gesellschaft für die Frage der Unterbewertung der Sacheinlage in Gestalt der Anteile der Zielgesellschaft nicht allein auf den Börsenkurs an. Entscheidend ist vielmehr auch das subjektive Interesse des Bieters an der Kontrollmehrheit, künftig zu erwartende Synergieeffekte oder der Erwerb strategischer Positionen.[1091] Der Börsenkurs stellt mithin nur eines von mehreren Elementen für die Bestimmung des Verhältnisses dar, zumal regelmäßig ein Aufschlag auf den Börsenkurs gewährt wird, um die Attraktivität des Umtauschangebotes zu er-

[1085] APFELBACHER/BREMS in: Apfelbacher/Barthelmess/Buhl/von Dryander, § 18 Rn. 25. A.A. THAETER in: Thaeter/Brandi, Teil 2, Rn. 191, der einen solchen Vorbehalt als nach § 18 Abs. 1 WpÜG unzulässig ansieht, da der Bieter in Gestalt seiner Geschäftsführung die Bedingung ausschließlich allein herbeiführen könne; so auch GEIBEL in: Geibel/Süßmann, § 18 Rn. 18, siehe 5. Teil § 12 B. II.

[1086] Siehe REUTTER, S. 222 f.

[1087] REUTTER, S. 141 f., 187.

[1088] So REUTTER, S. 187.

[1089] So aber BUSCH, AG 2002, 145, 152.

[1090] THUN in: Geibel/Süßmann, § 31 Rn. 110.

[1091] Siehe DECHER in: FS Wiedemann, 787, 797; MARTENS in: FS Bezzenberger, 267, 287.

höhen.[1092] Vor diesem Hintergrund und im Hinblick auf die vom Übernahmeverfahren betroffenen Interessen ist es geboten, die Zulassung der Bedingung auf den Fall zu beschränken, dass dem Bieter die Finanzierung der Gegenleistung unmöglich geworden ist.
Auch hinsichtlich der Eröffnung bzw. Beantragung eines Insolvenzverfahrens nach Ablauf der Annahmefrist haben die Interessen der Aktionäre der Zielgesellschaft Vorrang. Es fehlt lediglich noch an der technischen Umbuchung der Beteiligungspapiere der früheren Anteilsinhaber der Zielgesellschaft auf den Bieter. Die einzelnen Verträge wurden bereits mit der jeweiligen Annahmeerklärung wirksam, so dass spätestens mit Ablauf der Annahmefrist der Bieter das Insolvenzrisiko zu tragen hat.
Demgegenüber haben die Aktionäre der Zielgesellschaft eine auf das Unterbleiben von Abwehrmaßnahmen abstellende Bedingung hinzunehmen. Zwar muss der Bieter eines feindlichen Übernahmeangebotes mit Widerstand seitens der Zielgesellschaft rechnen. Auch wenn § 33 WpÜG die Zulässigkeit von Abwehrmaßnahmen einschränkt, soll die Vorschrift nicht den Bieter, sondern die Aktionäre der Zielgesellschaft dadurch schützen, dass zahlreiche Abwehrmaßnahmen durchaus zulässig sind. Die Aktionäre sind es gerade, die mittels einer Ermächtigung des Vorstandes zur Ergreifung von Abwehrmaßnahmen i.S.v. § 33 Abs. 2 WpÜG die durch deren tatsächliche Durchführung ausgelöste Rechtsfolge, die Wirkungslosigkeit des Übernahmeangebotes provozieren. Auch die sich aus Handlungen des Vorstandes nach § 33 Abs. 1 S. 2 WpÜG ergebenden Konsequenzen sind von ihnen zu tragen.[1093]

III. Sachliche Rechtfertigung der Bedingungsaufnahme

1. EINDÄMMUNG DER MISSBRAUCHSGEFAHR

Eine sachliche Rechtfertigung der Bedingungsaufnahme als zusätzliches Zulässigkeitskriterium ist gerade bei objektiven Bedingungen vor dem Hintergrund des mit ihnen verbundenen Missbrauchspotenzials[1094], der Gefahr einer tatbestandlichen Umgehung des § 18 Abs. 1 WpÜG und damit auch der Umgehung der gesetzgeberischen Intention sinnvoll. Es gilt zu verhindern, dass der Bieter sein Angebot an eine Vielzahl beliebiger Bedingungen anknüpft, welche aus objektiver Sichtweise zur Wahrung der Bieterinteressen weder erforderlich noch geeignet sind.[1095] Eine missbräuchliche Bedingungsaufnahme ist etwa zu bejahen, wenn der Gesellschafterbeschluss des Bieters unter Wahrung der Vertraulichkeit bereits bei oder vor der Entscheidung zur Angebotsabgabe hätte herbeigeführt werden können; die Zustimmung ist in diesem Fall bloße Formsache. Die Bindungswirkung des Übernah-

[1092] DECHER in: FS Wiedemann, 787, 796 f.
[1093] BUSCH, AG 2002, 145, 149.
[1094] REUTTER, S. 186 Fn. 976: *„Je mehr nicht erforderliche Bedingungen der Bieter anbringt, desto größer die Wahrscheinlichkeit, dass eine davon nicht eintritt."*
[1095] Dieses Fazit auch ziehend REUTTER, S. 204.

meangebotes würde auch dadurch unterlaufen, dass das Angebot unter Zustimmungsvorbehalt gestellt wird, eine Zustimmung jedoch weder nach der Innenverfassung der Gesellschaft noch aufgrund gesetzlicher Vorgaben einzuholen ist.[1096] Ein faktisches Rücktrittsrecht des Bieters besteht, wenn das Übernahmeangebot von einer unrealistisch hohen Mindestannahmeschwelle abhängt, d.h. ihr Erreichen von vornherein höchst unwahrscheinlich ist, und der Bieter zur Durchführung des Übernahmeangebotes eine spätere Herabsetzung nach § 21 Abs. 1 S. 1 Nr. 3 WpÜG vornehmen muss.

Solange eine Bedingung nicht ausschließlich durch den Bieter selbst herbeigeführt werden kann und demnach mit § 18 Abs. 1 WpÜG konform ist, greift insbesondere nicht die Missbrauchskontrolle des § 15 Abs. 1 Nr. 2 WpÜG.[1097] Auch die allgemeine Missbrauchskontrolle nach § 4 WpÜG bietet keinen ausreichenden Schutz.[1098] § 4 Abs. 1 S. 3 WpÜG greift ein, wenn die *„Bedingung als objektiv willkürlich erscheint und aus Sicht eines verständigen Dritten auch unter Berücksichtigung der subjektiven Eigeninteressen des Bieters nicht nachvollziehbar ist"*.[1099] Ein subjektives Interesse des Bieters, d.h. die rational nachvollziehbare Ansicht, die Möglichkeit der bedingten Angebotsabgabe sei Voraussetzung für die Durchführung des Angebotsverfahrens, wird danach als ausreichend erachtet.[1100] Zwar sorgen bereits der „Markt" bzw. der mit einem Übernahmeangebot verbundene ökonomische Aufwand und die Publizität für eine Disziplinierung des Bieters.[1101] Doch sind jene Kosten im Vergleich zum durch den Angebotsvollzug bedingten Aufwand gering und die Missbrauchskontrolle verstärkt.

2. KASUISTIK

Die Aufnahme einer objektiven Bedingung ist sachlich gerechtfertigt, wenn sie objektiv zwingend, aus Sicht eines verständigen Dritten unmittelbar einleuchtend ist und/oder mit der Übernahme zusammenhängt.[1102] Dies ist hinsichtlich der Genehmigung von Aufsichtsbehörden zu bejahen. Zwar hat eine Untersagung die

---

[1096] GEIBEL in: Geibel/Süßmann, § 18 Rn. 19.

[1097] LENZ/LINKE, AG 2002, 361, 363; LENZ/BEHNKE, BKR 2003, 43. Siehe zur Frage, was unter einem offensichtlichen Verstoß i.S.v. § 15 Abs. 1 Nr. 2 WpÜG zu verstehen ist, KK-WpÜG/SEYDEL, § 15 Rn. 33 f.

[1098] Zur Frage, ob § 4 WpÜG Anwendung findet oder § 15 WpÜG hinsichtlich der Untersagung eines Angebotes als Spezialnorm vorrangig ist, BREMS/APFELBACHER in: Apfelbacher/Barthelmess/Buhl/von Dryander, § 18 Rn. 25 (§ 4 Abs. 1 S. 3); KK-WpÜG/GIESBERTS, § 4 Rn. 14 (§ 15 Spezialnorm).

[1099] KK-WpÜG/HASSELBACH, § 18 Rn. 19.

[1100] KK-WpÜG/HASSELBACH, § 18 Rn. 19.

[1101] Aus diesem Grund sowie der Möglichkeit eines Rückgriffes auf die Grundsätze der Lauterbarkeit und Transparenz das Kriterium der sachlichen Rechtfertigung ablehnend REUTTER, S. 205.

[1102] Da es um die Verhinderung von Missbräuchen geht, sind die Anforderungen an das Interesse des Bieters für eine Bedingung nicht derart hoch anzusetzen, dass sie *„wichtig"* ist, REUTTER, S. 186.

Unwirksamkeit der abgeschlossenen Verträge zur Folge, so dass ihr Vollzug ausscheidet. Dies gilt jedoch nicht, wenn die Genehmigung lediglich unter Auflagen erteilt wird.[1103] Ein Zustimmungsvorbehalt ist demnach nur zulässig, wenn eine Beschlussfassung der Gesellschafterversammlung, z.B. aufgrund für die Durchführung des Übernahmeverfahrens erforderlicher Kapitalmaßnahmen, rechtlich zwingend ist, so wenn Aktien des Bieters als Gegenleistung angeboten werden, sie aber nur mittels Kapitalerhöhungsbeschlusses der Hauptversammlung in der erforderlichen Zahl geschaffen werden können.[1104] Die Abhängigkeit der Durchführung des Übernahmeangebotes von einem gleich bleibenden Börsenkurs ist grundsätzlich nur im Rahmen eines Tauschangebotes als nicht objektiv willkürlich anzusehen.[1105] Sachlich nicht gerechtfertigt sind solche Bedingungen, bei denen im Zeitpunkt der Angebotsabgabe bereits absehbar ist, dass ihr Eintritt mit sehr hoher Wahrscheinlichkeit ausgeschlossen ist und das Angebot nur durchgeführt werden kann, wenn der Bieter auf sie verzichtet.[1106] Der Bieter ist daher zu verpflichten, bereits in der Angebotsunterlage die Voraussetzungen für eine Herabsetzung einer bestimmten Annahmeschwelle festzulegen, oder eine solche nur – in Anlehnung an § 25 WpÜG – bis fünf Werktage vor Ablauf der Annahmefrist vornehmen dürfen.[1107]

Ferner erscheint die Notwendigkeit einer Bedingung zweifelhaft, die an die Nichtabgabe eines konkurrierenden Angebotes anknüpft, da der Bieter nicht verpflichtet ist, auf ein solches zu reagieren; eine Pflicht zur Erhöhung der Gegenleistung besteht nicht.[1108] § 22 WpÜG verfolgt den Zweck, ein Auktionsverfahren über die Zielgesellschaft zu ermöglichen. Eine Berufung auf die Bedingung ist zuzulassen, wenn die mit dem Übernahmeangebot verfolgten strategischen Ziele des Erstbieters infolge des Konkurrenzangebotes nicht mehr erreichbar sind, wenn er z.B. Strukturmaßnahmen plant und die hierfür erforderliche Beteiligungshöhe infolge des Konkurrenzangebotes nicht erreicht. Die Angebotsunterlage muss nach § 11 Abs. 2 S. 3 Nr. 2 WpÜG Angaben über die Absichten im Hinblick auf die künftige Geschäftstätigkeit der Zielgesellschaft enthalten. Will der Bieter daher verhindern, dass die Verfolgung seiner Absichten unmöglich wird, hat er diese darin im Einzelnen zu erläutern.[1109] Zudem kann das Konkurrenzangebot die Kalkulationsgrundlage des Bieters entfallen lassen; dies bedarf allerdings ebenfalls des Nachweises.[1110]

[1103] REUTTER, S. 195.

[1104] KK-WpÜG/HASSELBACH, § 18 Rn. 55.

[1105] KK-WpÜG/HASSELBACH, § 18 Rn. 46.

[1106] KK-WpÜG/HASSELBACH, § 18 Rn. 67.

[1107] Für eine derartige Offenlegung oder Ausschlussfrist DAV-HANDELSRECHTSAUSSCHUSS, NZG 2001, 420, 425.

[1108] So KK-WpÜG/HASSELBACH, § 18 Rn. 52.

[1109] Zur sachlichen Rechtfertigung der Aufnahme einer „*Change-of-control*"-Klausel OECHSLER, § 18 Rn. 7.

[1110] So OECHSLER in: Ehricke/Ekkenga/Oechsler, § 18 Rn. 6; vgl. auch GEIBEL in: Geibel/Süßmann, § 18 Rn. 35.

Die Abhängigkeit des Angebotes von einem Beschluss der Hauptversammlung der Zielgesellschaft kommt nur in Betracht, wenn ihre Durchführung absehbar ist und im Zusammenhang mit dem Übernahmeangebot oder seiner mit der Übernahme verbundenen Strategie steht. In den übrigen Fällen widerspricht sie der Bindung des Bieters an sein Angebot und ist mit dem gesetzlich verfolgten geordneten Verfahren unvereinbar.[1111] Insofern muss ein kausaler Nexus zwischen dem Beschluss und dem Übernahmeangebot bestehen; es gilt zu verhindern, dass der Bieter willkürlich Hauptversammlungsbeschlüsse ohne jeden Zusammenhang mit seinem Übernahmeangebot zu dessen Bedingung macht.[1112]

IV. Vorbehalt in der Angebotsankündigung

Nach dem im Rahmen der Arbeit erzielten Ergebnis sollte eine Rücknahme der Entscheidung zur Abgabe eines Übernahmeangebotes i.S.v. § 10 Abs. 1 S. 1 WpÜG zulässig sein, wenn auch ein veröffentlichtes Übernahmeangebot gemäß § 18 Abs. 1 WpÜG zurückgenommen werden kann. Insofern empfiehlt sich die Aufnahme eines entsprechenden Zusatzes als § 10 Abs. 7: „*§ 18 WpÜG gilt entsprechend.*" Da im Falle eines zulässigen Vorbehaltes und bei dessen Eintritt die Angebotsankündigung wirkungslos wird, die Übermittlung und Veröffentlichung einer Angebotsunterlage demnach entbehrlich ist, ist diese Ausnahme von der Übermittlungs- und Veröffentlichungspflicht einer zu erstellenden Angebotsunterlage als jeweils neuer S. 4 in § 14 Abs. 1 („*Eine Übermittlung der Angebotsunterlage ist nicht erforderlich, wenn die Angebotsankündigung wirkungslos geworden ist.*") und § 14 Abs. 2 WpÜG („*Abs. 1 Satz 4 gilt entsprechend.*") einzufügen.

V. Zulässigkeit der MAC-Klausel

Die zusätzlichen Kriterien der Interessenabwägung und sachlichen Rechtfertigung der Bedingungsaufnahme haben auch Auswirkungen auf den zulässigen Umfang von MAC-Bedingungen.

1. INTERESSENABWÄGUNG

Weder die Interessenabwägung noch das Kriterium der sachlichen Rechtfertigung erfordern zur Erfüllung des Wesentlichkeitskriteriums und Rechtfertigung der Wirkungslosigkeit des Übernahmeangebotes, dass eine nachteilige Änderung von wesentlichem Gewicht und von längerfristiger Natur vorliegen muss. Ein angemessener Interessenausgleich wird bereits erzielt, indem nicht schon jede beliebige bei der Zielgesellschaft eintretende Veränderung ausreicht. Auch aus Gründen der Transparenz ist ein Schwellenwert zu bestimmen, der sicherstellt, dass sich der Bieter

[1111] So HOLZBORN in: Zschocke/Schuster, C Rn. 115, der die Bedingung als sinnvoll erachtet, wenn im Rahmen einer Umstrukturierung der Vollzug einer Umwandlung noch aussteht und die Aktionäre mit einem Erwerbsangebot eine zusätzliche Ausstiegsmöglichkeit erhalten sollen.

[1112] Vgl. REUTTER, S. 185 f.

zum Schutz der übrigen Interessengruppen nicht beliebig auf eine MAC-Bedingung berufen kann, ihn aber andererseits auch nicht unangemessen in seiner negativen Abschlussfreiheit beeinträchtigt.

Nicht eindeutig ist aber, inwiefern hinsichtlich exogener Risiken das Interesse des Bieters subsidiär ist bzw. inwieweit sogar eine Pflicht des Bieters besteht, exogene Entwicklungen von der MAC-Bedingung auszuschließen. Aufgrund der kontradiktorischen Natur des Übernahmeangebotes kommt es darauf an, das Risiko einer zufällig eintretenden Verschlechterung angemessen auf die Vertragspartner zu verteilen, so dass nicht jede allgemeine wirtschaftliche Entwicklung die MAC-Bedingung auslösen darf, wie sie aber auch nicht vollständig von der MAC-Bedingung ausgeschlossen werden dürfen. Mit der Charakterisierung des Übernahmeangebotes als besondere Form des *Share Deal* sowie als Risiko- und Chancenkauf kann es als unvereinbar angesehen werden, dass exogene Veränderungen, die in der Folge die Zielgesellschaft nicht spezifisch betreffen, das Übernahmeangebot wirkungslos machen. Demnach erscheint es angebracht, dass MAC-Bedingungen nur solche allgemeinen Geschehnisse, Umstände und Entwicklungen umfassen dürfen, die den Industriezweig der Zielgesellschaft im Vergleich zu anderen Industriezweigen unverhältnismäßig betreffen und der Bieter in einem anderen Industriezweig operiert, unverhältnismäßige Auswirkungen auf nur eine Vertragspartei haben und die Parteien derselben Industrie zugehörig sind oder sie sich spezifisch auf die Zielgesellschaft auswirken. Allerdings ist es bis zum Ablauf der Annahmefrist ungewiss, ob das Übernahmeangebot erfolgreich ist und der Bieter die Kontrolle erlangt. Da er auch noch nicht die Leitungsmacht innehat, ist es mangels Überganges des Nutzens nicht gerechtfertigt, die exogenen Gefahren bereits vor Ablauf der Annahmefrist auf den Bieter übergehen zu lassen. Das Risiko außerhalb der Zielgesellschaft eintretender Veränderungen ist von ihm erst mit Ablauf der Annahmefrist zu tragen.

Etwas anderes ergibt sich hinsichtlich endogener Risiken. Es ist im Interesse des Bieters, dass eine MAC-Klausel nicht nur bis zum Ablauf der Annahmefrist Geltung besitzt, sondern noch über diesen Zeitpunkt hinaus bis zur endgültigen Erlangung der Anteile, die sich beispielsweise infolge einer erforderlichen kartellrechtlichen Genehmigung über die Annahmefrist hinaus um mehrere Monate verzögern kann. Demgegenüber sind die Zielgesellschaft, ihre Aktionäre und der Kapitalmarkt daran interessiert, möglichst frühzeitig Klarheit über den endgültigen Erfolg des Übernahmeangebotes zu haben. Jede zusätzliche Unwägbarkeit bewirkt eine erhöhte Unsicherheit hinsichtlich des tatsächlichen Vollzuges des Übernahmeangebotes, die es aus ihrer Sicht zu vermeiden gilt. Vor dem Hintergrund, dass das Risiko einer Verschlechterung des Kaufgegenstandes – wie beim allgemeinen Kaufvertrag – irgendwann auf den Käufer übergehen muss, darf dieser Übergang nicht allein aufgrund eines andauernden Kartellverfahrens beliebig zulasten des Vertragspartners hinausgezögert werden. Ein Ausgleich der widerstreitenden Interessen und eine angemessene Risikoverteilung kann daher dergestalt aussehen, dass ein Übernahmeangebot infolge eines MAC nur bis drei Monate nach Ablauf der Annahmefrist wirkungslos werden kann, selbst wenn bis zu diesem Zeitpunkt einer erforderlichen Kartellgenehmigung noch nicht erteilt worden sein sollte.

2. SACHLICHE RECHTFERTIGUNG: KEIN VORRANG EINER NEGATIVEN VERTRAGSANPASSUNG

Bei einer MAC-Bedingung kommt zudem unweigerlich die Frage auf, ob sie vor dem Hintergrund der Wirkungslosigkeit des Angebotes bei Bedingungseintritt überhaupt sachlich gerechtfertigt ist oder ob sich der Bieter in der Angebotsunterlage als *milderes Mittel* eine – ausnahmsweise zulässige – negative Angebotsänderung bzw. Vertragsanpassung vorbehalten muss, bei der das Übernahmeangebot unter Anpassung der Gegenleistung weiterhin Geltung beansprucht und die Wirksamkeit der Verträge nicht berührt wird. Eine Berufung auf die MAC-Bedingung könnte nur dann für zulässig erachtet werden, wenn dem Bieter eine Angebotsanpassung unzumutbar ist. Ein derartiger Vorrang der Angebotsanpassung würde die Parallele zu § 313 BGB hervorheben und verdeutlichen, dass die MAC-Klausel eine bei Angebotsveröffentlichung und Vertragsschluss bewusst gewordene Geschäftsgrundlage beinhaltet. § 313 Abs. 3 BGB sieht aber ein Rücktrittsrecht nur als *ultima ratio* vor. Für eine Anpassung würde im Übrigen die gesetzliche Intention der §§ 17 f., 21, 25 WpÜG sprechen; der Bieter soll sich nicht beliebig von seinem Angebot lösen können. Eine Abstandnahme würde in Anlehnung an § 313 BGB nur in Ausnahmefällen schwerer Äquivalenzstörungen in Betracht kommen.[1113] Insbesondere sind auch keinerlei Gründe ersichtlich, die gegen eine gerichtliche Nachprüfung der vom Bieter vorgenommenen Anpassung bzw. die gegen eine gerichtliche Anpassung sprechen.[1114] Dass eigentliche Vertragspartner des Bieters die das Angebot annehmenden Aktionäre der Zielgesellschaft sind, steht dem nicht entgegen. Denn es ist zu berücksichtigen, dass das Angebot vom Bieter einseitig vorgegeben wird und die Angebotskonditionen nicht verhandelbar sind. Wenn der Bieter schon den ursprünglichen Vertragsinhalt bestimmt, so muss ihm auch dessen nachträgliche inhaltliche Anpassung möglich sein. Die Überprüfung der Angebotsunterlage bezüglich der Einhaltung der gesetzlichen Vorschriften durch die BaFin vor deren Veröffentlichung kann im Wege einer gerichtlichen Nachprüfung, einer solchen seitens der BaFin oder einer gerichtlichen Anpassung kompensiert werden. Dass

---

[1113] Hinsichtlich eines Rücktrittsrechtes der Aktionäre wäre § 21 Abs. 4 WpÜG anzuwenden. Tritt der MAC nach Ablauf der Annahmefrist ein, müssten sie innerhalb von zwei Wochen nach Veröffentlichung der Änderung (entsprechend § 21 Abs. 2 WpÜG) zurücktreten können. Auch § 21 Abs. 5 WpÜG würde entsprechend gelten.

[1114] Nach GEIBEL in: Geibel/Süßmann, § 18 Rn. 47, kommt im Rahmen von § 313 BGB regelmäßig nur der Rücktritt in Betracht, da dem Bieter kein konkreter Vertragspartner gegenüber tritt, mit dem über eine Anpassung der Vertragsbedingungen verhandelt werden könnte; die BaFin könne diese Funktion nicht übernehmen.

letztere nicht ungewöhnlich ist, folgt etwa aus § 327 f S. 2 AktG. Eine entsprechende Regelung mitsamt Verweis auf die Regelungen des SpruchG[1115] ist auch im WpÜG denkbar; für die Bestimmung des zuständigen Gerichtes können § 66 WpÜG sowie ergänzend § 2 Abs. 1 S. 2 und 3, Abs. 3 SpruchG herangezogen werden.[1116]

Dennoch ist von einem Vorrang der Angebotsanpassung an die veränderten Umstände abzusehen. Diese hat den Nachteil, dass mit ihr erhebliche Unwägbarkeiten und Unsicherheiten für die Angebotsadressaten verbunden sind. Eine vorherige Festsetzung der angepassten Gegenleistung wird kaum möglich sein, und auch ihre Anpassung im Verhältnis des Wertes der geschädigten Zielgesellschaft zum ursprünglichen Unternehmenswert wird insbesondere dann im Nachhinein nur schwer zu berechnen sein, wenn der Kaufpreis unter (hypothetischen) Annahmen aller Unternehmenswerte und einer Zukunftsprognose ermittelt wurde. Inwiefern objektive Bewertungsmaßstäbe in der Angebotsunterlage zur Berechnung der Anpassung festgelegt werden können, ist fraglich. Ein weiterer Unsicherheitsfaktor ergibt sich daraus, dass der Begriff der Zumutbarkeit subjektiv orientiert ist und mit Hilfe sachlicher Kriterien wie konkreten Schwellenwerten – auch aus Gründen der Transparenz – eine Zumutbarkeitsgrenze zu ziehen wäre. Darüber hinaus ist zu bedenken, dass bereits der Zulässigkeit einer MAC-Bedingung als solcher dadurch eine Grenze gesetzt wurde, dass nicht jede beliebige Veränderung bei der Zielgesellschaft ausreicht, sondern diese wesentlich sein muss. Diese rechtfertigt es, den Bieter nicht auf eine Angebotsanpassung zu verweisen, wenn die Wesentlichkeitsschwelle überschritten wird. Ein anderes Ergebnis stünde im Widerspruch zum Grundsatz der Verfahrensbeschleunigung. Eine rasche Durchführung des Übernahmeverfahrens wäre im Falle eines Vorranges der Angebotsanpassung nicht gewährleistet, da die Anstrengung eines gerichtlichen Verfahrens zur Überprüfung der Angemessenheit der angepassten Gegenleistung bzw. der Unzumutbarkeit einer Anpassung nicht ausgeschlossen werden kann. Insbesondere wenn sich im Nachhinein herausstellt, dass das Übernahmeangebot nicht wirkungslos geworden ist, ergeben sich Verzögerungen beim Angebotsvollzug. Zuletzt ist es Merkmal der Bedingung, dass ihr Eintritt automatisch die Wirkung des Angebotes entfallen lässt, was nicht der Fall wäre, wenn zuvor Zumutbarkeitserwägungen anzustellen wären. Da auch ein vertragliches Rücktrittsrecht des Bieters gesetzlich ausgeschlossen ist,

[1115] Gesetz über das gesellschaftsrechtliche Spruchverfahren (SpruchG), BGBl. I 2003, 838; siehe zum RegE (BR-Drucks. 827/02 = ZIP 2002, 2099 ff.) Einführung von NEYE, ZIP 2002, 2097 ff.

[1116] Die Analogiefähigkeit scheitert an der fehlenden planwidrigen Regelungslücke, da ein ausreichender Schutz ausscheidungswilliger Aktionäre der Zielgesellschaft mittels individueller zivilgerichtlicher Überprüfung und der zivilprozessualen Verfahrensvorschriften gewährleistet wird. Überdies enthält § 31 Abs. 7 WpÜG i.V.m. §§ 3 ff. WpÜG-AngVO detaillierte Vorschriften über die Bestimmung der angemessenen Gegenleistung, und ein Vollzugsverbot des Übernahmeangebotes besteht nicht; siehe LAPPE/STAFFLAGE, BB 2002, 2185, 2192; KK-WpÜG/KREMER/OSTERHAUS, § 31 Rn. 105; STEINMEYER/HÄGER, § 31 Rn. 88.

muss es bei der Wirkungslosigkeit des Übernahmeangebotes bei Eintritt eines MAC bei der Zielgesellschaft bleiben.

B. VERFAHRENSRECHTLICHER REGELUNGSBEDARF: FESTSTELLUNG DES BEDINGUNGSEINTRITTES

I. Problemaufriss

Das WpÜG lässt insbesondere hinsichtlich der Feststellung des (Nicht-)Eintrittes der Bedingung verfahrensrechtliche Regelungen vermissen. Dies ist insofern misslich, als Bedingungen tatsächlich eingetreten sein können, das Übernahmeangebot und die abgeschlossenen Verträge daher zu vollziehen wären, der Bieter sich jedoch unzutreffend oder missbräuchlich auf ihren Nichteintritt beruft und von einer Vollziehung absieht.[1117] Gerade in Bezug auf eine MAC-Bedingung ist es nicht ausgeschlossen, dass sich die Aktionäre der Zielgesellschaft – zutreffend – auf den Nichteintritt eines MAC berufen und den Vollzug des Übernahmeangebotes verlangen, der Bieter diesen aber infolge des Eintrittes eines MAC entbehrlich hält. Den Aktionären bleibt in diesem Fall lediglich die Erhebung einer Leistungsklage auf Zahlung der Gegenleistung.[1118] Die Berufung des Bieters auf den (Nicht-)Eintritt einer Bedingung betrifft dabei sowohl diejenigen Aktionäre der Zielgesellschaft, die das Angebot bereits angenommen haben und damit dessen Vertragspartner geworden sind, als auch diejenigen, die das Angebot noch nicht angenommen haben, es aber aufgrund seiner fortbestehenden Wirksamkeit noch annehmen können.[1119] Verweigert der Bieter fälschlicherweise oder missbräuchlich den Vertragsvollzug, muss jeder einzelne Aktionär individuell seine Ansprüche in einem

[1117] Möglich ist auch eine Sachverhaltslage dergestalt, dass mangels Eintrittes der aufschiebenden Bedingungen bzw. wegen Eintrittes der auflösenden Bedingungen das Übernahmeangebot wirkungslos geworden ist, ein Vollzug daher ausscheidet, aber unzutreffend vom Bedingungs(nicht-)eintritt ausgegangen und Klage erhoben wird.

[1118] Dass sich ein Aktionär unzutreffend auf den Nichteintritt einer Bedingung beruft und der Bieter auf Übertragung der Anteile klagen müsste, ist eher unwahrscheinlich, da er dann vom Erhalt der Kontrollprämie absieht – es sei denn er kann auf anderweitigem Wege einen noch höheren Preis realisieren. Vor Angebotsannahme sind die Anteile ohnehin noch in seinem Besitz, so dass eine anderweitige Veräußerung problemlos möglich ist. Im Folgenden soll daher lediglich der Fall untersucht werden, dass die Bedingung tatsächlich eingetreten ist bzw. kein MAC vorliegt, der Bieter sich aber auf den Eintritt beruft und von einem Angebotsvollzug absieht.

[1119] Einer Leistungsklage auf Durchführung des Übernahmeangebotes würde aus diesem Grund das Rechtsschutzbedürfnis fehlen; nach Angebotsannahme kann der Aktionär direkt auf Zahlung der Gegenleistung klagen.

selbständigen gerichtlichen Verfahren einklagen.[1120] Die jeweilige Entscheidung der Zivilgerichte entfaltet dabei trotz der Betroffenheit zahlreicher Aktionäre der Zielgesellschaft grundsätzlich nur für die Parteien des Rechtsstreites Rechtskraftwirkung, § 325 Abs. 1 ZPO. Mangels Rechtskrafterstreckung[1121] könnte sich der Bieter daher gegenüber Aktionären, deren Vertragsverhältnis nicht Gegenstand des Rechtsstreites war, weiterhin auf die Wirkungslosigkeit des Übernahmeangebotes berufen. Die Tatsache, dass im Rahmen zahlreicher Leistungsklagen unter Zugrundelegen desselben Sachverhaltes über dieselbe Vorfrage, den (Nicht-)Eintritt einer Bedingung, zu entscheiden ist, birgt die Gefahr widersprüchlicher Entscheidungen. Sie führen zu einer unterschiedlichen Handhabung des Angebotsvollzuges, was der Natur der Übernahme widerspricht, zumal nicht ausgeschlossen werden kann, dass der Bieter die Kontrollschwelle des § 29 Abs. 2 WpÜG unterschreitet.
Die in § 66[1122] WpÜG kodifizierte Zuständigkeitskonzentration bei den Handelskammern der Landgerichte behebt das beschriebene Problem nicht gänzlich. Sie ist nicht anwendbar, wenn bei dem betreffenden Landgericht keine Kammer für Handelssachen eingerichtet ist und die Zivilkammern zuständig sind.[1123] Auch kommt sie dort an ihre Grenze, wo mehrere Handelskammern an einem Landgericht bestehen. Da zudem jeder Aktionär sein Recht individuell einzuklagen hat und die Begegnung von Beweisproblemen von einer effektiven Rechtsvertretung abhängt, sind widersprüchliche Entscheidungen weiterhin denkbar.

Die beschriebene Gefahr ist mit dem Erfordernis eines wirksamen Schutzes vor einer unzutreffenden bzw. missbräuchlichen Berufung auf den Bedingungseintritt und der Rechtssicherheit für den Kapitalmarkt unvereinbar. Da über die Vertragspartner hinaus weitere Interessengruppen vom Übernahmeverfahren betroffen sind, müssen jegliche Unsicherheiten über die Wirkungsentfaltung eines Übernahmeangebotes vermieden werden.[1124] Zuletzt ist eine individuelle Anspruchsdurchsetzung wenig verfahrensökonomisch, da sich die zuständige Handelskammer – kostenintensiv – mit hundert oder tausend Klagen auseinandersetzen muss. Damit sind unweigerlich Verfahrensverzögerungen auch für andere in ihren Zuständigkeitsbereich fallende Klagen verbunden. Zeitliche Verzögerungen resultieren ferner

[1120] Aufgrund der Vielzahl der Verfahren sowie der Verfahrensdauer wird die Berufung auf den Nichteintritt einer aufschiebenden Bedingung bzw. den Eintritt einer auflösenden Bedingung für den Bieter nur in eindeutigen Fällen in Betracht kommen, BUSCH, AG 2002, 145, 152. Zumindest wird er die vertrauliche Rücksprache mit der BaFin suchen. Im Falle einer breiten Aktienstreuung und langen Verfahrensdauer sind die Aussichten auf die Durchsetzung des Angebotes von vornherein schwierig, so RIEHMER in: Haarmann/Riehmer/Schüppen, § 18 Rn. 26.

[1121] Siehe hierzu MÜKO-GOTTWALD, § 325 ZPO Rn. 2 ff.; ZÖLLER, § 325 Rn. 28 ff.

[1122] In Bezug auf die Frage des Erfüllungsanspruchs ist § 66 Abs. 1 Satz 2 2. Halbsatz einschlägig, hierzu ACHENBACH in: Baums/Thoma, § 66 Rn. 6, 13 ff.

[1123] KRIEGER in: Hoffmann-Becking, Münchener Hdb., Bd. 4, § 70 Rn. 112 f.

[1124] Dies gilt auch für den Fall, dass ein Übernahmeangebot tatsächlich wirkungslos geworden ist, der Bieter oder Aktionäre aber von dessen Wirksamkeit ausgehen, siehe Fn. 1118.

daraus, dass die anspruchsbegründenden Sachverhalte erst durch Beweisaufnahme, insbesondere Sachverständigengutachten, aufgeklärt werden müssen, was eine zeitlich begrenzte, aber nicht unerhebliche Unsicherheit über die Rechtslage impliziert.[1125]

Darüber hinaus ist zweifelhaft, ob der einzelne Aktionär von seinem Klagerecht – aus Kostengründen – Gebrauch macht. Denn im Falle der Nichtdurchführung des Angebotes erleidet er mit dem Verlust der Kontrollprämie einen relativ geringen Nachteil.[1126] Die gerichtliche Anspruchsdurchsetzung ist demgegenüber mit dem Risiko eines Prozessverlustes, nicht erstattungsfähigem Privataufwand auch im Falle des Obsiegens und etwaigen Beweisproblemen verbunden. Insbesondere hat es der Bieter durch die Formulierung der Bedingung in der Hand, den Aktionären der Zielgesellschaft die Beweislast aufzubürden. Machen diese ihren Anspruch auf Zahlung der Gegenleistung geltend, müssen sie das Bestehen eines rechtswirksamen Vertrages und damit den Eintritt aufschiebender Bedingungen wie etwa den Nichteintritt eines MAC beweisen. Der Bieter hat demgegenüber den Eintritt auflösender Bedingungen nachzuweisen.[1127]

II. Die Rolle der BaFin

Nach derzeitiger Rechtslage kommt der BaFin keine Schiedsrichter- bzw. Entscheidungsfunktion wie etwa der Panel-Exekutive[1128] zu. Das WpÜG enthält weder eine explizite Regelung, die dem Bieter die Anrufung der BaFin zum Zwecke der verbindlichen Entscheidung über den Bedingungseintritt ermöglicht bzw. vorschreibt, noch wird ihr eine solche Rolle durch die Normierung eines Genehmigungsvorbehaltes hinsichtlich der Veröffentlichung des Bedingungseintrittes zugesprochen. Etwaige Stellungnahmen der BaFin besitzen allenfalls Indizfunktion.[1129] Es ist aber

[1125] Auf Unsicherheiten sowie die zeitliche Dauer bei der Feststellung des Eintrittes oder Nichteintrittes einer Bedingung durch die Zivilgerichte hinweisend auch BRÖCKER/WEISNER, Rn. 93.

[1126] Dagegen können der Gesamtschaden für die Zielgesellschaft (Ressourcenbindung), den Kapitalmarkt (Vertrauensverlust der Anleger) oder die ersparten Aufwendungen des Bieters im mehrstelligen Millionenbereich liegen.

[1127] Begehrt dagegen der Bieter die Übertragung der Aktien, muss er darlegen und beweisen, dass ein solcher Übertragungsanspruch entstanden ist. Enthält die Angebotsunterlage aufschiebende Bedingungen, muss er deren Eintritt beweisen, Soergel/WOLF, vor § 158 Rn. 41. Der Eintritt auflösender Bedingungen als rechtsvernichtende Tatsachen wäre von den Aktionären nachzuweisen, Soergel/WOLF, § 158 Rn. 27.

[1128] Siehe Ziff. 3 (b) Einleitung Takeover Code: „*When there is any doubt whatsoever as to whether a proposed course of conduct is in accordance with the General Principles or the Rules, parties or their advisers should consult the executive in advance. In this way, the parties can obtain clarification of the basis on which they can properly proceed and thus minimise the risk of taking action which might, in the event, be a breach of the Code.*"

[1129] BUSCH, AG 2002, 145, 152. Für eine Befugnis der BaFin, dem Bieter die unzutreffende Berufung auf den Nichteintritt der Bedingung zu untersagen, wenn dies angesichts des zugrunde liegenden Sachverhaltes einen Missstand darstellt, KRAUSE in: Assmann/Pötzsch/Schneider, § 18 Rn. 116.

zu erwägen, ihren Zuständigkeitsbereich zu erweitern, um unterschiedliche Auffassungen über den Bedingungseintritt zu begegnen und der Gefahr vorzubeugen, dass der Bieter sein Übernahmeangebot unter fälschlicher oder willkürlicher Berufung auf einen Bedingungseintritt nicht vollzieht. Ein denkbarer Ansatz bestünde darin, die Berufung auf die Wirkungslosigkeit des Übernahmeangebotes davon abhängig zu machen, dass die BaFin auf Antrag des Bieters festgestellt hat, dass sämtliche von der Bedingung umfassten Umstände eingetreten sind. Alternativ kann eine Obliegenheit zur Anrufung der BaFin bei Zweifeln über einen Bedingungseintritt erwogen werden.

Dagegen spricht aber insbesondere, dass die Entscheidung der BaFin über die Wirkungslosigkeit des Übernahmeangebotes trotz ihrer Stellung als Aufsichtsbehörde keinen endgültigen Charakter besitzt, da dem Verwaltungsverfahren das verwaltungsrechtliche Rechtsbehelfsverfahren (§§ 41 ff. WpÜG) nachgeschaltet ist, so dass die vom Übernahmeverfahren Betroffenen eine weitere Zeitperiode über das Schicksal des eingeleiteten Übernahmeverfahrens im Unklaren gelassen würden.[1130] Zudem entspricht es nicht dem Verfahrensrecht, die BaFin als Verwaltungsbehörde über den (Nicht-)Eintritt einer Bedingung entscheiden zu lassen, mag auch die Entscheidung ihrerseits gerichtlich nachprüfbar sein (Art. 19 Abs. 4 GG). Denn bei der Frage des Bedingungseintrittes geht es nicht um die Überprüfung der Angebotsunterlage oder die Einhaltung der gesetzlichen Regelungen während der laufenden Annahmefrist. Von Bedeutung ist vielmehr die Frage, ob das Angebot als solches noch annahmefähig ist, die Annahme eines Aktionärs damit zum Vertragsschluss führt bzw. ein abgeschlossener Vertrag Wirkung entfaltet und die annehmenden Aktionäre der Zielgesellschaft einen Gegenleistungsanspruch haben. Im Ergebnis betrifft sie den Angebots- und Vertragsvollzug und ist daher rein zivilrechtlicher Natur.[1131] Dass mittelbar auch Drittinteressen betroffen sind, muss außen vor bleiben. Der Vollzug abgeschlossener Verträge basiert zwar auf dem ihnen zugrunde liegenden Übernahmeangebot, doch ist dieses als solches bereits abgeschlossen. Es geht ausschließlich um die Durchsetzung vertraglicher Ansprüche, so dass eine den Vertragsvollzug betreffende Bestimmung nicht mehr von der Regelungsintention des Gesetzgebers gedeckt wäre. Eine eingehende Überprüfung des Bedingungseintrittes kann daher nicht Aufgabe der BaFin sein. Es liegt vielmehr im Aufgabenbe-

[1130] Zwar wird auch das zivilgerichtliche Verfahren von seiner zeitlichen Dauer geprägt, doch ist diesem kein vorgerichtliches Verfahren vorgeschaltet.

[1131] Das WpÜG enthält keine speziellen Regelungen zur Durchsetzung des Vertragsvollzuges, so ohne nähere Begründung RIEHMER in: Haarmann/Riehmer/Schüppen, § 18 Rn. 26; §§ 38, 59 WpÜG gelten ausdrücklich nur für Pflichtangebote. Zu § 4 Abs. 1 S. 3 WpÜG als Rechtsgrundlage für den Erlass eines auf die Angebotsdurchführung gerichteten Verwaltungsaktes Begr. RegE-WpÜG, BT-Drucks. 14/7034, S. 36 zu § 4 Abs. 1; KK-WpÜG/GIESBERTS, § 4 Rn. 18 ff.; STEINMEYER/HÄGER, § 4 Rn. 7; SÜßMANN in: Geibel/Süßmann, § 46 Rn. 2; zweifelnd BUSCH AG 2002, 145, 152 Fn. 58. Auch die Verhängung eines Zwangsgeldes bewirkt keinen Angebotsvollzug seitens des Bieters, RIEHMER in: Haarmann/Riehmer/Schüppen, § 18 Rn. 26. Vgl. auch REUTTER, S. 259 f.

reich der Zivilgerichte, auftretende und unüberwindbare Meinungsunterschiede über den Bedingungseintritt aufzulösen.[1132]

III. Bündelungsmöglichkeiten nach geltendem Recht – Defizite und Alternativen

Die im geltenden Prozessrecht zu verzeichnenden Ansätze zur Verfahrenskollektivierung tragen nicht hinreichend zur Lösung der hier aufgezeigten Probleme bei.[1133] Das Kapitalgesellschaftsrecht kennt im Spruchstellenverfahren den *besonderen Vertreter* als Kollektivvertreter für die nicht aktiv am Verfahren beteiligte Aktionäre einer Gesellschaft, § 6 SpruchG.[1134] Es betrifft jedoch allein die Festsetzung von Abfindungen. Bei gemeinsamen Tatsachen- und Rechtsfragen ist eine Bündelung mehrerer Prozesse im Wege der Streitgenossenschaft (§§ 59 ff. ZPO) denkbar. Auch bei der Mandatierung desselben Prozessvertreters kommt es zu einer faktischen Verfahrensverknüpfung, wenn die Verfahren aufgrund der Zuständigkeitskonzentration des § 66 WpÜG verbunden werden. Für die Gerichtskosten bedeutet dies leichte Vorteile gegenüber Einzelklagen. Die Prozesse bleiben allerdings selbständig; es kommt lediglich zur gemeinsamen Verhandlung und Beweisaufnahme. Zweifelhaft ist auch, ob sich die Aktionäre überhaupt zusammenfinden. Da es hierfür der Information und Organisation bedarf, werden zumeist nur Zufallsgemeinschaften entstehen.[1135] Zudem bleibt für das Gericht das Problem bestehen, ein Verfahren mit hundert oder tausend Klägern abwickeln, sich mit jeder einzelnen Klage befassen zu müssen. Das gleiche Problem stellt sich bei der Prozessverbindung gemäß § 147 ZPO. Eine Verfahrensaussetzung im Hinblick auf einen Parallelprozess nach § 148 ZPO scheidet mangels Vorgreiflichkeit oder Präjudiziabilität aus. Auch würde bei einer Erweiterung auf Fälle von zu leistenden Massenzahlungen die Problematik der Abwicklung einer Vielzahl von Verfahren bestehen bleiben, da eine eigenständige Klageerhebung weiterhin erforderlich ist. Die Anspruchsbündelung mittels Bildung einer Interessengemeinschaft nach Art. 1 § 3 Nr. 8 RBerG betrifft nur die Interessenvertretung durch Verbraucherverbände, nicht jedoch Aktionärsvereinigungen.[1136]

Das traditionelle Grundverständnis vom 2-Parteien-Prozess spricht an sich gegen die alternative Einführung kollektiver Rechtsbehelfe oder den Ausbau von Kollek-

---

[1132] Vgl. § 66 WpÜG.

[1133] Hierzu sowie zu Alternativen in ausländischen Rechtsordnungen und deren Nichtübertragbarkeit Begr. KapMuG-E, BT-Drucks. 15/5091, Allgemeiner Teil II., S. 28 ff., 33 ff.

[1134] HESS, AG 2003, 113, 120 f.

[1135] Das gleiche Problem stellt sich bei einem Zusammenschluss zur Anleger-GbR mit dem Zweck der gemeinsamen Anspruchsverfolgung bei Einbringung ihrer Ansprüche in das Gesellschaftsvermögen. Zur Rechtskrafterstreckung nach § 325 Abs. 1 ZPO, Titelumschreibung nach § 727 ZPO und weiteren Vorteilen HESS, AG 2003, 113, 122.

[1136] HESS, AG 2003, 113, 122, der auch mangels ökonomischer Anreize daran zweifelt, dass die Verbraucherverbände eine derartige Klagemöglichkeit nutzen. § 248 AktG gilt nicht bei Individualzahlungsklagen.

tivierungsformen. Gegen die Schaffung einer Art Verbandsklage als gesetzlichen Fall der Rechtskrafterstreckung nach dem Vorbild des UKlaG[1137] spricht, dass ein darauf beruhendes Urteil nur mittelbare Drittwirkung besitzt, da es im jeweiligen Individualprozess nicht von Amts wegen, sondern nur im Wege der Einrede berücksichtigt wird (§ 11 UKlaG) und der Anwendungsbereich der Verbandsklage auf Unterlassungsklagen beschränkt ist. Auch die Normierung einer Rechtskrafterstreckung[1138] im Interesse einer einheitlichen Beurteilung der Rechtslage und zur Herstellung von Rechtssicherheit ist hinsichtlich der Durchsetzung eines Zahlungsanspruchs wenig effektiv. Die würde nur den Anspruch als solchen betreffen, nicht aber die Frage der Wirksamkeit des Vertrages, über die in den Prozessen nur als Vorfrage entschieden wird. Eine Feststellungsklage scheidet aufgrund ihrer Subsidiarität aus.

In Anlehnung an § 6 SpruchG kann ein Bestellungsverfahren eingeführt werden, wonach jeder Anspruchsinhaber beim Landgericht als Prozessgericht erster Instanz die Bestellung eines gemeinsamen Vertreters unter Glaubhaftmachung seiner Berechtigung beantragt und die Anleger ihre Ansprüche unter Angabe des Sachverhaltes und der Mitteilung des Beklagten binnen einer angemessenen Frist anmelden. Das Gericht kann dann das Gruppenverfahren und die eingeklagten Individualansprüche nach § 147 ZPO verbinden. Durch eine Prozesskostenregel soll den Einzelklägern der Anreiz gegeben werden, sich dem Gruppenverfahren anzuschließen.[1139] Der Vorteil dieses Verfahrens liegt sicherlich in seiner Freiwilligkeit und der parallelen Zulassung von Individualklagen. Dies ist bei einer obligatorischen Rechtskrafterstreckung ausgeschlossen. Zudem wird das Kostenrisiko für den einzelnen Aktionär und die Anzahl der Verfahren reduziert. Gegen die Einführung einer freiwilligen gemeinsamen Vertretung im Übernahmerecht spricht allerdings, dass widersprüchliche Entscheidungen weiterhin möglich sind und es nicht nur um die Durchsetzung von Schadensersatzansprüchen, sondern um die Frage des Vollzuges des Übernahmeangebotes und der darauf basierenden Verträge geht. Ob die Zielgesellschaft vom Bieter erfolgreich übernommen wurde, muss einheitlich und für die Öffentlichkeit verbindlich feststehen.

[1137] BGBl. I 2001, 3138, 3173.

[1138] Entsprechend §§ 248 Abs. 1 S. 1, 249 Abs. 1 S. 1 AktG, 75 Abs. 2 GmbHG könnte bestimmt werden, dass das Urteil, das den (Nicht-)Eintritt einer Bedingung feststellt, für und gegen alle Aktionäre der Zielgesellschaft wirkt, die das Übernahmeangebot angenommen haben, auch wenn sie nicht Partei des jeweiligen Verfahrens sind. Im Hinblick auf Art. 103 Abs. 1 GG wäre zu gewährleisten, dass sich jeder Aktionär am Verfahren beteiligen kann.

[1139] Vgl. die Empfehlung der REGIERUNGSKOMMISSION CORPORATE GOVERNANCE zur kollektiven Durchsetzung von Anlegeransprüchen, BAUMS, D. 3.83, Rn. 190; ablehnend Begr. KapMuG-E, BT-Drucks. 15/5091, Allgemeiner Teil II., S. 32 f.

Die Institutionalisierung der Rechtskrafterstreckung mittels einer in das Angebot aufzunehmenden Musterprozessvereinbarung[1140], die die stellvertretende Erhebung nur einer Klage und die Übernahme des Ergebnisses für die zurückgestellten Rechtsstreite zwischen Parteien tatsächlich oder rechtlich gleich gelagerter Fälle vorsieht, scheitert daran, dass die subjektiven Grenzen der Rechtskraft der Vertragsfreiheit entzogen sind. Sie kann nicht vertraglich auf Dritte erstreckt werden.[1141] Da sich der Bieter einer solchen Vereinbarung zudem nicht freiwillig unterwerfen wird, um etwaige taktische Vorteile aus der Aufsplittung der Verfahren zu nutzen, müsste ihm hierzu gesetzlich eine Verpflichtung auferlegt werden. Zudem beträfe sie aufgrund der unterschiedlichen Zahl der übertragenen Aktien und der damit variierenden Höhe der Gegenleistung nur den Anspruchsgrund. Aus dem gleichen Grund ist auch eine Übertragung von § 93 a VwGO auf den Zivilprozess abzulehnen. Im Zivilprozess gilt nicht das Amtsermittlungsprinzip, das eine uneingeschränkte Übertragung der Ergebnisse erlauben würde, wie auch § 93 a VwGO nichts daran ändert, dass alle Anleger Klage erheben müssten.[1142]

IV. Feststellungsverfahren *de lege ferenda*

Inwzischen sieht. das Gesetz zur Einführung von Kapitalanlerger-Musterverfahren[1143] in Art. 1 ein eigenständiges Gesetz über Musterverfahren in kapitalmarktrechtlichen Streitigkeiten vor. Das Musterverfahren vor dem Oberlandesgericht ist ein von den Ausgangsverfahren abgekoppeltes Verfahren, in dem über einzelne Tatsachen, Tatbestandsvoraussetzungen oder Rechtsfragen, die allen Ansprüchen der Kläger gemein sind, vorab entschieden werden soll. So kann gemäß § 1 Abs. 1 S. 1 Nr. 2 KapMuG in einem erstinstanzlichen Verfahren, in dem ein Erfüllungsanspruch aus Vertrag, der auf einem Angebot nach dem WpÜG beruht, geltend gemacht wird, die Feststellung des (Nicht-)Vorliegens einer anspruchsbegründenden oder anspruchsausschließenden Voraussetzung beantragt werden, wenn die Entscheidung des Rechtsstreites hiervon abhängt. Dadurch *„soll sichergestellt werden, dass die schuldrechtlichen Ansprüche hinsichtlich des Wertes der Gegenleistung einheitlich beurteilt werden."*[1144] Daneben umfasst der Anwendungsbereich aber auch die Überprüfung,

---

[1140] MüKo-GOTTWALD, § 325 ZPO Rn. 80, der in Fn. 159 auf § 93 a Abs. 1 VwGO verweist, nach dem das Gericht in Massenfällen vorab Musterverfahren durchführen und die übrigen Verfahren aussetzen kann. Eine sog. *„class action"* i.S.e. gesetzlichen Prozessstandschaft eines Gruppenrepräsentanten existiert dagegen im deutschen Recht bislang nicht. § 121 Nr. 2 VwGO sieht eine Rechtskraftbindung nicht am Verfahren beteiligter Beizuladender vor.

[1141] MüKo-GOTTWALD, § 325 ZPO Rn. 78; Zöller-VOLLKOMMER, § 325 Rn. 43a f. Möglich bleibt eine faktische Bindung des Gerichtes an den zu beurteilenden Sachverhalt im Rahmen des Beibringungsgrundsatzes und der Wahrheitspflicht. Die Beteiligten können sich materiell-rechtlich verpflichten, auf der Basis des Urteils einen Vergleich zu schließen, HESS, AG 2003, 113, 122.

[1142] Siehe auch Begr. KapMuG-E, BT-Drucks. 15/5091, Allgemeiner Teil II., S. 31 f.

[1143] Gesetz v. 16.8.2005, BGBl. I 20015, 2437.

[1144] So Begr. KapMuG-E, BT-Drucks. 15/5091, Allgemeiner Teil III., S. 36.

ob ein vertraglicher Erfüllungsanspruch überhaupt besteht.[1145] Das Musterverfahren setzt voraus, dass mindestens zehn gleichgerichtete Anträge zur Klärung derselben streitentscheidenden Musterfrage gestellt und in einem einzurichtenden Klageregister des elektronischen Bundesanzeigers bekannt gemacht wurden (§ 4 KapMuG). In Anlehnung an die Interventionswirkung des § 68 ZPO bindet der rechtskräftige Musterentscheid nach § 16 Abs. 1 KapMuG die Prozessgerichte im Umfang seiner Feststellungen und wirkt für und gegen die Beigeladenen des Musterverfahrens.[1146]

Aufgrund der Beiladung ist jedoch weiterhin mit einer Vielzahl von Verfahrensbeteiligten zu rechnen, so dass der Entlastungseffekt minimal sein wird.[1147] Zudem muss jeder Anleger weiterhin seinen Anspruch gesondert gerichtlich geltend machen, da anderenfalls die Verjährung seines Anspruchs droht.[1148] Da mehrere – identische – Musterverfahren nicht ausgeschlossen sind, muss zumindest sichergestellt werden, dass Musterentscheide auch zulasten derjenigen Kläger wirken, die ihre Klage aus Nachlässigkeit nicht rechtzeitig nach Veröffentlichung des ersten Musterfeststellungsbeschlusses im Klageregister rechtshängig gemacht haben.[1149] Da sich überdies die Bindungswirkung der Entscheidung nur auf anhängige Parallelprozesse erstreckt[1150], bleibt die Gefahr divergierender Entscheidungen weiterhin bestehen.

Eine effektive Bündelung von Parallelklagen kann letztlich nur durch die Normierung eines Feststellungsverfahrens in Anlehnung an das Spruchstellenverfahren erzielt werden, im Rahmen dessen das nach § 66 WpÜG zuständige Gericht verbindlich über die Wirksamkeit des Übernahmeangebotes und damit auch der abgeschlossenen Verträge entscheidet.[1151] Antragsberechtigt wären die Aktionäre der Zielgesellschaft als (potenzielle) Vertragspartner, die innerhalb einer kurz zu bemessenden Frist einen gegen den Bieter gerichteten Antrag auf gerichtliche Entscheidung stellen müssen (vgl. §§ 3-5 SpruchG). Den Antragsberechtigten, die nicht selbst Antragsteller sind, hätte das Gericht einen gemeinsamen Vertreter zu bestellen (vgl. § 6 SpruchG). Eine zügige Verfahrensdurchführung wäre durch §§ 7 ff.

[1145] Siehe Begr. KapMuG-E, BT-Drucks. 15/5091, Allgemeiner Teil III., S. 36 f. sowie S. 45 zu Art. 1 § 1.

[1146] Zu den Voraussetzungen eines Musterverfahrens und notwendigen Verbesserungen BRAUN/ROTTER, BKR 2004, 296 ff.; HESS/MICHAILIDOU, ZIP 2004, 1381 ff.; REUSCHLE, NZG 2004, 590 ff. Zu notwendigen Optimierungen auch DAV-ZIVILVERFAHRENSAUSSCHUSS, NZG 2005, 166 ff.

[1147] Dies auch erkennend HESS/MICHAILIDOU, ZIP 2004, 1381, 1383 f.

[1148] BRAUN/ROTTER, BKR 2004, 296 f., 299. Siehe ders. zur Anspruchsanmeldung statt Klageeinreichung, BKR 2004, 296, 299 f.

[1149] Siehe den Formulierungsvorschlag des DAV-ZIVILVERFAHRENSAUSSCHUSS, NZG 2005, 166, 172.

[1150] Dies als Mittelweg bezeichnend Begr. KapMuG-E, BT-Drucks. 15/5091, Allgemeiner Teil III. 2., S. 39.

[1151] Dies ablehnend HESS/MICHAILIDOU, ZIP 2004, 1381, 1384 Fn. 56.

SpruchG entsprechende Regelungen und einen – eingeschränkten – Amtsermittlungsgrundsatz (§ 12 FGG i.V.m. § 17 Abs. 1 SpruchG) zu gewährleisten. Die obligatorische gemeinsame Vertretung, wodurch das rechtliche Gehör der Aktionäre gewahrt würde, rechtfertigt es, dass die Entscheidung für und gegen alle Anteilsinhaber der Zielgesellschaft wirkt (vgl. § 13 S. 2 SpruchG). Auch wenn eine Verfahrenskonzentration nicht stattfände, die Aktionäre mangels Vollstreckungstitels in einem gesonderten Verfahren Leistungsklage gegen den Bieter auf Erbringung der Gegenleistung erheben müssen, kommt dieser dem Beschluss nicht freiwillig nach[1152], werden durch ein Feststellungsverfahren und den obligatorischen gemeinsamen Vertreter widersprüchliche Entscheidungen wie auch die Durchführung zahlreicher Verfahren vermieden, das Prozess- und Kostenrisiko minimiert sowie Rechtssicherheit hergestellt.

[1152] Siehe § 16 SpruchG; Begr. RegE-SpruchG, BT-Drucks. 15/371, S. 18 zu § 16. HESS, AG 2003, 113, 121 Fn. 140, hält die Gesetzesbegründung, nach der ein Leistungsklage dem Spruchstellenverfahren fremd sei, für nicht überzeugend, da solche Prozesse als Streitverfahren der FGG fortgeführt werden könnten.

ANLAGE 1: BEDINGUNGEN IN ÜBERNAHME- UND ERWERBSANGEBOTEN[1153]

BIETER	ZIELGESELLSCHAFT	MINDESTANNAHMESCHWELLE	GENEHMIGUNG/ FREIGABE	VOLLZUG AKTIENKAUFVERTRAG	WEITERE BEDINGUNGEN
Bandai GmbH, Nürnberg	Zapf Creation AG, Rödental	• 75 %	• BKartA		• MAC-Klausel Keine Überschuldung/ Zahlungsunfähigkeit Nichtvornahme bestimmter Handlungen Kein Konkurrierendes Angebot
VIB Vermögen AG, Neuburg/ Donau (**P**)	Bürgerliches Brauhaus Ingolstadt AG, Ingolstadt				
Same Deutz-Fahr Holding & Finance BV, Amsterdam, Niederlande (**P**)	Deutz AG, Köln		• BKartA, Kartellbehörden USA, Österreich		
GFP Vermögensverwaltungs GmbH & Co. Beteiligungs KG, Berlin	Odeon Film AG, Geiselgasteig				
CornerstoneCapital Beteiligungen, Frankfurt am Main und DAH Beteiligungs GmbH, Mannheim (**P**)	b.i.s. börseninformationssysteme AG, Rimpar				
DRB Beteiligungs GmbH & Co. KG, Köln	Dolerit-Basalt Grundwert- und Beteiligungs-Aktiengesellschaft i.L., Köln				

1153 Stand: 30.06.2006. Zur Vollständigkeit der Übersicht der veröffentlichten Angebotsunterlagen wurden die Pflichtangebote mit aufgeführt und sind als solche mit (**P**) kenntlich gemacht.

BIETER	ZIELGESELLSCHAFT	MINDESTANNAHMESCHWELLE	GENEHMIGUNG/ FREIGABE	VOLLZUG AKTIENKAUFVERTRAG	WEITERE BEDINGUNGEN
Dritte BV GmbH, Leverkusen	Schering Aktiengesellschaft, Berlin	● 75 %	● EU-Kommission, Kartellbehörde USA		● MAC-Klausel Keine wesentliche Marktverschlechterung Nichtvornahme bestimmter Handlungen Keine Angebotsverhinderung/-verzögerung
Generali Beteiligungs-GmbH, Aachen	AMB Generali Holding AG, Aachen				● Keine Verschlechterung Marktbedingungen
Reply S.p.A., Turin, Italien (**P**)	Syskoplan AG, Gütersloh				
Delta Beteiligungen Aktiengesellschaft, Heidelberg	Beta Systems Software AG, Berlin				● Keine Insolvenzanmeldung/Anzeige Verlust der Hälfte des Grundkapitals durch Zielgesellschaft Eintragung Sachkapitalerhöhungsbeschluss und Durchführung im Handelsregister;
LEI Anterra Germany Holding GmbH, Heidelberg (**P**)	Anterra Vermögensverwaltungs-AG, Frankfurt am Main				
Adecco Germany Holding GmbH, Hamburg	DIS Deutscher industrie Service AG, Düsseldorf		● EU-Kommission, BKartA, Kartellbehörden Österreich und weitere Mitgliedstaaten der EU bei Verweis durch EU-Kommission		● MAC-Klausel Keine Eröffnung/Beantragung Insolvenzverfahren über Vermögen DIS AG oder Unternehmen der DIS-Gruppe

BIETER	ZIELGESELLSCHAFT	MINDESTANNAHMESCHWELLE	GENEHMIGUNG/ FREIGABE	VOLLZUG AKTIENKAUFVERTRAG	WEITERE BEDINGUNGEN
Emerson Electric Niederland B.V., Amsterdam, Königreich der Niederlande	Knürr AG, Arnstorf				
RAG Projektgesellschaft mbH, Essen	Degussa AG, Düsseldorf	• (95 %)	• Bundesrepublik Deutschland/Nordrhein-Westfalen (gemäß Rahmenvereinbarung über Finanzierungshilfe)		
Deutsche Postbank AG, Bonn (**P**)	BHW Holding Aktiengesellschaft, Hameln				
Swarco Europ GmbH, Wattens, Österreich (**P**)	M-Tech Technologie und Beteiligungs AG, Denkendorf				
AXA, Paris / Frankreich	AXA Konzern AG, Köln	• (95 %)			• MAC-Klausel
Isabell Finance Vermögensverwaltungs GmbH (vormals Praetorium 61. VV GmbH), Berlin	INTERSEROH Aktiengesellschaft zur Verwertung von Sekundärrohstoffen, Köln	• (75 %)			
EECH GROUP AG (vormals firmierend als P&T Technology AG), Hamburg (**P**)	BilTrain AG, Dresden				
Sumida Holding Germany GmbH, Neumarkt i.d. Oberpfalz	VOGT electronic AG, Obernzell				• MAC-Klausel
Etex Holding GmbH, Heidelberg	Creaton Aktiengesellschaft, Wertingen				
Singulus Technologies AG, Kahl am Main	STEAG HamaTech AG, Sternenfels		• BKartA, soweit erforderlich	•	• MAC-Klausel
ARQUES Industries AG, Starnberg (**P**)	Tiscon AG Infosystems, Neu-Ulm				

BIETER	ZIELGESELLSCHAFT	MINDESTANNAHMESCHWELLE	GENEHMIGUNG/ FREIGABE	VOLLZUG AKTIENKAUFVERTRAG	WEITERE BEDINGUNGEN
HSW GmbH, Köln	SENATOR Entertainment AG, Berlin				• Keine Kapitalerhöhung Kein Beschluss über Satzungsänderung, Kapitalmaßnahme, Dividendenausschüttung, Auflösung Rücklagen, Umwandlung, etc. (Wert im Einzelfall über EUR 1 Mio.) Keine Veräußerung, Ausgliederung, Sicherheitenbelastung (Wert im Einzelfall über EUR 1 Mio.)
ELK Fertighaus Aktiengesellschaft, Schrems, Österreich	Bien-Zenker AG, Schlüchtern	• (75 % + 1 Aktie)			
Kurt Krieger, Schönefeld	Möbel Walther AG, Gründau-Lieblos				
SAP AG, Walldorf	SAP Systems Integration AG, Dresden				
Mezzanine IX Investors, L.P., USA **(P)**	Adler Real Estate AG, Hamburg				
DKM Asset Manegement AG, Stuttgart	DKM Wertpapierhandelsbank AG, Düsseldorf	• (95 %)			
Ganymed 347. VV GmbH, Frankfurt am Main **(P)**	Felten & Guilleaume AG, Köln				
Aktieninvestor.com AG, Österreich und Herr Dr. Michael Briem, Monaco	TV-Loonland AG, Unterföhring				

Bieter	**Zielgesellschaft**	**Mindestannahmeschwelle**	**Genehmigung/ Freigabe**	**Vollzug Aktienkaufvertrag**	**Weitere Bedingungen**
vwd Vereinigte Wirtschaftsdienste GmbH; Eschborn (**P**)	b.i.s. börsen-informationssysteme AG, Rimpar				
LLRR Management GmbH, München (**P**)	UBAG Unternehmer Beteiligungen AG, München				
Stationery Products S.à.r.l., Luxemburg	Herlitz Aktiengesellschaft, Berlin	• (60 %)			• Keine Ausübung der veräußerten Optionsrechte durch Verkäufer Keine Maßnahmen bis zum Übertragungssichtag Aktienkaufvertrag, wodurch bestimmte Aussagen unrichtig wurden
Stationery Products S.à.r.l., Luxemburg	Herlitz Aktiengesellschaft, Berlin				• Keine Eröffnung/Beantragung Insolvenzverfahren über Vermögen Bedingungseintritt für Auszahlung des Ablösungsdarlehens
Axel Springer AG, Berlin	ProSiebenSat.1 Media AG, München		• BKartA, Kartellbehörde Österreich Kommission zur Ermittlung der Konzentration im Medienbereich/Konferenz der Direktoren der Landesmedienanstalten		

BIETER	**ZIELGESELLSCHAFT**	**MINDESTANNAH-MESCHWELLE**	**GENEHMIGUNG/ FREIGABE**	**VOLLZUG AK-TIENKAUFVERTRAG**	**WEITERE BEDINGUNGEN**
Deutsche Balaton Aktiengesellschaft, Wiesbaden	Deutsche Balaton Aktiengesellschaft, Wiesbaden				
NDO Services B.V., Bussum, Niederlande	arxes Network Communication Consulting AG, Köln	• (60 %)			
UniCredito Italiano S.p.A., Genua, Italien	Bayerische Hypo- und Vereinsbank AG, München	• (65 %)	• EU-Kommission, Kartellbehörden Bosnien-Herzegowina, Bulgarien, Kroatien, Rumänien, Russland, Ukraine, USA Aufsichtsbehörden Argentinien, Bulgarien, Kroatien, Tschechische Republik, Ungarn, Irland, Lettland, Polen, Rumänien, Schweiz, Vereinigte Königreich		• Bestätigung Gutachter: Wert der zum Umtausch eingereichten Aktien entspricht Bewertung im Gutachten, das der Hauptversammlung der UniCredito am 29.07. 2005 vorlag
ShangGong (Europe) Holding Corp. GmbH (**P**) Hamburg	Dürkopp Adler Aktiengesellschaft, Bielefeld				
Nachtwache Acquisition GmbH, Köln	G. Kromschröder AG, Bielefeld				• Vollzug Ruhrgas-Industries-Kaufvertrag spätestens am 1.12.2005 (mittelbarer Erwerb von 95,86% des Grundkapitals)
Solvay Organics GmbH, Hannover	Girindus AG, Bergisch Gladbach	• (51 %)	• Kartellbehörde Italien		• MAC-Klausel

BIETER	ZIELGESELLSCHAFT	MINDESTANNAHMESCHWELLE	GENEHMIGUNG/ FREIGABE	VOLLZUG AKTIENKAUFVERTRAG	WEITERE BEDINGUNGEN
Solvay Organics GmbH, Hannover (Fortsetzung)	Girindus AG, Bergisch Gladbach				• Ausgabe neuer Aktien (maximal 1.880.000 Stück) an Bieter mittels Ausnutzung des genehmigten Kapitals im Falle Ausgabeverlangen, Zeichnungsverpflichtung des Bieters
SC-Beteiligungsgesellschaft mbH, Frankfurt am Main	Süd-Chemie Aktiengesellschaft, München	• (mehr als 50 %)	• BKartA bzw. EU-Kommission, Kartellbehörden USA/Kanada/Südkorea/Taiwan/Südafrika		• MAC-Klausel Keine Ankündigung der vorzeitigen Fälligstellung von Bankkrediten mit Vo-lumen von über EUR 50.000.000 durch Vorstand Kein Beschluss/keine Einleitung von Kapitalmaßnahmen, die derzeitiges Grundkapital/Anzahl Stimmrechte erhöhen
Deutsche Beteiligungs AG, Frankfurt am Main	Deutsche Beteiligungs AG, Frankfurt am Main				
Spohn Cement GmbH, Norderfriedrichskoog	HeidelbergCement AG, Heidelberg		• EU-Kommission, Kartellbehörden USA/Kanada		

BIETER	ZIELGESELLSCHAFT	MINDESTANNAHMESCHWELLE	GENEHMIGUNG/ FREIGABE	VOLLZUG AKTIENKAUFVERTRAG	WEITERE BEDINGUNGEN
Stotmeister Erwerbs GmbH & Co. KG, Stühlingen	Sto AG, Stühlingen	• (mindestens 2.195.100 Vorzugsaktien = 32,01 % des Grundkapitals)			
Marquard Media AG, Jürgen Marquard, Schweiz (**P**)	Computec Media AG, Fürth				
E.ON Energie AG, München	Contigas Deutsche Energie-AG, München				
Kulmbacher Brauerei AG, Kulmbach (**P**)	Würzburger Hofbräu AG, Würzburg				
Tele-München Fernseh-GmbH & Co. Produktionsgesellschaft, München, und Bavaria Film GmbH, Geiselgasteig (**P**)	CineMedia Film AG, München				
Turbo Group GmbH, Frankfurt am Main (**P**)	Aktiengesellschaft Kühnle, Kopp & Kausch, Frankenthal				
cellent AG, Stuttgart	tiscon AG Infosystems, Neu-Ulmen	• (95 %)			• Kein Beschluss/ Vollzug Maßnahmen der Kapitalbeschaffung (Ausnahme: bedingte Kapitalerhöhung/-herabsetzung)
OJSC Konzern „Kalina“, Russische Föderation	Dr. Scheller Cosmetics AG, Eislingen	• (21 % + 1 Aktie)			
Ludwig Fresenius, Schweiz (**P**)	Eichborn AG, Frankfurt a.M.				
Grundstücks- und Baugesellschaft Aktiengesellschaft, Heidenheim	Grundstücks- und Baugesellschaft Aktiengesellschaft, Heidenheim				
HeidelbergCement AG, Heidelberg	TEUTONIA Zementwerk Aktiengesellschaft, Hannover		• BKartA	•	

BIETER	ZIELGESELLSCHAFT	MINDESTANNAHMESCHWELLE	GENEHMIGUNG/ FREIGABE	VOLLZUG AKTIENKAUFVERTRAG	WEITERE BEDINGUNGEN
BorgWarner Germany GmbH, Heidelberg	Beru Aktiengesellschaft, Ludwigsburg		• EU-Kommission		• MAC-Klausel
Deutsche Telekom AG, Bonn	T-Online International AG, Weiterstadt				
edding AG, Ahrensburg	edding AG, Ahrensburg				• Konkurrierendes Angebot, das über den Ablauf der verlängerten Annahmefrist hinaus annahmefähig ist
The National Lighting Company Limited, Großbritannien **(P)**	Brilliant Aktiengesellschaft, Gnarrenburg				
Von Fink´sche Hauptverwaltung GmbH, München **(P)**	Custodia Holding AG, Mün-chen				
CIBER Holding GmbH, Frankfurt am Main **(P)**	Novasoft AG, Heidelberg				
Körber Aktiengesellschaft, Hamburg	Winkler + Dünnebier Aktiengesellschaft, Neuwied	• (75 %)	• Kartellbehörden Deutschland/Griechenland/Portugal, Österreich/Slowakei/Spanien bzw. EU-Kommission (Verweisungsverfahren gemäß Art. 4 Abs. 5 der Verordnung (EG) Nr. 139/2004); Wettbewerbsbehörde Türkei		• MAC-Klausel
Sanofi-Aventis, Frankreich **(P)**	Hoechst Aktiengesellschaft, Frankfurt am Main				

BIETER	ZIELGESELLSCHAFT	MINDESTANNAHMESCHWELLE	GENEHMIGUNG/ FREIGABE	VOLLZUG AKTIENKAUFVERTRAG	WEITERE BEDINGUNGEN
Allgäu Getränke Beteiligungs GmbH & Co. KG, Kaufbeuren (**P**)	Aktienbrauerei Kaufbeuren AG, Kaufbeuren				
Viacom Holdings Germany LLC, USA	VIVA Media AG, Köln				• MAC-Klausel Eintritt aufschiebender Bedingungen aus Aktienkaufvertrag
Leipnik Lundenburger Invest Beteiligungs Aktiengesellschaft, Österreich (**P**)	VK Mühlen Aktiengesellschaft, Hamburg		• BKartA, OLG Wien als Kartellgericht in Österreich		
Mesago Holding GmbH, Stuttgart (**P**)	CNV Vermögensverwaltungs AG, Stuttgart				
Parking Holdings AG (**P**)	APCOA Parking AG, Leinfelden-Echterdingen				
IPCar Beteiligungs GmbH, München	P&I Personal & Informatik AG, Wiesbaden				• Vollzug Becker-Kaufvertrag
United Fonds GmbH, Dettelbach (**P**)	ACTIUM Beteiligungs AG, Düsseldorf				
Udo Strehl Private equity GmbH, Möglingen (**P**)	USU Software AG, Möglingen				
Littlefuse Holding GmbH, Düsseldorf (**P**)	Heinrich Industrie AG, Essen				
Hansa Chemie International AG, Schweiz (**P**)	Vectron Systems AG, Münster				
Telco Holding S.à.r.l., Luxemburg	debitel AG, Stuttgart				• Vollzug Swisscom Kaufvertrag

BIETER	ZIELGESELLSCHAFT	MINDESTANNAHMESCHWELLE	GENEHMIGUNG/ FREIGABE	VOLLZUG AKTIENKAUFVERTRAG	WEITERE BEDINGUNGEN
Otto Wolff Industrieberatung und Beteiligungen GmbH, Köln, Rettenmaier GmbH, Heilbronn, Otto Wolff Indurat Holding GmbH & Co. KG, Köln, Otto Wolff von Amerongen, Köln, Otto Rettenmaier, Heilbronn (**P**)	MDB AG, München				
Wasgau Food Beteiligungsgesellschaft mbH, Anweiler am Trifels (**P**)	WASGAU Produktions & Handels AG, Pirmasens				
SAP Aktiengesellschaft Systeme, Anwendungen, Produkte in der Datenverarbeitung, Walldorf	SAP Systems Integration AG, Dresden				
Continental Aktiengesellschaft, Hannover	Phoenix Aktiengesellschaft, Hamburg	• (75 %)	• EU-Kommission, Kartellbehörde USA		• MAC-Klausel Keine Kapitalmaßnahmen
Beta Systems Software Aktiengesellschaft, Berlin (**P**)	Kleindienst Datentechnik Aktiengesellschaft, Augsburg				
RB Brauholding GmbH, Bielefeld	Brau und Brunnen Aktiengesellschaft, Dortmund und Berlin		• BKartA		
Giesecke & Devrient GmbH, München	secunet Security Networks AG, Essen		• BKartA		
SGL Carbon AG, Wiesbaden	SGL Carbon AG, Wiesbaden				
Carlsberg Deutschland GmbH, Mönchengladbach	Holsten-Brauerei AG Aktiengesellschaft für Industriebeteiligungen, Hamburg	• (75 %)	• EU-Kommission		• MAC-Klausel Keine Abwehrmaßnahmen

BIETER	ZIELGESELLSCHAFT	MINDESTANNAHMESCHWELLE	GENEHMIGUNG/ FREIGABE	VOLLZUG AKTIENKAUFVERTRAG	WEITERE BEDINGUNGEN
BCP Crystal Acquisition GmbH & Co. KG, Stuttgart	Celanese AG, Kronberg i.T.	• (85 %)	• EU-Kommission, BKartA, Kartellbehörden USA/Canada/Tschechien; Vermont Department of Banking, Insurance, Securities and Health Care Administration		• MAC-Klausel Kein Erlass von Rechtsvorschriften/keine Anordnungen, die Aktienerwerb verhindern/um mehr als drei Monate verzögern; Ausräumen Beanstandungen der SEC Keine Handlungen der Zielgesellschaft/Tochtergesellschaften Keine Handlungen/kein Unterlassen von Handlungen mit der Folge steigender (Pro-Forma-)Verbindlichkeiten Keine Erklärung eines Bankenmoratoriums/Anordnung Börsenschließung/Einstellung Devisenhandel D-USA/Einführung von Währungs- oder Devisenkontrollgesetzen USA-D/Absinken des Dow Jones Industrial um 2000 Punkte
Trüb AG, Schweiz (**P**)	Winter AG, Neu Esting				
Laontae BeteiligungsGmbH, Frankfurt a.M.	Felten & Guilleaume Aktiengesellschaft, Köln				
Aliaxis S.A., Belgien (**P**)	Friatec AG, Mannheim				
Beiersdorf AG, Hamburg	Beiersdorf AG, Hamburg				

BIETER	ZIELGESELLSCHAFT	MINDESTANNAHMESCHWELLE	GENEHMIGUNG/ FREIGABE	VOLLZUG AKTIENKAUFVERTRAG	WEITERE BEDINGUNGEN
H.T.B. Unternehmensbeteiligungen GmbH, Berlin (**P**)	Berliner Effektengesellschaft AG, Berlin		• Nichtuntersagung der Beteiligungserhöhung durch BaFin (§ 2b Abs. 1 S. 6 KWG)		
Agilisys B.V., Niederlande	infor business solutions AG, Friedrichshal	• (75 %)	• BKartA		• MAC-Klausel Keine Abwehrmaßnahmen
ITT Industries German Holding GmbH, Frankfurt a.M.	WEDECO AG Water Technology, Düsseldorf	• (95 %)	• BKartA und Kartellbehörden Spanien/ USA		• MAC-Klausel
2016091 Ontario, Inc., Canada	IXOS Software Aktiengesellschaft, Grasbrunn	• (67 %)			• MAC-Klausel Zustimmung Aktionäre zur Ausgabe Höchstzahl angebotener Open Text-Aktien und Stammaktien, die Basis für unter Übernahmeangebot angebotenen Open Text-Optionen
BorgWarner Europe Inc., USA	Aktiengesellschaft Kühnle, Kopp & Kausch, Frankenthal				
Spütz AG, Düsseldorf	Spütz AG, Düsseldorf				
Systems Union Group plc., Großbritannien	MIS AG, Darmstadt				
Wasser und Gas Westfalen GmbH, Bochum (**P**)	Gelsenwasser AG, Gelsenkirchen				

BIETER	ZIELGESELLSCHAFT	MINDESTANNAHMESCHWELLE	GENEHMIGUNG/ FREIGABE	VOLLZUG AKTIENKAUFVERTRAG	WEITERE BEDINGUNGEN
Isolar Nordic Holding AG, Schweiz	Autania AG, Kelkheim	• (85 %)			
Effecten-Spiegel AG, Düsseldorf (**P**)	Hunzinger Information AG, Frankfurt a.M.				
P7S1 Holding LP, Cayman Island (**P**)	ProSiebenSat 1 Media AG, Unterföhring				
GFKL Financial Services AG, Essen	ABIT AG, Meerbusch				• Zustimmung Hauptversammlung ABIT AG zum Verschmelzungsvertrag phinware AG-ABIT AG
Axel Springer AG, Berlin	Axel Springer AG, Berlin				
VERMAR Verwaltungs- und Marktstudien AG und Watermark CH AG, Schweiz (**P**)	IMW Immobilien AG, Mörfelden-Walldorf				
2016090 Ontario, Inc., Canada	Gauss Interprise AG, Hamburg	• (mehr als 265.866 der Stimmrechte)		•	• MAC-Klausel Keine Handlungen des Vorstandes, § 33 WpÜG
General Atlantic Partners (TERN), L.P., Bermuda (**P**)	TDS Informationstechnologie AG, Neckarsulm				
Buzzi Unicem S.p.a., Italien	Dyckerhoff AG, Wiesbaden	• (mehr als 50 % aller Vorzugsaktien)			• Bestätigung Einbringungswert der Kapitalerhöhung durch externen Abschlussprüfer auf Basis des Berichtes des gerichtlich bestellten Prüfers

BIETER	ZIELGESELLSCHAFT	MINDESTANNAHMESCHWELLE	GENEHMIGUNG/ FREIGABE	VOLLZUG AKTIENKAUFVERTRAG	WEITERE BEDINGUNGEN
GlobalWare AG, Eisenach	GAP AG, Oberhaching	• (50 % + 1 Aktie)			
Scholz & Friends Holding GmbH, Hamburg	Scholz & Friends AG, Berlin				
Siemens AG, München (**P**)	Cycos AG, Alsdorf				
Ruhrgas Industries GmbH, Essen	G. Kromschröder AG, Osnabrück/Lotte (Büren)				
2026140 Ontario, Inc., Canada	W.E.T. Automotive Systems AG, Odelzhausen	• (95 %)	• BKartA		• MAC-Klausel Kein Verstoß gegen geltendes Recht
Blake International Limited, British Virgin Islands (**P**)	HIT International Trading AG, Isma-ning				
Highlight Communications AG, Schweiz und Herr Bernd Eichinger, München (**P**)	Constantin Film AG, München				
Brain Force Software AG, Österreich	NSE Software AG, München				
Coherent Holding GmbH, Dieburg	Lambda Physik AG, Göttingen	• (95 %)			
ADAGIO Grundstücksverwaltungsgesellschaft mbH, Saarbrücken (**P**)	Kaufhalle AG, Saarbrücken				
Rheinmetall Berlin Verwaltungsgesellschaft mbH, Berlin	Kolbenschmidt Pierburg AG, Düsseldorf				
E.ON Energie AG, München	E.ON Bayern AG, Regensburg				• Stichtagskurs E.ON-Aktie 35 Euro

BIETER	ZIELGESELLSCHAFT	MINDESTANNAHMESCHWELLE	GENEHMIGUNG/ FREIGABE	VOLLZUG AKTIENKAUFVERTRAG	WEITERE BEDINGUNGEN
Siemens AG, München	Cycos AG, Alsdorf	● (95 %)	● Katellbehörde Österreich	● Einrechnung der zu kaufenden Aktien in Mindestannahme-schwelle	
Robert Bosch GmbH, Gerlingen-Schillerhöhe	Buderus AG, Wetzlar	● (mehr als 50 % der Stimmrechte)	● EU-Kommission	● Einrechnung der zu kaufenden Aktien in Mindestannahme-schwelle	● MAC-Klausel
AS Deutschland GmbH, Wittlich	Jado AG, Rödermark	● (95 %)			
Procter & Gamble Germany Management GmbH, Schwalbach a.T.	Wella AG, Darmstadt	● (75 %)	● EU-Kommission, Kartellbehörden USA/Kanada/Mexiko/Japan	● Einrechnung der zu kaufenden Aktien in Mindestannahme-schwelle	
Bechtle AG, Gaildorf (**P**)	PSB AG für Programmierung und System-beratung, Ober-Mörlen,				
SwissReal Estate AG, Schweiz (**P**)	Küpperbusch AG, Gelsenkirchen				
TFG Venture Capital AG & Co. KGaA, Frankfurt a.M.	i:FAO AG, Frankfurt a.M.	● (50 % oder mehr)			
Eurofins Scientific AG, Frankreich	GeneScan Europe Aktiengesellschaft, Freiburg				
F.X. Meiler Grundstücksverwaltungs GmbH & Co. KG, München (**P**)	Rathgeber Aktiengesellschaft, München				
Interbrew Deutschland Holding GmbH, Bremen (**P**)	Gilde Brauerei AG, Hannover				

BIETER	**ZIELGESELLSCHAFT**	**MINDESTANNAHMESCHWELLE**	**GENEHMIGUNG/ FREIGABE**	**VOLLZUG AKTIENKAUFVERTRAG**	**WEITERE BEDINGUNGEN**
Interbrew Deutschland Holding GmbH, Bremen (**P**)	Hofbrauhaus Wolters AG, Braunschweig				
Martin Yale Industries, Inc., USA (**P**)	Schleicher & Co. International AG, Markdorf				
Vereinigte Baden-Württembergi-sche Wertpapierbörse e.V., Stuttgart (**P**)	EUWAX Broker Aktiengesellschaft, Stuttgart				
BestmeatCompany B.V., Niederlande	A. Moksel AG, Buchloe	● (7.500.255 Aktien = knapp 50 % des Grundkapitals und der Stimmrechte	● Kartellbehörde der Niederlande	● Einrechnung der zu kaufenden Aktien in Mindestannahme-schwelle	
Rheinmetall Maschinenbau GmbH, Düsseldorf	Jagenberg AG, Neuss				
EdCar Beteiligungs GmbH & Co. KG	Edscha AG	● (75 %)	● EU-Kommission, Kartellbehörde USA	● Einrechnung der zu kaufenden Aktien in Mindestannahme-schwelle	● MAC-Klausel in Aktienkaufverträgen
Dr. Johann Inselkammer	INKA Aktiengesellschaft für Beteiligungen				
Sommer S.A., Luxemburg	Tarkett Sommer AG				
Thiel Logistik AG, Luxemburg	Microlog Logistics AG	● (95 %)			
Sandvik Holding GmbH,	Walter AG	● (665.000 Aktien = 95 %)			
Marbert AG (**P**)	Jean Pascale AG				
Bayerische Hypo- und Vereinsbank AG	HVB Real Estate Bank AG				

BIETER	ZIELGESELLSCHAFT	MINDESTANNAHMESCHWELLE	GENEHMIGUNG/ FREIGABE	VOLLZUG AKTIENKAUFVERTRAG	WEITERE BEDINGUNGEN
Energie Baden-Württemberg AG, Karlsruhe (**P**)	ZEAG Zementwerk Lauffen-Elektrizitätswerk Heilbronn AG, Heilbronn				
Van Houten Beteiligungs AG & Co. KG, Norderstedt (**P**)	Stollwerck AG, Köln				
DB Sechste Vermögensverwaltungsgesellschaft mbH, Berlin	Stinnes AG, Mühlheim a.d. Ruhr		• EU-Kommission, Wettbewerbsbehörde (Kanada), Bundesministerium Verkehr-, Bau- und Wohnungswesen (§ 65 Abs. 3 BHO)		
Carl Zeiss Jena GmbH (**P**)	Carl Zeiss Meditec AG				
Bilfinger Berger AG	Rheinhold & Mahla AG		• BKartA		
Nordag AG	B.U.S. Berzelius Umwelt-Service AG				• Zustimmung der außerordentlichen Hauptversammlung der Bieterin, § 25 WpÜG
Satellite Internet Solutions S.A., Luxemburg,	Adori AG				
SIRO AG, Schweiz (**P**)					
VTG Vereinigte Tanklager und Transportmittel GmbH, Hamburg	VTG-Lehnkering AG, Hamburg	• (95 %)			
KWL Kraftwerk Laufenburg	KWR-Kraftübertragungswerke Rheinfelden AG				
media[netCom] AG	Interlinox AG				• Eintragung Kapitalerhöhungsbeschluss

BIETER	ZIELGESELLSCHAFT	MINDESTANNAHMESCHWELLE	GENEHMIGUNG/ FREIGABE	VOLLZUG AKTIENKAUFVERTRAG	WEITERE BEDINGUNGEN
NewMedia Spark-Holding GmbH	Spütz AG				
RAG Projektgesellschaft mbH	Degussa AG		• EU-Kommission; Kartellbehörden USA/Kanada; Bundesrepublik Deutschland, Nordrhein-Westfalen (wegen Gewährung Finanzierungshilfen u.a. nach dem Steinkohlebeihilfengesetz)		• Verkauf-Vollzug
BNP Paribas, Frankreich	Consors Discount Broker AG				
AWD Holding AG	Tecis Holding AG	• (75 %)			
Finba Bakery Europe AG	Kamps AG	• (50 %+1 Aktie)	• EU-Kommission		• Keine Abwehrmaßnahmen des Vorstands, § 33 WpÜG
Green Holding (**P**)	Gardena Holding AG				
Texas Instruments Incorporated, U.S.A.	Condat AG	• 95 % (später Verzicht)		•	• MAC-Klausel in Aktienkaufverträgen
A.Racke GmbH + Co	C.A. Kupferberg & Cie. KGaA	• (95 %)			
Deutsche Balaton AG	Beta Systems Software AG				
Unites Internet AG	Adlink Internet Media AG				

BIETER	ZIELGESELLSCHAFT	MINDESTANNAHMESCHWELLE	GENEHMIGUNG/ FREIGABE	VOLLZUG AKTIENKAUFVERTRAG	WEITERE BEDINGUNGEN
Adecco S.A.	jobpilot AG	• (75 %)	• BKartA, Kartellbehörden Österreich/ Tschechische Republik		
CLC AG	CAMELOT Tele.Communication.online.AG				
Harmann Becker Automotive Systems (Becker Division) GmbH (**P**)	CAA AG				
Bayerische Städte- und Wohnungsbau GmbH (**P**)	MONACHIA Grundstück-Aktiengesellschaft				
OgilvyOne worldwide GmbH & Co. KG	Concept AG!	• (75 %)			
LBBW Landesbank Baden-Württemberg (**P**)	BW Baden-Württembergische Bank AG				
DePfa Holding plc	DePfa Deutsche Pfandbriefbank AG	• (90 %)	• Irische Zentralbank, irische Minister for Enterprise, Trade and Employment		

ANLAGE 2: AUSGESTALTUNG EINER MAC-KLAUSEL IN DER PRAXIS – ÜBERNAHMEANGEBOT DER BCP CRYSTAL ACQUISITION GMBH & CO. KG AN DIE AKTIONÄRE DER CELANESE AG

Ernst & Young AG

Wirtschaftsprüfungsgesellschaft
Mergenthaler Allee 10–12
65760 Eschborn

Bekanntmachung

Freiwilliges öffentliches Übernahmeangebot der BCP Crystal Acquisition GmbH & Co. KG zum Erwerb der auf den Namen lautenden Stückaktien der Celanese AG

Die BCP Crystal Acquisition GmbH & Co. KG (der „Bieter") hat am 2. Februar 2004 die Angebotsunterlage (die „Angebotsunterlage") für das freiwillige öffentliche Übernahmeangebot (das „Angebot") zum Erwerb der auf den Namen lautenden Stückaktien der Celanese AG, Kronberg im Taunus, veröffentlicht. Am 13. März 2004 hat der Bieter eine Änderung des Angebots veröffentlicht. Die Annahmefrist hat sich daher verlängert und endet nunmehr am 29. März 2004, 24.00 Uhr mitteleuropäischer Zeit bzw. 18.00 Uhr New York City Ortszeit. Der Angebotspreis beträgt EUR 32,50 in bar je auf den Namen lautender Stückaktie der Celanese AG.

Das Angebot und die Wirksamkeit der mit der Annahme des Angebots zustande kommenden Verträge stehen gemäß Abschnitt V. 4. (a) (iv) (B) der Angebotsunterlage unter anderem unter der Bedingung, dass bis zwei Werktage vor Ablauf der Annahmefrist keine Tatsachen eingetreten sind, die als neue Tatsachen im Sinne des § 15 WpHG zu veröffentlichen gewesen wären und zusätzlich (für sich allein oder zusammen betrachtet) zu einer Belastung des EBITDA der Celanese AG für das Geschäftsjahr 2004 geführt haben oder eine solche vernünftigerweise erwarten lassen von mehr als (i) EUR 100 Mio., wenn vernünftigerweise zu erwarten ist, dass solche Tatsachen oder die damit verbundenen negativen Auswirkungen fortdauern oder erneut eintreten; oder (ii) EUR 400 Mio., wenn vernünftigerweise nicht zu erwarten ist, dass solche Tatsachen oder die damit verbundenen negativen Auswirkungen fortdauern oder erneut eintreten. Weitere Einzelheiten insbesondere zur Definition des EBITDA und zum maßgeblichen Ermessen bei der Untersuchung dieser Bedingung sind in der Angebotsunterlage dargestellt.

Am 26. Februar 2004 haben wir in der *Frankfurter Allgemeine Zeitung* veröffentlicht, dass wir als unabhängiger Gutachter das Verfahren zur Prüfung, ob die Voraussetzungen für den Eintritt dieser Bedingung vorliegen, am selben Tag eingeleitet haben. Das Verfahren haben wir so angelegt, dass es einerseits die Untersuchung des Risikomanagementsystems und andererseits die Abfrage bei den einzelnen Segmenten und beim Vorstand der Celanese AG zu wesentlichen (erwarteten) Ergebnisverschlechterungen für das Geschäftsjahr 2004 zum Ziel hatte. Die Vollständigkeit und Richtigkeit der gemachten Angaben hat uns der Vorstand mit einer berufsüblichen Vollständigkeitserklärung bestätigt.

In der Angebotsunterlage ist vorgesehen, dass wir das Ergebnis unserer Prüfung spätestens am letzten Werktag der Annahmefrist in der *Frankfurter Allgemeine Zeitung* veröffentlichen.

> Das Ergebnis unserer Untersuchungen ist, dass wir unter Zugrundelegung sorgfältiger kaufmännischer Abwägung nicht haben feststellen können, dass Tatsachen eingetreten sind, die als neue Tatsachen im Sinne des § 15 WpHG zu veröffentlichen gewesen wären und zusätzlich zu einer Belastung des EBITDA der Celanese AG wie in der Angebotsunterlage beschrieben geführt haben oder eine solche vernünftigerweise erwarten lassen. Die in Abschnitt V. 4. (a) (iv) (B) der Angebotsunterlage niedergelegte Bedingung gilt damit gemäß den Vorgaben der Angebotsunterlage als eingetreten.

Wir weisen darauf hin, dass unsere Haftung für Vermögensdispositionen auf der Grundlage dieser Veröffentlichung wegen Fahrlässigkeit auf eine Höchstsumme von EUR 1,0 Mio. im einzelnen Schadensfall sowie für die Summe aller etwaigen Schadensfälle begrenzt ist.

Frankfurt, 29. März 2004

Ernst & Young AG

ANLAGE 3: FESTSTELLUNG DES BEDINGUNGSEINTRITTES – BEKANNTMACHUNG DER ERNST & YOUNG AG V. 29.03.2004

4. Bedingungen

(a) Angebotsbedingungen

Dieses Angebot und die Wirksamkeit der mit der Annahme dieses Angebots zustande kommenden Verträge stehen unter den folgenden Bedingungen:

...

(iv) Es dürfen

(A) bis zum Ablauf der Annahmefrist keine neuen Tatsachen gemäß § 15 des deutschen Wertpapierhandelsgesetzes („**WpHG**") veröffentlicht worden sein, und

(B) bis zwei Werktage vor Ablauf der Annahmefrist keine Tatsachen eingetreten sein, die als neue Tatsachen im Sinne des § 15 WpHG zu veröffentlichen gewesen wären,

die (für sich allein oder zusammen betrachtet) zu einer Belastung des EBITDA (wie unten definiert) der Celanese AG für das Geschäftsjahr 2004 geführt haben oder eine solche vernünftigerweise erwarten lassen von mehr als

(1) EUR 100 Mio., wenn vernünftigerweise zu erwarten ist, dass solche Tatsachen oder die damit verbundenen negativen Auswirkungen fortdauern oder erneut eintreten; oder

(2) EUR 400 Mio., wenn vernünftigerweise nicht zu erwarten ist, dass solche Tatsachen oder die damit verbundenen negativen Auswirkungen fortdauern oder erneut eintreten.

„**EBITDA**" im Sinne dieser Bedingung ist das operative Ergebnis der Celanese AG und der in ihren Konzernabschluss einzubeziehenden Tochtergesellschaften vor Zinsen, Steuern, Abschreibungen und Amortisation. Bei der Berechnung sind die bisher von der Celanese AG angewandten Ansatz-, Bilanzierungs- und Bewertungsgrundsätze und die Praxis bei der Ausübung von Bilanzierungswahlrechten im Einklang mit der Handhabung im Konzernabschluss der Celanese AG 2002 zugrunde zu legen, jedoch unter Einschluss von Sonderaufwendungen mit Auswirkungen auf den Nettogewinn;

nicht eingeschlossen sind

- Änderungen durch nicht zahlungswirksame Beeinträchtigungen von Vermögensgegenständen;
- Änderungen von Bilanzierungsgrundsätzen nach dem Geschäftsjahr 2002;
- Kosten, die unmittelbar mit dieser Transaktion verbunden sind; und
- Kosten, die mit Wertsteigerungsrechten (*stock appreciation rights*) der Celanese AG verbunden sind.

Diese Bedingung bezieht sich nicht auf Tatsachen, die bereits im Konzernabschluss für das Geschäftsjahr 2002 oder für das Geschäftsjahr 2003 der Celanese AG, die dem Bieter vor dem 14. Dezember 2003 zugänglich gemacht wurde, berücksichtigt oder von der Celanese AG am oder vor dem 14. Dezember 2003 veröffentlicht wurden.

Die vorstehend in (iv) (B) beschriebene Bedingung

(1) tritt nur dann nicht ein, wenn nach der in einer Stellungnahme (die **„Stellungnahme"**) dargelegten Ansicht eines unabhängigen Gutachters, einem durch Herrn Sulzbach von Ernst & Young, Frankfurt am Main, zu bestellenden Mitarbeiter von Ernst & Young, unter Zugrundelegung sorgfältiger kaufmännischer Abwägung ihre Voraussetzungen nicht erfüllt sind (d.h. wenn Tatsachen eingetreten sind, die als neue Tatsachen im Sinne des § 15 WpHG zu veröffentlichen gewesen wären und die zu einer Belastung des EBITDA der Celanese AG wie oben geschrieben geführt haben oder eine solche vernünftigerweise erwarten lassen) und der unabhängige Gutachter vor dem letzten Werktag der Annahmefrist in der *Frankfurter Allgemeine Zeitung* veröffentlicht, dass seine Prüfung dies ergeben hat;

(2) gilt dann als eingetreten, wenn der unabhängige Gutachter am letzten Werktag der Annahmefrist in der *Frankfurter Allgemeine Zeitung* veröffentlicht, dass er aufgrund seiner pflichtgemäßen Prüfung nicht hat feststellen können, dass Tatsachen eingetreten sind, die als neue Tatsachen im Sinne des § 15 WpHG zu veröffentlichen gewesen wären und die zu einer Belastung des EBITDA der Celanese AG wie oben geschrieben geführt haben oder eine solche vernünftigerweise erwarten lassen.

Der unabhängige Gutachter wird bei der Prüfung etwaiger Ermessensentscheidungen des Vorstands der Celanese AG nicht eigenes Ermessen an Stelle des Vorstands ausüben, sondern lediglich prüfen, ob und inwieweit der Vorstand der Celanese AG eingeräumtes Ermessen rechtsfehlerfrei, unter Beachtung der erforderlichen Sorgfalt eines vernünftigen Kaufmanns und bei rechtmäßiger Anwendung der Vorschriften über die Veröffentlichung und Mitteilung kursbeeinflussender Tatsachen gemäß § 15 WpHG ausgeübt hat.

Der unabhängige Gutachter wird das Verfahren zur Feststellung der Voraussetzungen am 26. Februar 2004 einleiten. Die Celanese AG hat sich verpflichtet, sich nach besten Kräften darum zu bemühen, ihm die zur Prüfung der Voraussetzungen und zur Erstellung seiner Stellungnahme erforderlichen Informationen auf Anfrage unverzüglich zur Verfügung zu stellen. Der unabhängige Gutachter wird die Einleitung des Verfahrens unverzüglich unter Bezugnahme auf dieses Angebot in der *Frankfurter Allgemeine Zeitung* veröffentlichen und der Bieter wird in den USA eine entsprechende Pressemitteilung veröffentlichen. Der unabhängige Gutachter hat seine Stellungnahme unverzüglich abzugeben und in jedem Falle vor Beginn des zweitletzten Werktags der Annahmefrist dem Bieter und der Celanese AG vorzulegen. Er hat das Ergebnis seiner Prüfung wie oben beschrieben spätestens am letzten Werktag der Annahmefrist unter Bezugnahme auf dieses Angebot in der *Frankfurter Allgemeine Zeitung* zu veröffentlichen. Der Bieter wird in den USA eine entsprechende Pressemitteilung veröffentlichen. Die in der Stellungnahme niedergelegte Entscheidung des unabhängigen Gutachters ist bindend und unanfechtbar für den Bieter und die Celanese-Aktionäre, die dieses Angebot annehmen. Die Kosten für den unabhängigen Gutachter und dessen Auslagen sind vom Bieter zu tragen.

...

VERZEICHNIS DER INTERNET-DOKUMENTE

ADAMS, Kenneth A.: A Legal-Usage Analysis of "Material Adverse Change" Provisions, Fordham Journal of Corporate & Financial Law, Vol. 10 (Winter 2004), S. 9-53, http://adamsdrafting.com/system/?page_id=11

ALLEN & OVERY: Material Adverse Change Conditions In Public Takeover Offers Post WPP/Tempus, Bulletin November 2001, http://www.allenovery.com/asp/pdf/Material%20Adverse%20Change%20Conditions%20in%20Public%20Takeover%20Offers%20Post%20WPP-Tempus%20%20Nov%202001.pdf

BARTELS, Steven/TOMES, Kenda: Kill or Close the Deal, ACCA Docket Vol. 20, Nr. 9 (Oktober 2002), S. 36-53, http://practicallaw:kdi8ue98@www.acca.com/protected/pubs/docket/on02/mac2.php

BIRKETT, Kirsten/LEONARD, Anna-Maria: Credit rating downgrades: Triggering a collapse, Global Counsel, Februar 2002, http://lduk.practicallaw.com/A28030

BLASSBERG, Franci J./REGNER, William D.: Don't Forget Your MAC, The Debevoise & Plimpton Private Equity Report, Herbst 2001, S. 3, 20, http://www.debevoise.com/db30/cgi-bin/pubs/Fall2001.pdf

BLOCK, Dennis J./HOFF, Jonathan M.: Material Adverse Change Provisions in Merger Agreements, NYLJ v. 23.08.2001, www.cadwalader.com/assets/article/MaterialAdverseChangeProvisionsinMergerAgreements.pdf

BUNDESANSTALT FÜR FINANZDIENSTLEISTUNGSAUFSICHT: Veröffentlichte Entscheidungen eines Bieters zur Abgabe eines Wertpapier-Erwerbs-Angebotes (§ 10 WpÜG)/Veröffentlichte Entscheidungen eines Bieters zur Abgabe eines Übernahmeangebotes (§§ 29, 34, 10 WpÜG)/Veröffentlichte Kontrollerlangung eines Bieters über eine Zielgesellschaft (§ 35 WpÜG), http://www.bafin.de/datenbanken/wpueg_10+35liste.htm

— Veröffentlichte Angebotsunterlagen (§ 14 WpÜG), http://www.bafin.de/datenbanken/wpueg_14 liste.htm

— Entwurf des Emittentenleitfadens der Bundesanstalt für Finanzdienstleistungsaufsicht (BaFin) (15.07.2005), http://www.bafin.de/schreiben/89_2005/emittentenleitfaden.pdf

BUNDESAUFSICHTSAMT FÜR DEN WERTPAPIERHANDEL/DEUTSCHE BÖRSE AG: Insiderhandelsverbote und Ad-hoc-Publizität nach dem Wertpapierhandelsgesetz, 2. Auflage 1998, http://www.bafin.de/cgi-bin/bafin.pl?sprache=0&verz=06_Presse_amp_Publikationen*03_P$u$blikationen*03_Broschxfcren&nofr=1&site=0&filter=&ntick=0

CHANCERY COURT OF THE STATE OF DELAWARE IN AND FOR NEW CASTLE COUNTY: IBP, Inc. v. Tyson Foods, Inc., Consolidated Civil Action No. 18373 (15.06.2001), http://webman.widener.edu/documents/opinions/18373-507.pdf

— Stipulation of Settlement (27.06.2001), http://webman.widener.edu/documents/settlements/18373-517.pdf

CHRISTENFELD, Alan M./MELZER, Stephard W.: Material Adverse Change Clauses: The Big MAC, NYLJ v. 03.10.2002, http://www.cliffordchance.com/uk/pdf/Material_Adverse_Change_Clauses_The_Big_MAC.pdf

DOOLEY, Patrick J.: M&A Escape Clauses in Light of The Terrorist Attacks (2001), http://www.akingump.com/docs/publication/69.pdf

EUROPÄISCHE KOMMISSION: Report of the high level group of company law experts on issues related to takeover bids (10.01.2002), http://ec.europa.eu/internal_market/company/takeoverbids/2002-01-hlg-report_de.pdf

FLEISCHER JR., Arthur: Legal update: Contract Interpretation in Acquisition Agreements: The Content of Material Adverse Change (01.01.2002), http://www.ffhsj.com/cmemos/contract_interpretation. pdf

FRESHFIELDS BRUCKHAUS DERINGER: MAC attack!, New Issues November 2001, S. 2, http://www.freshfields.com/practice/corporate/publications/newsletters/new-issues/2044.pdf

— Material adverse change revisited, New Issues Februar 2002, S. 4, http://www.freshfields.com/practice/corporate/publications/newsletters/new-issues/200202.pdf

GLOBAL COUNSEL: Material adverse change clauses for private acquisitions: drafting note (19.02.2002), http://www.practicallaw.com/7-107-4242

— Material adverse change clauses for public acquisitions: drafting note (19.02.2002), http://www.practicallaw.com/5-107-4243

GREENBERG, Joel I./HADDAD, Julia A.: The Material Adverse Change Clause – Careful Drafting Key, but Certain Concerns may need to be addressed elsewhere (23.04.2001), http://www.Kayescholer.com/podium/articles/2001/Greenberg-Haddad-The_Material_Adverse_NYLJ_4-23-01.pdf

HALLORAN, Michael J.: Changes in Material Adverse Change Provisions (01.03.1999), http://library.findlaw.com/1999/Sep/1/129885.html

HARRIS NESBITT: Business Strategy – Understanding the Material Adverse Change Clause, http://www. corporate.bmo.com/HarrisNesbitt/images/MAC.pdf

HENGELER MUELLER: Material Adverse Change Clauses in M&A Transactions, International Law Office (29.05.2002), http://www.internationallawoffice.com/ld.cfm?Newsletters_Ref=5116&print=1

— The Admissibility of Conditions in Takeover Bids, International Law Office (26.02.2003), http://www.internationallawoffice.com/ld.cfm?Newsletters_Ref=6238&print=1

IBP, INC.: Pretrial brief of cross-claim plaintiff IBP, Inc. (14.05.2001), http://webman.widener.edu/documents/briefs/18373-305.pdf

KAUFMAN, David J./HONG, Jane C.: Material Adverse Change Clauses Increasingly Scrutinized After September 11, Katten, Muchin, Zavis Client Advisory November 2001, www.wrhambrecht.com/comp/ma/news/pdf/20011130_kmz.pdf

KING, Michael: Walking from the deal: terminating a transaction because of a material adverse change (14.05.2003), http://www.altassets.com/knowledgebank/learningcurve/2003/nz3480.php

MALLESONS STEPHEN JAQUES: Material Adverse Change Clauses (August 2002), http://www.mallesons.com/publications/Asian_Projects_and_Construction_Update/Asian_Projects_and_Construction_Update_17_August_2002.pdf

OSBORNE CLARKE: Material adverse change clauses: worth the paper they're written on?, Corporate Update (August 2002), http://www.osborneclarke.com/publications/pdf/Material.pdf

OSTERLAND, Andrew: MAC Daddy: The Debate over Material Adverse Change – Court ruling in Tyson Foods/IBP merger may shift power to sellers, CFO v. 01.08.2001, http://www.stockskill.net/NPNTQ/Court-ruling-in-Tyson-Foods-IBP-merger.html

O.V.: Mergers & Acquisitions: M&A-Fakten, http://www.mergers-and-acquisitions.de/aktuell0010.htm

— Overwiew of the Delaware Court System (2004), http://courts.state.de.us/courts/

REASON, Tim: Deal Breakers – Buyers are giving themselves more outs by expanding material adverse change clauses, CFO Asia (November 2003), http://www.cfoasia.com/archives/200311-04.htm

REISS, John M./KAUTZ, Matthew J.: Seeking Deal Certainty In Uncertain Times – The Events of Sept. 11 Bring A New Threat To Successful Deal Conclusion Into Focus: The Materially Adverse Condition Clause, The Mergers & Acquisitions Advisor, Volume 8, Issue 11 (November 2001), http://www.whitecase.com/publications/List.aspx?Professionals=8117c2ef-d5fe-4f93-9981-4c5968333036&year=2001

REYNOLDS, Cathryn A.: The Contract Law aftermath of September 11: Force Majeure and "MAC" Clauses re-examined, United States Law Firm Group, Inc. (2001), http://www.uslfg.com/oldnews.cfm?FuseAction=details&Users_ID=18

SCHWEIZERISCHE ÜBERNAHMEKOMMISSION: Empfehlung v. 19.03.2003 – Öffentliches Kauf- und Umtauschangebot der ROCHE HOLDING AG, Basel, an die Aktionäre der DISETRONIC HOLDING AG, Burgdorf, http://www.takeover.ch/95.html?&cHash=170553207e&tx_bumadvice_pi1[uid]=86&tx_bumadvice_pi1[view]=detail

— Empfehlung v. 16.04.2003 – Öffentliches Kauf- und Umtauschangebot der SMITH & NEPHEW PLC., London, an die Aktionäre der CENTERPULSE AG, Zürich, http://www.takeover.ch/95.html?&cHash=aa806c4566&tx_bumadvice_pi1[uid]=81&tx_bumadvice_pi1[view]=detail

— Empfehlung v. 16.04.2003 – Öffentliches Kauf- und Umtauschangebot der SMITH & NEPHEW PLC., London, an die Aktionäre der INCENTIVE CAPITAL AG, Zug, http://www.takeover.ch/95.html?&cHash=6565a28301&tx_bumadvice_pi1[uid]=82&tx_bumadvice_pi1[view]=detail

THE ECONOMIST: Invoking the Material Adverse Change (MAC) Clause to Break Merger Deals (06.12. 2001), http://www.stockskill.net/NPNTQ/material-adverse-change-clause.html

THE TAKEOVER PANEL: Takeover Panel Statement 2001/14 (01.11.2001), http://www.thetakeoverpanel.org.uk/Statements/200114.pdf

— Practice Statement No. 5: Note 2 on Rule 13 – Invocation of Conditions (28.04.2004), http:// www.thetakeoverpanel.org.uk

— Takeover Panel Statement 2001/15 (06.11.2001), http://www.thetakeoverpanel.org.uk/Statements/200115.pdf

TORRES, DEBRA M.: Material Adverse Change Clauses: One Size Doesn't Fit All I (06.02.2002), http:// www.ffhsj.com/symposium_material/winter_symposium_02/mcguiness_present.pdf

TYSON FOODS, INC. and LASSO ACQUISITION CORPORATION: Post-trial answering brief of Tyson Foods, Inc. and Lasso Acquisition corporation (03.06.2001), http://webman.widener.edu/documents/briefs/18373-471.pdf

UK-WIRE FINANCIAL NEWS, RNS Stock Exchange Announcements (19.07.2001), http://www.uk-wire.com/cgi-bin/articles/20010719082212159 8H.html

— RNS Stock Exchange Announcements (20.08.2001), http://www.uk-wire.com/cgi-bin/articles/200108200729457189I.html (Part 1), http://www.uk-wire.com/cgi-bin/articles/2001082007294971 88I.html (Part 2)

— RNS Stock Exchange Announcements (10.09.2001), http://www.uk-wire.com/cgi-bin/articles/200109101509357421J.html

— RNS Stock Exchange Announcements (21.09.2001), http://www.uk-wire.com/cgi-bin/articles/200109211147514114K.html

— RNS Stock Exchange Announcements (10.10.2001), http://www.uk-wire.com/cgi-bin/articles/20011010115 7224039L.html

— RNS Stock Exchange Announcements (16.10.2001), http://www.uk-wire.com/cgi-bin/articles/200110160715036521L.html

— RNS Stock Exchange Announcements (23.10.2001), http://www.uk-wire.com/cgi-bin/articles/200110230700259810L.html

— RNS Stock Exchange Announcements (29.10.2001), http://www.uk-wire.com/cgi-bin/articles/200110291659363089M.html

VC EXPERTS, INC.: The MAC (Material Adverse Change) Closing Condition (2002), http://www.vclocator.com/pdf/41103 _Material_Adverse_Change_Closing_Condition.pdf

LITERATURVERZEICHNIS

ADOLFF, Johannes/MEISTER, Burkhardt/RANDELL, Charles/STEPHAN, Klaus-Dieter: Public Company Takeovers in Germany, München 2002

AHA, Christof: Rechtsschutz der Zielgesellschaft bei mangelhaften Übernahmeangeboten, AG 2002, 160-169

ALLEN, Franklin/GALE, Douglas: A welfare comparison of intermediaries and financial markets in Germany and the US, EER, 39 Jg. (1995), 179-209

AOKI, Masahiko/GUSTAFSSON, Bo/WILLIAMSON, Oliver E.: The firm as a nexus of treaties, London, Newbury Park, New Delhi 1990; zitiert: BEARBEITER in: Aoki

APFELBACHER, Gabriele/BARTHELMESS, Stephan/BUHL, Thomas/VON DRYANDER, Christof: German Takeover Law – A Commentary, München, Athen 2002; zitiert: Bearbeiter in Apfelbacher/Barthelmess/Buhl/von Dryander

ASSMANN, Heinz-Dieter: Verhaltensregeln für freiwillige öffentliche Übernahmeangebote, Der Übernahmekodex der Börsensachverständigenkommission, AG 1995, 563-572

— Erwerbs-, Übernahme- und Pflichtangebote aus Sicht der Bietergesellschaft, AG 2002, 114-125

—/BOZENHARDT, Friedrich: Übernahmeangebote als Regelungsproblem zwischen gesellschaftsrechtlichen Normen und zivilrechtlich begründeten Verhaltenspflichten, in: Assmann/Basaldua/Bozenhardt/Peltzer (Hrsg.), S. 1-156

—/BUNGERT, Hartwin: Handbuch des US-amerikanischen Handels-, Gesellschafts- und Wirtschaftsrechts, Bd. 1, München 2001; zitiert: BEARBEITER in: Assmann/Bungert

—/SCHNEIDER, Uwe H.: Wertpapierhandelsgesetz, Kommentar, 4. Auflage, Köln 2006; zitiert: BEARBEITER in: Assmann/Schneider

—/SCHÜTZE, Rolf A.: Handbuch des Kapitalanlagerechts, 2. Aufl., München 1997, zitiert: BEARBEITER in: Assmann/Schütze

—/LENZ, Jürgen/RITZ, Corinna: Verkaufsprospektgesetz, Verkaufsprospekt-Verordnung, Verkaufsprospektgebühren-Verordnung, Kommentar, Köln 2001; zitiert: BEARBEITER in: Assmann/Lenz/Ritz

—/Pötzsch, Thorsten/Schneider, Uwe H.: Wertpapiererwerbs- und Übernahmegesetz – Kommentar, Köln 2005

—/BASALDUA, Nathalie/BOZENHARDT, Friedrich/PELTZER, Martin: Übernahmeangebote, ZGR-Sonderheft 9, Berlin, New York 1990; zitiert: BEARBEITER in: Assmann/Basaldua/Bozenhardt/Peltzer

BASSENGE, Peter/BRUDERMÜLLER, Gerd/DIEDERICHSEN, Uwe u.a.: Palandt, Bürgerliches Gesetzbuch, 65. Auflage, München 2006; zitiert: Palandt-BEARBEITER

BAUM, Harald: „Öffentlichkeit" eines Erwerbsangebots als Anwendungsvoraussetzung des Übernahmerechts, AG 2003, 144-161

BAUMS, Theodor: Bericht der Regierungskommission Corporate Governance: Unternehmensführung, Unternehmenskontrolle, Modernisierung des Aktienrechts, Köln 2001

— WpÜG: Kommentar zum Wertpapiererwerbs- und Übernahmegesetz, Loseblattsammlung, Köln 2004

—/LUTTER, Marcus/SCHMIDT,Karsten/WERTENBRUCH, Johannes: Festschrift für Ulrich Huber zum siebzigsten Geburtstag, Tübingen 2006

BEBCHUK, Lucian Arye: The Case for Facilitating Competing Tender Offers, Harvard Law Review, 95. Jg. (1982), 1028-1056

BECKMANN, Ralph/KERSTING, Mark Oliver/MIELKE, Werner: Das neue Übernahmerecht, München 2003; zitiert: BEARBEITER in: Beckmann/Kersting/Mielke

BEHNKE, Thorsten/FABRITIUS, Andreas/HAAK, Andreas M./RÖHRICHT, Volker u.a.: Gesellschaftsrecht in der Diskussion 2003 – Jahrestagung der Gesellschaftsrechtlichen Vereinigung (VGR), Köln 2003

BEISEL, Wilhelm/KLUMPP, Hans-Hermann: Der Unternehmenskauf, Gesamtdarstellung der zivil- und steuerrechtlichen Vorgänge einschließlich gesellschafts-, arbeits- und kartellrechtlicher Fragen bei der Übertragung eines Unternehmens, 5. Auflage, München 2006; fortgeführt von: BEISEL, Daniel/KLUMPP, Hans-Hermann/THEYSOHN-WADLE, Jutta; zitiert: BEARBEITER in: Beisel/Klumpp

BERGER, Klaus Peter: Unternehmensübernahmen in Europa, Der geänderte Vorschlag für eine EG-Takeover-Richtlinie im Vergleich mit nationalen Übernahmeregelungen, ZIP 1991, 1644-1660

—/FILGUT, Esther: Material-Adverse-Change-Klauseln in Wertpapiererwerbs- und Übernahmeangeboten, WM 2005, 253-260

BERLE, Adolf August/MEANS, Gardiner C.: The Modern Corporation and Private Property, 2. Auflage, New York 1968

BERRAR, Thorsten: Die Finanzierungsbestätigung nach § 13 WpÜG, ZBB 2002, 174-185

BIRKETT, Kirsten: Untying the knot – Material adverse change clauses, Global Counsel, Februar 2002, 45-57

BLACK, Henry Campbell/GARNER, Bryan A.: Black's Law Dictionary with Pronunciations, 7. Auflage, St. Paul, Minnesota 1999

BONUS, Holger: Öffentliche Güter: Verführung und Gefangenendilemma, List Forum für Wirtschafts- und Finanzpolitik, 10. Jg. (1979/80), 69-102

BORK, Reinhard/KOHLER, Jürgen/ROTH, Herbert/SACK, ROLF: J. von Staudingers Kommentar zum Bürgerlichen Gesetzbuch mit Einführungsgesetzen und Nebengesetzen, Buch 1: Allgemeiner Teil §§ 134-163 (Allgemeiner Teil 4), Neubearbeitung, Berlin 2003; zitiert: Staudinger/BEARBEITER

BÖRSENSACHVERSTÄNDIGENKOMMISSION beim Bundesministerium der Finanzen: Standpunkte der Börsensachverständigenkommission zur künftigen Regelung von Unternehmensübernahmen, Februar 1999

BRAUN, Franz/ROTTER, Klaus: Der Diskussionsentwurf zum KapMuG – Verbesserter Anlegerschutz?, BKR 2004, 296-301

BRÖCKER, Norbert/WEISNER, Arnd: Übernahmeangebote – Unternehmens- und Beteiligungserwerb nach dem WpÜG; Praktikerhinweise und -empfehlungen für Bieter und Zielgesellschaften sowie ihre Berater, Köln 2003

BROCKHAUS: Die Enzyklopädie in vierundzwanzig Bänden, 3. Bd. (BED-BROM), 20. Auflage, Leipzig, Mannheim 1996

BROCKMEYER, Germar: Das Rechtsinstitut der Geschäftsgrundlage aus der Sicht der ökonomischen Analyse des Rechts, Frankfurt a.M., Bern, Brüssel u.a. 1993; zugl.: Hamburg, Univ., Diss., 1992/93

BRÖCKER, Norbert/WEISNER, Arnd: Übernahmeangebote: Unternehmens- und Beteiligungserwerb nach dem WpÜG – Praktikerhinweise und -empfehlungen für Bieter und Zielgesellschaften sowie ihre Berater, Köln 2003

BÜRGERS, Tobias: Das Anlegerschutzverbesserungsgesetz, BKR 2004, 424-432

BÜLOW, Peter: Recht der Kreditsicherheiten – Sachen und Rechte, Personen, 6. Auflage, Heidelberg 2003

BUERMEYER, Marc: Corporate Capital Efficiency – Zur Effizienz externer und interner Kapitalmärkte unter besonderer Berücksichtigung der Börseneinführungsentscheidung; zugl.: St. Gallen, Univ., Diss., 2000

BÜHNER, Rolf: Reaktion des Aktienmarktes auf Unternehmenszusammenschlüsse: eine empirische Untersuchung, ZfbF 1990, 295-316

BUNDSAUFSICHTSAMT FÜR WERTPAPIERHANDEL zum Wertpapier-Verkaufsprospekt (Verkaufsprospektgesetz) v. 09. 09.1998 (BGBl. I 1998, 2701) und zur Verordnung über Wertpapier-Verkaufsprospekte (Verkaufsprospekt-Verordnung) v. 09.09.1998 (BGBl. I 1998, 2853), Banz. Nr. 177 v. 21.09.1999, S. 16180

BUNDESMINISTERIUM DER JUSTIZ: Bericht über die Entwicklung der Stimmrechtsausübung in börsenotierten Aktiengesellschaften in Deutschland seit Inkrafttreten des Namensaktiengesetzes am 25.1.2001, NZG 2004, 948-956

BURGARD, Ulrich: Kapitalmarktrechtliche Lehren aus der Übernahme Vodafone-Mannesmann – Zur Verletzung der Mitteilungspflicht nach §§ 21 Abs. 1, 22 Abs. 1 Nr. 6 WpHG und den sich daraus ergebenden Folgerungen für ein Viertes Finanzmarktförderungsgesetz, WM 2000, 611-616

BURKART, Mike: Zur Diskussion der Regulierung öffentlicher Kaufangebote: eine ökonomische Analyse der im BEHG vorgesehenen Übernahmebestimmungen, Basel 1994

BUSCH, Torsten: Aktien- und börsenrechtliche Aspekte von Force Majeure-Klauseln in Aktienübernahmeverträgen, WM 2001, 1277-1282

— Bedingungen in Übernahmeangeboten, AG 2002, 145-152

— Die Frist für den Bedingungsverzicht gemäß § 21 Abs. 1 WpÜG – Wie lang ist ein Werktag?, ZIP 2003, 102-104.

BUXBAUM, Richard M.: Corporate Legitimacy, Economy Theorie, and Legal Doctrine, Ohio State Law Journal, 45. Jg. (1984), 515-543

CANARIS, Claus-Wilhelm: Bankvertragsrecht, 2. Auflage, Berlin, New York 1981

— Leistungsstörungen beim Unternehmenskauf, ZGR 1982, 395-434

CAYTAS, Ivo G./MAHARI, Julian I.: Im Banne des Investment Banking – Fusionen und Übernahmen überleben den Crash ´87, Stuttgart 1988

CLAUSSEN, Carsten Peter: Bank- und Börsenrecht, Für Studium und Praxis, 3. Auflage, München 2003

DEUTSCHES AKTIENINSTITUT: DAI-Factbook 2005 – Statistiken, Analysen und Graphiken zu Aktionären, Aktiengesellschaften und Börsen, Frankfurt a.M. 2005

DAV-HANDELSRECHTSAUSSCHUSS: Stellungnahme des Handelsrechtsausschusses des Deutschen Anwaltsvereins e.V. zum RefE Wertpapiererwerbs- und Übernahmegesetz, NZG 2001, 420-432

— Stellungnahme des Handelsrechtsausschusses des Deutschen Anwaltsvereins e.V. zum RegE Wertpapiererwerbs- und Übernahmegesetz, NZG 2001, 1003-1008

DAV-HANDELSRECHTSAUSSCHUSS: Stellungnahme des Zivilverfahrensausschusses des Deutschen Anwaltsvereins e.V. zum Diskussionsentwurf eines Gesetzes über Musterverfahren zu Schadensersatzklagen von Kapitalanlegern (Kapitalanleger-Musterverfahrensgesetz – KapMuG), NZG 2005, 166-172

DE MEO, Francesco: Bankenkonsortien – eine Untersuchung zum Innen- und Außenrecht von Emissions-, Kredit- und Sanierungskonsortien sowie zu deren Haftung für das Handeln von Konsortialvertretern, München 1994; zugl.: Tübingen, Univ., Diss., 1994

DECHER, Christian E.: Bedeutung und Grenzen des Börsenkurses bei Zusammenschlüssen zwischen unabhängigen Unternehmen, in: WANK/HIRTE/FREY u.a., FS Wiedemann, S. 787-807

DIEKMANN, Hinweise zur Anwendung des Übernahmekodex der Börsensachverständigenkommission, WM 1997, 897-904

DIEMER, Frank/HASSELBACH, Kai: Öffentliche Übernahmeangebote in Italien, NZG 824-830

DOLL, Andreas: Von der vis maior zur höheren Gewalt: Geschichte und Dogmatik eines haftungsentlastenden Begriffs, Frankfurt a.M., Bern, New York u.a. 1989; zugl.: Köln, Univ., Diss., 1989

DREYLING, Georg/SCHÄFER, Frank A.: Insiderrecht und Ad-hoc-Publizität, Praxis und Entwicklungstendenzen, Köln 2001

DRYGALA, Tim: Die neue deutsche Übernahmeskepsis und ihre Auswirkungen auf die Vorstandspflichten nach § 33 WpÜG, ZIP 2001, 1861-1871

DÜRIG, Günter: Grundgesetz, Kommentar, Bd. I: Art. 1-11, Bd. II: Art. 12-20, 7. Auflage (46. Ergänzungslieferung), München 2006; zitiert: BEARBEITER in: Maunz-Dürig

DUVE, Christian/PFITZNER, Tanja V.: Braucht der Kapitalmarkt ein neues Gesetz für Massenverfahren? Der Entwurf eines Gesetzes über Musterverfahren in kapitalmarktrechtlichen Streitigkeiten (KapMug) auf dem Prüfstand, BB 2005, 673-679

ERNST & YOUNG AG: Bekanntmachung der Ernst & Young AG, FAZ v. 29.03.2004, S. 18.

EBENROTH, Carsten Thomas/DAUM, Thomas: Die Kompetenzen des Vorstandes einer Aktiengesellschaft bei der Durchführung und Abwehr unkoordinierter Übernahmen, DB 1991, 1105-1111 (Teil I), 1157-1161 (Teil II)

EHRICKE, Ulrich/EKKENGA, Jens/OECHSLER, Jürgen, Wertpapiererwerbs- und Übernahmegesetz, Kommentar, München 2003; zitiert: BEARBEITER in: Ehricke/Ekkenga/Oechsler

EISENHARDT, Ulrich: Gesellschaftsrecht, 12. Auflage, München 2005

EKKENGA, Jens: Wertpapier-Bedingungen als Gegenstand richterlicher AGB-Kontrolle?, ZHR 160 (1996), 59-74

—/HOFSCHROER, Josef: Das Wertpapiererwerbs- und Übernahmegesetz, DStR 2002, 724-734 (Teil I), 768-777 (Teil II)

ELSING, Siegfried H./VAN ALSTINE, Michael P.: US-amerikanisches Handels- und Wirtschaftsrecht, 2. Auflage, Heidelberg 1999

EMMERICH, Volker: Kartellrecht – Ein Studienbuch, 9. Auflage, München 2001

—/HABERSACK, Mathias, Aktien- und GmbH-Konzernrecht, 4. Auflage, München 2005; zitiert: BEARBEITER in: Emmerich/Habersack

FLEISCHER, Holger: Der Begriff des öffentlichen Angebots im Wertpapiererwerbs- und Übernahmegesetz, ZIP 2001, 1653-1660

FLEISCHER, Holger: Empfiehlt es sich, im Interesse des Anlegerschutzes und zur Förderung des Finanzplatzes Deutschland das Kapitalmarkt- und Börsenrecht neu zu regeln? Gutachten für den 64. Deutschen Juristentag, in: STÄNDIGE DEPUTATION DES DEUTSCHEN JURISTENTAGES (Hrsg.), Verhandlungen des 64. Deutschen Juristentages, S. F 1-F 144

— Schnittmengen des WpÜG mit benachbarten Rechtsmaterien – eine Problemskizze, NZG 2002, 545-551

— Ungeschriebene Hauptversammlungszuständigkeiten im Aktienrecht: Von „Holzmüller" zu „Gelatine", NJW 2004, 2335-2339

— Legal Transplants im deutschen Aktienrecht, NZG 2004, 1129-1137

—/KALSS, Susanne: Das neue Wertpapiererwerbs- und Übernahmegesetz, Einführende Gesamtdarstellung und Materialien, München 2002

—/KÖRBER, Torsten: Der Rückerwerb eigener Aktien und das Wertpapiererwerbs- und Übernahmegesetz, BB 2001, 2589-2595

FLUME, Werner: Allgemeiner Teil des bürgerlichen Rechts, Bd. 2: Das Rechtsgeschäft, 3. Auflage, Berlin, Heidelberg, New York 1979

FRANKS, Julian/MAYER, Colin: Bank control, takeovers and corporate governance in Germany, JBF, 22. Jg. (1998), 1385-1403

FÜRHOFF, Jens/WÖLK, Armin: Aktuelle Fragen zur Ad hoc-Publizität, WM 1997, 449-459

GEARING, Mark: WPP/Tempus: the Takeover Panel's decision, Global Counsel, Februar 2002, 52-53

GEIBEL, Stephan/SÜßMANN, Rainer: Wertpapier-Erwerbs- und Übernahmegesetz (WpÜG), Kommentar, München 2002; zitiert: BEARBEITER in: Geibel/Süßmann

—/— Erwerbsangebote nach dem Wertpapiererwerbs- und Übernahmegesetz, BKR 2002, 52-67

GERKE, Wolfgang/STEINER, Manfred: Handwörterbuch des Banken- und Finanzwesens, 3. Auflage, Stuttgart 2001; zitiert: BEARBEITER in: Gerke/Steiner

GOERDELER, Reinhard/HOMMELHOFF, Peter/LUTTER, Marcus/WIEDEMANN, Herbert: Festschrift für Hans-Joachim Fleck zum 70. Geburtstag am 30. Januar 1998, Berlin, New York 1988

GRANDJEAN, Birgit: Unternehmenszusammenschlüsse und die Verteilung der abnormalen Aktienrenditen zwischen den Aktionären der übernehmenden und übernommenen Gesellschaften: eine empirische Untersuchung, Frankfurt a.M., Bern, New York u.a. 1992; zugl.: Frankfurt, Univ., Diss., 1992

GRAY, Richard/HOLMES, Patrick/MUZILLA, Kevin: Why banks should look again at market flex and MAC clauses, IFLR April 2003, 18-20

GROSS, Wolfgang: Zuständigkeit der Hauptversammlung bei Erwerb und Veräußerung von Unternehmensbeteiligungen, AG 1994, 266-276

— Bookbuilding, ZHR 162 (1998), 318-339

HAARMANN, Wilhelm: Wegfall der Geschäftsgrundlage bei Dauerrechtsverhältnissen, Berlin 1979; zugl.: Münster, Univ., Diss., 1978

—/RIEHMER, Klaus/SCHÜPPEN, Matthias: Öffentliche Übernahmeangebote, Kommentar zum Wertpapiererwerbs- und Übernahmegesetz, Heidelberg 2002; zitiert: BEARBEITER in: Haarmann/Riehmer/Schüppen

HABERSACK, Mathias: Reformbedarf im Übernahmerecht, ZHR 166 (2002), 619-624

HAMANN, Uwe: Die Angebotsunterlage nach dem WpÜG – Ein praxisorientierter Überblick, ZIP 2001, 2249-2257

HAPP, Wilhelm/SEMLER, Johannes: Ad hoc-Publizität im Spannungsfeld von Gesellschaftsrecht und Anlegerschutz – Zum Begriff der „Tatsache" in § 15 WpHG bei mehrstufigen Entscheidungsprozessen, ZGR 1998, 116-141

HASSELBACH, Kai/WIRTZ, Johannes: Die Verwendung von MAC-Klauseln in Angeboten nach dem WpÜG, BB 2005, 842-846

HAUSCHKA, Christoph E./ROTH, Thomas: Übernahmeangebote und deren Abwehr im deutschen Recht, AG 1988, 181-196

HAY, Peter: Zum Wegfall der Geschäftsgrundlage im anglo-amerikanischen Recht, AcP 164 (1964), 231-269

— US-Amerikanisches Recht, 2. Auflage, München 2002

HEIDEL, Thomas: Anwaltskommentar – Aktienrecht, Bonn 2003; zitiert: BEARBEITER in: AnwK-AktienR

HELLNER, Thorwald/SCHRÖTER, Jürgen/STEUER, Stephan/WEBER, Ahrend: Bankrecht und Bankpraxis, Bd. 5, Köln 2003; zitiert: BEARBEITER in: Hellner/Schröter

HERKENROTH, Klaus: Konzernierungsprozesse im Schnittfeld von Konzernrecht und Übernahmerecht: rechtsvergleichende Untersuchung der Allokationseffizienz unterschiedlicher Spielregeln von Unternehmensübernahmen, Berlin 1994; zugl.: Hannover, Univ., Diss., 1992/93

HESS, Burkhard: Sammelklagen im Kapitalmarktrecht, AG 2003, 113-125

—/MICHAILIDOU, Chrisoula: Das Gesetz über Musterverfahren zu Schadensersatzklagen von Kapitalanlegern, ZIP 2004, 1381-1387

HIRTE, Heribert: Wertpapiererwerbs- und Übernahmegesetz (WpÜG) mit Übernahmekodex und City Code, Gesetzestexte, Quellen, Materialien, Köln, Berlin, Bonn u.a. 2002

— Eckpunkte des neuen deutschen Wertpapiererwerbs- und Übernahmegesetzes, in: Hirte (Hrsg.), S. 1-24

—/VON BÜLOW, Christoph: Kölner Kommentar zum WpÜG mit AngebVO und §§ 327a-327f AktG, Köln, Berlin, Bonn u.a. 2003; zitiert: KK-WpÜG/BEARBEITER

HOFFMANN-BECKING, Michael: Neue Formen der Aktienemission, in: NIEDERLEITHINGER/WERNER/ WIEDEMANN, FS Lieberknecht, S. 25-43

— Das neue Verschmelzungsrecht in der Praxis, in: Goerdeler/ Hommelhoff/Lutter/Wiedemann, FS Fleck, S. 105-124

— Münchener Handbuch des Gesellschaftsrechts, Bd. 4: Aktiengesellschaft, 3. Auflage, München 2006; zitiert: BEARBEITER in: Hoffmann-Becking, Münchener Hdb., Bd. 4

— Beck'sches Formularbuch Bürgerliches, Handels- und Wirtschaftsrecht, 8. Auflage, München 2003; zitiert: BEARBEITER in: Beck'sches Formularbuch

HÖLTERS, Wolfgang: Handbuch des Unternehmens- und Beteiligungskaufs, 6. Auflage, Köln 2005; zitiert: BEARBEITER in: Hölters

HOLZAPFEL, Hans-Joachim/PÖLLATH, Reinhard: Unternehmenskauf in Recht und Praxis, 12. Auflage, Köln 2005

HOLZBORN, Timo/ISRAEL, Alexander: Einflüsse wettbewerbsrechtlicher Regelungen auf das Übernahmerecht, BKR 2002, 982-989

HOMMELHOFF, Peter: Zur Abgrenzung von Unternehmenskauf und Anteilserwerb, ZGR 1982, 366-390

HOMMELHOFF, Peter/WITT, Carl-Heinz: Bemerkungen zum deutschen Übernahmegesetz nach dem Scheitern der Richtlinie – Zugleich ein Blick auf Italien, RIW 2001, 561-569

HOPT, Klaus J.: Grundsätze und Praxisprobleme nach dem Wertpapiererwerbs- und Übernahmegesetz, ZHR 166 (2002), 383-432

HORN, Norbert: Das Recht der internationalen Anleihen, Frankfurt a.M. 1972; zugl.: Frankfurt a.M., Univ., Habil.-Schr., 1972

HOUBEN, Eike: Die Gestaltung des Pflichtangebots unter dem Aspekt des Minderheitenschutzes und der effizienten Allokation der Unternehmenskontrolle, WM 2000, 1873-1883

HUBER, Peter/LÖBER, Werner: Übernahmegesetz, Wien 1999

HÜFFER, Uwe: Aktiengesetz, Kommentar, 7. Auflage, München 2006

JENSEN, Michael C.: Symposium on Some Anomalous Evidence on Market Efficiency, JFE 6. Jg. (1978), 95-101

— Takeovers: Their Causes and Consequences, JEP, 2. Jg. (1988), 21-48

—/RUBACK, Richard S.: The Market for Corporate Control: The Scientific Evidence, JFE, 11. Jg. (1983), 5-50

JOUSSEN, Edgar: Die Inhaltskontrolle von Wertpapierbedingungen nach dem AGBG, WM 1995, 1861-1869

KÄSTLE, Martina: Rechtsfragen der Verwendung von Covenants in Kreditverträgen, Berlin 2003; zugl.: Frankfurt, Univ., Diss., 2002

KALLMEYER, Harald: Die Mängel des Übernahmekodex der Börsensachverständigenkommission, ZHR 161 (1997), 435-454

KASCHE, Maria: Übernahme börsennotierter Gesellschaften in Schweden, RIW 2002, 87-94

KIRCHNER, Christian/EHRICKE, Ulrich: Funktionsdefizite des Übernahmekodex der Börsensachverständigenkommission, AG 1998, 105-116

KLEIN, Albrecht: Abwehrmöglichkeiten gegen feindliche Übernahmen in Deutschland, NJW 1997, 2085-2089

KLEPPE, Martin: Anlegerschutz beim Rückzug eines Unternehmens von der Börse, Köln 2002; zugl.: Köln, Univ., Diss., 2001

KNÖFEL, Oliver: Die Präambel des Unternehmenskaufvertrags – Neue Gestaltungsmöglichkeiten im reformierten Schuldrecht, JA 2002, 810-817

KNOLL, Heinz-Christian: Die Übernahme von Kapitalgesellschaften unter Berücksichtigung des Schutzes von Minderheitsaktionären nach amerikanischem, englischem und deutschem Recht, Baden-Baden 1992; zugl.: Bayreuth, Univ., Diss., 1991

KOENEN, Jens: Übernahmerecht wartet auf Feuertaufe – Mangels feindlicher Angebote zeigen sich nach 30 Monaten und rund 100 Akquisitionen bislang nur kleinere Probleme, Handelsblatt v. 24.05.2004, S. 24

KÖTZ, Hein/VON BIEBERSTEIN, Wolfgang: Die Anpassung langfristiger Verträge, Vertragsklauseln und Schiedspraxis, Frankfurt a.M. 1984

KRAUSE, Hartmut: Das obligatorische Übernahmeangebot, Eine juristische und ökonomische Analyse, München 1996; zugl.: München, Univ., Diss., 1996

— Zur Gleichbehandlung der Aktionäre bei Übernahmeangeboten, WM 1996, 845-851 (Teil I), 893-900 (Teil II)

KRAUSE, Hartmut: Die geplante Takeover-Richtlinie der EU mit Ausblick auf das geplante deutsche Übernahmegesetz, NZG 2000, 905-913

— Das neue Übernahmerecht, NJW 2002, 705-716

— Die Abwehr feindlicher Übernahmeangebote auf der Grundlage von Ermächtigungsbeschlüssen der Hauptversammlung, BB 2002, 1053-1061

— Der Kommissionsvorschlag für die Revitalisierung der EU-Übernahmerichtlinie, BB 2002, 2341-2347

— BB-Europareport: Die EU-Übernahmerichtlinie – Anpassungsbedarf im Wertpapiererwerbs- und Übernahmegesetz, BB 2004, 113-119

— Zwei Jahre Praxis mit dem Wertpapiererwerbs- und Übernahmegesetz, NJW 2004, 3681-3688

KROPFF, Bruno/SEMLER, Johannes: Münchener Kommentar zum Aktiengesetz, Bd. 9/1 (§§ 327 a-327 f AktG, WpÜG, SpruchG), 2. Auflage, München 2004; zitiert: BEARBEITER in: MüKo-AktG

KROPPENBERG, Inge: Die so genannten Vorwirkungen von schwebend unwirksamen Verpflichtungsverträgen, WM 2001, 844-851

KUHR, Hans-Peter: Der Minderheitenschutz bei Übernahmeangeboten in Deutschland und Frankreich unter dem Einfluss der 13. EG-Richtlinie: eine rechtsvergleichende Untersuchung des europäischen, deutschen und französischen Rechts, 1. Aufl., Konstanz 1992; zugl.: Konstanz, Univ., Diss., 1992

KÜMPEL, Siegfried: Bank- und Kapitalmarktrecht, 3. Auflage, Köln 2004

LAND, Volker: Das neue deutsche Wertpapiererwerbs- und Übernahmegesetz, DB 2001, 1707-1713

—/HASSELBACH, Kai: Das neue deutsche Übernahmegesetz – Einführung und kritische Anmerkungen zum Diskussionsentwurf des BMF, DB 2000, 1747-1755

LANGE, CHRISTOPH: „Material Adverse Effect" und "Material Adverse Change"-Klauseln in amerikanischen Unternehmenskaufverträgen, NZG 2005, 454-458

LANGE, Oliver: Das Unternehmensinteresse der Zielgesellschaft und sein Einfluss auf die Rechtsstellung der die Übernahme fördernden Aufsichtsratsmitglieder, WM 2002, 1737-1747

LANGE, Hermann/NÖRR, Knut Wolfgang/WESTERMANN, Harm Peter: Festschrift für Joachim Gernhuber zum 70. Geburtstag, Tübingen 1993

LAPPE, Thomas/STAFFLAGE, Axel: Unternehmensbewertungen nach dem Wertpapiererwerbs- und Übernahmegesetz, BB 2002, 2185-2192

LARENZ, Karl/CANARIS, Claus-Wilhelm: Methodenlehre der Rechtswissenschaft, 3. Auflage, Berlin, Heidelberg, New York u.a. 1995

LENENBACH, Markus, Kapitalmarkt- und Börsenrecht, Köln 2002

LENZ, JÜRGEN/BEHNKE, THORSTEN, Das WpÜG im Praxistest – Ein Jahr unter der Regie des neuen Gesetzes, BKR 2003, 43-51

—/LINKE, Ulf: Die Handhabung des WpÜG in der aufsichtsrechtlichen Praxis, AG 2002, 361-369

—/— Rückkauf eigener Aktien nach dem WpÜG, AG 2002, 420-424

LERCHE, Peter: Übermaß und Verfassungsrecht – Zur Bindung des Gesetzgebers an die Grundsätze der Verhältnismäßigkeit und Erforderlichkeit, Köln, München, Berlin, u.a. 1961; zugl.: München, Univ., Habil.-Schr., 1961

LIEB, Manfred: Gewährleistung beim Unternehmenskauf, in: LANGE/NÖRR/WESTERMANN, FS Gernhuber, 259-279

LIEBSCHER, Thomas: Das Übernahmeverfahren nach dem neuen Übernahmegesetz, ZIP 2001, 853-869

LINDACHER, Walter F./PFAFF, Dieter/ROTH, Günter H./SCHLOSSER, Peter/WIESER, Eberhard: Festschrift für Walter J. Habscheid zum 65. Geburtstag am 6. April 1989, Bielefeld 1989

LIPTON, Martin/ROSENBLUM, Steven A.: A New System of Corporate Governance: The Quinquennial Election of Directors, 58 Jg. (1991), U.Chi.L.Rev., 187-253

LORITZ, Karl-Georg/WAGNER, Klaus-R.: Das „Zwangsübernahmeangebot" der EG-Takeover-Richtlinie aus verfassungsrechtlicher Sicht, WM 1991, 709-722

LUNDMARK, Thomas: Common law-Vereinbarungen – Wortreiche Verträge, RIW 2001, 187-191

LUTTER, Marcus: Organzuständigkeiten im Konzern, in: LUTTER/MARTENS/ULMER, FS Stimpel, S. 825-854

—/Winter, Martin: Umwandlungsgesetz, Kommentar, Bd. I §§ 1-137, 3. Auflage, Köln 2004; zitiert: BEARBEITER in: Lutter, UmwG

—/MARTENS, Hans-Joachim/ULMER, Peter: Festschrift für Walter Stimpel zum 68. Geburtstag am 29. November 1985

—/SCHEFFLER, Eberhard/SCHNEIDER, Uwe H.: Handbuch der Konzernfinanzierung, Köln 1998

LUTTERMANN, Klaus: Der „durchschnittliche" Börsenkurs bei Barabfindung von Aktionären und Verschmelzungswertrelation, ZIP 2001, 869-872

MAIER-REIMER, Verhaltenspflichten des Vorstands der Zielgesellschaft bei feindlichen Übernahmen, ZHR 165 (2001), 258-279

MANNE, HENRY G.: Mergers and the Market for Corporate Control, JPE, 73. Jg. (1965), 110-120

MARTENS, Klaus-Peter: Die Bewertung eines Beteiligungserwerbs nach § 255 Abs. 2 AktG – Unternehmenswert kontra Börsenkurs in: WESTERMANN/MOCK, FS Bezzenberger, S. 267-289

MAUL, Silja/MUFFAT-JEANDET, Danièle: Die EU-Übernahmerichtlinie – Inhalt und Umsetzung in nationales Recht, AG 2004, 221-234 (Teil I)

MEILICKE, Wienand/HEIDEL, Thomas: Ausgleich-/Abfindungsverfahren bei Beherrschungs- und Gewinnabführungsvertrag: Anforderungen an die Berücksichtigung des Börsenkurses – Anmerkungen zum BGH-Beschluß v. 12.03.2001-II ZB 15/00 (DB 2001, 969-973), DB 2001, 973-975

MÖLLER, Barbara: Die Stellung des Aktionärs bei Übernahmen börsennotierter Unternehmen, Optionen und rechtliche Grenzen im schweizerischen und englischen Recht, Frankfurt a.M., Berlin, Bern u.a. 1998; zugl.: Fribourg, Univ., Diss., 1998

MÖLLER, Andreas/PÖTZSCH, Thorsten: Das neue Übernahmerecht – Der Regierungsentwurf vom 11. Juli 2001, ZIP 2001, 1256-1300

MÖLLERS, Thomas M. J.: Kapitalmarkttauglichkeit des deutschen Gesellschaftsrechts, Kritik am sachlichen und persönlichen Anwendungsbereich der Novellierung von AktG und HGB im Bereich von Rechnungslegung, Corporate Governance und Transparenz, AG 1999, 433-442

MÖLLERS, Thomas M. J./ROTTER, Klaus: Ad-hoc-Publizität, Handbuch der Rechte und Pflichten von börsennotierten Unternehmen und Kapitalanlegern, München 2003; zitiert: BEARBEITER in: Möllers/Rotter

MÜHLE, Sabine: Das Wertpapiererwerbs- und Übernahmegesetz im Schnittfeld zwischen Gesellschafts- und Kapitalmarktrecht unter besonderer Berücksichtigung des ökonomischen Rahmenbezugs, Baden-Baden 2002; zugl.: Augsburg, Univ., Diss., 2001

MÜLBERT, Peter O.: Shareholder Value aus rechtlicher Sicht, ZGR 1997, 129-172

— Übernahmerecht zwischen Kapitalmarkt und Aktien(konzern)recht – die konzeptionelle Schwachstelle des RegE WpÜG, ZIP 2001, 1221-1229

NEYE, Hans-Werner: Spruchverfahrensneuordnungsgesetz, Regierungsentwurf eines Gesetzes zur Neuordnung des gesellschaftsrechtlichen Spruchverfahrens mit einer Einführung von Ministerialrat Dr. Hans-Werner Neye, ZIP 2002, 2097-2108

NIEDERLEITHINGER, Ernst/WERNER, Rosemarie/WIEDEMANN, Gerhard: Festschrift für Otfried Lieberknecht zum 70. Geburtstag, München 1997

NÖRR, Rudolf/STIEFENHOFER, Alfred: Takeover Law in Germany, München 2003

OECHSLER, Jürgen: Der ReE zum Wertpapiererwerbs- und Übernahmegesetz – Regelungsbedarf auf der Zielgeraden!, NZG 2001, 817-826

— Rechtsgeschäftliche Anwendungsprobleme bei öffentlichen Übernahmeangeboten, ZIP 2003, 1330-1335

OPPENHOFF, Stephan: Bei MAC-Klauseln keine Nachteile, Börsenzeitung v. 10.03.2004, S. 2

O.V.: Die Übernahmewächter arbeiten mit sanfter Gewalt – Bafin: Gespräche mit den Anwälten der Bieter gehen bis zur totalen Erschöpfung, FAZ v. 02.06.2004, S. 25

PAEFGEN, Walter G.: Die Gleichbehandlung beim Aktienrückerwerb im Schnittfeld von Gesellschafts- und Übernahmerecht, ZIP 2002, 1509-1520

PELTZER, Martin: Übernahmeangebote nach künftigem Europa-Recht und dessen Umsetzung in deutsches Recht, in: Assmann/Basaldua/Bozenhardt/Peltzer (Hrsg.), S. 179-234

— Die Rolle der Banken bei Unternehmensveräußerungen, Rechtsprobleme und Interessenkonflikte, ZIP 1991, 485-493

PICOT, Gerhard: Unternehmenskauf und Restrukturierung, 3. Auflage, München 2004; zitiert: BEARBEITER in: Picot

—/DUGGAL, Raoul: Unternehmenskauf: Schutz vor wesentlich nachteiligen Veränderungen der Grundlagen der Transaktion durch sog. MAC-Klauseln, BB 2003, 2635-2642

—/MENTZ, Alexander/SEYDEL, Eberhard: Die Aktiengesellschaft bei Unternehmenskauf und Restrukturierung, München 2003; zitiert: BEARBEITER in: Picot/Mentz/Seydel

PLAßMEIER, Heiko: Brauchen wir ein Kapitalanleger-Musterverfahren? – Eine Inventur des KapMuG, NZG 2005, 609-616

PÖLLATH, Hans-Joachim: Grundsätze ordnungsgemäßem Unternehmenskaufs – Ein Versuch, Konventionen aufzuschreiben, in: WESTERMANN/MOCK, FS Bezzenberger, S. 549-560

PÖTZSCH, Thorsten: Das neue Übernahmerecht – Das Gesetz zur Regelung von öffentlichen Angeboten zum Erwerb von Wertpapieren und Unternehmensübernahmen: Texte, Materialien, Erläuterungen, Köln 2002

PÖTZSCH, Thorsten/MÖLLER, Andreas: Das künftige Übernahmerecht – Der Diskussionsentwurf des Bundesministeriums der Finanzen zu einem Gesetz zur Regelung von Unternehmensübernahmen und dem Gemeinsamen Standpunkt des Rates zur europäischen Übernahmerichtlinie, WM 2000, Beil. 2 zu Heft 31/00 (05.08.2000), 1-38

—/— Das neue Übernahmerecht – Der Regierungsentwurf vom 11. Juli 2001, ZIP 2001, 1256-1262

RATNER, Juliana: Siemens wird Mannesmann Plastics Machinery nicht an Apax Partners los, FTD v. 05.10. 2001, S. 3

REBMANN, Kurt/SÄCKLER, Franz Jürgen/RIXECKER, Roland: Münchener Kommentar zum Bürgerlichen Gesetzbuch, Band 1 Allgemeiner Teil: §§ 1-240, AGB-Gesetz, 4. Auflage, München 2001; zitiert: MüKo-BEARBEITER

REUL, Jürgen: Die Pflicht zur Gleichbehandlung der Aktionäre bei privaten Kontrolltransaktionen – eine juristische und ökonomische Analyse, Tübingen 1991; zugl.: Tübingen, Univ., Diss., 1989/1990

REUSCHLE, Fabian: Das Kapitalanleger-Musterverfahrensgesetz, NZG 2004, 590-593

REUTTER, Thomas: Das bedingte Übernahmeangebot, Zürich 2002; zugl.: St. Gallen, Univ., Diss., 2001

RIEHMER, Klaus/SCHRÖDER, Oliver: Der Entwurf des Übernahmegesetzes im Lichte von Vodafone/Mannesmann, NZG 2000, 820-824

—/— Praktische Aspekte bei der Planung, Durchführung und Abwicklung eines Übernahmeangebots, BB 2001, Beil. 5 zu Heft 20 (17.05.2001), 1-15

RÖDDER, Thomas/HÖTZEL, Oliver/MUELLER-THUNS, Thomas: Unternehmenskauf, Unternehmensverkauf, Zivil- und steuerrechtliche Gestaltungspraxis, München 2003; zitiert: BEARBEITER in: Rödder/Hötzel/Mueller-Thuns

ROE, Mark J.: Strong Managers, Weak Owners – The Political Roots of American Corporate Finance, Princeton, New Jersey 1994

RÖHRICHT, Martina: Feindliche Übernahmeangebote – Eine wettbewerbspolitische Beurteilung anhand von Fallstudien aus den USA, 1. Auflage, Baden-Baden 1992; zugl.: Stuttgart, Univ., Diss., 1991

ROSCHMANN, Christian: Haftungsklauseln in Unternehmenskaufverträgen, ZIP 1998, 1941-1950

ROTH, Günter H.: Der Zivilprozess zwischen Rechtsklärung und Rechtsschöpfung, in: LINDACHER/PFAFF/ROTH/SCHLOSSER/WIESER, FS Habscheid, S. 253-263

SANTELMANN, Matthias: Notwendige Mindesterwerbsschwellen bei Übernahmeangeboten – Wann ist ein Übernahmeangebot ein Übernahmeangebot?, AG 2002, 497-503

SCHÄFER, Frank A.: Wertpapierhandelsgesetz, Börsengesetz mit BörsZulV, Verkaufsprospektgesetz mit VerkProspV, Kommentar, Stuttgart, Berlin, Köln 1999

SCHANZ, Kay-Michael: Börseneinführung, Recht und Praxis des Börsengangs, 2. Auflage, München 2002

SCHIESSL, Maximilian: Ist das deutsche Aktienrecht kapitalmarkttauglich?, AG 1999, 442-452

SCHIMANSKY, Herbert/BUNTE, Hermann-Josef/LWOWSKI, Hans-Jürgen: Bankrecht-Handbuch, Bd. II-III, München 1997; zitiert: BEARBEITER in: Schimansky/Bunte/Lwowski

SCHMID, Tobias: Öffentliche Übernahmeangebote in Italien, AG 1999, 402-411

SCHMIDT, Karsten: Münchener Kommentar zum Handelsgesetzbuch, Bd. 1 Erstes Buch – Handelsstand §§ 1-104, München 1996; zitiert: BEARBEITER in: MünchKomm-HGB

— Gesellschaftsrecht, 3. Aufl., Köln, Berlin, Bonn, München 1997

— Handelsrecht, 5. Auflage, Köln, Berlin, Bonn, München 1999

— Münchener Kommentar zum HGB, Bd. 5: Viertes Buch Handelsgeschäfte, Erster Abschnitt – Allgemeine Vorschriften, §§ 343-372, Recht des Zahlungsverkehrs, Effektengeschäft, Depotgeschäft, Ottawa Übereinkommen über Internationales Factoring, München 2001; zitiert: MüKo-BEARBEITER, HGB

— Gesellschaftsrecht, 4. Auflage, Köln, Berlin, Bonn, München 2002

SCHMITT, Burkhard: Was ist eigentlich ... ... eine MAC-Klausel, Finance 2003, 110

SCHMITTNER, Angelika: MAC-Klauseln bei M&A-Transaktionen, M&A Review 2005, 322-326

SCHNEIDER, Uwe H.: Die Zielgesellschaft nach Abgabe eines Übernahme- oder Pflichtangebots, AG 2002, 125-133

SCHOLZE, Herbert: Das Konsortialgeschäft der Banken, Berlin 1956

SCHÜTZE, Rolf A./WEIPERT, Lutz: Münchener Vertragshandbuch, Bd. 2: Wirtschaftsrecht I, Bd. 3: Wirtschaftsrecht II, Bd. 5: Gesellschaftsrecht, 5. Auflage, München 2004; zitiert: BEARBEITER in: MünchVertragshdb.

SCHWINTOWSKI, Hans-Peter/SCHÄFER, Frank A.: Bankrecht, Commercial Banking – Investment Banking, 2. Auflage, Köln, Berlin, Bonn, München 2004

SEIBT, Christoph H./HEISER, Kristian J.: Der neue Vorschlag einer EU-Übernahmerichtlinie und das deutsche Übernahmerecht – Analyse und Umsetzungserfordernisse für den deutschen Gesetzgeber, ZIP 2002, 2193-2203

—/—/REICHE, Felix: Unternehmens- und Beteiligungskauf nach der Schuldrechtsreform, DStR 2002, 1135-1141 (Teil I), 1181-1187 (Teil II)

SEMLER, Johannes/VOLHARD, Rüdiger: Arbeitshandbuch für Unternehmensübernahmen, Bd. 1: Unternehmensübernahme, Vorbereitung – Durchführung – Folgen, Ausgewählte Drittländer, München 2001; Bd. 2: Das neue Übernahmerecht, München 2003; zitiert: BEARBEITER in: Semler/Volhard, Bd. 1/2

SIEBERT, Wolfgang/BAUR, Jürgen F.: Bürgerliches Gesetzbuch mit Einführungsgesetzen und Nebengesetzen, begr. von SOERGEL, Hans-Theodor, Kohlhammer-Kommentar, Bd. 2: Allgemeiner Teil 2 §§ 104-240, 13. Auflage, Stuttgart, Berlin, Köln 1999; zitiert: Soergel/BEARBEITER

SINGHOF, Bernd/WEBER, Christian: Bestätigung der Finanzierungsmaßnahmen und Barabfindungsgewährleistung nach dem Wertpapiererwerbs- und Übernahmegesetz, WM 2002, 1158-1169

SONNENHOL, JÜRGEN, Änderungen der AGB-Banken zum 1. April 2002 – auch im Hinblick auf das Schuldrechtsmodernisierungsgesetz – , WM 2002, 1259-1265

STÄNDIGE DEPUTATION DES DEUTSCHEN JURISTENTAGES: Verhandlungen des vierundsechzigsten Deutschen Juristentages Berlin 2002, Band I – Gutachten, München 2002

STEINMEYER, Roland/HÄGER, Michael: WpÜG, Kommentar zum Wertpapiererwerbs- und Übernahmegesetz mit Erläuterungen zum Minderheitenausschluss nach §§ 327a ff. AktG, Berlin 2002

STÖCKER, Mathias: Widerruf und Rücktritt von Ankündigungen eines Übernahmeangebots, NZG 2003, 993-998

STOCKENHUBER, Peter: Take-Overs nach österreichischem Übernahmerecht, RIW 1999, 752-760

STRAZZER, René: Das öffentliche Übernahmeangebot im Kapitalmarktrecht der Schweiz unter besonderer Berücksichtigung des Verhältnisses zwischen Bieter und Aktionär, Zürich 1993; zugl.: Zürich, Univ., Diss., 1993

STROTMANN, Christian: Feindliche Unternehmensübernahmen in den USA, Münster 1994; zugl.: Münster, Univ., Diss., 1994

STRUCK, Christian: Ad-hoc-Publizitätspflicht zum Schutz der Anleger vor vermögensschädigendem Wertpapierhandel – Eine Untersuchung zu § 15 Wertpapierhandelsgesetz mit vergleichender Darstellung des US-Rechts, Frankfurt a.M., Bern, Brüssel u.a. 2003; zugl.: Bonn, Univ., Diss., 2002

STRUNK, Klaus-Jürgen/ LINKE, Ulf: Erfahrungen mit dem Übernahmerecht aus Sicht der Bundesanstalt für Finanzdienstleistungsuafsicht, in: VEIL/DRINKUTH, S. 3-42

—/Behnke, Thorsten: Die Aufsichtstätigkeit der BaFin nach dem WpÜG im Jahr 2003, in: Behnke/Fabritius et.al., S. 81-103

SÜßMANN, Rainer: Anwendung des WpÜG auf öffentliche Angebote zum Erwerb eigener Aktien?, AG 2002, 424-433

THADDEN, Ernst-Ludwig: On the Efficiency of the Market for Corporate Control, Kyklos, 43. Jg. (1990), 635-658

THAETER, Ralf/BARTH, Daniel: RefE eines Wertpapiererwerbs- und Übernahmegesetzes, NZG 2001, 545-550

—/BRANDI, Tim Oliver: Öffentliche Übernahmen, Recht und Praxis der Übernahme börsennotierter Übernahmen, München 2003; zitiert: BEARBEITER in: Thaeter/Brandi

THIEßEN, Friedrich: Covenants in Kreditverträgen: Alternative oder Ergänzung zum Insolvenzrecht?, ZBB 1996, 19-37

THOMA, Georg F.: Das Wertpapiererwerbs- und Übernahmegesetz im Überblick, NZG 2002, 105-112

TIMM, Wolfram: Anmerkungen zu OLG Köln, 24. 11. 1992 - 22 U 72/92 (ZIP 1993, 110-114), ZIP 1993, 114-118

TRIEBEL, Volker/HÖLZLE, Gerrit: Schuldrechtsreform und Unternehmenskaufverträge, BB 2002, 521-537

ÜBERNAHMEKOMMISSION: Drei Jahre Übernahmekodex, 2. Februar 1999

— Öffentliche Übernahmeangebote im November 2000, Finance, Januar 2001, 88

ULMER, Peter/BRANDNER, Hans Erich/HENSEN, Horst-Dieter/SCHMIDT, Harry: AGB-Gesetz: Kommentar zum Gesetz zur Regelung des Rechts der Allgemeinen Geschäftsbedingungen, 9. Auflage, Köln 2001; zitiert: BEARBEITER in: Ulmer/Brandner/Hensen

VANBERG, Viktor: Markt und Organisation – Individualistische Sozialtheorie und das Problem korporativen Handelns, Tübingen 1982; zugl.: Mannheim, Univ., Habil.-Schr., 1982

VEIL, Rüdiger/DRINKURTH, Henrik Reformbedarf im Übernahmerecht: Tagungsband zum Symposium in den Räumen der Bucerius Law School am 4. Juni 2004, Köln 2005

VOGEL, Hans-Gert: Finanzierung von Übernahmeangeboten – Testat und Haftung des Wertpapierdienstleistungsunternehmens nach § 13 WpÜG, ZIP 2002, 1421-1430

VOß, Stefan Friedrich: Warranties in Unternehmenskaufverträgen – Struktur und Wirkungsweise anglo-amerikanischer Gewährleistungskataloge in Unternehmenskaufverträgen, die deutschem Recht unterliegen, Tübingen 2002; zugl.: Tübingen, Univ., Diss., 2002

WANK, Rolf/HIRTE, Heribert/FREY, Kaspar u.a.: Festschrift für Herbert Wiedemann zum 70. Geburtstag, München 2002

WATTER, Rolf: Unternehmensübernahmen – Kontrollwechsel in der Aktiengesellschaft mittels Aktienkauf, Übernahmeangebot, Fusion und verwandter Tatbestände, Zürich 1990

— Kursmanipulation am Aktienmarkt unter Berücksichtigung von so genannten Stützungskäufen, SZW 1990, 193-206

WEBER, Martin: Kursmanipulationen am Wertpapiermarkt, NZG 2000, 113-129

WEBER-REY, Daniela/SCHÜTZ, Bernhard G.: Zum Verhältnis von Übernahmerecht und Umwandlungsrecht, AG 2001, 325-330

WEIDENBAUM, Murray L./VOGTS, Stephen: Takeovers and Stockholders: Winners and Losers, California Management Review 29. Jg. (1987), 157-168

WESTERMANN, Harm Peter: Erman Bürgerliches Gesetzbuch – Handkommentar mit EGBGB, ErbbauVO, HausratsVO, LPartG, ProdHaftG, UKlaG, VAHRG und WEG, Bd. I, 11. Auflage, Köln 2004; Bd. II, 11. Auflage, Köln 2004; zitiert: Erman-BEARBEITER, Bd. 1/2

—/MOCK, Klaus: Festschrift für Gerold Bezzenberger zum 70. Geburtstag am 13. März 2000, Berlin New York 2000

WIESNER, Peter M.: Die neue Übernahmerichtlinie und die Folgen, ZIP 2004, 343-350

WILHELM, Jan: Kapitalgesellschaftsrecht, 2. Auflage, Berlin, New York 2005

WINTER, Martin/HARBARTH, Stephan: Verhaltenspflichten von Vorstand und Aufsichtsrat der Zielgesellschaft bei feindlichen Übernahmeangeboten nach dem WpÜG, ZIP 2002, 1-18

WITT, Carl-Heinz: Regelmäßige „Wasserstandsmeldungen" – unverzichtbarer Bestandteil eines künftigen Übernahmegesetzes, NZG 2000, 809-819

WITTIG, Arne, Representations and Warranties – Vertragliche Tatsachenbehauptungen in der anglo-amerikanischen Kreditdokumentation, WM 1999, 985-996

WOLF, Manfred/HORN, Norbert/LINDACHER, Walter F.: AGB-Gesetz: Kommentar zum Gesetz zur Regelung des Rechts der Allgemeinen Geschäftsbedingungen, 4. Auflage, München 1999; zitiert: BEARBEITER in: Wolf/Horn/Lindacher,

ZINSER, Alexander: Übernahmeangebote (takeover bids) im englischen und deutschen Recht: eine rechtsvergleichende Untersuchung mit Blick auf eine künftige Regelung in Deutschland, Frankfurt a.M., Berlin, Bern u.a. 2000; zugl.: Kiel, Univ., Diss., 2000

— Der Referentenentwurf eines „Gesetzes zur Regelung von öffentlichen Angeboten zum Erwerb von Wertpapieren und von Unternehmensübernahmen" vom 12.3.2001, NZG 2001, 391-397

— Das neue Gesetz zur Regelung von öffentlichen Angeboten zum Erwerb von Wertpapieren und von Unternehmensübernahmen vom 1. Januar 2002, WM 2002, 15-22

ZÖLLER, Richard: Zivilprozeßordnung mit GerverfG und den Einführungsgesetzen, mit Internationalem Zivilprozessrecht, EG-Verordnungen, Kostenanmerkungen, Kommentar, 25. Auflage, Köln 2005

ZÖLLNER, Wolfgang: Kölner Kommentar zum Aktiengesetz, Bd. 2, §§ 76-117 und Mitbestimmung im Aufsichtsrat, 2. Auflage, Köln, Berlin, Bonn, München 1996; Bd. 5/1, §§ 179-240 mit Nachtrag zum Gesetz vom 2. August 1994, 3. Auflage, Köln, Berlin, Bonn u.a. 2004; zitiert: BEARBEITER in: KK-AktG

ZSCHOCKE, Christian/SCHUSTER, Stephan: Bad Homburger Handbuch zum Übernahmerecht, Heidelberg 2003; zitiert: BEARBEITER in: Zschocke/Schuster